HOROSCOPE 2004

LES ÉDITIONS QUEBECOR
7, chemin Bates
Outremont (Québec)
H2V 4V7
Téléphone: (514) 270-1746

© 2003, Les Éditions Quebecor
Bibliothèque nationale du Québec
Bibliothèque nationale du Canada
ISBN 2-7640-0609-8

Éditeur: Jacques Simard
Coordonnatrice de la production: Dianne Rioux
Conception de la couverture: Bernard Langlois
Photo de la couverture: Pierre Dionne
Correction d'épreuves: Jocelyne Cormier
Infographie: Composition Monika, Québec

Nous reconnaissons l'aide financière du gouvernement du Canada par
l'entremise du Programme d'Aide au Développement et l'Industrie de
l'Édition pour nos activités d'édition.

Gouvernement du Québec – Programme de crédit d'impôt pour l'édition
de livres – Gestion SODEC

Imprimé au Canada

Jacqueline AUBRY

HOROSCOPE 2004

LES ÉDITIONS
Quebecor
QUEBECOR MEDIA

SOMMAIRE

INTRODUCTION

Mon introduction vous semblera, par moments, bric-à-brac. Je m'en excuse à l'avance et je fais confiance à votre intelligence et à votre jugement pour le comprendre. En ce temps où je rédige mes compilations 2004, il se déroule des événements non seulement en Irak, mais aussi il m'est donné de constater qu'un peu partout sur la planète «ça brasse» et bien que je ne sois nullement angoissée, ces bousculades planétaires remuent mon esprit dans tous les sens... Je voudrais tout écrire d'un seul trait, ce qui est logiquement impossible et dont je suis parfaitement consciente.

Uranus est entré en Poissons en mars 2003 et il poursuit son chemin en 2004.

Il Y A EU...

Au moment où j'écris ces lignes, les États-Unis viennent de déclarer la guerre à l'Irak.

Au début de 2003 puisque c'est toujours le temps des prévisions générales, alors que je participais à l'émission *Bonjour la nuit* animée par Jacques Fabi à CKAC, celui-ci m'a demandé des nouvelles du monde et je lui ai répondu que selon la position de plusieurs planètes, la guerre aurait lieu au Proche-Orient après le 14 mars 2003 et que les symboles induisant les conflits tourneraient autour de puits de pétrole!

Lorsque le conflit fut déclaré, il me fut donné d'entendre qu'Américains et Britanniques désiraient un Irak démocratique mais je maintiens que les puits de pétrole sont prioritaires. On cache au monde entier ou presque la véritable raison de cette guerre, mais la saurons-nous un jour vraiment?

Quant à ma «condition» d'astrologue, l'étude des planètes entre elles appliquée au genre humain ne me fait pas nécessairement voir un monde parfait. Je ne suis pas pessimiste, je crois fermement que les humains possèdent des solutions géniales et des forces extraordinaires quand leur survie est menacée. L'histoire en a maintes fois fait la démonstration.

Par ailleurs, voici ce que j'ai écrit dans l'introduction de mon livre 2003.

«Il est fort probable que, jusqu'à la fin de 2007, les événements meurtriers qui se produisent aux quatre coins de la planète se répètent encore et encore. Le terrorisme a d'autres horreurs en réserve. Racisme, guerres de religion et revendications territoriales dans les pays du Proche-Orient ne connaissent pas les mots "ententes" et "compromis"; il semble que dirigeants et peuples en aient oublié le sens. Les grands discours politiques se voudront des incitations à la paix mais n'auront aucun effet...»

C'EST LA FAUTE D'URANUS

C'est la faute d'Uranus en Poissons! Mais n'allez pas confondre le signe du Poissons et Uranus en Poissons. Aussi, chers Poissons, chassez bien vite tout sentiment de culpabilité... En principe, le signe du Poissons veut la paix mais voilà qu'Uranus dans ce signe s'y oppose; Uranus est une planète explosive et étant cette fois dans un signe double ou mutable, je crains que la guerre ne s'éternise et ne s'étende à bien d'autres pays...

Notre pays est sauf... Respirez calmement et, de grâce, retrouvez votre confiance en vous.

Au début des hostilités entre les États-Unis et l'Irak, on vous jurait que cette guerre serait de courte durée, je n'y ai jamais cru après mon exploration des symboles planétaires entourant la situation.

GRÂCE À URANUS

Uranus en Poissons est particulièrement favorable tant au Canada qu'au Québec ma terre natale, nous sommes la représentation du signe du Cancer. Uranus fait alors un très bon aspect au Cancer. Ici et là de par le monde, on aura économiquement besoin de nous. Quelques planètes à la fin de 2003 et pour 2004 symbolisent une croissance commerciale, une multiplication de petits commerces chez nous ainsi que l'expansion d'entreprises déjà existantes, et plus spécifiquement celles qui donnent du service et vendent des produits utiles et dont font quotidiennement usage les pays en guerre ainsi que ceux qui souffriront de sécheresse, de manque de nourriture, d'outillages agricoles, de véhicules spéciaux que nos usines pourront fabriquer... Bref, nous serons plus présents sur la scène économique et financièrement nous en profiterons tous.

Comme il est difficile d'écrire cette introduction pour 2004! Il y a tant à décortiquer et à expliquer.

– J'ai dû faire un arrêt... Cette fois, nous sommes le 1er avril 2003.

– La guerre en Irak s'intensifie; depuis quelques semaines, on annonce qu'elle durera plus longtemps que ne l'avait dit le président américain.

– Lors d'une promenade avec mon chien, j'ai croisé quelques dames qui se souvenaient de ce que j'avais dit à Jacques Fabi sur les ondes de CKAC au sujet de la guerre. Elles se rappelaient aussi que j'avais ajouté que chez nous, au Canada et au Québec, rien de dramatique ne se produirait et que la prochaine guerre qui se déclarerait en mars durerait longtemps...

– Parenthèse: j'apprécie l'écoute des gens, leur mémoire. En général, lorsque j'ai fait une prédiction, je passe à la suivante et il est heureux que vous, lecteurs et auditeurs, me rappeliez ce que j'ai dit ou écrit. Je n'ai aucun trou de mémoire, c'est tout simplement que je file sur le temps qui vient, c'est mon métier qui veut ça!

UN VOL RAPIDE D'HISTOIRE SOUS L'INFLUENCE D'URANUS EN POISSONS

Uranus n'est pas une planète légère et elle met beaucoup de temps à traverser un signe; sa «mission», c'est rompre avec la tradition et la faire exploser le plus vite possible! Les humains ont besoin de plus de temps pour s'adapter aux changements et accepter une nouvelle «mode». Ce qui semble surgir spontanément a généralement longuement été réfléchi, mais non pas mûri par tous. La plupart d'entre nous ne prennent pas de nombreux mois et même des années avant de modifier un comportement, avant de se débarrasser d'une habitude, de changer d'orientation professionnelle, d'aimer à nouveau après une rupture sentimentale cuisante, etc. Si les gens spontanés font parler d'eux, ceux qui se maintiennent dans leur routine, ceux qui réfléchissent avant d'agir sont silencieux. Quand on «bouge vite», on fait du bruit et on fait parler de soi!

- Uranus fut en Poissons du 2 avril 1919 au 16 août 1919. Puis, après un retour dans le signe du Verseau, Uranus est entré à nouveau en Poissons du 23 janvier 1920 au 31 mars 1927.
- En avril 1919, on décompte 500 000 victimes de la grippe espagnole au Congo belge.
- 1914-1918, nous sommes sous l'influence d'Uranus en Poissons. En juin 1919, le chancelier du Reich n'est pas prêt à signer le traité de paix avec les Alliés.
- En juillet 1919, la troisième vague d'influenza aura fait vingt millions de morts. Cette grippe fut plus grave que celle des années 1889-1890.
- En février 1925, Adolf Hitler présente 25 points du Parti ouvrier allemand. Le programme est nationaliste et fortement antisémite. Hitler s'en prend aux grands propriétaires terriens et aux capitalistes. (Saddam Hussein est Taureau comme Hitler.)
- Le 24 juillet 1920: rivalités franco-britanniques au Moyen-Orient.
- Le 8 septembre 1920, Gandhi préconise la lutte non violente et boycotte les marchandises étrangères. Il refuse de coopérer avec les écoles dirigées par le gouvernement britannique.
- Le 20 novembre 1920, l'Irish Republican Army exécute 14 agents des services secrets britanniques. Le lendemain, l'armée britannique tire sur 72 personnes en guise de représailles.
- Le 14 décembre 1920, l'Irlande est divisée et la violence se poursuit.
- Le 22 février 1921, dictature en Perse. Reza Khan est le chef du mouvement iranien en vue d'instaurer à nouveau l'indépendance du pays et l'éviction des influences étrangères.
- Le 15 avril 1921, 200 000 mineurs en grève en Grande-Bretagne provoquent la crise industrielle.
- Le 2 mai 1921, soulèvement en Pologne.
- Le 21 juillet 1921, soulèvement au Maroc espagnol.
- Le 2 août 1921, famine en Russie.

– Le 22 janvier 1922, l'inflation bat tous les records en Allemagne.

– Le 3 juin 1922, on réduit les indemnités de chômage en Belgique.

– Le 25 août 1922, inflation galopante en Allemagne.

– Le 30 octobre 1922, Benito Mussolini, fasciste, arrive au pouvoir et fonde le Parti anticapitaliste.

– En 1923, la tension monte, l'agitation est grande en Allemagne, communistes et nationalistes se regroupent. Puis, en juin 1923, c'est la faillite de l'économie allemande.

Je pourrais continuer ainsi pendant bien longtemps... Les soulèvements furent si nombreux sous Uranus en Poissons; et ces exemples préparaient la guerre de 1939-1945 car il fallait sortir de la pauvreté. C'est au cours de ces années sous l'influence d'Uranus en Poissons que la Chine s'est réunifiée pour une nation plus forte.

Tout est cyclique. Si les années ont passé, si nous nous sommes modernisés, même si nous avons des balises, des protections sociales, de nouvelles lois, de meilleures demeures, de la nourriture à profusion, des armes sophistiquées, des communications rapides, etc., tout au fond de l'âme, la peur chez l'homme est restée la même. Malheureusement, sous l'influence d'Uranus en Poissons, l'angoisse se cultive plus aisément que la joie.

Mais il fallut tout de même attendre 1939 avant que se déclare la Deuxième Guerre mondiale... Si vous y regardez de plus près, les guerres existent depuis toujours. L'histoire du monde, ce sont des histoires de guerre. On s'est battu au nom de la race, d'une religion, pour des territoires, des jeux de pouvoir! Rien n'a vraiment changé. La violence est omniprésente dans toutes les sociétés et partout sur la planète.

Uranus en Poissons a symbolisé la tour de Babel, la pauvreté croissante, un temps où il fallait réorganiser les finances publiques tant en Europe qu'en Asie, au Proche-Orient, au Moyen-Orient et aux États-Unis. Les luttes furent souvent sanglantes mais jamais faites contre un seul pays comme ce fut le cas lors de la guerre de 1939-1945. C'est aussi au cours des années 1920, sous Uranus en Poissons, que commencèrent les manifestations pour la paix. La famine ravageait la Russie; le 2 août 1921, Einstein, George Bernard Shaw, Anatole France et

Kathe Kollwitz organisèrent un centre afin de lutter contre la faim. L'insuline pour un traitement efficace fut découverte le 27 juillet 1921 par un Canadien, Frederick Grant Branting. Sous Uranus en Poissons, la recherche médicale s'est intensifiée un peu partout sur la planète. Ne perdons jamais de vue que la planète Uranus exerce son influence bonne et mauvaise en tout lieu et partout où il y a de la vie.

Durant les années 1920, on a fait voler des avions, la science a progressé, le monde des communications s'est développé; avec le charivari d'Uranus en Poissons, on ne savait plus à quel saint se vouer. En 1921, on s'aperçut que la cocaïne était le plus grand des fléaux. N'en est-il pas encore ainsi? Nous sommes pourtant au XXIe siècle, mais nous vivons un autre passage d'Uranus en Poissons qui ramène avec lui les mêmes problèmes. La roue tourne et il lui arrive de revenir à son point de départ! Cette drogue n'est-elle pas une denrée de grande culture, exportée, vendue sur tous les marchés mondiaux, laquelle permet d'acheter des armes, de monter des cellules terroristes, au point où se suicider est un aller gratuit au paradis et pour l'éternité, une suite de luxe à l'«Hôtel Divin»!

Si une pratique religieuse est un choix personnel, je ne crois pas qu'aucun Dieu n'ait voulu que meurent ses ouailles. Ce sont ceux qui s'imposent en directeurs de conscience qui entraînent leurs fidèles à commettre des actes contre nature. On interprète la Bible, le Coran et autres livres divins selon les buts des chefs; malheureusement, l'ignorance et le manque de culture de nombreux peuples font d'eux des croyants aveuglés par leurs directeurs de conscience: on se bat pour son roi, pour sa nation, pour sa religion! Et si on allait au fond des choses, si on y regardait avec une loupe?

En réalité, les luttes mènent à plus de pouvoir, plus de possessions pour les chefs de file, et tant mieux si les fidèles en profitent... En général, ce ne sont que des petits groupes qui ont le plaisir de retirer faveurs et bénéfices de tous ces conflits qui se soulèvent partout dans le monde. Uranus en Poissons est un symbole religieux, le Poissons en tant que signe et symbole est un grand croyant, mais Uranus en Poissons fait croire aux naïfs que Dieu tiendra ses promesses si on se bat, si on suit les ordres de celui qui se fait nommer son représentant... C'est une aberration mentale. Dieu est une affaire personnelle entre soi et sa conscience; encore en 2004, on en fait une affaire sociale et politique.

C'est à la «messe» qu'on se fait des relations! Il en était ainsi autrefois dans notre pays, nos villes et nos villages... Puis, un jour vint où on sépara les rôles: il y eut prêtres et clergé, politiques, politiciens et gens d'affaires qui retiraient le meilleur de chacun. Même si le temps a passé, des «églises» avec l'accord des politiciens et des gens d'affaires choisissent une équipe et feront tout ce qui est en leur pouvoir pour qu'elle remporte le championnat! Ces manipulations sont moins évidentes, les rôles sont mieux répartis, les pièces bien montées et les coulisses bien surveillées.

RELIGION ET URANUS EN POISSONS

Chacun a droit à ses propres croyances, mais ce qu'on fait de l'interprétation des divers textes religieux a parfois des conséquences néfastes non seulement pour le pratiquant, mais aussi et souvent encore davantage pour ceux qui subissent des pratiques qui tuent: kamikazes, terroristes organisés ou isolés seront nombreux dans notre monde de 2004; ils adorent un Dieu que je ne connais pas, on se donne la mort pour sauver son peuple! Selon ma vision intérieure et l'enseignement religieux que j'ai reçu dans ma jeunesse, Dieu n'a jamais demandé la mort de quiconque; Dieu me fut enseigné comme un appel à la vie. Je me souviens avoir appris à aimer mon prochain comme moi-même... N'est-ce pas là une énorme mission personnelle à remplir? N'est-ce pas vouloir autant le bien de l'autre que le sien? Au fond, «aimer son prochain comme soi-même» vous dit tout simplement de respecter les différences et de «faire avec»! Puis, il y aura le terroriste isolé qui est en fait un idéaliste qui fabrique des bombes dans son sous-sol ou son garage et dont il trouve la recette dans Internet; de plus, il peut diriger son engin de mort à distance, à l'abri bien au chaud et connecté sur son ordinateur! Il agit en solitaire mais au nom de tous! Malheureusement, 2004 présage que des personnes de ce type feront justice: la leur. Les conséquences ne sont pas «leurs problèmes»!

Le Poissons exalte la foi; Uranus dans ce signe préfère l'explosion et une rapide conversion. Uranus qui régit le Verseau est un pétard. Vu la présence de Jupiter en Vierge face à Uranus en Poissons, les peuples voudront récupérer ou préserver leur culture, leurs terres, leurs pratiques religieuses. Il s'ensuit alors des destructions et des pertes de vie humaine: crois ou meurs!

En mai 2004, Uranus et Jupiter ont un dur face-à-face. Il y a confusion entre les opinions politiques, religieuses et philosophiques, et des esprits s'échaufferont jusqu'à un point de rupture avec ceux qui sont en désaccord avec eux. Puis, durant le mois d'août 2004, Jupiter fait cette fois un carré ou aspect dur à Pluton. Il s'agit là de plans économiques qui n'ont pas fonctionné, de pays où des masses meurent de faim alors qu'on leur avait promis de la nourriture, des logements, de l'eau potable, des déminages, etc.

Je ne suis pas politicienne, j'interprète la position des planètes et elles décrivent pour août 2004 misère et pauvreté, principalement dans ces pays où on a déjà du mal à obtenir le minimum pour survivre.

SOUS URANUS EN POISSONS

Nous avons de tout: ceux qui s'en tiennent à leur foi et qui luttent contre ceux qui ne comprennent pas; certaines gens, chez nous comme ailleurs, se convertiront, ce sera leur manière à eux de lutter contre la violence faite à une autre croyance religieuse que la leur. Il y aura des convaincus et des mordus. C'est un peu comme ceux qui arrêtent de fumer sous la pression médiatique et qui, tout à coup, interdisent violemment qu'on allume une cigarette même à l'extérieur.

LE CHAOS

Le Poissons, le dernier du zodiaque, a franchi toutes les étapes, il a atteint un point de sagesse à gauche et exerce tous les excès à gauche. Cela dépend de l'expérience personnelle de chacun. Uranus est, quant à lui, un signe représentant le Verseau qui est le douzième signe du Poissons mais cette fois, il est positionné dans le deuxième signe du Verseau... Nous sommes dans un climat social qui prône la discipline uranienne, son organisation, sa dictature. Uranus est possessif: il appartient à un signe fixe, est permissif et a toutes les raisons de l'être, Uranus est intelligent et stratégique et «veut» que tout vienne à lui... Il prend les moyens pour obtenir ce qu'il veut. La complexité de tout cela, c'est qu'Uranus est en Poissons et que ce dernier, je le réécris, agit au nom de la paix, car il désire le bien pour tous. Uranus dans le signe du Poissons représente un immense chaos; il affecte la planète au grand complet et non pas uniquement une petite masse de gens.

SUR LE PLAN PSYCHOLOGIQUE

Méfiez-vous des nouveaux guérisseurs... Ils seront plus nombreux que jamais en 2004.

Uranus en Poissons, c'est le désir de comprendre ce qui nous arrive personnellement. Il y aura en soi, en nous tous, une forte aspiration au bien-être. Cependant, les moyens offerts par certains psychologues et par de nombreux nouveaux types de thérapeutes qui feront leur apparition en 2004 offriront à ceux qui désirent un équilibre ou, du moins, une meilleure compréhension d'eux-mêmes, des moyens enfantins, des cures coûteuses et trop souvent inutiles. On promettra à celui qui consulte une guérison pour son âme, mais on s'assurera ne lui avoir rien expliqué logiquement: on maintiendra ses facultés cognitives à un niveau primaire.

Uranus est entré en Poissons en mars 2003 et c'est là que se sont improvisés de nouveaux guérisseurs de cœur! Ils sont devenus plus visibles à l'automne 2003 et en 2004, ils seront nombreux à avoir créé un besoin. Ils se seront habilement faufilés dans les médias, ils feront parler d'eux parce qu'ils possèdent un talent de vendeur et un grand magnétisme.

Si vous faites partie de ces gens en questionnement, ne soyez pas naïf; avant de donner foi à un thérapeute, un conférencier, un consultant quelconque, informez-vous sur ce qu'il connaît à l'humain. A-t-il fait des études sérieuses ou s'est-il contenté de suivre un week-end d'enseignement sur «tout ce qu'il faut pour tout vendre et garder votre acheteur de manière qu'il ait encore et encore besoin de vous».

Ne perdons pas de vue qu'il y a des vrais psychologues. Si jamais vous ressentez le besoin de consulter parce que vous traversez une zone grise, si vous voulez être persuadé de faire affaire avec un authentique «docteur», vous n'avez qu'à vous informer de l'association professionnelle dont il fait partie et qui est reconnue par le gouvernement. Toute personne qui cherche à se comprendre, qui aspire à un mieux-être, qui désire des éclaircissements sur ce qu'elle vit, sur ses obsessions, ses peurs, ses angoisses, etc., se doit d'avoir des soins adéquats.

Suivre une mauvaise direction peut vous entraîner dans un dédale et votre cheminement vous semblera encore plus compliqué qu'il ne l'est. Naturellement, on vous donnera comme raison que vous partez de loin. Nous partons tous de loin, et celui qui vous dit que la route de la guérison est courte, facile, alors que vous n'allez pas bien du tout, vous ment.

Le thérapeute qui vous incite à ne voir que votre avenir et qui, en aucun temps, ne vous suggère au moins d'accepter ce qui fut et qui, pis encore, vous dit de tout oublier, alors que les humains n'oublient rien de leur vécu, est un «méchant menteur».

Uranus dans le signe du Poissons donne une grande permissivité dans divers journaux au Québec et dans tout le pays. Des voyants, clairvoyants, magiciens, guérisseurs, etc., annonceront leurs talents et chacun d'eux, en général, vous sommera de changer votre futur rapidement et vous donnera la possibilité d'avoir du bonheur, de l'argent, le grand amour et même de faire revenir un *ex* vers vous! Des enquêtes policières sont en cours au sujet d'un bon nombre de ces «vendeurs de parfait avenir». Si jamais vous étiez aux prises avec un arracheur d'argent dont les potions n'ont aucun effet, faites-vous plaisir et dénoncez cette personne qui profite de votre crise existentielle pour vider votre compte en banque.

URANUS SUR LE PLAN PERSONNEL

Les guerres, les conflits, les affrontements, etc., se poursuivront sur la planète; chez nous et dans quelques lieux privilégiés, ce sera la paix; le mal au Québec et au Canada est davantage moral. On vous demande de «performer», d'être un bon parent en tout temps, présent à vos enfants, on vous dit aussi d'avoir des activités, de vous amuser, on ira même jusqu'à vous suggérer de ne plus supporter aucune frustration personnelle! Les influences viendront de divers articles qui paraîtront dans des revues à recettes instantanées, d'érnissions de télé du type «tape-à-l'œil». Bien sûr, apparaîtront des manipulateurs de mots capables de vous convaincre que vous pouvez tout avoir sans effort, sans questionnement, sans souffrance, et ce, pour toujours!

Uranus en Poissons ne fera disparaître ni les pornographes, ni les pédophiles, ni la prostitution, ni les clubs secrets où on y pratique le sadomasochisme, l'esclavagisme des participants, ni les bourreaux qui assurent la jouissance aux soumis. Pourtant, sous l'influence de Jupiter en Vierge puis sous celle de

Jupiter en Balance, la loi interviendra à la suite de décès, mais cela n'arrêtera pas les propriétaires de ces entreprises de «sexe» de réouvrir après qu'on a fermé une de leurs boutiques. Jusqu'à présent, on a peu entendu parler des mariages organisés où un homme s'achète une femme étrangère par catalogue avant de faire le voyage... Ce sera un fait plus connu chez nous à cause d'un drame qui se sera produit dans une de ces «agences de rencontre» où on vous «matche» à prix fort.

DÉSESPOIR ET ESPOIR D'AMOUR

Quand on regarde de près chez nous, bien des gens sont désespérés et craignent de ne devoir vivre leur vie seuls, et ce sont eux les plus sujets à aller voir des «charlatans» de toutes sortes et, au pire, à se diriger vers des agences louches! Il ne s'agit plus uniquement des *baby-boomers* qui sont en panne d'amour, mais aussi ceux de la quarantaine. Nombreux ont divorcé et souvent plus d'une fois. Les *baby-boomers* ont atteint un demi-siècle, ils vieillissent, ils ont un passé derrière eux, des bagages remplis en majeure partie de douloureux souvenirs. Avec les défaites amoureuses, ils se sont armés de méfiance. Les gens dans la quarantaine ressentent eux aussi les effets du vieillissement et pour cette génération, l'urgence de «trouver» son âme sœur est imminente! Mais cet empressement représente le danger de ne voir que les apparences, car après quelques mois de fréquentations, on peut se rendre compte qu'on a bien peu en commun avec la personne à laquelle on «voulait» s'attacher. Il y a pire pour les gens de la quarantaine qui, généralement, ont Uranus en Lion: ils décident bien vite de faire vie commune avec cet homme ou cette femme qu'ils connaissent à peine! Quant aux *baby-boomers* en majorité nés avec Pluton en Lion, ils parlent de concession dans un couple, sauf qu'ils sont de moins en moins enclins à en faire.

Pour ces deux générations, gardez espoir, à la fin de septembre 2004 lors de l'entrée de Jupiter en Balance, le cœur initial, celui qui est capable d'aimer et d'être aimé, palpitera plus normalement, retrouvera espoir, et parmi eux de nombreux «vrais» couples se formeront. La vie ne sera pas celle que vous aurez vécue avec votre premier amour puisque chacun des partenaires aura une ex-famille, d'anciens problèmes, des expériences passées, mais chacun sera plus lucide quant à ce qu'il ne changera jamais et considérablement plus optimiste par rapport à ce qu'il peut encore vivre à deux!

LA SANTÉ

Quelle grande question pour une population et ces générations qui vivent plus longtemps grâce à l'hygiène et à la médecine moderne! Seront-ils nombreux à être sur la liste d'attente pour une opération majeure ou mineure? Malheureusement, on n'aura pas encore trouvé la solution idéale. Les progrès seront lents. Il y a tout un système à transformer, du personnel à rappeler! Par contre, on augmentera la responsabilité des pharmaciens face à leurs clients et ils auront un pouvoir de décision sur des médicaments qui, jusqu'à présent, ne pouvaient être donnés aux patients qu'après avoir vu leur médecin et obtenu une ordonnance. Il est possible que dès la mi-janvier, les négociations ayant eu lieu en fin de 2003, on en arrive à une entente entre médecins, pharmaciens et gouvernement! Déjà, quelques pharmacies offrent des journées où il est possible de passer divers tests de dépistage de certaines maladies. Ces pharmacies ont pris de l'avant en offrant un tel service aux gens et favorisent ainsi l'éventuelle négociation au sujet d'ordonnances obtenues sans devoir demander la signature d'un médecin. Il est possible qu'on oblige les pharmaciens à suivre des cours à ce sujet et, en général, la réponse sera positive.

QUELS VIRUS SONT LES PLUS SUSCEPTIBLES DE NOUS AFFECTER?

Une fois de plus, c'est la faute d'Uranus en Poissons face à Jupiter en Vierge et en aspect dur à Pluton en Sagittaire. Les bronches, les voies respiratoires ainsi que les virus qui vous font perdre le souffle sont des maux à la mode du temps. En 2003, il y a eu ce virus transporté de la Chine au Canada et divers autres pays dans le monde; il y a eu des morts. Cette maladie s'est manifestée sous l'influence d'Uranus en Poissons; elle a d'abord «couvé» sous Uranus en Verseau et malheureusement, en 2004, il faudra encore être prudent quant aux troubles de la respiration. C'est là qu'intervient la nécessité de faire de la prévention. Si le virus continue de faire des ravages, il ne faut pas oublier que nous respirons tous un air de plus en plus pollué qui n'est pas sans nous obliger à être plus attentif à ce petit rhume qui pourrait bien tourner en bronchite et, pire, en pneumonie.

Jupiter dans le signe de la Vierge symbolise les maux de ventre, les divers troubles reliés aux fonctions intestinales, ainsi que les virus pouvant envahir l'intestin. Il pourrait y avoir un accroissement d'allergies dû aux produits laitiers... Qu'a-t-on modifié chez l'alimentation des vaches pour qu'il en soit ainsi? Il faudra questionner le mode de production de lait! La prévention est encore une fois le meilleur moyen de se prémunir contre les allergies et les infections. Pendant les neuf premiers mois de l'année, il faudra se convertir à une alimentation saine, épurée et le plus possible sans produits chimiques. Jupiter est une planète qui implique la fonction du foie. Comment le nourrissez-vous?

Sous Uranus en Poissons et Jupiter en Vierge, il y aura bien sûr des naturopathes qui vous offriront des recettes magiques, des pilules miracles, on n'arrêtera pas le progrès. D'autres plantes seront mises sur le marché; elles auront pour but de soulager des maux, et c'est bien qu'il en soit ainsi. Mais comme ce fut le cas pour le millepertuis, quelque temps après qu'on en eut fait la publicité, le public fut avisé de ne pas utiliser cette plante si le médecin vous avait prescrit un antidépresseur! Au cours de 2004, quelques herbes à la mode entreront en interaction avec des médicaments de synthèse. C'est pourquoi il sera essentiel d'être bien guidé si jamais vous êtes converti en totalité ou en partie à la naturopathie.

Vous serez aussi sous l'influence de Saturne en Cancer, le Cancer est le symbole de votre estomac! Saturne est en chute en Cancer et vous signale aussi de bien vous nourrir.

URANUS EN POISSONS + JUPITER EN VIERGE

Uranus en Poissons égale l'air plus l'eau. Jupiter en Vierge égale le feu plus l'eau plus la terre. L'eau et la terre sont les éléments dominants.

Il faudra économiser l'eau afin d'arroser nos terres; dépolluer nos eaux pour des cultures saines. Il y aura nécessité de réaménager certains sites d'épuration de nos eaux pour qu'elle soit parfaitement potable. Il sera aussi question de vendre notre eau; le client le plus près est américain. Dans cette addition entre Uranus et Jupiter, il faut s'attendre à de grandes tempêtes qui secoueront dangereusement des paquebots; plus près de nous, déjà en mars 2003, il y a eu à Montréal et dans d'autres petites villes du Québec des inondations à cause du système d'égout maintenant usé et qu'il faut changer. 2004 risque de nous faire voir d'autres ruptures dans les sous-sols de plusieurs de nos villes. Malheureusement, cela risque de causer un tas de problèmes à des gens qui habitent un sous-sol ou un premier étage. Il faudra augmenter le budget pour procéder à des réparations.

Uranus en Poissons face à Jupiter en Vierge pendant les neuf premiers mois de 2004 présage des arrêts de travail dans divers secteurs publics, tel l'enlèvement des ordures ménagères. Certaines grèves seront courtes, d'autres partielles et quelques-unes beaucoup trop longues! Bref, nous aurons un peu de tout. Quelques grandes entreprises auront droit au même traitement. Comme des promesses électorales n'auront pas été tenues en 2003, le peuple contestera, se mettra en colère.

L'aspect sportif est mal représenté en 2004, il y aura des scandales chez des vedettes adulées, des scandales généralement liés à l'argent ou à des pots-de-vin; il y aura des ventes de clubs sportifs; il est impossible de dire s'il s'agit de hockey, de base-ball ou autre, mais un club qui fut très populaire qu'on avait cru quasi indestructible fermera ses portes. Février et mai seront des mois déterminants côté budget et sports.

JUPITER EN BALANCE

À la fin de septembre, Jupiter entre en Balance. Jupiter est un symbole de juge tandis que la Balance est celui de l'avocat. À compter de ce moment, on parlera de changer ou de modifier des lois qui sont appliquées depuis souvent plus d'un siècle. Mais rien ne sera définitif avant 2005. Il est également possible que durant les trois derniers mois de 2004, des avocats ayant conspiré «du mauvais côté» soient incarcérés.

LA MODE DE LA TÉLÉ RÉALITÉ

Cela ne fait que commencer, la télé en direct. Des émissions faites spontanément avec peu de préparation sont moins coûteuses, et ceux qui y participent ressemblent aux téléspectateurs. De leur salon, celui qui regarde peut alors s'identifier à celui ou celle qu'il voit et se dire qu'il peut aussi avoir son quinze minutes de célébrité! Pourquoi pas?

Le pire qu'on puisse inventer de ce côté en 2004 sera de suivre un homme, une femme ou un couple dans leur quotidien sans les aviser. Il ne s'agira nullement d'observer quelqu'un à qui on fait une blague, mais plutôt de mettre en relief les difficultés qu'on peut éprouver et les démarches qui s'imposent pour en sortir. Il faudra bien sûr mettre des gens dans le coup, mais ce type de projet sera semblable à des secrets dévoilés au grand public en grande pompe! Étant donné la présence de Saturne en Cancer, qui représente les petits enfants, il n'est pas impossible que ce genre de télé fasse parler les petits au sujet de ce que font leurs parents... Rien n'est impossible sous l'influence de Jupiter en Vierge et d'Uranus en Poissons: presque toutes les indiscrétions seront permises! Jusqu'à ce que la loi de Jupiter en Balance à compter de la fin de septembre intervienne et sanctionne!

Quelques artistes seront diffamés au cours de la prochaine année et les poursuites iront bon train.

CONCLUSION – ON NE S'ENNUIERA PAS EN 2004

Nous serons sous l'influence de Jupiter en Vierge, d'Uranus en Poissons, du Nœud en Taureau, de Saturne en Cancer, de Neptune en Verseau et de Pluton en Sagittaire. Les bulletins de nouvelles auront toujours quelque chose à se mettre sous la dent et les journaux ne seront pas non plus à court de sujets. C'est maintenant que nous sentons que nous sommes entrés au XXIe siècle et qu'il nous faut accepter les changements du temps. Chez nous, il y aura une bonne croissance économique, des personnes qui n'ont plus travaillé depuis des années retourneront au boulot ou ouvriront une entreprise. Ce qui est en cours depuis longtemps et qui offre des services et des produits utiles affichera une grande croissance, tels ces magasins où on achète des matériaux pour faire ses propres rénovations. De nombreuses PME ou micro-compagnies naîtront et seront appelées à croître. La roue tourne. De grandes entreprises se dissolvent, se vendent en pièces détachées et sont reprises par des gens sans grande fortune mais déterminés à réussir. Étrangement, tout ce remue-ménage créera de l'emploi et fera en sorte qu'il y aura davantage de travailleurs autonomes.

Nous sommes de grands créateurs et nous le prouverons plus fortement qu'au siècle précédent. Le mot «collaboration» deviendra sacré.

BÉLIER

21 mars au 20 avril

---◈---

À JACQUES FABI, UN GRAND CHEVALIER DANS CE MONDE MÉDIA-TIQUE.

À JOHANNE AMOS, MON AMIE ASTROLOGUE, MA COMPLICE ASTRALE. À LOUISE BARRIÈRE, NUMÉROLOGUE, ARTISTE-PEINTRE, ÉCRIVAINE MAIS AVANT TOUT UNE MAGNIFIQUE COPINE. À LA PLUS ADORABLE DES BÉLIER, MA MÈRE. AUCUNE EXPLICATION NÉCESSAIRE!

---◈---

SOUS L'INFLUENCE DE JUPITER

Jusqu'au 26 septembre, Jupiter est en Vierge dans le sixième signe du vôtre. Durant cette période, il représente le monde du travail, de la santé, des services à autrui. Votre sixième signe vous parle tant de facilité que de difficulté. Il s'agit d'un signe double où les choses se font d'une manière à la fois simple et complexe. Pour ce qui est de la complexité, ce sont les autres qui, malheureusement, vous rendront la vie difficile. Quant à Jupiter en Vierge, en réalité, il vous signale que vous pouvez poursuivre ce que vous avez entrepris en 2003, sauf qu'il y aura toujours des gens qui seront là, en travers de votre route, pour vous demander des services. Malheureusement pour vous, parce que vous perdrez du temps, vous rendrez des services à des gens qui ne méritent pas que vous les serviez. Il est vrai que certaines personnes auront nécessairement besoin de votre aide, mais soyez sélectif parce que Jupiter dans le signe de la Vierge, sixième signe du vôtre, vous empêche de voir claire-ment où sont vos priorités. En réalité, la priorité de Jupiter en

Vierge, c'est de prendre soin de vous et de terminer ce que vous avez débuté en 2003. Il y a vraiment nécessité.

Jupiter en Vierge a un autre symbole. Il vous signale de faire des économies parce que sous Jupiter en Lion, sans doute avez-vous fait quelques dépenses en 2003. Jupiter en Vierge vous dit qu'il est maintenant nécessaire de serrer un peu la ceinture afin de prévoir d'éventuelles dépenses qui seront probablement des nécessités, des réparations, parce que Jupiter signifie aussi les réparations nécessaires. Ne perdons jamais de vue que le signe de la Vierge représente le monde de la nécessité.

Il s'agira beaucoup d'organisation matérielle en 2004. Surtout, prière de ne pas vous associer trop rapidement si vous ouvrez un commerce. Jupiter en Vierge vous indique également qu'il y aura des réparations dues à l'usure probable dans votre maison et autour de celle-ci, surtout si vous habitez le même endroit depuis longtemps et que vous n'avez pas vu à certains matériaux qu'il est nécessaire de changer. Il faudra voir à tout cela parce que dans le monde de la matière, il y a risque de transformations nécessaires. Sur le plan de la santé, il est important de ne pas vous épuiser. Vous rendez service à autrui, vous êtes toujours là pour soigner un parent, une personne malade et en retour, malheureusement, vous pourriez vous épuiser. Les organes visés sont les intestins et le foie. En contre-partie, si vous changez votre alimentation pour être «granola», à ce moment-là, vous pourriez vous éviter des malaises de toutes sortes.

Le travail de routine, très peu pour vous au fond en 2004. Vous serez dérangé, désorganisé, et il est possible aussi que, surtout si vous travaillez pour une multinationale ou un groupement, vous subissiez une grève. Mais cela a aussi un effet bénéfique puisqu'il est possible que vous décidiez d'une réorientation de carrière, de retour aux études. À ce moment-là, vous emboîteriez le pas à une carrière que vous auriez toujours voulu faire.

À compter du 26 septembre, Jupiter entre en Balance, à ce moment-là, il sera en face de votre signe. C'est un autre avis de ne pas vous associer si vous êtes en commerce. Vous devez faire très attention parce qu'il est possible que vous y perdiez. Il y a une spontanéité, en tant que Bélier, mais sous l'influence de Jupiter en Balance, il y aura autour de vous des associés, des gens intéressés à vous faire travailler mais moins intéressés à vous payer. Il est très important de choisir; attendez avant de vous associer. C'est ce que vous recommande principalement Jupiter en Balance à compter du 26 septembre.

Il y aura certainement dans votre vie de couple des choses à régler. Jupiter en Balance représente le mariage, en fait votre association. Que vous soyez officiellement marié ou en union libre, il est certain qu'il y aura des ajustements dans votre vie de couple. Par contre, si vous êtes célibataire depuis longtemps, ce Jupiter en Balance peut vous donner un choc amoureux, mais un très beau choc. Jupiter en Balance vous suggère toutefois de ne pas vous marier en 2004, mais vous pouvez tomber amoureux. Si vous êtes marié depuis longtemps et que l'usure du couple a fait son chemin, alors il est nécessaire d'avoir des explications. Jupiter en Balance face à votre signe symbolise vos enfants, les explications avec vos enfants et aussi des transformations, surtout si votre famille est dysfonctionnelle ou si vous avez des enfants de l'un, de l'autre, de deux mariages. De nombreuses explications, des réajustements seront nécessaires afin que vos enfants vivent heureux avec vous et, naturellement, avec leur père ou leur mère.

SATURNE EN CANCER

Saturne est en Cancer toute l'année dans le quatrième signe du vôtre. Il vient renforcer l'idée de la famille, donc vos enfants. Si vous n'avez pas d'enfant, vous êtes marié, heureux en amour, vous aurez sérieusement envie d'avoir un premier bébé. Selon votre ascendant, il est possible que certains d'entre vous aillent vers l'adoption. Mais il sera assurément question d'avoir un enfant ou alors un deuxième. Si vous appartenez à la catégorie grand-papa et grand-maman, vous aurez la surprise d'avoir la naissance d'un petit-enfant. Il y aussi les familles où on se querelle; Saturne en Cancer vient vous dire qu'une séparation temporaire est nécessaire afin de retrouver votre paix intérieure.

Saturne en Cancer a naturellement plusieurs significations. Dans une d'elles, s'il y a des conflits avec un parent ou des parents, frères, sœurs, cousins, cousines, il vaut mieux s'en séparer même si ce n'est qu'une séparation temporaire pour trouver sa paix en soi et savoir ce qu'il y a au fond de cette querelle, bref, quelle que soit son origine, était-elle vraiment nécessaire? Laissons tout le monde se calmer et après, nous pourrons retrouver la paix. Lorsque Saturne entrera en Lion, ce sera une autre histoire.

Saturne en Cancer vous parle tristement de mortalité. Si vous avez des parents âgés et malades, Saturne en Cancer vous dit que vous serez obligé d'être auprès d'eux pour les soigner. Cet aspect présage également une annonce d'héritage. Ce n'est qu'une annonce. La mortalité n'est pas arrivée mais avant, au moment où il y a possibilité d'un décès d'un membre de la famille dont on peut hériter, déjà il y a risque de querelle.

URANUS EN POISSONS

Uranus est en Poissons jusqu'en 2011, ce qui nous fait un long chemin à traverser. Pendant ce temps-là, dans son aspect positif, vous êtes extrêmement intuitif. Vous avez des presciences, en ce sens que dans le domaine où vous êtes impliqué, vous ferez des découvertes importantes. Vous transformerez un outil en un outil extraordinairement performant, qui servira à une masse de gens, puisqu'il s'agit d'Uranus. Uranus en Poissons, dans le douzième signe du vôtre, concerne également le monde des laboratoires, le monde de la recherche et également, au risque de me répéter, il s'agit d'une découverte. Si vous travaillez dans le monde médical, vous en ferez. On ne pourra rien vous cacher en l'an 2004 sous Uranus en Poissons et, naturellement, sous l'aspect de Jupiter en Vierge, en face d'Uranus en Poissons. Toute cachotterie sera dévoilée.

Il y a aussi risque d'aventure amoureuse; attention, on pourrait vous séduire en 2004, alors que vous êtes une personne extraordinairement fidèle à l'autre. Oui, Uranus en Poissons est plein de pièges. Si vous pressentez qu'on est en train de vous séduire, éloignez-vous.

Éloignez-vous également, ainsi que vos enfants, des eaux profondes que vous ne connaissez pas très bien. En voiture, soyez extrêmement prudent car Uranus dans le douzième signe du vôtre indique l'autre conducteur ayant bu et qui pourrait vous accrocher dangereusement. Autre aspect d'Uranus en Poissons, dans votre douzième signe, qui vient confirmer le Jupiter en Vierge, il est très important de bien vous nourrir pour éviter une hospitalisation parce que vous mangez mal ou vous vous empoisonnez. Évitez tous les aliments chimifiés au cours de la prochaine année. C'est très important pour vous.

NEPTUNE EN VERSEAU

Vous aurez plusieurs enfants à sauver, vos voisins surtout à surveiller. Il est possible que vous sauviez un enfant, l'enfant d'un voisin qui sera mal pris ou dont on abusera. Ça existe dans toutes les sociétés et vous êtes ce sauveur. Vous aurez beaucoup d'inspiration au cours de la prochaine année. Mais des inspirations que vous mettrez en pratique très rapidement sous l'influence de Neptune en Verseau et principalement lorsque la Lune passera en Verseau. Vérifiez à la fin du livre le tableau lunaire. Vous vous rendrez compte aussi, sous Neptune en Verseau, que beaucoup de vos amis, des gens qui se disaient de bonnes personnes pour vous, ne sont en fait que des manipulateurs, des profiteurs. D'ailleurs, en 2003 vous avez déjà fait un grand ménage et vous l'achèverez en 2004. Neptune en Verseau a quelque chose de très étrange en ce qui vous concerne. Vous serez à la fine pointe de tout ce que vous regardez: écran de l'ordinateur, téléviseur, vous chercherez tout ce qui est le plus moderne possible. Vous risquez de faire d'énormes dépenses pour être justement le premier à posséder la nouvelle technologie de ce qui se voit.

PLUTON EN SAGITTAIRE

Pluton est en Sagittaire depuis plusieurs années. Il y reste jusqu'en 2008, il est dans le neuvième signe du vôtre. C'est une position qui vous est très favorable. Pluton d'abord accentue vos intuitions et aussi un désir de connaissances, d'apprendre, de savoir ce qui se cache en dessous des apparences. Puis, cet aspect vous donne également le courage de lutter contre les difficultés de la vie et aussi de quitter ces gens auxquels vous vous étiez attachés mais qui, en réalité, vous ont à plusieurs reprises déçu. Ce Pluton en Sagittaire, au cours de la prochaine année, est une véritable bénédiction puisqu'il fait un aspect de trigone, très bon aspect à votre Soleil. Plus il avance sur le zodiaque, plus il devient puissant. En 2004, il est sur des degrés de puissance par rapport à votre signe.

NŒUD NORD EN TAUREAU

En 2004, vous êtes sous l'influence du Nœud Nord en Taureau qui est dans le deuxième signe du vôtre, symbolisant le monde de l'argent. Ce monde d'argent, c'est celui où on voudrait tout acheter, faire de grandes dépenses mais c'est aussi celui où l'on vous conseille de restreindre vos dépenses afin de prévoir. Cela vous donnera aussi le goût de transformer, d'embellir la maison, de refaire la couleur des murs pour que ça ressemble aux changements que vous vous apprêtez à faire, qui se produisent à l'intérieur de votre maison également, les gens qui vous visitent. C'est tout un monde de transformation. Ne pas oublier que le Nœud Nord a un lien direct avec le karma dans la vie de chacun.

Donc, le Nœud Nord, même si vous n'êtes pas né avec un Nœud Nord en Taureau, symbolise une transformation qui vient d'un monde difficilement définissable puisqu'il est souvent le résultat de vie antérieure. Donc, les transformations que vous ferez vous viennent d'un monde antérieur à la connaissance, à la logique.

BÉLIER ASCENDANT BÉLIER

Jupiter est en Vierge dans le sixième signe de votre ascendant et de votre signe jusqu'au 25 septembre. Durant ces mois, le travail ne manquera pas. Effectivement, l'action sera rapide. Il est même possible que vous ayez deux emplois à la fois. Attention! vous risquez d'épuiser vos énergies. Bien que vous fassiez de l'argent, il faut continuer de faire attention à votre santé. Parce qu'Uranus est en Poissons dans votre douzième signe, par rapport à votre ascendant et à votre signe, il vous guette et ceci peut affecter votre santé, si vous ne faites pas attention. Saturne est toujours en Cancer, dans le quatrième signe de votre signe et ascendant. Entre le 8 mai et le 22 juin, Saturne se tient très proche de Mars aussi en Cancer. Il est possible que, durant cette période, des conflits familiaux éclatent, ce que vous aurez à solutionner. Étant donné la position d'Uranus en Poissons, il y aura possibilité d'en arriver à une entente, à une paix familiale, mais au bout de nombreuses explications.

Sous votre signe et ascendant, il n'est pas impossible qu'il y ait parfois rupture temporaire au sein de la famille. Mais il ne s'agit que d'une rupture temporaire. Pluton dans le neuvième signe de votre ascendant est toujours de bon aspect, il apporte de la chance, il vous permet de réparer les petits inconvénients de la vie que vous subissez. Pluton demeure bénéfique en ce qui vous concerne. Il vous permet aussi de comprendre ce qui se cache derrière les apparences, et plus que jamais cette année. Vous avez le Nœud Nord en Taureau, dans le deuxième signe de votre ascendant, il parle d'argent qui vous est dû, l'argent que vous avez prêté et qu'on ne vous a pas remboursé, bref, on vous remboursera. Il n'est pas impossible que vous puissiez gagner à la loterie parce que ce Nœud Nord en Taureau fait un bon aspect à Jupiter qui est en Vierge jusqu'au 25 septembre et à Saturne en Cancer qui fait un bon aspect à Jupiter en Vierge. Le Nœud Nord en Taureau vous suggère d'acheter des billets de loterie et il est possible que sous l'influence de ce Nœud Nord vous décidiez d'acheter une maison. Il s'agit d'abord de magasiner pour trouver une demeure qui convient à votre prix et à vos besoins.

Jupiter sera également en Balance en 2004 à compter du 26 septembre. Jusqu'au 5 octobre, Mars est aussi en Balance faisant une conjonction à Jupiter en face de votre signe, ce qui signifie qu'il faudra être bien sage dans votre relation sentimentale. S'il y a discussion, il faudra que celle-ci soit bien sage, bien calme. Il est possible que vous soyez provoqué ou que vous provoquiez, ce qui risque d'entraîner une querelle que vous pouvez éviter puisque vous le savez déjà. Ce Jupiter conjoint Mars entre le 26 septembre et le 5 octobre et vous suggère de ne pas signer un contrat de travail qui vous lierait à long terme. Il risque d'y avoir éventuellement des problèmes si vous signez entre ces deux dates.

BÉLIER ASCENDANT TAUREAU

Jupiter qui mène le bal chaque année est dans le cinquième signe de votre ascendant et dans le cinquième signe du vôtre, ce qui signifie beaucoup de créativité de votre part et du travail. Il est vrai que vous pourriez lier un travail de routine, travail de bureau, travail d'usine, qu'importe ce que vous faisiez, vous découvrirez avec un Jupiter en Vierge, cette année, et votre ascendant Taureau, que vous avez probablement un talent artistique à développer. Il sera aussi question de vos enfants et, donc, d'une belle relation avec ceux-ci ou d'une relation qu'on retrouve avec les enfants quand ils sont grands et que la vie a fait que les parents et les enfants sont allés chacun de leur côté. Si jamais vous êtes une jeune personne, que vous désirez avoir un enfant, l'année 2004 vous suggère fortement la famille. Vous êtes prêt pour avoir un premier enfant, un deuxième ou si vous êtes courageux, un troisième.

Uranus est dans le douzième signe de votre signe et dans le onzième signe de votre ascendant, ce qui vous signale de faire très attention aux amis. Certains d'entre eux ne sont peut-être pas aussi sûrs que vous le croyiez. Un autre aspect qui vient le confirmer, il s'agit de Neptune en Verseau qui, au cours de 2004, fera un aspect de tension avec le Nœud Nord en Taureau. Donc, dès qu'il s'agira d'argent entre vos amis et vous, faites attention, méfiez-vous, le mieux serait de ne pas prêter, à moins vraiment qu'on n'ait faim. Alors si on a faim, donnez donc à manger mais si vous prêtez de l'argent, vous risquez de ne pas le retrouver. Avis à ceux qui n'en possèdent pas beaucoup.

Il y a Saturne en Cancer dans le troisième signe du Taureau, vous signifiant une grande curiosité intellectuelle, une possibilité d'un retour aux études que vous ferez à la maison. Donc, ce n'est pas sur un banc d'école que vous pourriez nécessairement vous retrouver mais face à votre ordinateur à la maison, à poursuivre des études dans un domaine où vous êtes à l'aise, dans lequel vous voulez vous perfectionner. Pour ce qui est des voyages, l'année 2004 vous dit qu'il faudra sans doute remettre ce voyage que vous prévoyez faire. Il y aura un petit inconvénient qui pourrait être la maladie d'un proche qui vous retient à la maison.

BÉLIER ASCENDANT GÉMEAUX

Jupiter en Vierge se retrouve à la fois dans le quatrième signe de votre ascendant et le sixième signe du vôtre, ce qui signifie du travail à la maison et parfois, pour certains d'entre vous, du travail au noir. Cet aspect de Jupiter en Vierge vous signale que vous ferez de l'argent mais attention, Saturne qui est en Cancer dans le deuxième signe de votre ascendant vous dit dépenses pour la maison. L'argent gagné sera rapidement dépensé, à moins que vous ne décidiez d'être prudent. Nous avons tous le libre arbitre.

Uranus qui est en Poissons dans le dixième signe de votre ascendant concerne votre famille, vos enfants. Encore une fois, l'aspect vous dit dépenses pour les enfants. Si vous avez de grands enfants, il est possible que l'un d'eux désire aller étudier à l'étranger ou qu'il décide de suivre des cours parascolaires qui coûteront de l'argent. Et que ferez-vous? Lui offrirez-vous des cours spéciaux puisque tel est le désir de l'enfant? Sans doute succomberez-vous au désir de l'enfant parce qu'en étant ascendant Gémeaux, le monde de l'éducation est certainement très important. Neptune est en Verseau, il est dans le neuvième signe du Gémeaux et le onzième signe du Bélier, ce qui présage au moins un voyage, une possibilité d'un gain à la loterie ou une possibilité d'un gain gagné, en fait d'un voyage gagné, ou alors vous avez des amis à l'étranger qui vous visiteront ou des amis qui vous inviteront, tout dépend des autres planètes dans votre ciel astral. D'ailleurs, Pluton qui est en Sagittaire, dans le septième signe de votre ascendant et dans le neuvième signe du vôtre, vous signale de nombreuses nouvelles rencontres au cours de l'année.

Également, si vous êtes célibataire, il y a possibilité d'un grand amour. L'amour tel qu'on le souhaite souvent depuis parfois bien des années. Il ne faut pas oublier que le Nœud Nord est en Taureau, il se trouve dans le douzième signe du Gémeaux. Je réitère mon invitation à faire attention aux dépenses, pour la maison plus particulièrement. Si jamais vous travaillez au noir, il vaut mieux redoubler de prudence. Nous avons toujours des gouvernements auxquels il faut payer nos impôts.

BÉLIER ASCENDANT CANCER

Jupiter est en Vierge et se trouve dans le troisième signe de votre ascendant et dans le sixième signe du vôtre. Il y a là un aspect très «mercuriel». Vous êtes un nerveux, un intellectuel, vous désirez des changements comme jamais vous n'en aviez voulu auparavant et vous êtes prêt à tout pour qu'ils s'opèrent, même à quelques imprudences. Ne perdons pas de vue qu'Uranus est en Poissons en face de Jupiter en Vierge. Alors, il faudra quand même certaines réflexions avant d'opérer vos changements. Mais, c'est bien, il s'agit d'étudier et ces études vous mèneront, dès le mois de septembre, à beaucoup plus de précision dans le secteur où vous êtes impliqué sur le plan professionnel.

Saturne est en Cancer dans votre maison I par rapport à votre ascendant et dans le quatrième signe du vôtre. Si vous êtes marié, avec des enfants, s'il y a des tensions dans votre mariage, il y a danger de séparation. Parce que Saturne donne des difficultés relationnelles avec les enfants et le conjoint, tel qu'il est positionné cette année. En fait, il y a aussi chez vous un désir d'affirmation de vous-même tellement puissant que le partenaire se sent mis de côté même si vous l'avez dorloté, chouchouté, aimé, que vous lui avez donné tout de vous-même. Comme vous êtes un Bélier, un signe de Mars, vos propres réactions ne sont pas tendres et peuvent parfois conduire à une séparation, qui serait toutefois temporaire et non pas définitive, du moins pour l'année 2004. Ce sera comme un temps de réflexion pour ce qui est de votre vie de couple, particulièrement si vous avez des enfants.

Uranus est en Poissons dans le neuvième signe de votre ascendant, ce qui symbolise des voyages, des voyages et encore des voyages. Bizarrement, ceux-ci commencent à vous fatiguer un petit peu. Vous avez besoin de repos, surtout si votre travail vous oblige à des déplacements physiques ou s'il vous oblige à énormément de réflexions, de pensées, de recherches et de dépassement. Une fatigue mentale commence à s'installer, vous aurez le désir de ralentir. Malheureusement, il sera très difficile de ralentir en 2004. Vous avez pris des engagements et vous irez jusqu'au bout parce que chez vous, il y a un désir de réussir. Vous êtes en zone de contrariété: je veux, je ne veux pas, je peux, je ne peux pas, je pourrais, je ne pourrais pas. Alors, il faudra trouver un point où vous vous retrouverez avec vous-même pour avoir la paix.

Neptune est dans le huitième signe du vôtre et vient accentuer tout ce qui est écrit précédemment. Faites attention, faites des pauses, c'est nécessaire pour votre système nerveux, pour ménager votre santé parce que la fatigue, si elle vous accable, peut vous amener à des mini-déprimes et si elles ne sont pas soignées immédiatement, elles peuvent conduire à la dépression. Vous pouvez vous éviter tout cela en prévoyant du repos. Pluton est toujours en Sagittaire et se retrouve dans le sixième signe de votre ascendant, symbolisant encore une fois que le travail ne manque pas. Vous aurez tellement de difficulté à dire non. Pluton est dans le neuvième signe du vôtre, c'est le désir de savoir, de savoir. D'ailleurs, 2004 est une année vers la connaissance, le savoir. Vous aurez besoin de vous sentir savant, d'en savoir plus et il est possible que certains d'entre vous, ayant une grande expérience dans un domaine précis, pourraient enseigner ce qu'ils savent.

BÉLIER ASCENDANT LION

Jupiter est en Vierge dans le deuxième signe de votre ascendant et le sixième signe du vôtre. Il s'agit d'argent, de travail, de changement, de contrats, mais tout l'aspect demeure bénéfique. Lorsque Jupiter atteindra la Balance, le 26 septembre, tout cet aspect se poursuivra de façon agréable avec probablement un voyage. Saturne est en Cancer, il se trouve dans le douzième signe de votre ascendant et dans le quatrième signe du vôtre. Cet aspect symbolise malheureusement, parfois, un enfant qui est malade, qui inquiète beaucoup ses parents ou alors un parent qui est malade et qui inquiète les grands enfants. Tout tourne autour de la famille mais également des problèmes de santé liés à des membres de la famille. La mère est fortement représentée, une mère qui pourrait se retrouver un petit peu dépressive après parfois un accouchement ou parce que les enfants lui demandent beaucoup et la privent de sa carrière. Il faudra voir à cet aspect, à cet état d'âme s'il y a déprime ou dépression de la part de la mère.

Uranus est en Poissons, il se trouve dans le huitième signe de votre ascendant et dans le douzième signe du vôtre. Il vient ici confirmer la maladie pour un membre de la famille mais également, en tant que Bélier ascendant Lion, il faudra faire attention à vous. Vous serez sujet à divers petits virus. L'alimentation sera à surveiller et, surtout, ne pas fréquenter les gens qui ont des maladies contagieuses. Dès que vous savez que des gens, des enfants, des adultes sont malades, prière de vous tenir au loin durant l'année 2004. C'est une nécessité, c'est votre auto-protection. Si vous voyagez, suivez de bonnes règles d'hygiène surtout si vous allez dans des pays où elle n'est pas la même que la nôtre. Neptune est en Verseau, il est dans le septième signe de votre ascendant et dans le onzième signe du vôtre.

Il est possible que vous soyez témoin d'un divorce, d'une séparation. On voudra vous y mêler, surtout s'il s'agit d'un ami. Restez donc au loin, c'est un conseil d'astrologue qui vous est donné parce que vous pourriez vous retrouver dans une situation un petit peu pénible. Laissez les adultes se débrouiller entre adultes. Quant à vous, avec votre partenaire, il est possible qu'il y ait un manque de communication, comme si vous entriez dans une période de silence ou que vous pensiez que votre partenaire vous devine, ce qui n'arrive pas. Il faut avoir des conversations claires et nettes.

Nous avons Pluton en Sagittaire dans le cinquième signe de votre ascendant symbolisant l'amour. Ça peut être l'amour trompeur, l'amour avec quelqu'un d'autre que son partenaire s'il y a des tensions dans le couple, une attraction sensuelle. Alors, en tant que double signe de feu, si vous aviez l'idée de succomber à une autre personne, faites attention, vous pourriez briser un ménage alors que vous êtes amoureux de votre partenaire depuis très longtemps. Soyez un petit peu sur vos gardes quand même. Ce Pluton veut aussi dire que s'il y a union, une jeune union, il pourrait y avoir un premier bébé, un deuxième bébé. Ce Pluton veut aussi dire une création, une œuvre et est très favorable à ceux qui sont dans le domaine musical ou des sports. Il pourrait y avoir un énorme succès de ce côté-là.

Nous avons le Nœud Nord en Taureau, dans le dixième signe de l'ascendant Lion et dans le deuxième signe du Bélier, ce qui signifie à la fois l'embellissement de la maison mais également une grande transformation qui se prépare sur le plan de la carrière. Les transformations ne se font jamais du jour au lendemain, mais progressivement. Alors, soyez patient. Il y aura progression sur le plan de la carrière et une possibilité d'une promotion dans les mois qui viennent.

BÉLIER ASCENDANT VIERGE

Jupiter se retrouve dans le sixième signe du vôtre et dans le premier signe de votre ascendant. Il s'agit d'une affirmation au travail, possiblement d'une promotion, ce que vous ne refuserez pas. Quand Jupiter atteindra la Balance le 26 septembre, il s'agira d'une augmentation ou alors d'une expansion dans le monde du travail. Vous aurez plus de responsabilités. Il faudra tout de même faire attention, lorsque Jupiter entrera en Balance, que tout soit bien légal. Donc, les papiers qui circuleront entre vos mains doivent être vérifiés afin qu'ils soient corrects et s'il s'agit de marchandises, que tout soit bien étiqueté, comme la loi le demande.

Saturne est en Cancer dans le quatrième signe du vôtre et dans le onzième signe de votre ascendant. Il faudra faire très attention dans la maison, sur le plan de l'électricité. Si vous n'avez pas d'assurances, prière de vous assurer, il y a danger de vol. Le mieux serait de vous équiper d'un système d'alarme car il s'agit d'une année un peu difficile, certaines personnes désireraient vos biens. Il vaut mieux vous protéger.

Uranus est en Poissons, il est dans le douzième signe du vôtre et dans le septième signe de votre ascendant. Il s'agira parfois d'une épreuve dans le couple, la nécessité de vous expliquer, vous et l'autre, ou dans certains cas, suivant certains thèmes, vous serez les témoins de la séparation d'un couple d'amis et, dans ce cas, il vous suffira de les écouter et de les laisser régler leur situation. Ce même aspect d'Uranus en Poissons vous dit également qu'il faut faire très attention dans vos associations, si vous êtes en affaires, à votre compte. Certaines gens ne sont pas tout à fait honnêtes. S'il s'agit d'une nouvelle association, vérifiez les antécédents de ce nouvel associé ou encore l'honnêteté de votre futur employé.

Neptune est en Verseau, dans le onzième signe du vôtre et dans le sixième signe de votre ascendant. Il s'agit de changements soudains dans votre milieu de travail, mais souvent des changements auxquels vos amis vous feront participer. Faites attention, en tant que Bélier ascendant Vierge, vous voulez toujours rendre service à ceux que vous aimez, à ceux que vous connaissez. Le danger, c'est qu'on vous mêle à leurs affaires et, là, vous vous retrouvez coincé à régler les problèmes des autres. Ce qui ne vous concerne pas. Alors, si des amis vivent des changements au travail, qui ne sont pas nécessairement positifs, restez au-dehors de cela. Vous n'avez pas à vous en mêler. Ne vous faites pas l'avocat de ces gens. De toute façon, connaissez-vous vraiment la situation qu'ils vivent dans leur milieu de travail? Posez-vous donc la question.

Le Nœud Nord est en Taureau dans le deuxième signe du vôtre et le neuvième signe de votre ascendant. Bizarrement, au cours de la prochaine année, vous aurez la sensation de n'habiter nulle part alors que vous avez une maison, vous avez un toit sur la tête. Mais vous aurez continuellement envie de déménager alors que ce n'est pas vraiment le moment de le faire. Il vaut mieux attendre et prendre votre temps; nous en reparlerons dans deux ans.

Sur le plan financier, le Nœud Nord en Taureau symbolise que si vous faites affaire avec l'étranger, il est fort possible que vous deviez vous déplacer et naturellement, l'argent pourrait rentrer à profusion.

BÉLIER ASCENDANT BALANCE

Jupiter se retrouve dans le douzième signe de votre ascendant jusqu'au 26 septembre. Durant cette période, il faudra faire très attention à votre santé. D'autant plus que Jupiter se retrouve aussi dans le sixième signe du vôtre, vous signifiant de soigner votre alimentation, de manger sainement et d'être raisonnable sur le plan du travail. Vous aurez tendance à faire plus d'heures que la normale et, automatiquement, vous risquez de vous retrouver épuisé. Cet épuisement peut malheureusement conduire à un état de déprime. Il vous faudra par la suite, lorsque Jupiter sera en Balance, remonter la côte. Pourquoi ne pas vous éviter l'aspect de Jupiter en Vierge dans le douzième signe de votre ascendant?

Saturne qui se retrouve dans le quatrième signe du vôtre et dans le sixième signe de votre ascendant concerne vos inquiétudes au sujet de vos enfants. Qu'ils soient petits ou grands, jeunes ou vieux, qu'importe, vous êtes un grand protecteur et vous désirez naturellement le meilleur pour eux. Mais le meilleur pour eux n'est pas nécessairement ce que vous désirez (ou avez désiré) pour vous-même. Alors, il faudrait laisser la liberté de choix à vos enfants et cesser de vous inquiéter outre mesure. Ce qui n'est guère bon pour votre moral et votre santé. Vivre et laissez vivre vos petits et vos grands. Naturellement, s'ils sont des bouts de chou, il faudra les surveiller tout simplement, parce qu'il n'y a pas d'aspect dramatique concernant votre progéniture.

Uranus est en Poissons qui vient encore renforcer l'aspect jupitérien qui vous avise de faire attention à votre santé. Uranus se retrouve dans le sixième signe de votre ascendant et cet aspect concerne très fortement le secteur du travail, le travail de création, dans le monde des médias, où vous êtes en contact avec autrui. Vous aurez à soigner ceux qui vous entourent, même vos collègues de travail. Encore une fois, comme vous serez plus dévoué que jamais en 2004, faites attention à vous aussi, donnez-vous du temps parce que vous aurez tendance à donner tout aux autres et bien peu à vous-même.

Pluton est en Sagittaire dans le troisième signe de votre ascendant et le neuvième signe du vôtre. C'est l'aspect curiosité, vous achèterez énormément de bouquins, vous aurez besoin de vous informer sur une foule de choses. Si vous avez l'intention de poursuivre des études, l'année se prête fortement à cela, surtout sous l'aspect de Jupiter qui est en Vierge qui dit études, apprentissage, curiosité intellectuelle. Ce qui est excellent pour vous car, pendant que vous étudiez, vous ne soignez pas ces gens qui peuvent peut-être abuser de vos bontés. Attention! vous êtes né avec l'opposé du signe et les gens qui naissent avec l'opposé de leur signe ont tendance à se dévouer outre mesure pour autrui.

Nous avons aussi Neptune qui est en Verseau, dans le onzième signe du vôtre et le cinquième signe de votre ascendant. Il vient ainsi confirmer l'aspect dévouement non seulement envers les enfants, tant les vôtres que ceux des autres, mais également l'aspect créativité. Si jamais vous avez un talent artistique et que vous hésitiez à le développer, vous êtes prêt à le faire principalement parce que Jupiter entrera en Balance le 26 septembre. À partir de cette date, l'aspect artistique sera très fort sous votre signe et ascendant.

Sous l'influence du Noeud Nord en Taureau, dans le deuxième signe du vôtre et le huitième signe de votre ascendant, il s'agit ici d'un aspect héritage. Il y aura parmi vous des gens qui hériteront, d'autres qui feront leur testament. Lorsque vous ferez votre testament, ne vous laissez pas influencer par tout ce qui se dit autour de vous. Vous savez ce que vous avez à faire, à qui vous voulez donner. Quand on est parent de jeunes enfants, on fait quand même un testament. Que sait-on de ce qui nous attend? Regardez bien ce que vous faites, examinez bien à qui vous léguez, à qui vous confieriez vos enfants en cas de décès, ce qui ne veut pas dire que cela arrivera. Mais le plus sûrement, c'est que vous aurez un héritage et celui-ci sera disputé dans la famille. Il est possible que lorsque Jupiter sera en Balance, vous preniez un avocat pour obtenir ce qui vous revient.

BÉLIER ASCENDANT SCORPION

Vous n'aurez pas une année de tout repos. Jupiter en Vierge, jusqu'au 25 septembre dans le onzième signe de votre ascendant et le huitième signe du vôtre, présage des amis qui pourraient décéder à la suite d'une maladie surprenante, on ne s'attendait vraiment pas à cela. Il pourrait y avoir rupture de promesse de la part d'amis, en fait quelques déceptions peuvent venir de ceux-ci. Naturellement, à travers cela, l'aspect n'étant pas totalement imparfait, quelques bons amis seront là pour vous soutenir à travers des épreuves que d'autres vous feront vivre.

À compter du 26 septembre, Jupiter sera en Balance dans le douzième signe de votre ascendant. Il peut y avoir un peu de tristesse en vous, mais c'est une tristesse étrange puisqu'elle correspond également à un moment de préparation avant l'émergence vers une nouvelle vie. Il s'agit souvent de mois préparatoires à une réorientation de carrière. Donc, il faut quitter ce que vous connaissez pour aller vers un renouveau, ce qui n'est pas nécessairement facile ni simple.

Saturne est en Cancer, il se trouve dans le quatrième signe du vôtre et dans le neuvième signe de votre ascendant. Peut-être avez-vous de la famille à l'étranger et vous irez les visiter. Peut-être vos enfants sont-ils grands et manifesteront-ils le désir d'aller étudier à l'étranger ou de faire partie d'un programme d'échange avec l'étranger. Ne les retenez pas, laissez-les faire. Si vous faites partie de ces gens qui désirent adopter des enfants, certains en ont déjà mais désirent procéder à une adoption, ce sera beaucoup plus facile que vous l'imaginiez et en moins de temps que vous le croyiez. Comme si l'aspect chance se liait à l'enfant, l'étranger, en fait tout ce qui est du domaine de l'étranger vous sera favorable au cours de l'année 2004. Il en va de même avec le monde commercial et l'étranger.

Uranus dans le douzième signe du Bélier et dans le cinquième signe du Scorpion vient ici renforcer l'aspect création qui se prépare. Étrangement, la création se ferait par la voie du psychisme. Vous ferez souvent des rêves prémonitoires qui vous diront ce que vous aurez à faire au cours des années à venir pour mieux vous accomplir. Si jamais vous avez un talent artistique, très certainement saurez-vous ce qu'il faut faire pour réaliser l'œuvre au grand complet tel que le public le désire de vous et vous de vous-même.

Pluton est en Sagittaire dans le deuxième signe de votre ascendant et le neuvième du Bélier, alors ne vous inquiétez pas pour l'argent. Celui-ci entre plutôt facilement dans vos poches bien que vous sachiez fort bien le dépenser. Vous n'en manquerez pas, il y a même une part de chance au cours de la prochaine année.

Il y a également le Nœud Nord en Taureau qui se retrouve dans le deuxième signe du vôtre et le septième signe de votre ascendant. Ce Nœud indique que l'amour est au rendez-vous si vous êtes célibataire, et ce, avec une personne qui pourrait être fortunée. Il est aussi possible que votre conjoint, votre partenaire se mette à faire de grosses sommes d'argent. Ce qui ne sera pas du tout à dédaigner après tout.

BÉLIER ASCENDANT SAGITTAIRE

Jupiter est en Vierge jusqu'au 25 septembre. Ce qui signifie que vous ne manquerez pas de travail, bien au contraire. Vous pourriez même vous attendre à une promotion, ce qui fera votre bonheur. À compter du 26 septembre, Jupiter est en Balance dans le onzième signe de votre ascendant et dans le septième du vôtre, ce qui signifie qu'on pourrait vous faire une proposition d'association, surtout si vous faites un travail marginal ou vous avez la possibilité d'être à votre compte. Mais il vaudrait mieux y réfléchir d'abord, ne pas vous précipiter. Le mieux serait de vous faire désirer avant d'accepter une association. L'aspect Saturne en Cancer n'indique pas un temps vraiment favorable au monde des associations.

Saturne en Cancer qui se retrouve dans le quatrième signe du Bélier et le huitième signe du Sagittaire prédispose certains d'entre vous à devoir visiter un parent âgé et malade et, dans certains cas, à devoir régler une succession. Il y a aussi des femmes qui désireront être enceintes, il faudra qu'elles soient extrêmement prudentes car sous ces aspects, la grossesse risque d'être difficile. Les jeunes dames qui désireront une enfant devront être très reposées pour bien le porter. Un autre aspect vient confirmer l'aspect difficile d'une grossesse, il s'agit d'Uranus qui se retrouve dans le quatrième signe de l'ascendant Sagittaire et le douzième signe du Bélier. Il dit que si vous êtes une jeune femme, désireuse d'avoir un enfant, prière de bien vous reposer et d'être très bien suivie par votre médecin si vous voulez avoir un bébé en bonne santé. Remarquez que si vous êtes un homme, ce même aspect signifie que c'est votre conjointe qui pourrait vivre ce problème. Si vous êtes des grands-parents, les aspects décrits précédemment symbolisent que vous aurez sans doute à vous occuper d'un de vos petits-enfants qui traverse une période difficile sur le plan de la santé ou tout simplement parce qu'il est débordé de travail.

Vous avez Pluton en maison I et également dans le neuvième signe du Bélier. Vous prendrez votre place dans le secteur professionnel. Il s'agit d'une prise de pouvoir, une prise de position très très forte. Le Nœud Nord se retrouvant dans le deuxième signe du vôtre et le sixième signe de votre ascendant symbolise le travail qui ne manque pas, donc beaucoup d'argent.

BÉLIER ASCENDANT CAPRICORNE

Vous êtes un double signe cardinal. Bien entendu, rien ne vous résiste, rien n'est à votre épreuve. Vous êtes un fonceur, vous êtes né ainsi et vous le serez toujours. Jupiter est en Vierge dans le neuvième signe de votre ascendant jusqu'au 25 septembre et, en même temps, il se retrouve dans le sixième signe du Bélier. Alors, il faut faire très attention à des propositions dont certaines pourraient être malhonnêtes. Méfiez-vous donc des propositions d'association. En fait, si on vous propose un contrat, que celui-ci soit écrit, que rien ne reste en suspens, que tout soit précisé. Lorsque Jupiter entrera en Balance le 26 septembre, il fera opposition à votre Soleil et il est possible que certains d'entre vous soient dans l'obligation, au cours des mois qui suivront, de rompre un contrat parce que les clauses ne sont pas avantageuses, qu'on vous a trompé ou qu'on a abusé de votre bonté. Par contre, certains d'entre vous obtiendront une proposition et, automatiquement, un surplus de responsabilités. À un point tel que cela pourrait nuire à la qualité de vie familiale. Le choix ne sera pas facile à faire pour certains d'entre vous.

Saturne qui est en Cancer et se retrouve dans le septième signe de votre ascendant et le quatrième signe du vôtre, signifie qu'il y aura pour de nombreux jeunes parents un désir d'avoir un premier, un deuxième ou un troisième enfant. En tant que *baby-boomer*, la possibilité de devenir des grands-parents est énorme avec cet aspect. Certains songeront aussi à déménager. Cela dès le début de l'année 2004, il y aura réflexion au sujet de l'acquisition d'une nouvelle propriété. Ce qui s'annonce tout de même très bien surtout si vous le faites avant le 25 septembre.

Uranus est en Poissons, il se trouve dans le douzième signe du Bélier et le troisième signe du Capricorne, ce qui signifie énormément de déplacements. Au cours de ceux-ci, il faudra être très prudent parce que ce douzième signe, par rapport au vôtre, symbolise toujours un léger danger d'accident, un accrochage qui peut vous rendre nerveux. Naturellement, si vous faites un métier dangereux, il faudra vous protéger, si vous faites de la course automobile, prière de ralentir. Parce que là, vous risquez assurément le gros accrochage.

Neptune est dans le onzième signe du vôtre et le deuxième signe de votre ascendant, ce qui signifie l'argent et également le rêve d'une plus grosse maison qui est confirmé par la présence du Nœud Nord en Taureau dans le deuxième signe du vôtre et dans le cinquième signe de votre ascendant. S'il y a déménagement, c'est possiblement parce que la famille s'agrandit ou que la famille diminue, en ce sens que vos enfants ont quitté la maison. Qu'importe le nombre d'enfants, vous pourrez acquérir une plus grande maison et vous irez certainement vers la banlieue, des lieux où vous serez entouré de nature et non pas dans la ville et le béton.

BÉLIER ASCENDANT VERSEAU

Jupiter est en Vierge jusqu'au 25 septembre, dans le huitième signe de votre ascendant, ce qui signifie quelques malaises difficiles à définir; au fond il s'agira la plupart du temps de malaises reliés au désir de changer de travail ou de renouveau, comme si vous n'étiez pas prêt à vivre vos transformations maintenant. Il faudra patienter jusqu'au 26 septembre alors que Jupiter entrera en Balance. Alors là, toutes les occasions de transformation de carrière seront devant vous. Il sera possible aussi de monter une nouvelle affaire. Si vous êtes spécialisé dans un domaine, vous aurez cette promotion que vous désiriez tant obtenir depuis longtemps ou ce nouveau poste. Si vous faites des affaires avec l'étranger, il y aura expansion à partir du 26 septembre. Peut-être désirez-vous une mutation dans une autre ville ou même un autre pays, eh bien! vous l'obtiendrez. Il est possible que certains d'entre vous ne désirent pas cette mutation, mais on vous la proposera avec des avantages, des bénéfices fort intéressants.

Il y a parmi vous ceux qui restent, vous ne partirez pas tous à l'étranger bien sûr. Saturne, qui est en Cancer dans le sixième signe de votre ascendant et le quatrième signe du vôtre, symbolise que si vous avez une entreprise à la maison, vous serez très occupé mais également qu'il y aura quelques rénovations à faire. Il faudra quand même surveiller les dépenses. Vous aurez tendance à grever votre budget. Méfiez-vous de ceux qui vous proposent un nouveau style; vérifiez, demandez plusieurs évaluations avant de faire un choix si vous faites faire des rénovations importantes.

Protégez-vous du vol à la maison. Si vous n'êtes pas équipé d'un système d'alarme, il serait important de le faire au cours de la prochaine année. Il y a un aspect «danger de vol», alors soyez simplement prudent. Bien sûr, Pluton en Sagittaire renforce encore l'idée de voyage. Certains partiront pour le plaisir et parfois, il s'agira de voyages gagnés lors de concours. Participez!

Nous avons le Nœud Nord qui est en Taureau dans le deuxième signe du vôtre et le quatrième signe de votre ascendant et il concerne vos enfants. En tant que parent, il y aura quelques explications avec vos grands enfants qui, peut-être, quittent lentement le nid familial et vous tentez de les retenir. Nos enfants ne nous appartiennent pas; il faut respecter leur liberté, dans la limite du raisonnable. Il est possible également que certains membres de votre famille vous envient soudainement. Pourquoi? Comment? Il s'agit là d'un mystère, d'une espèce de crise familiale. Au cours des mois qui passeront en 2004, tout s'éclairera. Soyez patient, n'alimentez pas les crises familiales, mettez-vous simplement à l'écoute de ce qu'on a à vous dire et peut-être découvrirez-vous qu'on enviait votre dynamisme, votre réussite. En fait, l'envie n'a pas toujours de raison.

BÉLIER ASCENDANT POISSONS

Jupiter est en Vierge jusqu'au 25 septembre, il est dans le septième signe de votre ascendant et le sixième signe du Bélier, ce qui signifie que votre partenaire, votre amoureux, la personne avec qui vous vivez, pourrait être malade et vous serez dans l'obligation d'en prendre soin. Il est aussi possible, suivant votre thème personnel, que ce soit vous qui ayez besoin de soins. Il faudra faire très attention à votre santé, à votre énergie; prenez soin de vous au cours de la prochaine année. En tant que Bélier ascendant Poissons, vous êtes un signe de Mars et de Neptune. Donc, le système nerveux peut être facilement perturbé sans que personne ne s'en rende compte, sauf vous-même.

À compter du 26 septembre, Jupiter est en Balance. À ce moment-là, il est dans le huitième signe de votre ascendant. Dans ce huitième signe, il vous dit d'opérer énormément de transformations dans votre vie. Il est possible qu'il y ait une rupture d'association si vous êtes en affaires ou alors tout simplement un énorme changement par rapport à un associé. Ou encore, certains d'entre vous entreprendront une nouvelle carrière. Il est bien certain que l'épuisement vous guette. Mangez sainement au cours de la prochaine année et prenez du repos dès que vous sentez la fatigue afin de continuer de bien fonctionner. Un Bélier qui se sent fatigué est souvent un Bélier qui se sent humilié. Alors, reposez-vous.

Saturne est en Cancer dans le quatrième signe du vôtre et dans le cinquième signe de votre ascendant. Ceci concerne un grand rapprochement avec vos enfants si vous vous en étiez éloigné, s'ils étaient partis dans une autre ville. Possibilité que vous déménagiez et que vous soyez plus proche d'un de vos enfants ou même de vos enfants. Il s'agira également, pour certains d'entre vous, de vos petits-enfants, peut-être avez-vous perdu un parent de vue et il s'agira de retrouvailles extraordinaires.

Uranus qui est en Poissons et Neptune qui est en Verseau, tels qu'ils sont positionnés selon votre signe et ascendant, vous indiquent qu'il est primordial de faire des pauses repos, de partir en vacances si possible si vous voulez fonctionner comme vous le désirez. Il est aussi possible, suivant ces aspects, que vous ayez une personne à soigner. Ce qui n'est jamais très amusant ni très drôle et ça demande énormément d'énergie. Conséquence: vous avez vous-même besoin de repos. Je réitère encore le conseil de bien vous nourrir au cours de la prochaine année.

Par ailleurs, Pluton en Sagittaire indique qu'un voyage en famille vous serait bénéfique avec des gens que vous aimez: proches, enfants... Il n'est pas nécessaire de s'en aller au bout du monde pour un voyage familial, mais vous retrouver avec ces gens que vous aimez et pour lesquels vous avez de l'affection vous permettrait de refaire vos énergies.

Ne perdons pas de vue que le Nœud Nord est en Taureau dans le deuxième signe du vôtre et dans le troisième signe de votre ascendant, ce qui signifie qu'il est important de vous questionner sur ce qui vous motive dans la vie: travail, famille, carrière. Qui sont les gens qui doivent rester? Qui sont ceux qui doivent s'en aller, sortir de votre vie? Peut-être certains amis ne sont-ils pas de vrais amis? Devez-vous poursuivre ce travail ou entreprendre une autre carrière? Il s'agit de plusieurs questions, mais ne vous inquiétez pas, les réponses viendront aussi.

⟪ JANVIER 2004 ⟫

Sur le plan des relations de travail, Mars est en Bélier et fait un aspect difficile au Soleil en Capricorne jusqu'au 20. Il est possible que vous ayez des conflits avec des collègues qui trouvent que vous prenez beaucoup de place, que vous avez le sens de l'initiative, qu'on vous envie au fond d'être aussi déterminé et précis également. Pourquoi? Parce que Mars dans votre signe vous donne le sens de l'action, de la précision et une vitesse de réaction peu commune. D'autant plus que ce Mars en Bélier fait un aspect de trigone à Pluton en Sagittaire. Lorsque vous vous mettez en action, vous ne faites aucune erreur. Vous obtenez ce que vous désirez et vous avez du succès. Mais en contre-partie, il y a la jalousie de vos collègues. Laissez-la tomber, faites ce que vous avez à faire et avec le temps, on laissera tomber l'agressivité qu'on a envers vous. Comment ne pas admirer un être aussi efficace?

Sur le plan des amours, faites attention à votre vie de couple. Vous êtes souvent absent, le travail, la carrière vous retiennent, les heures supplémentaires sont nombreuses et, de plus, vous avez beaucoup d'amis à visiter, particulièrement au début de l'année. Cela peut parfois déranger votre partenaire, votre amoureux qui trouve que vous lui donnez moins d'importance qu'à l'accoutumée. Peut-être devriez-vous, surtout après le 15 janvier, retrouver le petit côté romantique et organiser des sorties en couple seulement. Si vous êtes célibataire, attention vous ferez beaucoup de conquêtes, particulièrement après le 15 janvier, mais vous ne serez pas prêt à faire un choix. Contentez-vous de la conquête. Vous pouvez faire des jeux de séduction, mais ne vous arrêtez pas trop rapidement à un choix parce qu'il se pourrait que vous commettiez une erreur, l'emballement pourrait vous emporter au-delà du réel sur le plan sentimental. D'ailleurs, avez-vous vraiment un désir d'union? Êtes-vous vraiment décidé en tant que célibataire? Mais si vous êtes engagé, il est vrai que l'engagement est pour vous quelque chose d'extrêmement sérieux.

Sur le plan de la santé, méfiez-vous de ces petits malaises, vous vous démènerez à gauche et à droite. Étant donné que Vénus est en Poissons en face de Jupiter en Vierge, surtout durant la dernière semaine du mois, méfiez-vous des rhumes, des refroidissements soudains, habillez-vous chaudement, c'est une nécessité. Chaussez-vous confortablement; les bas chauds sont vraiment importants parce que vous pourriez prendre froid par les pieds en ce mois.

Pour ce qui est de vos relations familiales, vos enfants ont grandement besoin de vous. Si vous avez des enfants qui font du sport de compétition, vous serez très présent. Vous êtes un Bélier et vous aimez bien être le premier et sans doute, un de vos enfants aime-t-il être le premier autant que vous. Alors vous le suivrez dans ses activités, il voudra se dépasser et vous l'encouragerez. Mais encore une fois, il vous est conseillé de prendre des périodes de repos puisque avec autant de déplacements, la fatigue vous gagnera. Reposez-vous de temps à autre.

◖ FÉVRIER 2004 ◗

Ce mois est une grande invitation au travail et c'est comme si votre vie était entièrement faite de cela. Le danger, c'est de négliger le reste de votre vie et même votre qualité de vie. Par contre, il y a de l'argent à faire, il y a des heures supplémentaires. Si vous cherchez un emploi, vous le trouverez. Si c'est le moment d'une promotion, vous l'aurez. Tout ce monde du travail vous est favorable, très favorable. Si vous êtes à votre compte, si vous avez l'intention de prendre de l'expansion, le moment est excellent. Si vous avez l'intention d'ouvrir un commerce, allez-y, faites vos démarches parce que le moment est parfait pour cela.

En ce qui concerne l'amour, Vénus est en Bélier à partir du 9, symbolisant votre excellent magnétisme. Attention, vous pouvez être marié, avoir une vie de couple mais on flirtera avec vous et vous pourriez succomber. Après tout, vous êtes un signe de Mars et Mars a tendance à se laisser flatter par ceux qui les trouvent beaux, intelligents, fins, raffinés. Méfiez-vous de ces manipulateurs. Vous pourriez aussi briser votre vie de couple. Si vous êtes célibataire, vous avez la liberté. Mais encore une fois, quelques aspects dans le ciel vous disent de ne pas faire un choix. Malheureusement, pour l'instant, c'est comme cela.

En ce qui concerne votre santé, des petits maux de ventre. Méfiez-vous de votre alimentation. Tout simplement, mangez sainement, et plus particulièrement à des heures raisonnables et régulières.

Sur le plan familial, Saturne est en Cancer; il est certain que vos enfants ont grandement besoin de vous, mais surtout de votre affection. Alors, n'hésitez pas à leur dire que vous les aimez.

La vie sociale sera réduite, très réduite, au monde du travail.

◖◗ MARS 2004 ◖◗

Mercure est en Poissons jusqu'au 12, il est dans le douzième signe du vôtre. Méfiez-vous des mauvaises langues, tenez-vous loin, n'écoutez pas les ragots. Ce n'est pas nécessaire, vous pourriez être influencé et, finalement, être aussi mal informé. Lorsqu'on vous fera un message, vérifiez donc, ce serait plus prudent pour vous. À partir du 13, Mercure est dans votre signe, ce qui signifie une plus grande présence d'esprit mais également vous serez toujours prêt à partir, à agir, à bouger, que ce soit pour vous-même, votre famille ou les autres. Sur le plan du travail, vous serez d'une grande efficacité et dans une période de découverte d'un talent. Vous aviez des doutes à ce sujet et, tout d'un coup, ça devient évident: vous l'exploiterez.

Sur le plan sentimental, Vénus est en Taureau à partir du 6 et sous l'aspect de Vénus en Taureau. En tant que célibataire, encore un avis, malheureusement, s'impose ici. Il se pourrait que vous soyez désiré pour ce que vous pouvez apporter sur le plan matériel. Si jamais vous étiez un Bélier riche, alors attention parce qu'on veut ce que vous possédez. Il y aura toujours des coups de passion avec ce Vénus en Taureau et ce Mars également en Taureau jusqu'au 21. Alors, coup de cœur, coup de passion, mais il faudrait vous préserver contre les maladies, les MTS, vous n'êtes aucunement protégé avec cet aspect. Vous et votre partenaire aurez des discussions au sujet de votre budget; sans doute y a-t-il eu ou aurez-vous des dépenses à faire pour la maison.

Si on parle de votre famille, il y a une accalmie entre vos enfants, vos enfants et vous, à moins que vous n'ayez un enfant qui décide d'être en contradiction avec vous. Le meilleur moyen, c'est de rester calme dans vos discussions et d'écouter. Probablement qu'on a des messages à vous faire. C'est à vous de comprendre et non pas à l'enfant de vous expliquer ce qu'il en est.

◁ AVRIL 2004 ▷

Mars est en Gémeaux. Que de voyages, que de déplacements vous serez obligé de faire! Mais quel agrément que de pouvoir partir, prendre l'air, comme on le dit si bien chez nous, vous évader de la routine, des habitudes, vous éloigner de ces gens que vous voyez tous les jours. Cet éloignement vous est bénéfique. Il est possible aussi que cet éloignement soit dû au travail qui vous amène à aller dans d'autres villes. Si vous cherchez un emploi, il est possible que vous trouviez dans une autre ville. L'aspect études revient en force. Si vous avez décidé d'un cours de perfectionnement ou de parfaire des études, le moment est bien choisi pour vous inscrire à votre cours. Si vous êtes à votre compte, si vous avez un commerce, méfiez-vous, il y a de petits voleurs autour de vous. Si vous faites de l'embauche, vérifiez bien les antécédents de vos futurs employés.

Sur le plan de la santé, le système nerveux est agressé à la fois par le travail et toutes ces obligations, les déplacements, la vie de famille. Il faudra bien vous reposer. Les planètes, surtout Vénus, Mars en Gémeaux, c'est le troisième signe du vôtre et en tant que troisième signe, c'est comme si vous vouliez aller trop vite partout. Il risque d'y avoir un manque de sommeil à la fin de tout cela. Essayez de vous reposer un peu plus tôt le soir, quand viendra l'heure du coucher, vous serez prêt à dormir.

Sur le plan de la vie sociale, vous aurez aussi besoin de retrouver des amis que vous avez abandonnés ou que vous n'avez pas pu voir depuis le début de l'année. En avril, période de votre anniversaire, c'est le temps des retrouvailles. Plus particulièrement à partir du 13, vous ne pourrez résister au désir de retrouver ces bons amis avec lesquels vous vous entendiez si bien. Aussi vous fermerez la porte, d'une façon très officielle, à ceux qui dans le passé vous ont nui; vous aviez pardonné, mais cette fois vous n'avez pas oublié ce qu'on vous a fait et vous ne laisserez plus entrer les indésirables, les profiteurs et les manipulateurs. Vous n'en avez plus besoin.

◁ MAI 2004 ▷

Le Soleil est en Taureau jusqu'au 20, il se trouve dans le deuxième signe du vôtre et symbolise que votre énergie physique, mentale, émotionnelle ou psychique est très tournée présentement vers l'argent, le but étant de donner plus à votre famille, à vos enfants, à vos proches. Jupiter est en Vierge, ne perdons pas cela de vue et Mars entre en Cancer le 8 mai. Saturne est également en Cancer. Cet ensemble d'aspects vous dit qu'un parent est malade, qu'il faudra soigner. C'est souvent le père, la mère ou tout autre parent âgé qui déjà avait des problèmes physiques, régulièrement soignés, mais avec le temps, ils sont devenus plus graves. Vous êtes là et vous devez assister à leurs traitements, c'est comme si vous étiez toujours celui qu'on délègue dans la famille pour prendre soin des autres. Vous avez un mal fou à refuser. Cette planète qui fait que le refus vous est si difficile, c'est la position d'Uranus en Poissons, dans le douzième signe du vôtre, donc impossible de ne pas être bon. En fait, la bonté vous habite avec Uranus en Poissons. Mais attention! l'épuisement et le moral à plat vous guettent aussi, ce n'est pas facile de prendre soin des autres. Sans compter qu'il y a tout le reste de la vie dont il faut s'occuper, poursuivre votre travail, des rendez-vous à respecter, des gens à rencontrer, une vie de famille qu'il faut choyer et, en même temps, vos ambitions que vous tassez légèrement mais sans toutefois vouloir les mettre de côté. Donc, vous fournissez un effort inouï au cours de ce mois, vous déployez une énergie qui est monumentale, il faudra bien que vous récupériez. La seule façon d'y arriver, c'est d'avoir une autodiscipline et, comme je vous le disais le mois dernier, vous mettre au lit un petit peu plus tôt afin de décompresser et d'entrer dans un sommeil réparateur.

◖ JUIN 2004 ◗

Le Soleil est cette fois en Gémeaux; d'ailleurs, il est en Gémeaux depuis le 22 mai. Il est dans le troisième signe du vôtre. Vous reprenez vos énergies avec une tendance nerveuse qui est presque inévitable. Par contre, vous ressentez un besoin de vous occuper davantage de vous-même. Vénus est en Gémeaux, ce qui est excellent si vous avez un commerce. Vous développerez une nouvelle stratégie commerciale, une nouvelle clientèle. De plus, entre le 6 et le 19 juin, Mercure est aussi en Gémeaux, ce qui sous-entend un accroissement sur le plan matériel, une expansion qui est d'abord légère, puis plus grande. Il y a toujours un commencement à tout. Toutefois, il faut vous méfier de nouveaux employés, de l'aide que vous recevrez, parce que certains qui se grefferont à vous pourraient ne pas être honnêtes. Vous êtes si pressé que vous ne voyez pas clairement qui est devant vous. Il faudra peut-être demander l'avis d'une autre personne, surtout si vous avez un léger doute. Que votre léger doute devienne donc un signe de vous méfier davantage des nouvelles personnes qui entrent dans votre vie. Jupiter toujours en Vierge et le Nœud Nord en Taureau, en ce mois très particulier, vous permettent de développer le monde du commerce. Il s'agira aussi pour certains d'un monde où l'on termine des études. Vous achevez une période de formation et, si certains d'entre vous cherchent un emploi, il vous sera très facile d'en trouver un. Mars poursuit sa route en Cancer jusqu'au 23. Il intensifie sa marche à partir du 15 puisqu'il entre graduellement, entre le 15 et le 22, sur ses derniers degrés de Mars en Cancer. Ces degrés-là sont extrêmement difficiles concernant un parent ou un enfant malade, ou encore une rupture qui a eu lieu dans la famille. Moralement, c'est plus difficile pour vous de surmonter ce type d'événement. Si vous avez un bon ami à qui vous pouvez vous confier, le moment est idéal de le faire. De toute façon, à la fin du mois, si vous n'allez pas vers cet ami, il viendra vers vous car il aura ressenti que vous avez besoin d'aide morale, et peut-être bien également une aide physique. Et dites-vous que si vous devez vous occuper d'un parent malade, peut-être devriez-vous léguer une part de vos responsabilités aux autres. Après tout, n'ont-ils pas eux aussi leur part de travail à faire puisqu'ils sont aussi parents du malade?

◖◖ JUILLET 2004 ◗◗

Mars est en Lion, position très dynamique par rapport à votre signe. Si vous faites du sport, vous aurez le vent dans les voiles, un côté compétitif, de l'énergie. Si vous avez naturellement réussi à dormir au cours des semaines précédentes, si vous avez suivi mes conseils en vous couchant un peu plus tôt qu'à l'accoutumée, bien sûr que ce Mars en Lion vous permet de récupérer ce que vous avez perdu en énergie et même que c'est double énergie en ce moment. Une énergie qui est absolument extraordinaire, une énergie pure également. Le corps se purifie de lui-même quand c'est nécessaire, le besoin d'exercice se fait d'une façon automatique, ainsi que mieux manger, mieux vous occuper de vous. Vous désirez aussi magasiner, acquérir du plus beau, bref, vous faire plaisir. Vous ne résisterez pas, c'est un besoin inné chez chaque humain. Vous le ressentez très bien en ce moment, et en particulier à partir du 5 quand Mercure entrera en Lion. Donc, on aura l'association Mercure et Mars en Lion, tout cela dans le septième signe du vôtre. Vous serez beaucoup plus proche de vos enfants, les petits comme les grands, vous ferez des sorties familiales, plutôt sportives qu'intellectuelles, afin de regrouper tous ceux qui s'aiment et tous ceux qu'on aime. Le mois de juillet est béni pour vous. Je vous suggère également de vous acheter quelques petits billets de loterie car il est possible que vous gagniez. Quelques aspects vous sont très favorables en ce sens, surtout à la fin du mois. En fait, je vous suggère de commencer à acheter régulièrement vos billets à partir du 17 juillet, au moins un par semaine, deux peut-être, et la chance pourrait bien passer, et pourquoi pas vous! Uranus continue sa marche en Poissons. Si jamais vous étiez, depuis le début de l'année, tombé dans la dépression, vous avez la chance ce mois-ci d'en sortir complètement. Naturellement, si vous acceptez l'aide extérieure. Si vous êtes un orgueilleux, s'il vous plaît, mettez votre orgueil de côté, demandez de l'aide. Faites un signe, on vous comprend, on vous ressent, on vous perçoit.

Si vous êtes disponible à l'amour, une rencontre peut vous raviver, vous redynamiser encore une fois, et n'oubliez pas que si l'amour est un risque, c'est un risque qui vaut le coup. De toute façon, la vie sans risque et sans le risque de l'amour, qu'est donc la vie pour un Bélier?

⚐ AOÛT 2004 ⚑

Mercure est en Vierge jusqu'au 26. Il fait une opposition à Uranus en Poissons. Donc, il vous signifie que vous serez encore occupé par un parent malade ou vous vous sentirez traumatisé. Des personnes autour de vous sont des manipulateurs, elles voudront se faire servir par vous, se faire soigner, qu'importe la façon dont on voudra vous utiliser, on jouera avec votre senti-ment de culpabilité. Chacun de nous a ce point fragile à l'inté-rieur de lui, qui est là depuis la naissance. Nous sommes tous coupables, dès notre première apparition, dès notre premier souffle. Et vous n'en êtes pas exempt. Alors attention, il y aura des gens qui s'amuseront à vous rendre coupable de n'importe quoi pour vous faire marcher, même pour vous emprunter de l'argent. Ne succombez pas à ces combines parce qu'il s'agira vraiment de combines, petites ou grandes, tout dépend com-bien vous êtes capable d'offrir. Ça peut être en argent, en temps, en énergie, en amour. Attention de ne pas être dupe entre le 1er et le 26 août, soyez donc très prudent.

Vénus est en Gémeaux jusqu'au 7, c'est donc une excellente période pour continuer à flirter parce que Mars en Lion fait un magnifique sextile à ce Vénus en Gémeaux qui permet facilement des rencontres. Votre magnétisme, durant ces sept premiers jours du mois, est absolument extraordinaire. Profitez-en si vous êtes célibataire pour sortir, allez aux fêtes, allez voir les amis, ne refusez pas les invitations parce qu'une rencontre peut complètement transformer votre destin et, souvent, il suffit de cinq minutes pour que toute une vie soit changée. Ne perdez pas cela de vue.

À partir du 8 août, Vénus entre en Cancer et Saturne s'y trouve, vous êtes près de la famille qui a encore besoin de vous, et principalement les enfants. Si vous vivez dans une famille reconstituée, il risque d'y avoir des problèmes qui se soulèvent soudainement, comme une tempête qu'il faut régler absolument et le plus rapidement possible pour la sauvegarde des enfants, pour leur permettre de ne pas perdre leur équilibre. Parce qu'en général, les victimes de ces situations sont les enfants. Alors, si c'est le cas, il faut tout mettre au clair dès le mois d'août. De toute façon c'est, pour bien des gens, le retour à l'école des enfants et durant cette période, il peut y avoir un remue-ménage entre deux familles reconstituées. Les enfants doivent trouver une harmonie dans l'ensemble de leur vie. Il faudra les aider et vous aider si jamais vous vivez un trouble quelconque.

L'aspect commercial est très présent pour ce mois d'août. Si vous êtes en affaires, si vous êtes à votre compte ou si vous travaillez dans une entreprise, on vous demandera de travailler beaucoup plus et plus le mois avance, plus on sera exigeant. N'est-il pas le temps de demander une augmentation? Sinon, vous risquez d'être le dindon de la farce.

◖◗ SEPTEMBRE 2004 ◖◗

Cette fois, jusqu'au 22, il y a le Soleil, Jupiter et Mars en Vierge, trois planètes dans le signe de la Vierge, dans le sixième signe du vôtre. Cela concerne directement le travail, du travail en double, souvent deux emplois, parfois même trois. Parce que le Bélier, c'est de l'énergie à revendre; il a toujours besoin d'être rassuré, d'avoir un compte en banque plus rondelet. Mais il a aussi tendance à exagérer sa peur du manque. Faites attention, en ce mois, cette peur peut vous faire travailler à un point tel que vous serez très fatigué. D'autant plus que Mercure va également entrer en Vierge le 11 et qu'il symbolise la pensée mais aussi le monde de la santé parce que Mercure qui régit la Vierge est dans son signe à lui et prend donc une importance première. Comme il finira par faire une conjonction à Mars, vous risquez d'être extrêmement nerveux au cours de ce mois. Si vous travaillez en double et même en triple, avec l'incertitude du lendemain, calmez-vous, prenez de grandes respirations et dites-vous que l'avenir c'est déjà dans la minute présente et que celle-ci prépare demain et le futur. Calmez vos angoisses, de grâce! Vous avez également votre famille dont il faut vous occuper parce que cet aspect ne disparaît pas comme par magie surtout si une personne vous demande beaucoup d'attention, beaucoup d'énergie, qu'elle a une maladie dont on ne récupère pas très bien ou qu'on qualifie même d'incurable. Ça arrive chez plusieurs *baby-boomers* dont les parents sont âgés et qui vivent beaucoup plus longtemps que les générations précédentes. On les soigne bien, ces parents-là, mais la maladie s'étire, vos parents ont besoin de votre attention. Naturellement, vous êtes encore celui qui ne peut dire non. Saturne qui est en Cancer vous donne un sens des responsabilités inouï vis-à-vis des vôtres ou alors, inversement, vous coupez tous les liens. Attention, les uns couperont tous les liens et cette décision pourrait bien se prendre à la toute fin de septembre! N'êtes-vous pas un peu trop radical?

⊛ OCTOBRE 2004 ⊛

Il est question de liens en ce mois d'octobre 2004. Jupiter est entré en Balance le 26 septembre. Il se trouve en face de votre signe pour de longs mois à venir et il concerne le monde des associations, sous toutes ses formes. Tel que je vous le disais pour le mois de septembre, il y a danger de couper certains liens, comme si on vous avait beaucoup demandé, comme si on avait peut-être abusé de vous, et là, vous en avez assez. Mais attention, si vous coupez radicalement des liens, vous pourriez le regretter! Ce Jupiter en Balance vous conseille la diplomatie, la discussion, la négociation et un partage un peu plus juste. Certaines personnes ne voudront pas écouter, on vous dira de prendre toutes les responsabilités alors qu'elles ne vous reviennent pas et, dans certaines situations, il sera nécessaire de vous éloigner définitivement et de couper tous les liens. Mais dans d'autres cas, ce sera le moment de négocier votre position. Il en va de même dans le secteur travail. Vous aurez aussi à négocier votre position.

Sur le plan sentimental, il est possible qu'une intervention familiale brouille votre vie de couple. Attention aux membres de votre famille qui vous disent quoi faire dans votre vie de couple parce que vous vivez une tension ou deux. Cette tension, vous pourriez la régler vous-même. Vous n'avez besoin de personne pour savoir ce que vous avez à faire pour vivre à deux. Puisque, de toute façon, vous en avez déjà l'expérience. Vous aurez parfois la sensation, surtout si votre vie de couple a de l'âge, de l'habitude, que peut-être vous n'êtes plus capable d'aimer. Ce n'est qu'un mauvais passage dans votre vie, une phase où vous êtes épuisé, fatigué, fatigué aussi de la routine. Pourquoi ne pas en parler ouvertement avec le partenaire? Le risque, c'est qu'on vous réponde, mais qu'on vous réponde quoi? Qu'on est bien dans la routine? Alors, que ferez-vous? Vous changerez votre routine, il y aura adaptation ou vous procéderez à la rupture. Au moins, vous vous donnerez à chacun un temps de réflexion. Il est important de ne rien décider hâtivement.

Si jamais vous avez eu des problèmes avec la loi, depuis quelques années, et surtout depuis quelques mois, ceux-ci peuvent s'accentuer si vous n'avez pas pris les moyens pour les régler. Ce n'est surtout pas une année où il faudra tromper l'impôt.

⊰ NOVEMBRE 2004 ⊱

Nous voici dans le monde du Scorpion jusqu'au 21. Jupiter est en Balance, Mars est en Balance jusqu'au 11, le 12 Mars est en Scorpion. Il n'y a pas ici d'aspect tendre, d'autant plus que Vénus est en Balance jusqu'au 22 et jusqu'à la fin du mois, Vénus sera en Scorpion. En fait, l'ensemble de ces positions planétaires ne dénote pas énormément de réjouissances. On doit plutôt s'occuper des obligations incontournables, des responsabilités dont on ne peut se défiler. Il s'agit d'une diversité de responsabilités suivant votre signe et votre ascendant bien sûr. Jupiter en Balance, toutefois, symbolise un monde de justice. Si jamais, précédemment, vous avez eu des problèmes avec la loi, tout cela risque de s'accentuer; vous devrez trouver un règlement. Certains d'entre vous auront besoin d'avis juridiques, principalement si vous avez été victime d'une injustice ou si vous-même avez peut-être triché ou joué avec des chiffres comptables de votre entreprise. Ce sera le moment de rendre des comptes. Il vaudrait mieux demander de l'aide que de prétendre tout connaître et tout réussir tout seul. Ce mois n'est pas tendre. Si quelqu'un a été très malade, il y a possibilité qu'un décès survienne dans la famille au cours de ce mois, ce qui éventuellement donnera à penser héritage qui ne sera pas non plus une chose simple. Malheureusement, votre ciel n'est pas doux en ce mois. L'aspect le plus adouci est représenté par Mercure en Sagittaire à partir du 5 novembre et Pluton qui est en Sagittaire. Si vous êtes un Bélier sage, un Bélier qui a réfléchi, qui a développé une psychologie, une philosophie, une pensée positive, une belle énergie, oui, tout se règle surtout quand on pense du bien de soi et des autres. Vous trouverez beaucoup plus d'énergie, beaucoup plus de facilité à régler tout ce qui se présente à vous. Il n'y a pas de promesse de bonheur parfait, ça n'existe pas. Par contre, si vous êtes un Bélier sage, vous traverserez les événements difficiles et, à la fin, vous récolterez une belle expérience qui, pour toujours, sera utile.

◖◗ DÉCEMBRE 2004 ◖◗

Mercure est en Sagittaire, Pluton est en Sagittaire, toujours dans le neuvième signe du vôtre symbolisant le monde de la sagesse. Vous développerez cet aspect de vous mais également le monde des écrits, les correspondances. Vous aurez des visiteurs venant de l'étranger, et sans doute songerez-vous à partir en voyage pour vous libérer d'événements difficiles, vous soulager, vous reposer. De nombreux Bélier prendront leurs vacances de Noël au soleil parce que l'appel de Mercure et de Pluton en Sagittaire est très fort sur votre signe. Mais certains d'entre vous ne pourront pas partir. Mars qui est en Scorpion jusqu'au 25 risque d'en retenir plusieurs à leurs obligations à la fois familiales et professionnelles pour achever un cycle. En fait, il s'agit d'achever un cycle de trois mois puisqu'on peut le calculer à partir d'octobre qui n'a pas été facile. Il faut aller jusqu'au bout et terminer. Durant la nuit du 25 décembre, Mars va entrer en Sagittaire et vous retrouverez beaucoup plus d'énergie. Vous serez semblable à ce que vous êtes. Si, précédemment, il y a eu des difficultés, dites-vous qu'au moins la nuit de Noël se passera plutôt bien, en bonne compagnie, en famille, vous aurez retrouvé cette paix. D'ailleurs, ce mouvement de paix commencera le 17 décembre et plus les jours passeront, plus vous vous sentirez mieux avec vous-même et avec ceux qui vous entourent. Vous réglerez aussi tous vos problèmes et tout ce qui se présente devant vous. Mais comme je l'ai dit précédemment, si vous avez des problèmes avec la loi, de grâce faites-vous aider. Bien sûr, n'essayez pas de résoudre seul les graves problèmes. Certains se résoudront d'une façon simple puisqu'il s'agit de problèmes mineurs. Si vous aviez un problème avec la loi, qu'il devait y avoir un procès et tout ce que cela comporte, il est possible qu'il y ait un règlement hors cour en ce mois de décembre. Ce qui fera le bonheur de plusieurs d'entre vous.

Dans l'ensemble, sur le plan familial, dites-vous que si vos enfants grandissent, peut-être ont-ils besoin de s'éloigner de leurs parents. Ne vous inquiétez pas de ces enfants qui vont voir leurs amis plutôt que d'aller voir oncles, tantes et grands-parents. Ça les intéresse beaucoup moins et dites-vous en tant que parent que vos enfants sont peut-être en train de vous permettre de vous libérer du poids de la famille et, surtout s'il y a eu des tensions dans votre couple, de vous rapprocher de votre amoureux en cette période des fêtes, surtout à partir du 17.

TAUREAU

21 avril au 20 mai

À MON FRÈRE NORMAND, SON CŒUR TENDRE ET SA LOGIQUE JAMAIS NE SE HEURTENT: C'EST MAGIQUE! À SA FEMME, MONIQUE COUTU: SON ART EST UNE MANIFESTATION DE TOUTE LA TENDRESSE DU MONDE! AU Dr GILLES RAYMOND, DONT LA BONTÉ N'EST PLUS À DÉCRIRE! À MAGALIE RIUZ, JOYEUSEMENT PRÊTE À UNE SUITE D'HEUREUX CHANGEMENTS ET, EN TANT QUE TÉMOIN, JE RIRAI ET ME RÉJOUIRAI PLUS QUE JAMAIS!

SOUS L'INFLUENCE DE JUPITER

Jupiter est en Vierge jusqu'au 25 septembre, il est dans le cinquième signe du vôtre. Ce cinquième signe signifie une opposition solaire. Donc, une position extrêmement importante par rapport au Taureau parce qu'il accentue votre force solaire. En tant que Taureau, on pourrait vous dire que vous êtes dix fois Taureau et non pas un simple Taureau. Jupiter en Vierge est un aspect de chance sur le plan des affaires, mais qui s'étend aussi à bien des domaines d'ailleurs. Cet aspect pourrait être celui d'un recommencement, d'un commencement. Il faudra regarder dans votre thème solaire où se trouve votre Soleil et là, vous saurez où vous conduit Jupiter en Vierge. Parce que ce Jupiter est très bénéfique. Il faut profiter de son passage pour commencer des études pour les uns, pour ouvrir un commerce pour d'autres; pour d'autres encore, ce sera la continuité, l'expansion commerciale. Pour certains Taureau, jeunes et amoureux, qui n'ont pas encore d'enfant, ce sera le moment d'avoir leur premier enfant, un deuxième et même un troisième. Pour d'autres, ce sera l'adoption d'un enfant. En fait, les enfants seront énormément concernés et peut-être êtes-vous l'oncle ou la tante qui s'occupe de neveux et nièces; sous Jupiter en Vierge, votre rôle deviendra beaucoup plus important parce qu'il y aura une nécessité de vous occuper d'eux mais, en même temps, elle sera liée au plaisir de leur rendre les services dont ils ont besoin. Comme si ce rôle de parent interposé vous faisait grandement plaisir, surtout si vous n'avez pas d'enfants vous-même.

Beaucoup d'entre vous déménageront sous l'influence de Jupiter en Vierge. Attention, vous pourriez acheter une très grosse maison, mais êtes-vous certain de pouvoir venir à bout des frais, des taxes et du chauffage? Voyez-y, car ce Jupiter en Vierge peut vous faire désirer plus que ce que vos moyens vous permettent. Jupiter donne parfois une surconfiance. Restez dans le monde de la prudence pour bénéficier au maximum de Jupiter en Vierge qui est excellent de toute façon, parce qu'il y aura augmentation, profit, promotion. Tout est permis sous Jupiter en Vierge.

À partir du 26 septembre, Jupiter est en Balance et se trouve dans le sixième signe du Taureau. C'est la continuité de tout ce qui s'est passé, sous Jupiter en Vierge, et une très belle continuité puisqu'il s'agit encore d'une augmentation de vos profits. Cette fois, il y aura proposition d'association, vous ne serez pas certain et il serait bien d'y réfléchir à deux fois et même à trois fois avant de dire oui à une telle proposition. Si jamais vous acceptiez une proposition d'affaires, assurez-vous que celle-ci ne sera pas à long terme, simplement à court terme parce qu'il y a risque d'y avoir de petits problèmes qui vont surgir au cours de l'année 2004. Vaut mieux prévenir que guérir. Parce qu'en tant que signe fixe, vous travaillez beaucoup mieux seul. Vous êtes LE patron. Prière de demeurer le patron, le propriétaire, au centre de vos entreprises, et ainsi vous préserverez le contrôle. Ce qui ne vous interdit pas d'accepter quelques conseils qu'on vous donne de temps à autre. De nombreuses et bonnes personnes seront là pour vous aider. Ne vous fermez pas, écoutez-les, elles sont là pour votre bien.

SATURNE EN CANCER

Saturne est en Cancer dans le troisième signe du vôtre. Très belle position de Saturne puisqu'il vient alléger les douleurs morales. En fait, vous penserez avec beaucoup plus de légèreté et vous réglerez vos problèmes plus facilement, les uns après les autres. La seule interdiction, le seul problème pouvant surgir de ce Saturne en Cancer, c'est qu'il y ait quelques petits problèmes d'héritage avec des frères et sœurs, surtout si vous venez d'une grosse famille. C'est le seul petit problème pouvant surgir mais en même temps, il se réglera puisque ce Saturne en Cancer est en bon aspect avec votre signe le Taureau. Saturne en Cancer dans le troisième du vôtre symbolise également l'aspect commercial qui est très bien positionné; aussi, une très grande possibilité de faire commerce avec l'étranger. Il s'agit tout d'abord d'une petite ouverture mais qui présage une grande expansion. Il vous faudra toutefois être très attentif à ces signaux. Saturne en Cancer donne beaucoup d'intuition, de perception. Alors ne faites pas celui qui ne comprend pas, n'allez pas jouer uniquement de la logique, puisqu'il est vrai que Saturne ainsi positionné dans le troisième signe du vôtre vous occasionne un blocage face au monde des perceptions extrasensorielles. Pourtant, vous en aurez beaucoup alors écoutez-les; ces perceptions vous conduisent vers votre objectif, l'objectif grandiose, votre rêve, celui que vous faites parfois depuis très longtemps. Parce que Saturne n'a pas d'âge au fond, on peut commencer une carrière à 20 ans, à 30, à 40, à 50 et même à 60 ans et plus. Alors Saturne qui est en Cancer vous permet d'entreprendre le grand rêve qui vous rapportera de l'argent, mais surtout un grand rêve.

Saturne en Cancer, c'est également des départs, des voyages d'exploration pour ceux qui ont de l'argent, qui peuvent se permettre de faire le tour du monde par exemple, mais aussi de petits déplacements. On fait le tour de ce qu'on n'a pas vu près de chez soi, de ce qu'on n'avait jamais osé aller voir. Ce sera également la tournée, la curiosité intellectuelle, vous lirez davantage avec Saturne en Cancer. Vous développerez énormément votre psychologie et aussi la compréhension parce que souvent les livres sont des ouvertures à de nouvelles connaissances qui vous permettent de vous redécouvrir et d'aller au-delà de ce que vous êtes vous-même.

URANUS EN POISSONS

Uranus est en Poissons jusqu'en 2011. Soyez patient. Mais cette fois, Uranus dans ce signe ne nuit pas ou nuit beaucoup moins au Taureau, puisque Uranus en Poissons est dans le onzième signe du vôtre. Il symbolise vos amis: des amis dont il faudra vous défaire pour diverses raisons (maladie de l'un, décès de l'autre), mais également c'est comme si tous ceux qui quitteront votre vie seront remplacés par d'autres beaucoup plus sains de corps et d'esprit. Ils correspondront mieux intellectuellement à ce que vous êtes et à ce que vous faites. Donc, il y aura une espèce d'harmonie qui s'installera entre vous et ces nouveaux amis.

En tant que Taureau, vous avez quelques difficultés à ouvrir la porte. Vous êtes une nature souriante mais à travers ce sourire, il y a toujours de la méfiance et Uranus en Poissons ne vous l'enlèvera pas mais vous donnera quand même encore de l'intuition, ce que Saturne en Cancer fait déjà et ce qu'Uranus en Poissons va également accentuer. Donc, vous ne pouvez éviter de percevoir qui seront ces gens devant vous. Il faudra vraiment ne vous référer qu'à votre logique pour comprendre le monde matériel qui se trouve devant vous, et non pas ce qui est derrière. N'oubliez pas que sous l'influence d'Uranus, vous irez au-delà des apparences. Ne dit-on pas que certaines personnes ont l'air de rien mais que derrière ce rien, il y a un tout, il y a beaucoup. On aura beaucoup à vous offrir. Soyez attentif à toutes ces nouvelles connaissances que vous ferez au cours de l'année 2004.

Jusqu'au 25 septembre, l'influence d'Uranus en Poissons et de Jupiter en Vierge vous est très spéciale puisque durant ces mois, certains d'entre vous gagneront à la loterie; ce pourrait être une très grosse somme. D'autres, par contre, s'ils ne font pas attention à leurs finances, pourraient y perdre énormément. Ce sera tout l'un, tout l'autre. Cet aspect est extrêmement explosif. Uranus opposé à Jupiter est un symbole d'explosion planétaire. En général, il s'agit de circonstances favorables mais il est possible, si vous entretenez malheureusement un esprit négatif plutôt que d'accueillir le bien, le beau et le meilleur, que ce soit pire. Alors, à vous de choisir, parce qu'Uranus en Poissons vous offre monts et merveilles. À vous de les saisir.

NEPTUNE EN VERSEAU

Neptune poursuit sa marche dans le dixième signe du vôtre et celui-ci concerne la famille. Si vous êtes âgé, c'est comme si vous laissiez votre père, qui n'est plus de ce monde, vous habiter parce que vous avez besoin de son amitié. Intérieurement, vous réglez des problèmes avec lui. Ce Neptune en

Verseau fait un aspect de tension au Taureau. En réalité, vous ne réglerez rien en parlant intérieurement aux absents parce qu'en fait vous vous parlez à vous-même et la communication ne s'établit pas réellement. Vous n'affirmez que des choses qui font votre affaire, vous restez dans le monde de la logique. Mais rien n'est solutionné avec ce Neptune et le monde de l'invisible.

Neptune qui est en Verseau dans le dixième signe du vôtre amène un rapport également avec les enfants, surtout les enfants des autres. Des enfants malheureux, ceux qu'on voudrait aider, ceux qu'on voudrait sauver. Neptune en Verseau vous fait une suggestion: pourquoi ne pas faire du bénévolat pour aider les enfants malades. Cela soulagerait énormément vos tensions intérieures face à vous-même et, surtout, si vous vivez une vie aisée. Aider les enfants des autres vous ferait le plus grand bien. Vous rétablirez l'équilibre de cet aspect de tension qu'est Neptune face à votre signe.

PLUTON EN SAGITTAIRE

Pluton est en Sagittaire jusqu'en 2008. il se trouve dans le huitième signe du vôtre. Vous n'avez donc pas terminé les transformations intérieures. D'ailleurs, celles-ci ne se font jamais du jour au lendemain, elles sont progressives. Le temps passe et on se comprend face à soi-même puisque de toute façon, il s'agit de changer. Ce Pluton en Sagittaire est un symbole de mort par rapport au Taureau, en ce sens que lorsque vous vous endormez le soir, c'est une petite mort de laquelle vous vous réveillez le matin. C'est une résurrection. Il y a donc, grâce à Pluton en Sagittaire, de petites et de grandes morts au travers de votre vie. Au cours de l'année, il y aura une grande mort, en ce sens que vous vous libérerez grâce à Jupiter en Vierge qui fera un aspect de tension éventuellement à ce Pluton en Sagittaire; il s'agit d'une libération face à des obligations qui ne sont pas les vôtres. Vous voulez vous décharger de fardeaux qui ne vous appartiennent pas. Cela provoquera votre résurrection, et celle-ci se produira plus sûrement à partir du 26 septembre.

NŒUD NORD EN TAUREAU

Le Nœud Nord est dans votre signe, donc en Taureau. Il joue un rôle très important puisqu'il vient ici secouer toutes les fibres de votre être, de la tête aux pieds, de la pointe des cheveux jusqu'à vos ongles d'orteils. Ne comptez pas vous retrouver tel que vous êtes à la fin de l'année 2004, vous serez complètement transformé. La transformation avec le Nœud Nord est généralement positive. Elle implique des moments difficiles, bien sûr, mais elle vous conduira à la réalisation de ce que vous êtes au plus profond de votre être. La réalisation est intérieure mais elle est aussi matérielle, puisque le Taureau est un symbole de matière. Ce que vous êtes, ce à quoi vous avez réfléchi, votre rêve devient réalité. Vous n'échapperez pas au Nœud Nord en Taureau. Mais si vous y résistez, si vous résistez à votre rêve, vous serez le Taureau le plus triste que la terre puisse porter. Un Taureau, en tant que deuxième signe du zodiaque régi par Vénus, est né pour le plaisir, la jouissance, l'argent, le bonheur et la facilité.

TAUREAU ASCENDANT BÉLIER

Jupiter est en Vierge jusqu'au 25 septembre, il circule dans le cinquième signe du vôtre et dans le sixième signe de votre ascendant. Il symbolise des enfants, la création d'enfants, la naissance, ou alors si vous avez l'âge des grands-parents, la naissance d'un petit-fils ou d'une petite-fille. Il représente tout particulièrement la création artistique, en ce sens que si vous avez des plans, vous avez des idées de création, vous les mettrez à exécution sans plus d'hésitation; de toute manière, vous avez peut-être attendu quelques années avant de procéder et maintenant vous êtes prêt que ce soit sur les plans intellectuel, psychique et financier. Si vous avez un travail régulier, il y a toutes les chances du monde que ce travail se modifie très avantageusement tout au long de l'année. Il y aura une progression. Il n'est pas ici question d'une promotion mais bien d'une progression et aussi d'une amélioration de vos compétences; éventuellement, vous serez plus compétent dans le domaine dans lequel vous êtes impliqué.

Saturne est en Cancer dans le troisième signe du vôtre et dans le quatrième signe de votre ascendant, ce qui symbolise de nombreux déplacements souvent à cause du travail. Parfois, il s'agira d'un déménagement pour le travail, ou alors rarement serez-vous à la maison puisqu'il vous conduira dans diverses villes. Pour certains d'entre vous, il s'agira de trouver une réorientation de carrière qui d'ailleurs deviendra certaine, officielle à partir du 26 septembre. Si vous avez des incertitudes au sujet de votre choix, ne vous en faites pas trop car à partir de cette date, vous serez plus sûr de vous, de la route à suivre pour vous accomplir.

En tant que voyageur, si vous faites souvent de la route, si vous êtes impatient parce que l'ascendant Bélier est un ascendant de Mars et régi par Mars, alors vous êtes un petit peu trop pressé sur la route. De grâce, ralentissez durant l'année 2004! Un accrochage n'a rien de plaisant et les billets de stationnement également. Prenez votre temps, regardez où vous allez, regardez où vous stationnez et, surtout, n'oubliez jamais vos clés à l'intérieur.

Uranus est en Poissons, il est dans le onzième signe du vôtre et le douzième signe de votre ascendant symbolisant que les faux amis seront découverts. Vous pourrez les chasser de votre vie. L'ennemi ne peut se cacher de vous, tel est le symbole d'Uranus en Poissons par rapport à votre signe et à votre ascendant.

Pluton est en Sagittaire, il est dans le huitième signe de votre signe et dans le neuvième signe de votre ascendant. Il s'agit de la transformation de l'argent en placements. S'il s'agit de placements faits à l'étranger, soyez extrêmement prudent. Pluton ainsi positionné laisse à désirer. Vérifiez les antécédents de ceux qui vous serviront de guides dans les transactions, les placements, de façon que jamais vous ne soyez induit en erreur. Tout l'argent que vous avez gagné, vous devriez le garder, il est à vous. Alors soyez très très prudent.

Il sera possible que vous fassiez de nombreux voyages vers l'étranger, souvent par affaires, surtout si vous avez établi un aspect commercial avec lui. Quel que soit votre travail, s'il vous conduit en dehors du pays, sans doute serez-vous obligé de partir plus souvent et aussi avec peu de jours d'avis. Le Nœud Nord est en Taureau, il est sur votre Soleil et dans le deuxième signe de votre ascendant. C'est une affirmation sur le plan de la carrière mais également un remaniement de votre budget. Un budget que certains desserreront parce qu'ils auront plus d'argent, tandis que d'autres le resserreront par manque d'argent. En réalité, sous votre signe et ascendant, la prochaine année est plutôt prometteuse et prospère. Si vous êtes inquiet, chassez l'inquiétude, en principe l'argent ne devrait pas manquer.

TAUREAU ASCENDANT TAUREAU

Jupiter est en Vierge dans le cinquième signe du vôtre et de votre ascendant jusqu'au 25 septembre, ce qui signifie que vous êtes doublement chanceux durant cette période. Tous vos projets que vous désiriez réaliser, c'est le temps de les mettre à exécution. Les problèmes disparaîtront presque comme par enchantement. C'est comme si des gens se plaçaient sur votre route pour vous aider à régler ce qui était resté en suspens et à progresser. Cette progression-là se poursuivra avec Jupiter en Balance à compter du 26 septembre. Donc, vous n'avez pas à vous en faire sur les plans de la matière, des grands projets, car vous êtes béni par Jupiter en Vierge. Il en va de même sur le plan familial, de très bons aspects apparaissent. Les quelques problèmes qui ont eu lieu dans le passé disparaissent pour ne plus jamais exister dans votre vie. De toute manière, à chaque passage de Jupiter, quand il est bénéfique, si on a bien appliqué ses lois, on apprend une leçon que jamais on n'oublie, l'une de celles-ci étant de ne fréquenter que les bonnes gens. Ce que vous ferez au cours de l'année tant dans le secteur personnel que professionnel.

Saturne est en Cancer, il est dans le troisième signe du vôtre et de votre ascendant. Il symbolise des voyages, peut-être un voyage au loin que vous n'avez jamais fait et sans doute, pour plusieurs d'entre vous, de nombreux déplacements à cause du travail. La seule ombre au tableau, dont le symbole revient sous votre signe et ascendant, serait quelques petites mises au point verbales avec des frères et sœurs concernant des choses du passé qu'on ne s'est pas pardonnées et dont il faudrait discuter afin de passer à autre chose.

Uranus est en Poissons dans le onzième signe de votre double Taureau; il symbolise beaucoup de nouveaux amis qui se grefferont à votre quotidien. Certains ne seront que de passage dans votre vie mais un passage remarqué et remarquable car ils vous ouvriront une porte ayant un lien avec votre milieu de travail.

Uranus qui est en Poissons symbolise également de grands changements dans votre perception, votre façon de voir les autres, les gens autour de vous. Il est possible que vous ayez vu un petit peu plus noir que ce que vous voyez présentement, mais vous aurez une meilleure opinion de l'ensemble des gens dans l'année qui vient. Également, vous vous impliquerez davantage dans des projets de société. Vous ferez du bénévolat, vous aiderez des gens qui sont dans la misère et peut-être vous impliquerez-vous également dans la politique. Beaucoup d'entre vous sentent qu'il est temps pour eux de mettre leur nez dans leur communauté, et de se tailler une place en politique municipale ou nationale.

Pluton est en Sagittaire dans le huitième signe du Taureau et, ainsi positionné, continue d'indiquer que vos transformations sont en cours. Mais au cours de l'année 2004, ne vous inquiétez pas, les transformations sont extraordinairement positives. Le Nœud Nord est en Taureau, il se trouve dans la maison I de votre ascendant, il est sur votre Soleil. C'est une très grande affirmation de vous-même. Affirmation de votre personnalité, la prise en charge de vous-même, la non-attente, vous terminez cet état d'attente dans lequel vous étiez peut-être l'an dernier. Maintenant, vous vous prenez totalement en charge, vous êtes entièrement responsable de vos actes. C'est comme un accomplissement de la conscience elle-même.

TAUREAU ASCENDANT GÉMEAUX

Votre Soleil est situé dans le douzième signe de votre ascendant. Ce qui n'est guère simple pour vous. Quelques complications surgissent ici et là; il faut dire que vous avez envie de sauver le monde, ce qui est possible au départ. Il est vrai que l'idée de rendre service à tout un chacun est bonne, mais elle va souvent au détriment de vos intérêts. Vous vous négligez pour vous donner à autrui. Il y aura une prise de conscience qui sera faite à ce sujet-là, sous Jupiter en Vierge. D'ici le 25 septembre, vous vous apercevrez qu'en donnant de vous-même, peut-être n'avez-vous rien retiré de tout cela ou si peu, qu'il est temps finalement de vous occuper de vous. Uranus, n'oubliez pas, est en Poissons en face de ce Jupiter en Vierge jusqu'au 25 septembre. Donc la prise de conscience est double. C'est comme une alerte; peut-être votre santé en souffrira-t-elle si vous continuez de prendre soin de tout le monde et de négliger votre personne, votre santé, vos intérêts.

Jupiter sera en Balance à partir du 26 septembre. Il sera dans le sixième signe du vôtre et le cinquième signe de votre ascendant, ce qui vous fait réagir si vous ne l'avez pas fait sous Jupiter en Vierge. Sous Jupiter en Balance, vous n'aurez guère le choix, en ce sens que la réalité est là, juste devant vous. Vous êtes important à un point tel que si vous n'y étiez plus, vous manqueriez à de nombreuses personnes. Mais vous ne pourrez sauver le monde entier et vous en prenez parfaitement conscience. Sur le plan du travail, il est possible que vous modifiiez votre travail, que vous le transformiez, que vous en délaissiez une partie et que vous vous mettiez à étudier dans un autre domaine dont vous avez toujours rêvé.

Saturne est en Cancer dans le troisième signe du vôtre et le deuxième signe de votre ascendant. Il s'agit parfois de pertes financières parce que vous prêtez à des membres de la famille qui ne vous remboursent pas. Si jamais l'occasion est là, si on vous emprunte de l'argent, de grâce ne le prêtez pas car vous ne le reverrez pas avant sans doute quelques années. Mais si vous êtes l'emprunteur, on vous obligera à rembourser très rapidement; alors, soyez certain de ce que vous faites, sinon vous engagerez une dispute familiale avec des frères et sœurs.

Bien sûr, il est question d'Uranus en Poissons qui est dans le onzième signe du vôtre et le neuvième signe de votre ascendant. Il y aura certains moment dans votre vie où vous aurez une grande envie de fuir à l'autre bout du monde, d'aller découvrir ce qui s'y passe. Peut-être est-ce mieux? Si certains d'entre vous ont les moyens de partir, la majorité resteront et devront découvrir finalement qu'ils n'ont pas été assez sélectifs ces dernières années et que, cette année, il y a nécessité de l'être. En étant sélectif, on se rend compte qu'il y a des gens qui méritent qu'on s'en occupe, qui méritent d'être avec nous parce qu'on a de la valeur, alors que d'autres ne nous apporteront absolument rien qui vaille.

Neptune est dans le dixième du vôtre et dans le onzième signe de votre ascendant. Ainsi positionné, il s'agit d'un retour de carrière, souvent que vous avez abandonnée, et particulièrement si vous avez œuvré dans le domaine de la communication. Ce retour se fera d'une façon assez étrange, par le biais d'un heureux hasard. Ce qui fut abandonné, parfois sans raison quelques années plus tôt, est repris maintenant avec beaucoup plus de clarté et de lucidité.

Pluton est en Sagittaire dans le huitième signe du vôtre et le septième signe de votre ascendant, signifiant de nombreuses mises au point avec le partenaire. Parfois des explications extrêmement sérieuses auront lieu, particulièrement durant les mois du séjour de Jupiter en Vierge, soit entre le 1er janvier et le 25 septembre. Certains d'entre vous vivront une rupture durant cette période, une rupture qu'ils avaient retardée pendant longtemps. Le bonheur n'était pas au rendez-vous, vous l'espériez. Étant donné votre Soleil positionné dans le douzième signe de votre ascendant, l'espoir a tendance à renaître alors que parfois il n'y en a pas, tout particulièrement dans le domaine du cœur. Cette fois tout devient parfaitement clair. Vous allez vers une nouvelle vie et ne vous découragez pas, l'amour ne vous laissera pas seul. Il vous permettra une autre merveilleuse rencontre.

TAUREAU ASCENDANT CANCER

Jupiter est en Vierge dans le cinquième signe du vôtre et dans le troisième signe de votre ascendant jusqu'au 25 septembre.

Durant cette période, il y aura beaucoup de changements professionnels mais également beaucoup de réalisations. En fait, vous récolterez les petites récompenses de ce que vous avez accompli durant l'année 2003.

À compter du 26 septembre, Jupiter entre en Balance. Cette fois, il se retrouve dans le sixième signe du vôtre et le quatrième signe de votre ascendant et symbolise l'occasion d'aller travailler dans un autre pays, une autre ville. Vous aurez un choix à faire, choix important puisqu'il concerne également votre famille, surtout si vous avez des enfants, ce qui implique un grand déménagement. Vous aurez donc à réfléchir à cette situation, et plusieurs d'entre vous devront le faire. Si certains ne déménagent pas pour leur travail, il sera simplement question de changer de maison. En fait, un changement de décor vous semblera nécessaire mais cette décision ne sera prise qu'à compter du 26 septembre car vous devrez y réfléchir.

Saturne est en Cancer, il est dans le troisième signe de votre signe et sur votre ascendant. Ainsi positionné, Saturne vous donne un désir d'affirmation, une prise de pouvoir sur vous-même, le goût de faire des choix par vous-même. Si, jusqu'à présent, vous avez vécu sous l'influence familiale, avec Saturne sur votre ascendant, vous vous affirmerez, ce qui surprendra sans doute plusieurs membres de votre famille. Par ailleurs, la position de Saturne en Cancer vous donne une très grande intuition et lorsque vous prendrez une décision, principalement lors du séjour de Jupiter en Vierge, vous prendrez la bonne que ce soit concernant votre travail, votre vie personnelle, votre vie sentimentale.

Uranus est en Poissons dans le onzième signe du vôtre et le neuvième signe du Cancer. Il symbolise les voyages à l'étranger, ceux qu'on fait par plaisir et qu'on ne s'était plus offerts depuis parfois plusieurs années. Mais cet aspect indique également la chance dans les jeux de hasard ou la chance de gagner un voyage, la chance de rencontrer de nouveaux amis et, souvent, de reprendre contact avec des amis qui étaient déménagés à l'étranger et qui font un retour, ou alors aller visiter des amis qui habitent à l'étranger. Il sera vraiment question d'aller-retour entre deux pays mais toujours ayant un lien avec vos amitiés.

Neptune est en Verseau dans le dixième signe du vôtre et dans le huitième signe de votre ascendant, ce qui symbolise de l'inquiétude pour un parent âgé ou malade, ou tout simplement de l'inquiétude pour un parent que vous affectionnez, qui ne va pas très bien, qui n'arrive pas à s'orienter, qui se cherche. Vous lui donnerez un coup de main, mais vous ne pourrez faire l'impossible. Vous avez également vos décisions à prendre, un plan de carrière à suivre et vous ne laisserez pas ce parent vous interdire de suivre la route que vous avez choisie. Naturellement, cela vous demandera du courage de lui dire non pour répondre à l'appel sérieux et intéressant de l'étranger pour le travail, mais vous aurez la force d'être ce que vous avez toujours voulu être et d'aller vers votre nouvelle destinée.

Pluton est en Sagittaire, il est dans le huitième signe du vôtre et dans le sixième signe du Cancer. Ce qui est un rappel au monde de la carrière, la carrière que vous avez choisie mais aussi un retour aux études. Ce Pluton demande de faire plus attention à votre santé. Votre alimentation a probablement changé. Attention! au cours de la prochaine année, vous pourriez prendre du poids. L'effet Saturne en Cancer peut ainsi se faire sentir sur votre ascendant. De plus, il y a le Nœud Nord en Taureau; il est à la fois sur votre Soleil et dans le onzième signe de votre ascendant, et un symbole uranien. Uranus est en Poissons et le signe du Poissons, lié à Saturne en Cancer, dans un signe d'eau, symbolise beaucoup d'appétit, la gourmandise pour tout ce qui est nouveau. Comme vous aurez beaucoup d'invitations chez vos amis, vous irez vers la bonne chère et celle-ci peut vous faire grossir. En tant que Taureau ascendant Cancer, l'aspect bien manger est tellement important. Alors, faites attention, surtout avec le Nœud Nord sur votre Soleil qui symbolise que quelques kilos seront peut-être indésirables à la fin de l'année si vous ne faites pas attention à votre alimentation.

TAUREAU ASCENDANT LION

Jupiter est en Vierge jusqu'au 25 septembre, il est dans le cinquième signe du vôtre et également dans le deuxième signe de votre ascendant. Cela symbolise que vous travaillerez beaucoup pour faire de l'argent parce que vous avez sérieusement envie de vous payer du luxe. Donc, ce sera une année de travail. Vous amasserez de l'argent, vous accumulerez des biens, tout cela pour vous offrir beaucoup plus et beaucoup mieux à vous et aux vôtres aussi.

À partir du 26 septembre, Jupiter est en Balance. Il est dans le sixième signe du vôtre et dans le troisième signe de votre ascendant. C'est une période souvent de retour aux études afin de parfaire une formation ou pour terminer un cours, le but étant naturellement de pouvoir faire davantage d'argent dans l'avenir.

Votre Soleil est situé dans le dixième signe de votre ascendant. Donc, vous êtes le protecteur de la famille et ce que vous gagnez en travaillant, c'est généralement pour les vôtres. Attention, quelque part sous l'influence de Jupiter en Vierge, vous aurez tendance à faire des économies de bouts de chandelle, de vous priver de petites choses qui ne coûtent presque rien. Regardez bien, certains produits méritent qu'on y mette le prix et d'autres non. Établissez vos priorités. Bizarrement, vous le ferez avec l'alimentation. Essayez de manger le mieux possible parce que, de toute façon, vous travaillerez beaucoup. Surtout, ne vous inquiétez pas, Jupiter vous assure quand même de faire de l'argent.

Saturne est en Cancer dans le troisième signe du vôtre et dans le douzième signe du Lion, ce qui symbolise quelques petits problèmes avec la famille, principalement si vous avez une famille reconstituée. En tant que femme, il est possible que le père de vos enfants, dont vous seriez séparée, réclame davantage de jours avec eux. De longues discussions peuvent s'ensuivre à ce sujet-là. Ou alors, des problèmes peuvent survenir avec des frères et sœurs, de l'imprévu. En fait, les problèmes ne sont pas les vôtres; ils appartiennent à vos frères et sœurs très souvent mais vous avez tendance à les prendre sur vos épaules, comme si c'était vous qui les viviez. Il faudra vous détacher rapidement de ces situations, faire le tri. Vous avez bien assez de vous occuper de votre travail, de prendre vos responsabilités sans devoir souffrir à la place d'un frère ou d'une sœur. Parce que tel est le risque de la situation. Vous aurez envie de voyager, de vous déplacer durant l'année mais ce sera difficile parce que vous pensez économies, besoin de mettre de l'argent de côté. C'est une année qui se passe ainsi, et pourquoi pas?

Uranus est en Poissons, il est dans le onzième signe du vôtre et dans le huitième signe de votre ascendant. Cette position vous invite à ne pas prêter d'argent aux amis, aux parents ou à des proches. Attention! cet argent vous pourriez le perdre. C'est également un aspect qui vient encore une fois indiquer vos économies de bouts de chandelle. Donc, ne pas dépenser pour ce qui en vaudrait le coup et, finalement, vous acheter des peccadilles dont vous vous lasserez. Soyez extrêmement lucide lors de vos achats. Vous voulez faire des économies, soit. Mais peut-être en feriez-vous de meilleures si vous gardiez votre lucidité en tout temps lorsque vous faites vos achats. Faites attention.

Neptune est dans le dixième signe du vôtre et dans le septième signe de votre ascendant, symbolisant la difficulté amoureuse. Peut-être n'êtes-vous pas heureux, peut-être pensez-vous à la séparation, peut-être supportez-vous un conjoint qui dispute constamment. Ou alors les amours, en tant que célibataire, ne sont qu'un remplissage, en ce sens que vous vous sentez vide et vous vous contentez d'amours de passage. Vous oubliez d'aller au-delà des apparences, alors questionnez-vous à ce sujet-là. Si jamais il y avait une séparation, ce serait bien d'avoir l'aide d'un thérapeute parce que vous aurez sans doute de la difficulté à passer au travers au cours de la prochaine année, surtout à partir du 26 septembre lors du passage de Jupiter en Balance.

Pluton est en Sagittaire dans le huitième signe du vôtre et dans le cinquième signe de votre ascendant. Cette planète vous confirme qu'il y a nécessité; si l'amour est toujours chaviré dans votre vie ou qu'il l'est régulièrement, en fait, si vous vivez un chaos sentimental d'une fois à l'autre, alors pourquoi ne pas consulter et cette fois suivre une thérapie et l'entreprendre jusqu'à ce que vous ayez compris quelle était la source du problème qui, chaque fois, vous fait vivre des situations douloureuses en amour.

TAUREAU ASCENDANT VIERGE

Jupiter est en Vierge jusqu'au 25 septembre. Il est dans le cinquième signe du vôtre et sur votre ascendant, ce qui symbolise une énorme progression sur le plan des affaires, dans le travail, un choix que vous aurez à faire parfois entre deux offres, deux propositions intéressantes, deux emplois, ou alors vous occuperez deux emplois aussi rémunérateurs l'un que l'autre. Jupiter sur votre maison I vous aide à vous affirmer en tant que chef; en même temps, il se retrouve aussi dans le cinquième signe du vôtre. Il vous donne beaucoup de chance dans vos entreprises. Jupiter passera en Balance le 26 septembre, dans le sixième signe du vôtre et dans le deuxième signe de votre ascendant, ce qui vient ici confirmer l'aspect de prise de pouvoir, de force dans le travail ainsi que plus d'argent, de gains substantiels et une possibilité de promotion.

Saturne est en Cancer dans le troisième signe du vôtre et dans le onzième signe de la Vierge. Le onzième signe a toujours un rapport avec le monde de l'informatique. Donc, Saturne ainsi positionné en Cancer par rapport à votre signe symbolise l'utilisation nécessaire de tous ces appareils. Si vous ne connaissez pas le domaine, vous vous initierez à l'informatique et si déjà vous le connaissez bien, plus que jamais, vous utiliserez l'informatique, vous le mettrez à votre service, pour que cela devienne également très rémunérateur. Certains d'entre vous feront des découvertes intéressantes si vous travaillez dans la recherche informatique. Quel que soit le domaine de l'entreprise dans laquelle vous travaillez, si vous faites de la recherche, ce Saturne en Cancer vous donne tout simplement du génie durant l'année 2004.

Uranus est en Poissons, dans le onzième signe du vôtre et dans le septième signe de votre ascendant, ce qui signifie les amis de votre partenaire. Mais il peut s'agir de votre amoureux ou de vos partenaires sur le plan des affaires. Il faudra faire très attention parce que durant le séjour de Jupiter en Vierge jusqu'au 25 septembre, Uranus, qui est en Poissons, fera face à Jupiter en Vierge. Donc, il faudra surveiller les nouvelles personnes qui entrent dans la vie de vos partenaires parce que ceux-ci peuvent influencer ou votre carrière ou votre vie de couple. Certains de ces amis pourraient ne pas être de vrais amis. Alors il faudra ouvrir votre troisième œil pour voir clairement qui vous avez devant vous.

Neptune est en Verseau dans le dixième signe du Taureau et dans le sixième signe de la Vierge, ce qui vient ici confirmer l'aspect modernisation dans tout ce qui s'appelle informatique mais également tout travail qui demande de la minutie et de la précision ou du rêve et de l'inspiration. Au cours de la prochaine année, vous êtes un grand créateur, un être inspiré dans le domaine dans lequel vous êtes impliqué. Que vous soyez un intellectuel ou un travailleur manuel, qu'importe votre métier, vous irez au bout de votre entreprise. Il s'agira souvent d'une entreprise nouvelle; en quelque sorte, vous devenez un inventeur.

Pluton est en Sagittaire, dans le huitième signe du vôtre et dans le quatrième signe du votre ascendant, signifiant plusieurs transformations dans la maison et peut-être des dépenses obligatoires pour celle-ci. Certains d'entre vous décideront, vers la fin de l'année, de préparer un déménagement mais il s'agira uniquement d'une décision que vous prendrez vers le mois de septembre ou octobre prochain. Auparavant, pendant le séjour de Jupiter en Vierge, il est possible que vous fassiez des dépenses pour la maison, plus particulièrement quelques réparations à faire au sous-sol.

Le Nœud Nord est en Taureau, il est dans le quatrième signe de votre ascendant ainsi que sur votre Soleil et symbolise que le commerce avec l'étranger, s'il a déjà été entamé et abandonné, peut être repris d'une manière assez surprenante, que ce soit par l'intermédiaire d'amis ou parce que justement, à l'autre bout du monde, on vient de penser à vous. Il y a d'énormes possibilités de progression au cours de 2004, des transformations extraordinairement positives.

TAUREAU ASCENDANT BALANCE

Jupiter est en Vierge jusqu'au 25 septembre, il se trouve dans le douzième signe de votre ascendant, ce qui vous signifie d'être extrêmement prudent dans le monde des affaires ou qu'il s'agit d'une réorganisation dans le monde du travail. Il s'agit parfois de changer d'emploi, de poste, mais la décision viendra de vous seulement. À ce moment-là, vous vous sentirez bien seul dans cette décision. Ne comptez pas vraiment sur l'appui d'autrui pour décider de votre destin professionnel. De toute manière, il vous appartient.

Lorsque Jupiter sera en Balance, à partir du 26 septembre, si vous avez pris vos propres décisions, vous serez heureux de l'avoir fait. Mais si vous ne l'avez pas fait, attention, parce que, sous Jupiter en Balance, vous pourriez être sous l'influence d'associés qui pourraient vous induire en erreur. Il est donc essentiel, durant les neuf premiers mois de l'année, de prendre toutes les décisions concernant votre travail sans l'aide de personne. Certains d'entre vous feront également un retour aux études; beaucoup de lecture sera nécessaire.

Jupiter en Vierge, dans le douzième signe du vôtre, c'est le questionnement, un moment de l'existence que chacun traverse un jour ou l'autre et qui exige de la réflexion par rapport à soi-même, sa famille, ses enfants, les proches. Elle n'est pas simple, mais ne vous inquiétez pas, comme bien d'autres vous passerez au travers.

Saturne est en Cancer, il est dans le troisième signe du vôtre et dans le dixième signe de votre ascendant. Ici encore, il parle de votre carrière, de ce choix de carrière qui doit être fait avant le 25 septembre ou, du moins, durant cette période. Même si la cogitation est extrêmement pénible, il doit en sortir quelque chose. Parce que, après le 26 septembre, sous Jupiter en Balance, et vu la position de Saturne en Cancer dans le dixième signe de votre ascendant, vous serez davantage sous l'influence non seulement des amis, mais également de la famille. On vous dira quoi faire et vous aurez bien du mal à résister à leur influence. Il serait bon que vous preniez vos décisions entre le 1er janvier et le 25 septembre.

Uranus est en Poissons, il est dans le onzième signe du vôtre et dans le sixième signe de votre ascendant. La question du travail se pose toujours ici, plus particulièrement les transformations nécessaires à opérer dans le secteur professionnel. Comme si plus rien ne pouvait être comme avant, comme c'était autrefois. Les changements sont nécessaires, ils s'imposent à vous, par besoin, par nécessité, que ce soit sur les plans matériel et émotionnel. En fait, il y a un besoin d'aller vers l'accomplissement de vos désirs, un travail qui vous plairait vraiment, une profession que vous exerceriez dans le bonheur et non plus d'être sous l'effet de la contrainte. C'est un choix que vous aurez à faire au cours de la prochaine année. Plusieurs planètes vous le répètent.

Neptune est en Maison X de votre signe et dans le cinquième signe de votre ascendant. Cette fois encore, il symbolise un aspect de carrière ainsi qu'un lien avec vos enfants, en ce sens qu'il y aura énormément de questionnement. Par exemple, vos grands enfants se demanderont peut-être quelle décision papa ou maman est en train de prendre. Mais ce qui vous concerne ne les concerne pas vraiment. Alors même si vos enfants tentent de vous influencer, peut-être devriez-vous vous fier seulement à vous-même parce qu'il est possible que leur suggestion ne soit pas ce que vous espériez entendre. Sous cet aspect, des querelles sont à prévoir, comme si rien ne pouvait tout à fait se régler en 2004.

Pluton est en Sagittaire dans le huitième signe du Taureau et dans le troisième signe de votre ascendant. Le temps vous impose une longue réflexion, des études, des livres à lire, d'écouter les philosophes; les sages vous inspireront. Parfois, les idées des autres font du bien. Elles sont sécurisantes ou peuvent déclencher un nouveau processus de pensée. Alors, il serait important d'aller vers autrui et si vous vous sentez bien mal dans votre peau, pourquoi ne pas aller voir un thérapeute qui vous écoutera et qui pourra vous donner quelques judicieux conseils par rapport à votre vie de famille particulièrement.

Le Nœud Nord est en Taureau dans le huitième signe de votre ascendant, ce qui est encore le rappel de tout un monde en transformation. En fait, la vie que vous avez menée jusqu'à présent, vous ne la mènerez plus. Il s'agit d'une transformation totale de l'ensemble: votre profession, votre relation aux autres, votre façon de vous voir et de percevoir autrui. Même votre vie de couple, vos relations avec vos enfants seront sans doute bouleversées ou bousculées. En fait, tout y passe en 2004 mais après cet orage, il y aura une belle accalmie, vous atteindrez un sommet vers la sagesse.

TAUREAU ASCENDANT SCORPION

Jupiter est en Vierge jusqu'au 25 septembre dans le cinquième signe du vôtre et dans le onzième signe de votre ascendant signifiant que dans le monde du travail, il y aura irrégularité, parfois injustice qu'on commettra envers vous; ou alors, il s'agira d'un changement de poste que vous ne désirez pas et tout cela risque, à compter du 26 septembre, de vous déplaire sérieusement. Il est possible que vous optiez de changer de travail, de vous réorienter professionnellement. Cela ne va pas sans douleur, sans avoir beaucoup de peine. Mais comme les choses ne sont plus ce qu'elles étaient, comme on ne vous donne pas l'estime que vous méritez, comme on sous-estime vos talents, vos compétences, comme l'atmosphère est devenue un peu trop lourde, vous décidez, à partir du 26 septembre, de changer de travail.

Saturne est en Cancer, il est dans le troisième signe du vôtre et dans le neuvième signe de votre ascendant, ce qui signifie que certains d'entre vous seront mutés dans une autre ville, ce qui ne vous plaira peut-être pas. Certains l'accepteront, d'autres pas du tout. Cela variera des uns aux autres mais au moins, durant la première partie de l'année, en fait jusqu'au 25 septembre, sous l'influence de Saturne en Cancer, il ne s'agit pas de perdre son emploi, on vous propose plutôt une mutation. Serez-vous heureux ou le refuserez-vous? Qu'en ferez-vous? La réponse vous revient. L'astrologie vous suggère de prendre vos décisions avant le 25 septembre car durant cette période, vous serez mieux inspiré que sous Jupiter en Balance à partir du 26 septembre. Faites votre choix durant les premiers mois de l'année.

Uranus est en Poissons dans le onzième signe du vôtre et le cinquième signe de votre ascendant. Il s'agit à la fois de vos amis, des enfants de vos amis que vous aiderez; en fait, les amitiés seront très importantes au cours de la prochaine année. Cet aspect d'Uranus en Poissons qui fait face à Jupiter en Vierge signifie que, dans un monde de créativité, toutes vos idées ne seront pas approuvées. Vous aurez besoin de patience et de persuasion pour faire approuver quelques idées si jamais vous étiez dans un domaine artistique. En ce qui concerne les enfants, si vos enfants sont adolescents ou des pré-adolescents, il faudra vous armer de patience car ceux-ci seront plus que jamais indépendants au cours de la prochaine année. Ils auront envie d'être eux-mêmes, sans leurs parents. Alors il faudra utiliser des astuces, user de diplomatie et de psychologie pour vous faire écouter de votre progéniture au cours de la prochaine année.

Neptune en Verseau dans le dixième signe du vôtre et dans le quatrième signe de votre ascendant vous signifie beaucoup de transformations à apporter encore dans votre maison, puisque, de toute façon, elle est constamment en transformation. N'avez-vous pas toujours envie de changer un meuble de place ou changer de décor? Cette année, sans doute ferez-vous quelques rénovations à la fois autour et à l'extérieur de la maison. Certains d'entre vous achèteront leur première propriété. D'ailleurs, le temps se prête bien à cet achat.

Pluton est en Sagittaire dans le huitième signe du vôtre et dans le deuxième signe de votre ascendant. Il est possible qu'il y ait un décès et, naturellement, il sera question d'un héritage puisque le deuxième signe concerne l'argent. Cet héritage sera sans doute disputé surtout si le décès se produit entre le 1er janvier et le 25 septembre. Il sera difficile d'en arriver à une entente durant les premiers mois de l'année. C'est surtout à l'automne de 2004 qu'on en arrivera à un partage juste.

Le Nœud Nord est en Taureau, donc dans le septième signe de votre ascendant et sur votre Soleil. Cela signifie énormément de transformations chez votre partenaire, votre amoureux. Si jamais vous étiez seul, divorcé ou célibataire, il est possible que l'amour vous éveille à vous-même, à une nouvelle vie, à une nouvelle façon d'être et à une nouvelle façon de penser. L'amour, c'est toujours une boîte à surprises, c'est toujours aller vers l'inconnu. Donc, au cours de la prochaine année, même votre partenaire, avec lequel vous vivez peut-être depuis déjà bien des années, vous ouvrira une porte vers l'inconnu. Il a des idées de transformations et il vous invite à le suivre. Suivez-le.

TAUREAU ASCENDANT SAGITTAIRE

Jupiter est en Vierge dans le cinquième signe du vôtre mais il est dans le dixième signe de votre ascendant, ce qui signifie un difficile choix de carrière à faire parce que Jupiter en Vierge symbolise pour le Taureau deux bonnes occasions. Mais vous aurez également énormément d'intuition au cours de la prochaine année, au point où vous ferez le bon choix, surtout si vous le faites avant le 25 septembre durant tout le passage de Jupiter en Vierge. D'ailleurs, si vous le faites après le 26 septembre, sous l'influence de Jupiter en Balance, il est possible que vous commettiez une erreur. Dès que vous aurez votre choix de carrière à faire, faites-le avant le 25 septembre.

Saturne en Cancer est dans le troisième signe du vôtre et dans le huitième signe de votre ascendant. C'est un aspect un peu difficile sur le plan familial. Il symbolise une querelle avec les frères, les sœurs, ou parfois la mort d'un frère ou d'une sœur, ou alors l'annonce d'une maladie qui peut être difficile à guérir. Alors, en tant que frère ou sœur, vous serez naturellement très éprouvé par l'annonce de ce type de nouvelle, mais en tant que Taureau, vous avez énormément d'énergie parce que Saturne qui est en Cancer fait une bonne réflexion, a une bonne réaction sur votre signe et vous donne beaucoup de puissance. Si jamais il était question, pour ce frère ou cette sœur qui est malade, de trouver un médecin, vous serez le premier à découvrir qui est le meilleur pour guérir ce parent malade. Si jamais vous-même aviez un problème de santé, dites-vous que vous trouverez le meilleur médecin, celui qui justement saura vous soigner vite et bien.

Uranus est en Poissons dans le onzième signe du Taureau et dans le quatrième signe du Sagittaire, ce qui signifie qu'il y a un petit peu de désordre dans la famille, peut-être vos enfants ont-ils cessé de vous obéir et peut-être essayez-vous encore d'avoir de l'influence sur eux. Cette fois, c'est terminé. Si vos enfants sont des adultes, vous ne pouvez plus leur dire quoi faire. En tant que Taureau, vous continuez d'être un grand protecteur et en tant que Sagittaire, mi-homme, mi-cheval, il vous arrive de donner des directions à suivre à vos enfants alors que ceux-ci savent très bien où ils vont. Si vous voulez la paix avec eux, respectez les choix qu'ils feront. N'oubliez pas que durant la grande partie de l'année, soit jusqu'au 25 septembre, Uranus, qui est en Poissons, sera en face de Jupiter en Vierge et cela concerne vos enfants qui savent où ils vont. Si jamais un de vos enfants s'était égaré, si jamais un de vos enfants prenait de la drogue ou buvait, alors vous lui viendrez en aide, vous le sauverez comme vous sauveriez n'importe quel membre de votre famille.

Neptune est dans le dixième signe du vôtre et dans le quatrième signe de votre ascendant, ce qui vous donne beaucoup d'inspiration et, naturellement, la capacité de défendre vos droits, en tout temps, en tous lieux. Vous déployez une force immense. Il est vrai que vous ferez peur à certaines personnes, mais qu'importe. Pour vous, l'essentiel sera d'atteindre votre objectif, surtout dans les situations où il s'agira de sauver quelqu'un. Vous êtes un excellent défenseur.

Pluton est en Sagittaire dans le huitième signe du vôtre et dans votre Maison I. Encore une fois, il vient ici confirmer votre puissance, votre pouvoir, votre implication sociale et familiale. En même temps, vous vous questionnerez mais cela ne vous empêchera nullement de continuer d'agir socialement, de prouver qui vous êtes.

Le Nœud Nord est en Taureau, il est donc dans le sixième signe de votre ascendant; il concerne votre travail, le monde de la continuité, la force de défendre vos droits quand c'est nécessaire de le faire. Ce Nœud Nord c'est, pour certains d'entre vous qui sont à l'heure de la retraite, le moment de faire un nouveau choix de carrière! Quand on est né Taureau, ascendant Sagittaire, c'est impossible d'arrêter de courir. En fait, il y a le Taureau, le Sagittaire, mi-homme, mi-cheval, alors quelle bête! Vous avez besoin d'un grand espace, un monde à découvrir.

TAUREAU ASCENDANT CAPRICORNE

Jusqu'au 25 septembre, Jupiter est en Vierge dans le cinquième signe du vôtre et dans le neuvième signe de votre ascendant, ce qui symbolise la progression et même la prospérité sur le plan professionnel. Probablement les progrès ont-ils déjà commencé en 2003 et vous les poursuivez.

À compter du 26 septembre, Jupiter se retrouve alors dans le sixième signe du vôtre et dans le dixième signe de votre ascendant. Attention, vous devenez très ambitieux et cette ambition peut vous rendre maladroit, en ce sens que vous pourriez parfois faire de mauvais choix. Soyez un petit peu plus prudent dès l'entrée de Jupiter en Balance à compter du 26 septembre.

Saturne est en Cancer, il est dans le troisième signe du vôtre et le septième de votre ascendant, ce qui signifie des idées nouvelles chez votre partenaire. Il aura davantage envie de sortir de la routine; êtes-vous prêt à le faire? Il s'agira également de développer de nouvelles amitiés, surtout pour votre partenaire qui a un grand besoin de se différencier de vous. Vous serez parfois étonné des libertés que votre partenaire prendra, surtout si vous êtes ensemble depuis plusieurs années et que vous avez pris des habitudes. Mais l'amoureux vous dit qu'il est temps de faire quelque chose de différent. Son message est exactement ce que vous avez besoin d'entendre. Si vous êtes seul depuis très longtemps, si vous n'avez pas d'amoureux, vous aurez le choix entre deux personnes. Quel embarras pour un Taureau ascendant Capricorne, deux signes de terre qui cherchent la stabilité! Alors, entre les deux, lequel choisirez-vous? Sans doute prendrez-vous votre décision bien avant le 25 septembre et sans doute que la rencontre se fera-t-elle dès le début de l'année 2004.

Uranus est en Poissons dans le onzième signe du vôtre et le quatrième signe de votre ascendant, ce qui symbolise la recherche intellectuelle, la curiosité intellectuelle, le goût des voyages, des déplacements. En tant que célibataire, il est possible que vous ayez un amoureux qui aime les déplacements, qui aime voyager. Donc, dès le départ de cette rencontre, il sera question de voyages entre le nouvel amoureux et vous. Vous partirez vers de grandes explorations. Par ailleurs, même votre partenaire de 25 ou 30 ans de mariage et vous n'êtes-vous jamais allés à l'étranger. Oui, Uranus en Poissons vous signale qu'il est temps d'aller voir le monde parce que l'amoureux le désire. Vous ne pourrez lui résister.

Neptune est en Verseau dans le dixième signe du vôtre et dans le deuxième signe du Capricorne. Vous craindrez pour vos finances parce qu'il y aura de nombreuses dépenses et, en tant que double signe de terre, vous êtes généralement un économe. Vous aimez ce qui est beau, durable, vous y mettez le prix. Pour ce qui est de la fantaisie, vous passez souvent juste à côté. Mais au cours de la prochaine année, la fantaisie est irrésistible; de toute manière, ce sont les autres autour de vous qui vous y invitent. Il est temps de sortir de votre cocon. Même si vous faites des dépenses, vous avez fait des économies, alors il vous en restera encore.

Pluton est dans le huitième signe du vôtre et le douzième signe de votre ascendant. Naturellement, cette position astrologique de Pluton symbolise les grandes questions existentielles, les «qui suis-je?». Les réponses ne vous parviennent que par bribes, n'espérez pas avoir une réponse officielle. Qui êtes-vous? Quel est votre devenir? Que serez-vous? D'où venez-vous? En fait, il faut maintenant apprendre à vivre l'existence au quotidien, dans l'instant présent. C'est ce que Pluton en Sagittaire vous dit: vivre l'instant présent et non plus dans la peur du futur, la peur du manque.

Le Nœud Nord est en Taureau, il est donc dans le cinquième signe de votre ascendant, dans un symbole solaire qui vous invite à vous éclater, à vivre à plein et selon vos désirs et à écouter aussi les désirs des autres qui peuvent être très agréables à suivre. En tant que jeune parent, si vous n'avez pas d'enfants, ce Nœud Nord sur votre Soleil symbolise maternité ou paternité ou peut-être que vous deviendrez grands-parents et ce sera comme un grand plaisir, une sorte de renouveau dans votre vie, un rajeunissement.

TAUREAU ASCENDANT VERSEAU

Jupiter est en Vierge jusqu'au 25 septembre. Il est dans le cinquième signe du vôtre et dans le huitième signe de votre ascendant, symbolisant d'énormes changements sur le plan du travail que vous n'aurez pas toujours désirés mais auxquels vous vous plierez puisque, de toute façon, lorsque Jupiter sera en Balance à compter du 26 septembre, ceux-ci auront été bénéfiques. Donc, ne paniquez pas si on vous impose des transformations au travail, un changement d'horaire, de poste, qu'importe la forme de transformation proposée, dites-vous que c'est pour votre bénéfice à compter de la fin de septembre.

Ce Jupiter en Vierge dans le cinquième signe et le huitième de votre ascendant vous signifie qu'il faudra sans doute surveiller un de vos enfants de plus près, comme s'il pouvait se mettre en danger. S'il est petit, ne le laissez pas sans surveillance, il pourrait jouer à des jeux dangereux. S'il est adolescent, soyez attentif, peut-être est-il plus troublé qu'il n'y paraît. Il vous donnera des signaux, vous les verrez. S'il y a un problème, il existe une solution. Si vous hésitez à régler le problème parce que vous refusez d'en voir un, il risque de s'envenimer.

Saturne est en Cancer, dans le troisième signe du vôtre et le sixième signe de votre ascendant. Il vient ici symboliser votre santé et votre système nerveux. Il est vrai qu'au cours de 2004 vous serez beaucoup plus nerveux, plus tendu; bien sûr, les changements qui s'opèrent dans votre domaine professionnel vous énervent et c'est tout à fait normal. Pour préserver votre système nerveux, pour rester en santé, il serait bon de prendre de l'air, de faire de l'exercice, surtout de bien vous alimenter. En tant que Taureau, il vous arrive d'avoir des gourmandises et avec votre ascendant Verseau, d'avoir des horaires irréguliers, en ce sens que vous ne prenez pas vos trois repas par jour aux mêmes heures chaque jour. Sous l'influence de Saturne en Cancer, il serait bon que vous commenciez à avoir une alimentation plus saine; surtout, évitez les produits chimiques et ayez des horaires réguliers.

Uranus est en Poissons, il est dans le onzième signe du vôtre et le deuxième signe de votre ascendant, symbolisant des dépenses, parfois inconsidérées, pour des fantaisies. Alors, attention à ce que vous achetez, il est possible que vous achetiez plusieurs gadgets qui vous coûteront cher et qui, finalement, ne vous intéresseront plus au bout de peu de temps. Méfiez-vous si vous achetez une voiture d'occasion au cours de l'année, il est possible qu'elle vous donne du fil à retordre. Faites-la bien examiner avant de l'acquérir officiellement, c'est très important. Sur le plan de votre propriété, Uranus en Poissons vous suggère de bien vérifier la tuyauterie. Donc, si jamais un tuyau coulait, veuillez faire venir immédiatement votre plombier pour éviter qu'il y ait un dégât.

Neptune est en Verseau dans le dixième signe du vôtre et sur votre ascendant, signifiant que vous prenez beaucoup de

place partout où vous passez. Votre magnétisme est extrêmement puissant, vous avez beaucoup d'imagination mais il y a en
même temps une espèce de doute sur vous-même. Au cours de
l'année, vous rencontrerez des gens qui seront rassurants.
Donc, vous n'avez pas vraiment à vous inquiéter sur ce que
vous êtes puisque, de toute façon, on vous rassurera.

Pluton est en Sagittaire, il est dans le huitième signe du
vôtre et dans le onzième signe de votre ascendant, ce qui vient
ici confirmer quelques transformations sur le plan de vos amitiés cette fois. Certains de vos amis ne sont plus dignes de l'être,
certains ne sont pas tellement fiables et peut-être certains
pourraient-ils même vous voler si vous faites affaire avec eux.
Soyez extrêmement prudent. Il est possible également qu'un
vide se crée autour de vous pas uniquement à cause de Pluton
mais parce que quelques planètes lourdes ont bougé dans le
ciel; elles font d'autres aspects sur votre signe, votre Soleil,
Saturne, et ainsi ce vide est rempli par de nouvelles amitiés.

TAUREAU ASCENDANT POISSONS

Jupiter est en Vierge jusqu'au 25 septembre. Il est alors dans le
cinquième signe du vôtre et dans le septième de votre ascendant, un très grand symbole des amours. Si vous êtes seul
depuis longtemps, vous rencontrerez certainement quelqu'un
et, très tôt, au début de l'année 2004. si vous êtes déjà amoureux, si vous n'avez pas d'enfant, il est possible que vous vous
prépariez très rapidement à une naissance pour les mois qui
viennent. Vous déciderez de fonder un foyer. Jupiter en Vierge
est un beau présage de bonheur. L'exception sera la séparation,
mais il s'agira vraiment d'une exception en tant que Taureau
ascendant Poissons.

Jupiter est en Balance à compter du 26 septembre, alors
dans le sixième signe du vôtre et dans le huitième signe du Poissons. Cela symbolise de grandes transformations sur le plan du
travail. Transformations qui, au départ, ne vous plairont pas
parce que vous devrez occuper un poste qui ne correspondra
pas totalement à vos compétences; mais soyez patient. Il faudra
également faire très attention à votre santé et à votre foie, vous
aurez tendance à manger plus qu'il ne le faut. Si jamais vous
voyagez à l'étranger ou que vous restez ici, méfiez-vous de la
nourriture qui vous paraîtra douteuse. Mettez-la de côté,
protégez-vous, de toute façon, en tant que Taureau ascendant

Poissons, vous avez suffisamment d'instinct pour savoir ce que votre corps ressent et ce dont il a besoin.

Saturne est en Cancer, il est dans le troisième signe du vôtre et le neuvième signe de votre ascendant, ce qui présage des voyages de toutes sortes. Certains partiront pour le travail mais reviendront; il ne s'agit pas d'aller s'installer à l'étranger, car rares sont ceux qui le feront. Si vous étudiez, il est possible qu'il y ait un échange d'étudiants; à ce moment-là, vous partirez pour quelques mois. L'aspect de Saturne en Cancer dans le troisième signe du Taureau et sa position en neuvième signe du Poissons concernent les étudiants. Effectivement, les échanges étudiants, les études à l'étranger leur seraient même très bénéfiques.

Uranus est en Poissons, il est dans le onzième signe du Taureau et sur votre ascendant. Il symbolise que vous serez beaucoup plus nerveux; en fait, vous aurez une personnalité beaucoup plus détonante, sinon explosive. Uranus qui va maintenant circuler pendant longtemps sur votre Maison I, jusqu'en 2011 en réalité, sur votre ascendant Poissons, symbolise que vous serez plus sujet à faire des colères. Alors, avertissez vos amis de ne pas vous provoquer car vos sautes d'humeur risquent d'être plus fréquentes. En même temps, cet Uranus sur votre Maison I signifie très souvent popularité qui peut arriver soudainement si vous exercez un métier de comédien, de chanteur, de sculpteur, de peintre. Du même coup, cette popularité fait entrer rapidement l'argent dans vos caisses. Tout cela peut commencer dès 2004.

Neptune qui est en Verseau dans le dixième signe du vôtre et le deuxième signe de votre ascendant vient ici confirmer l'aspect financier. L'argent peut entrer d'une manière assez spectaculaire, rapide et même étrange. Comme si un désir, un souhait que vous auriez fait se réalise tout d'un coup. Achetez des billets de loterie, au moins un par semaine, peut-être cela vous permettra-t-il d'être parmi les futurs millionnaires. Plus sûrement, l'argent vient d'une profession en lien avec le monde des arts. Peut-être n'êtes-vous pas l'artiste mais êtes-vous derrière l'artiste! Peu importe, l'argent arrivera.

Pluton est en Sagittaire dans le huitième signe du vôtre et dans le dixième signe de votre ascendant. Le tournant de carrière qui a été désiré, qui fut entrepris d'ailleurs en 2003, se poursuit à une allure beaucoup plus rapide et beaucoup plus vive. Naturellement, les voyages sont davantage au programme si vous poursuivez une carrière artistique. Pour les grands curieux, ceux qui adorent explorer le monde, ce Pluton vous vaudra d'aller découvrir le monde. Mais cette fois, vous vous arrêterez quelque part et vous prolongerez votre séjour, sans doute y étudierez-vous une philosophie, une religion car vous désirerez ouvrir vos horizons.

ᓆ JANVIER 2004 ᓇ

Mars est en Bélier et dans le douzième signe du vôtre. Durant son passage, vos humeurs seront sujettes à des changements rapides. En fait, sautes d'humeur, colères qui seront justifiées et d'autres non. Alors, il faudra vous reposer, relaxer à l'occasion et vous dire que ce que vous ne pouvez avoir maintenant, vous l'aurez plus tard. Vous n'avez pas le choix, certaines situations vous placeront dans l'attente. Entre le 1er et le 15 janvier, il y a ralentissement de vos affaires. Ce qui devait être n'a pas lieu ou les gens qui vous ont fait des promesses sur le plan des affaires ne les remplissent pas ou qu'à demi. Après le 15 par contre, on sera au rendez-vous. Ce que vous aurez planifié se réalisera tel que désiré, probablement mieux même. D'étranges situations vous permettront de faire plus d'argent; si vous êtes à votre compte, en commerce, si vous faites commerce avec l'étranger, bref, qu'importe votre métier, dès le 15 janvier, plusieurs situations se mettent de la partie pour vous permettre d'obtenir une promotion ou alors de progresser de façon importante.

Sur le plan sentimental, soyez patient. Encore une fois, au risque de répéter, c'est après le 15 que votre humeur s'améliore, vous vous adoucissez et l'amour peut apparaître, surtout chez les célibataires. Si vous vivez avec quelqu'un, de grâce entre le 1er et le 15, cessez de faire des reproches à l'autre, si déjà vous avez une tendance à le faire. Il est possible aussi qu'au début de l'année, vous vous aperceviez que certains de vos amis ne sont pas dignes de l'être et que vous les chassiez de votre cercle. De toute manière, il y a longtemps que cela aurait dû être fait. Par une conversation, un secret dévoilé, vous vous apercevez que ces gens n'ont jamais fait partie de votre vie et qu'ils n'en feront jamais partie de toute manière.

ᓆ FÉVRIER 2004 ᓇ

À compter du 4, Mars est en Taureau. Il est donc dans votre signe et vient accentuer tout l'aspect solaire signifiant beaucoup plus d'énergie, physique et morale, à moins que votre Soleil ne soit situé dans le douzième signe, ce qui signifierait que le moral serait alors en chute, ce qui est plutôt vrai pour les ascendants Gémeaux. Mais pour les autres ascendants en général, vous êtes très en forme et avez le goût de faire, le goût de l'action, le goût d'être à part entière.

Vous êtes aussi sous l'influence de Jupiter en Vierge, une bonne position en ce qui concerne le monde de l'organisation matérielle, le monde des affaires. Tout ce que vous faites, vous le menez à terme au cours de ce mois. Personne ne vous empêchera d'aller au bout de vos entreprises.

Peut-être bien que la tension risque de s'envenimer avec un amoureux, surtout à compter du 9. Si vous avez des problèmes parce que vous formez une famille reconstituée et que vous avez les enfants de l'autre et que l'autre ait vos enfants, qu'importe la complexité de la situation, elle risque de s'envenimer et cela exige du calme et de longues conversations afin que personne ne soit victime de la colère et du chantage des uns et des autres, et particulièrement vos enfants.

Ne perdons pas de vue que le Nœud Nord est en Taureau. Vous êtes Taureau et Mars est en Taureau à compter du 4. Tout ceci vient encore une fois vous dire que vous êtes en pleine zone d'accomplissement de votre être. Beaucoup de rêves prémonitoires seront des signaux de ce qu'il reste à faire, de ce qu'il y a à faire pour réussir, pour être à part entière comme vous avez toujours souhaité l'être.

◖ MARS 2004 ◗

La planète Mars est encore en Taureau jusqu'au 21. Plus elle avance dans le zodiaque, soit entre le 14 et le 21, et circule sur les cinq derniers degrés du signe, plus elle devient légèrement plus agressive, en ce sens que vous devenez plus exigeant, plus demandant, plus intolérant. Soyez quand même lucide dans toutes les situations dans lesquelles vous vous trouverez. Certaines vous demanderont d'être un peu plus tolérant et même parfois de laisser tomber ou d'attendre, puisque vous ne pourrez forcer la réponse à venir vers vous. Vous ne pourrez pas non plus obliger les personnes à dire comme vous, à consentir à ce que vous désirez.

À compter du 6, Vénus est dans votre signe et symbolise la beauté de l'amour, l'attraction également. Si vous êtes une personne seule, il est bien certain que ce Vénus, en bon aspect à Jupiter et à Saturne, vous permettra de faire une rencontre extraordinaire, une personne qui correspondra à ce rêve intérieur que vous vous faisiez de l'amour, de l'union, d'une vie de couple. Naturellement, vous n'allez pas vous marier dès le premier jour, mais vous entrez dans une période de fréquenta-tions qui, éventuellement, vous conduira à une stabilité dans une union. Un Taureau n'est pas fait pour être seul. Vous êtes fait pour partager votre vie. Un Taureau seul est celui qui passera sa vie à se questionner, à se demander ce qu'il fait de sa solitude. Si l'amour se présente à vous, lancez-vous, prenez le risque d'aimer et d'être aimé.

Mercure est en Bélier à compter du 13; ce Mercure en Bélier qui fait un aspect de trigone à Pluton en Sagittaire, vers la fin du mois, symbolise que vous déploierez plus d'autorité dans le secteur professionnel. Vous exigerez, dans des situations où peut-être il n'est pas bon de commander; alors soyez un petit peu plus calme, plus lucide avec les gens avec lesquels vous composez, vous négociez, vous transigez, ils n'ont pas d'ordre à recevoir de vous.

À compter du 22, Mars change de signe, il entre en Gémeaux; il est donc dans le deuxième signe du Taureau et cette position de Mars symbolise la course à l'argent. La course pour faire plus d'argent mais également pour éviter les pièges qui vous seront tendus sur le plan financier. Attention! ce Mars en Gémeaux vous donne le goût d'accumuler un tas de petites choses parfois inutiles et dont on se lasse ou des objets qui n'ont aucune solidité, finalement qui ne résisteront pas très long-temps. Soyez extrêmement parcimonieux lors de vos achats.

✺ AVRIL 2004 ✺

Ça se poursuit avec Mars en Gémeaux; tout au long du mois et à partir du 4, Vénus entre en Gémeaux. Ces deux positions sont très importantes par rapport à votre signe, d'autant plus que Mars qui régit votre signe se retrouve en Gémeaux. Mars et Vénus sont dans le deuxième signe du vôtre et font un aspect un peu plus difficile à Jupiter en Vierge, pendant un bout de temps, puis à Pluton en Sagittaire vers la fin du mois, puisque Mars et Pluton seront opposés dans l'axe de votre deuxième et huitième signe. Donc, durant cette période, il s'agit également de vos finances puisqu'il s'agit du deuxième signe du vôtre, symbole de l'argent, de vos négociations, de vos transactions, de votre tra-vail, de l'attitude que vous avez dans votre milieu de travail, face à vos collègues et à tous ceux qui vous entourent. Cette position est également très bonne par rapport à l'argent, par rapport à vos initiatives; mais il vous faut toujours rester prudent parce qu'il y a des pièges qui vous sont tendus à cause de Pluton en Sagittaire qui se retrouve dans le huitième signe du vôtre. Donc, évitez les grosses dépenses et celles qui sont inutiles; n'achetez pas selon les beaux yeux du meilleur vendeur et si jamais vous achetez des produits modernes tels qu'un ordinateur, un radio, une télé, tout ce qui se nomme appareil, magasinez beaucoup plus longtemps parce que vous serez attiré par le high-tech. Malheureusement, vous pourriez vous tromper de produit, un produit qui ne sera pas approprié à votre besoin et qui ne serait pas nécessairement solide. Si jamais vous achetiez cela de quelqu'un d'autre, méfiez-vous, il n'y aura aucune garantie de retour.

Vous entrerez bientôt, pour nombre d'entre vous, dans une période de déménagement. Durant cette période, il vous est conseillé de choisir un déménageur auquel vous pourrez vous fier et qui sera bien assuré. Ne prenez aucun risque, je vous avertis, avril est un mois où vous pourriez faire de l'argent bien sûr, à condition de rester prudent.

Sur le plan sentimental, méfiez-vous des obstinations qui seraient totalement inutiles et si vous avez des jeunes adultes, des adolescents, l'avertissement vient toujours de Vénus et de Mars en Gémeaux qui mènent le bal en ce mois d'avril. Donc, attention à l'ordre aveugle du parent face à ce presque adulte qui comprend peut-être plus que le parent lui-même ne l'imagine. Également, l'enfant a des désirs que peut-être vous ne comprenez pas. Prenez le temps de vous asseoir et de discuter avec lui. Si jamais vous avez un jeune à qui vous prêtez la voiture régulièrement, il vous est suggéré de bien vous informer des amis qui l'entourent, surtout à partir du 20 avril. On ne sait jamais, il y a une possibilité d'accident avec la voiture de papa ou de maman Taureau due à une négligence et, surtout, à la mauvaise compagnie de vos enfants.

⊸ MAI 2004 ⊷

Vénus continue son périple en Gémeaux et est toujours très importante par rapport à votre signe puisque vous êtes régi par cette planète, toujours dans le deuxième signe du vôtre. Vénus sera rétrograde à compter du 17. Si jamais vous étiez entré dans une relation sentimentale et que vous vous posiez des questions, vous entrerez alors dans une période de réflexion. Est-ce que je continue ou je m'arrête? Ne prenez aucune décision hâtive puisqu'il s'agit là de réflexion et elle vous suggère l'inaction.

Le début du mois vous prédispose à préparer vos prochaines vacances. Il est possible que votre amoureux et vous ne soyez pas d'accord sur la destination, que vos nombreuses activités vous fassent dire que vous voudriez remettre vos vacances à plus tard que prévu. Et voilà que la discussion qui s'ensuit n'a rien de tranquille entre l'amoureux et vous. Attention! certains d'entre vous ne sont pas nécessairement des modèles de fidélité. Si vous n'en êtes pas un, les occasions de tromper seront beaucoup plus nombreuses qu'à l'accoutumée, d'autant plus que Mercure est en Bélier jusqu'au 16 et vous prédispose à quelques petits coups de tête. Ceux-ci vont dans toutes les directions, tant en affaires qu'en amour. mais également dans vos relations avec vos enfants.

Heureusement le calme revient avec le 17, la réflexion aussi qui s'impose puisque Mercure va entrer en Taureau, donc un peu plus de tranquillité intérieure. Je ne dis pas que vous serez vraiment très calme, mais disons un peu plus calme parce que la tranquillité ne se fait pas du jour au lendemain, mais progressivement.

Mars entrera en Cancer le 8 mai. Alors, à partir du 8, Mars est en Cancer et Saturne est en Cancer. Quand on additionne ces deux planètes, on a une situation familiale d'urgence, c'est-à-dire que vous devez répondre à l'appel d'un parent qui vit une situation difficile ou qui est malade et vous serez là pour donner un coup de main. Peut-être vous demandera-t-on également de l'aide pour un déménagement. Mais si vous avez fréquemment déménagé cette personne, il est possible que cette année vous réfléchissiez deux fois avant de l'aider. Parce que vous êtes appuyé par Uranus en Poissons qui est un bon aspect avec votre signe, vous vous demanderez si vous êtes vraiment obligé d'aider cette personne qui jamais ne se range officiellement, qui promet chaque année ou tous les deux ans de s'installer définitivement.

◄◕ JUIN 2004 ◕►

Vénus continue son périple en Gémeaux et donne un petit peu de légèreté à votre signe. Cette fois, il plonge certains d'entre vous, vu l'aspect difficile qu'il forme à Jupiter, dans le monde de la tromperie conjugale, surtout pour les couples où ça ne va pas bien. Si vous êtes heureux en amour, vous échappez à cet aspect qui est néfaste puisque Vénus, faisant un aspect dur à Jupiter, rompt une union. Parfois, il s'agit d'un coup de tête, mais parfois il s'agit de la suite d'une longue série noire de tension qu'on n'a pu résoudre, puis on organise sa vie autour d'une nouvelle union, qu'on vit d'abord en cachette mais qui sera vite mise au jour parce que Vénus en Gémeaux ne peut mentir. Tout ce qui se rapporte au Gémeaux est quelque chose qui sera dit tout haut. Si vous pensez faire des cachotteries longtemps, vous vous trompez. Quelqu'un saura et le dira à l'autre.

Vénus sera en Gémeaux entre le 6 et le 19. Alors, inutile d'essayer de rester dans l'ombre, puisque tout est mis au jour, tant dans le monde des affaires que dans celui de l'amour. Il y a aussi le «lavage» qu'on fait en famille. On met les choses au clair, on se parle ou on s'entend ou on se quitte, on se sépare, on prend une distance les uns vis-à-vis des autres. Un changement est nécessaire; un changement c'est aussi une promesse de renouveau, ne l'oubliez pas. Il est vrai que la plus grande peur du Taureau, c'est le changement. Mais nul n'y échappe et le Nœud Nord qui est dans votre signe en ce mois de juin 2004 vient ici confirmer que la transformation qui était en cours commence à s'accomplir d'une façon de plus en plus sérieuse et de plus en plus officielle.

⸮ JUILLET 2004 ⸮

Cette fois, Mars est en Lion et fait un aspect très dur sur votre signe. Il est dans le quatrième signe du vôtre et symbolise la famille. C'est la rupture familiale qui a eu lieu, mais c'est aussi la maison qu'on rénove, le déménagement, s'il y a lieu, des dépenses obligatoires pour la maison. En fait, le rapport à la maison est très important. Il s'agit aussi de vos enfants et de ceux des autres. Tout cela est un rapport familial; c'est un grand ménage qui se produit à l'intérieur du monde familial. Mais ce grand ménage n'a rien de drôle, il est sans doute nécessaire mais il n'est pas une fête. C'est un processus d'épuration et il se fait très rapidement.

En tant que Taureau, il est rare que vous aimiez les choses rapides, vous préférez les voir progresser, les voir venir et ainsi tenter de prévoir. Mais sous Mars en Lion, il y a peu de choses que vous pouvez vraiment prévoir à l'avance, tout se déroule à une vitesse vertigineuse. Sur le plan travail, vous pouvez vous attendre à des transformations dès le retour de vos vacances ou même pendant vos vacances. Certains d'entre vous en seront privés, puisqu'ils devront remplacer des absents et, étant des êtres de devoir, ils rentreront au boulot et décevront naturellement ceux qui comptaient sur eux pour prendre des vacances.

Méfiez-vous de l'eau, de votre piscine si vous en avez une derrière la maison et, surtout, si vous avez de jeunes enfants. Soyez très proche de vos enfants lorsqu'il y a baignade, que ce soit dans une piscine, près d'un lac, d'un fleuve, ou encore si vous allez en bateau, qu'importe, soyez prudent avec tout ce qui a un rapport avec l'eau. Mais vous avez le feu puisqu'il s'agit de Mars en Lion, le feu est un élément dur autour de vous. Donc, ne commettez pas l'imprudence d'un feu de camp qu'on n'éteint pas très bien ou d'un petit feu de foyer fait derrière la maison pour faire fondre de la guimauve. Nous sommes en été, attention à tout cela!

Les affaires se déroulent un peu plus lentement au cours de ce mois à cause des vacances mais également à cause de circonstances extérieures, un facteur national, international. La vie ne se déroule pas tout à fait dans le monde d'une manière paisible. Alors, il faut vous adapter à toutes les nouvelles circonstances. Ne vous inquiétez pas, vous continuez de faire commerce même s'il y a ralentissement.

✦ AOÛT 2004 ✦

Mars est en Lion jusqu'au 10; il est sur ses derniers degrés. Entre le 6 et le 10, il s'agit là de quatre journées bien complètes sur les trois derniers degrés du signe, et Mars a un effet extrêmement dur puisque, là, il est sans pardon. Il s'agit au fond de la transition qui se prépare entre Mars en Lion qui va passer à Mars en Vierge le 11 août. Ce passage est toujours très difficile puisque c'est le grand remue-ménage, c'est la fin d'une étape, il faut se décider, si on n'a pas pris de décision précédemment, il y a urgence de le faire. D'autant plus que, quand on pense bien, le 7 et le 8, la Lune est dans votre signe; il s'agit là de vous presser, de procéder à des transformations, à des changements qui seront officiels et qui naturellement vont transformer la quasi-totalité de votre vie, surtout sur le plans personnel, sentimental et familial. S'il y avait une discussion de garde des enfants, retenez les services d'un avocat, ne réglez pas les choses seul, ce sera impossible.

Sur le plan financier, vous n'avez pas vraiment à vous inquiéter puisque vous êtes parfaitement bien protégé par Jupiter en Vierge qui fait surtout, en ce mois d'août, un magnifique sextile à Saturne en Cancer. Si vous cherchez de l'emploi, c'est en ce mois que vous trouverez l'emploi idéal. Si vous avez déjà un emploi, il y aura encore une progression, et elles sera beaucoup plus rapide que vous le pensez. Sans doute des gens, des collègues, qui étaient dans l'entreprise depuis longtemps, quitteront-ils et ce sera à vous de prendre leur place.

À compter du 8, Vénus est en Cancer et Saturne est en Cancer. Donc, il s'agit d'un commencement de règlement familial. Naturellement, Saturne vous invite, si la tension est trop grande entre les deux conjoints lors d'une séparation et que les enfants sont impliqués, à demander une aide juridique. Il est difficile, dans des moments de conflits, d'avoir la tête parfaitement claire. Donc, il vaut mieux que quelqu'un prenne les guides, quelqu'un de lucide et qui verrait également où sont vos droits, où sont ceux de l'autre puisqu'il faut tout respecter, surtout les enfants.

◖◖ SEPTEMBRE 2004 ◗◗

Mars est en Vierge, Jupiter est en Vierge, et ce, jusqu'au 26 septembre. Période de grandes agitations, de grands mouvements dans tous les secteurs de toutes les entreprises du monde. En fait, le monde entier est en remue-ménage, et vous n'échappez pas à la règle. C'est votre vie entière qui est en transformation, mais surtout et avant tout votre monde personnel et votre monde commercial. Puisque le Taureau est un signe de terre, la terre est un monde d'organisation. Il s'agit pour vous d'une réorganisation importante de tous vos effectifs et de l'entreprise qui est en cours, ou encore d'une nouvelle stratégie commerciale. Une chose est certaine, ne soyez pas inquiet, vous n'aurez pas à subir de diminution de salaire au cours de ce mois, au contraire. Si jamais vous avez une augmentation à demander, le mois de septembre s'y prête très bien, passez à l'action avant le 26 pendant que Jupiter est en Vierge, c'est votre meilleure période.

Uranus est en Poissons et, durant quelques jours, entre le 11 et le 16, il fait un aspect assez difficile à Uranus. Cela concerne votre relation sentimentale, les grandes questions amoureuses mais également une rencontre pour le célibataire, le coup de foudre, un choc amoureux. L'amour est là, très proche de vous, accueillez-le à bras ouverts et prenez le risque parce qu'il est bien faible, puisqu'il s'agit de l'amour, d'un énorme amour. Si vous vivez une crise et que vous êtes près de vous séparer, durant ces journées-là et même jusqu'à la fin du mois, tout se fait un petit peu plus doucement que précédemment.

◄◙ OCTOBRE 2004 ◙►

Le temps a changé maintenant. Vous êtes sous l'influence de Jupiter en Balance. En ce mois, Mars est également en Balance, et Mercure est en Balance jusqu'au 15. Ces planètes se trouvent dans le sixième signe du vôtre, symbolisant le secteur du travail. Ce secteur sera très occupé et même débordé: associés, nouveaux collègues, réorganisation imposée, augmentation des obligations. Aussi, il faudra faire attention avec l'entrée de Jupiter en Balance à tout ce qui est du domaine juridique. À partir du moment où vous êtes en commerce, vérifiez bien vos papiers, la provenance de certains produits, assurez-vous que tout soit fait dans la forme et dans les règles parce que Jupiter représente le juge en haut lieu.

Vénus est en Vierge à compter du 4, une bonne position planétaire pour continuer de prospérer dans le monde des affaires et principalement dans le commerce au détail. Sur le plan sentimental, Vénus en Vierge vous permet également de régler les conflits. Vous revenez à un état beaucoup plus paisible, pacifique sur le plan de l'amour et également dans vos relations avec vos enfants.

À compter du 16, Mercure entre en Scorpion. Ce Mercure fait face à votre signe. Il va toucher lentement votre bonne humeur. Vous vous accrocherez à des détails insignifiants les plus déplaisants. Donc, lorsque vous en verrez apparaître un, prière de vous poser la question: est-ce que vraiment je dois m'y attarder ou non? Et naturellement, si vous êtes attentif, vous vous apercevrez rapidement que vous ne devez pas en tenir compte.

Uranus continue sa marche en Poissons. Il vous donne énormément d'intuition qui vous permet de connaître à l'avance certains événements, présentement sous les nouveaux aspects célestes. Donc, soyez attentif à ce que vous ressentez, pressentez; vous ferez également de nombreux rêves prémonitoires.

Il est important d'être présent à vous-même, présent à ce que vous dit votre monde intérieur.

⦅◎ NOVEMBRE 2004 ◎⦆

Vénus est en Balance jusqu'au 21, il est dans le sixième signe du vôtre. Mars est en Balance jusqu'au 10 et sera sur les trois derniers degrés du signe à compter du 7, plus précisément entre le 7 et 11. Durant le passage sur ces trois derniers degrés, Mars en Balance ne sera vraiment pas tendre si jamais vous avez joué avec le monde de la loi. Soyez bien prudent. Également, il faudra vous protéger des petits et grands voleurs. Votre maison, si elle n'est pas bien protégée, devra être munie d'un système d'alarme. Pourquoi ne pas le faire installer dès le début du mois? N'attendez pas d'être visité par des indésirables qui vous voleraient des choses auxquelles vous tenez pour réagir.

Peut-être avez-vous accumulé de nouveaux biens et certains vous ont surveillé et désirent ce que vous possédez. Mercure est en Sagittaire à compter du 5. Mercure se retrouve alors dans le huitième signe du vôtre et vient ici accentuer l'aspect vol dans votre maison, et ce Mercure est appuyé par Pluton en Sagittaire. Protégez-vous du vol, c'est le thème central du mois de novembre, mais également soyez extrêmement prudent dans le monde des affaires. Si vous êtes en commerce, vous devrez faire de l'embauche puisque le travail ne manque pas. Mais prenez votre temps, prenez des références.

Plus Jupiter avancera sur le zodiaque, plus il fera un aspect dur à Saturne en Cancer. Ce qui signifie pour vous que si vous avez des relations familiales avec le travail, il y a risque de rupture ou de conflit, de mésentente. Je vous suggère, dès ce mois de novembre, d'avoir une discussion. S'il y a lieu, signez des papiers avec un membre de la famille avec lequel vous transigez, vous négociez, vous vendez, vous partagez.

⦅◎ DÉCEMBRE 2004 ◎⦆

Ce mois tourne autour des nouvelles amitiés, des nouvelles connaissances, des relations, en fait tous ces gens qui entrent dans votre vie. Ils entrent par hasard, ils sont là, ils sont sur votre route de vie, mais il faudra être sélectif, tous ne sont pas faits pour rester. Certains sont là pour ouvrir une petite porte, d'autres pour vous faire prendre conscience de ce que vous êtes, de ce que vous faites, d'autres encore sont là pour vous voler, alors soyez lucide dans les nouvelles rencontres que vous ferez. En fait, cet avis dure tout au long du mois et, surtout, si vous êtes dans le monde des affaires puisqu'il s'agit du monde de l'argent, des associations qui vous sont proposées. Également, il peut s'agir d'amis de votre partenaire. Ils peuvent paraître au départ sympathiques, mais certains d'entre eux ne sont pas là pour vous rendre la vie si douce. Encore une fois, la seule solution, c'est d'être lucide. Si vous pressentez qu'il s'agit d'intrus, de profiteurs, de manipulateurs, sans doute avez-vous raison parce que vous ressentirez très fortement les vibrations des gens négatifs autour de vous.

L'année se termine ou presque sous le Nœud Nord qui est en Taureau jusqu'au 26 décembre. Il achève son cycle dans votre signe. Vous êtes une personne nouvelle, différente, plus avisée, ou alors, malheureusement, vous avez passé par-dessus ce Nœud Nord en Taureau qui mettra 18 ans avant d'y revenir. Ce Nœud Nord en Taureau vous aura permis, à la majorité d'entre vous, de vous refaire une vie nouvelle.

À partir du 27, vous entrerez sous le Nœud Nord en Bélier. Celui-ci symbolise le recommencement; il s'agira bien sûr d'une continuité et celle-ci indique de la prudence, d'être sur un pied d'alerte. Mais cette alerte est aussi une prise de conscience, en ce sens qu'elle vous permet d'être à part entière et non plus seulement des parties de vous-même.

Mars qui est en Scorpion jusqu'au 25 continue de vous aviser de vous prémunir contre les voleurs lorsque vous magasinez. Ne laissez pas vos biens sur le trottoir ou derrière vous, sans surveillance, tenez vos paquets serrés contre vous. Et surtout, prenez des garanties lors de vos achats. Parlons également de Vénus qui est en face de votre signe jusqu'au 16. Cela signifie que lorsque vous achetez, soyez très prudent, n'achetez pas n'importe quoi, choisissez de la qualité, sinon vous le regretterez. Si vous avez un nouvel amour depuis quelques mois, vous dépenserez énormément pour lui et sans doute y aura-t-il des fiançailles pour Noël ou, du moins, l'annonce d'une vie commune. S'il y a eu des tensions durant les derniers mois qui se sont écoulés en 2004 dans votre vie de couple, elles ne se calmeront que vers le 17 ou le 18. S'il s'agit de querelles dans une famille reconstituée, de parents qui se sont séparés et qu'il y a des enfants au milieu de tout cela, le Vénus qui entrera en Sagittaire le 18 est une grande invitation à la paix. Si la paix n'est pas de ce monde, elle est au moins dans votre vie.

GÉMEAUX

21 mai au 20 juin

---◇---

À MES PRÉCIEUX AMIS CLAIRE MORASSE ET MICHEL SAINT-PIERRE. À MON FRÈRE AÎNÉ, ANDRÉ AUBRY, UN HOMME DONT LE TALENT DE COMMUNICATEUR N'EST PLUS À PROUVER.

---◇---

SOUS L'INFLUENCE DE JUPITER

Jusqu'au 25 septembre, Jupiter est en Vierge dans le quatrième signe du vôtre. Ainsi positionné, il symbolise le monde des déménagements. Mais ils ne se font pas uniquement d'une façon matérielle; ils se font aussi d'une manière intellectuelle. Il s'agit du quatrième signe du vôtre, la Vierge, et ce quatrième signe c'est votre âme, votre «contenu» à la fois intellectuel, psychique, émotionnel et mental qui est en transformation jusqu'au 25 septembre. Bien sûr, au cours de cette période, vous vous poserez encore de multiples questions sur les divers chemins de vie, les choix qui s'offrent à vous. Si vous avez un travail que vous faites de la maison, sous Jupiter en Vierge jusqu'au 25 septembre, ce travail vous amènera vers l'extérieur, vous ne serez plus uniquement confiné à la maison. Si, inversement, vous avez un travail à l'extérieur de la maison, il est possible que vous vous retrouviez à l'intérieur de votre maison.

En fait, tout le changement se fait de l'intérieur à l'extérieur et de l'extérieur vers l'intérieur, comme s'il fallait combiner les deux. Associer le monde de la matière au monde de l'invisible, de l'immatériel. Cette association, c'est la préparation d'un équilibre solide puisqu'à partir du 26 septembre, Jupiter sera en

Balance. Il sera alors dans le cinquième signe du vôtre. Jupiter en Balance dans le cinquième signe, c'est votre monde de création, de créativité, et celui-ci se sera préparé sous l'influence de Jupiter en Vierge. Sous Jupiter en Balance, vous serez prêt à vous élancer dans une carrière, vous saurez exactement ce que vous voulez, puisque les ballottements de Jupiter en Vierge, dans le quatrième signe du vôtre, seront finalement terminés. C'est à ce moment que vous trouverez un centre à votre vie, si vous le cherchiez, et si vous en aviez un, vous en trouverez un nouveau.

La vie est un mouvement constant. Jupiter en Vierge est une forme de chaos mais un chaos essentiel, qui vous tire de la routine, de ce que vous pensiez connaître, qui vous amène vers d'autres connaissances, un nouveau savoir mais également une nouvelle sagesse. Jupiter en Balance, à partir du 26 septembre, est une promesse de succès, un tour de chance qui commence et qui durera douze mois. Donc, à partir du 26 septembre 2004, vous pouvez tout espérer: la joie de vivre, le bonheur, même l'amour, si vous aviez cessé d'y croire.

SATURNE EN CANCER

Saturne se retrouve maintenant dans le deuxième signe du vôtre et il symbolise l'argent. Il s'agit aussi de l'argent familial, alors il est possible qu'il y ait une querelle d'héritage, mais également des dépenses pour la maison. Peut-être serez-vous obligé ou déciderez-vous de déménager et, automatiquement, vous aurez envie de renouveler tout ce qui est à l'intérieur de la maison, comme une espèce de besoin de vivre selon ce que votre âme ressent présentement. Il ne faut pas perdre de vue que le Cancer est le symbole de l'éveil de l'âme à tout ce que vous ne connaissiez pas et Saturne, même s'il a une tendance à vous retenir, vous pousse également vers l'avant puisqu'il est dans un symbole lunaire et celui-ci est un monde de mouvement. Donc, ce Saturne en Cancer dans le deuxième signe du vôtre représente un mouvement financier, des gains dans beaucoup de cas, des dépenses également.

Il y a aussi l'aspect nouveau parent. Si c'est le cas, ce Saturne en Cancer a une tendance à vous retenir dans votre rôle, à vous surévaluer, à vous donner trop de responsabilités. Vous prenez à la fois les deux rôles. Méfiez-vous de ce Saturne en Cancer sur le plan familial parce qu'il peut déstabiliser le couple qui s'entendait très bien, tout cela parce que vous prenez toutes les responsabilités. Certains d'entre vous seront obligés de prendre toutes les responsabilités familiales parce que le conjoint les abandonne. Triste situation mais aussi une réalité de la vie avec laquelle il faut composer. Il est possible aussi que, sous l'influence de Saturne en Cancer, vous preniez en charge un parent âgé. Cette fois encore, l'aspect vous dit que les finances de cette personne seront discutées et disputées entre frères et sœurs. Alors, il faudra être bien sage pour régler toute cette situation du parent âgé dont on prend soin, dont on détient également le compte de banque.

URANUS EN POISSONS

Uranus est en Poissons jusqu'en 2011; il est donc dans le dixième signe du vôtre, position extraordinairement et extrêmement importante par rapport au Gémeaux puisqu'il parle de carrière, du choix de carrière mais également ce qu'il faut atteindre, ce qu'il faut faire. Uranus symbolise la communication. Dans le signe du Poissons, il représente souvent une tendance à rester dans l'ombre du monde des communications. Alors qu'en fait, Uranus étant dans le dixième signe du vôtre, il vous invite à prendre les devants et même à jouer un rôle de chef, à vous imposer envers et malgré toutes ces oppositions auxquelles vous ferez face.

Uranus est dans une position puissante dans votre dixième signe jusqu'en 2011. Il est dans un symbole saturnien, ce qui veut dire que plusieurs d'entre vous sont à un point tournant de leur carrière. C'est durant cette période que vous avez non seulement l'occasion mais également le devoir de vous imposer en tant que créateur dans le domaine dans lequel vous êtes impliqué. Plus que jamais, on vous demande de communiquer avec autrui. Il est temps de vous positionner afin de mieux gagner votre vie et d'aller chercher ce qui vous est dû. Cette position implique également l'argent et les promotions qui vous reviennent. Demandez et vous recevrez en 2004.

NEPTUNE EN VERSEAU

Neptune est en Verseau et se retrouve dans le neuvième signe du vôtre. Cette position représente de grandes recherches philosophiques dans le monde extérieur et intérieur. C'est comme l'abandon des fausses croyances et valeurs, d'amis qui n'ont jamais été des vrais; il y a une prise de conscience de cette réalité. Souvent, dans la vie, nous fréquentons des gens qui ne nous apportent rien. Neptune ainsi positionné, également par la position des autres planètes sur le zodiaque, vous signale qu'il vaut mieux parfois être seul qu'en mauvaise compagnie.

Par ailleurs, Neptune dans le neuvième signe du vôtre est une invitation à vous créer un nouveau cercle d'amis dans un milieu en un lien avec le monde intellectuel, philosophique, peut-être bien pendant un voyage. Un voyage que vous ferez souvent en compagnie d'inconnus ayant une ouverture d'esprit dont vous aviez besoin à l'instant présent. En fait, ce Neptune dans le neuvième signe du vôtre représente de nombreux heureux hasards qui vous permettront d'aller vers un moi beaucoup plus complet de votre être et une espèce de libération de tout ce qui s'appelle passé. C'est un monde d'épuration, une épuration qui a été commencée depuis déjà quelques années d'ailleurs sous l'influence de Pluton en Sagittaire.

PLUTON EN SAGITTAIRE

Pluton est en Sagittaire et y reste jusqu'en 2008; l'épuration n'est pas vraiment terminée puisqu'elle ne s'achèvera qu'à ce moment-là. Chacun, sur le zodiaque, vit des passages lents, longs qui nous conduisent à une transformation globale de la vie, ce qu'on pourrait nommer un long cours de perfectionnement de soi. C'est ce à quoi Pluton en Sagittaire vous conduit. C'est une invitation à la recherche: la recherche de soi, la recherche par rapport à une étude dans un domaine précis, une carrière, une profession. En fait, Pluton représente la globalité de tout ce qui est caché à l'individu puisqu'il est le manifeste du subconscient. Donc, ce que vous vous cachez à vous-même émerge petit à petit au fil des ans et se manifeste à la conscience, principalement en 2004. C'est parfois un choc, mais aussi une libération. C'est parfois une tristesse et une douleur, puisqu'il s'agit d'un secret qu'on s'était bien caché à soi-même. Mais tout cela conduit à la joie.

NŒUD NORD EN TAUREAU

Le Nœud Nord est en Taureau jusqu'en décembre 2004. Il est dans le douzième signe du vôtre, symbolisant la grande réflexion qui vous conduit directement au monde de la créativité, de l'invention et même de l'innovation. Parce que le Taureau est un symbole de Vénus dans le douzième signe du vôtre, il vous fait redécouvrir les grandes valeurs de l'amour, le lien avec l'autre que parfois vous avez méconnu pendant quelques années ou l'union que vous avez refusée de vivre ou alors ces amours qui ne furent pas heureuses. Le Nœud Nord en Taureau vous permet de retrouver un sens aux beaux sentiments, à l'amour, un sens qui est selon ce que vous êtes et selon ce que vous avez vécu. Chacun de nous a un sens particulier de la vie puisqu'il en va de notre vécu d'avant notre naissance jusqu'à notre instant présent.

Le Nœud Nord en Taureau vous fait découvrir non seulement le sens de l'amour mais aussi tous les sens de votre vie: sensations, connaissance de l'être. Vous saurez que vous n'êtes pas seul et que tout en étant seul parfois, vous faites un avec l'Univers. Tout ceci vous conduit dans cette découverte de soi avec les autres, à une libération et, surtout, à une création.

GÉMEAUX ASCENDANT BÉLIER

Jupiter est en Vierge jusqu'au 25 septembre. Il est dans le quatrième signe du vôtre et le sixième signe de votre ascendant, ce qui symbolise énormément de travail, parfois fait à la maison ou à l'intérieur même de l'entreprise. Cette période peut être fort bien acceptée; certains apprécieront le changement qui se produit, d'autres moins parce qu'ils considèrent cela comme une désorganisation. À compter du 26 septembre, Jupiter sera dans la Balance, dans le cinquième signe du vôtre et le septième signe de votre ascendant; cela symbolise de nouveaux collaborateurs, de nouveaux collègues, de nouveaux associés et un travail beaucoup plus créatif qu'auparavant. Ce qui est une bonne nouvelle et pouvant correspondre à une augmentation de salaire. Là où il peut y avoir quelques petits problèmes, sous l'influence de Jupiter en Vierge, c'est dans votre vie de couple, en ce sens que le travail est tellement exigeant que vous avez peu de temps pour votre partenaire et, surtout, vos enfants.

Sous l'influence de Saturne dans le deuxième signe du vôtre et le quatrième signe de votre ascendant, si vous apportez des modifications à votre propriété, assurez-vous que tout soit fait dans les règles par un professionnel. Car une réparation faite par un amateur coûterait énormément cher. Peut-être ferez-vous partie des futurs nouveaux propriétaires au cours de la prochaine année. Choisissez bien la maison et le secteur. Il est possible que vous optiez pour la campagne si vous vivez déjà en ville.

Uranus est en Poissons, il est dans le dixième signe du vôtre et dans le douzième signe de votre ascendant. Il vous suggère de ne pas vous laisser influencer par les dires des membres de votre famille, que ce soit au sujet d'un déménagement, au sujet de vos enfants, de votre travail. Sachez vous diriger vous-même, fiez-vous à vos intuitions, à ce que vous aimez, à ce que vous désirez. Il y a aura autour de vous des gens qui tenteront d'influencer votre jugement. Vous n'avez nullement besoin d'eux, vous êtes certainement assez grand pour prendre vos décisions vous-même. Alors, méfiez-vous des conseils d'amis bien intentionnés; ceux-ci peuvent vous induire en erreur, surtout entre le 1er janvier et le 25 septembre. Si vous avez une décision à prendre, prenez-la seul.

Neptune est en Verseau dans le neuvième signe du vôtre et le onzième signe de votre ascendant, symbolisant une espèce de révolution que vous ferez dans le domaine informatique et que vous appliquerez dans votre quotidien. Il y aura une nécessité d'être davantage informé et peut-être de mieux connaître notre modernité actuelle pour mieux l'utiliser. Attention! vous serez porté à acheter des gadgets, des téléphones, des vidéos, des téléviseurs à la mode. Méfiez-vous de ces achats précipités.

Neptune situé dans le neuvième signe du vôtre et dans le onzième signe de votre ascendant est très bénéfique pour vous faire de nouveaux amis, par exemple lorsque vous étudierez ou terminerez des études. Pluton en Sagittaire se trouve dans le cinquième signe du vôtre et le neuvième signe de votre ascendant. Ce Pluton vient renforcer ici l'idée d'une plus grande sagesse et d'une plus grande tolérance envers votre partenaire si vous avez ce petit côté dictatorial dans votre vie de couple. Il est possible également que votre partenaire vous dise franchement qu'il ne supporte pas que vous lui donniez des ordres, que vous lui disiez constamment quoi faire. Mais cela pourra être discuté d'une façon harmonieuse et si jamais il y avait des problèmes de couple, à cause de votre attitude, alors la paix reviendra.

Vous êtes également sous l'influence du Nœud Nord en Taureau qui est dans le douzième signe du vôtre et le deuxième signe de votre ascendant. Il signifie de faire attention à l'argent, en ce sens que les gadgets vous interpellent de tous les côtés, de même qu'une nouvelle garde-robe, des rénovations trop chères. Il s'agit là d'un avertissement que l'argent que vous gagnez mériterait que vous en mettiez un petit peu plus de côté pour prévoir ou peut-être même vous offrir quelque chose qui vous plairait depuis longtemps, tel un grand voyage à l'autre bout du monde en 2005.

GÉMEAUX ASCENDANT TAUREAU

Jupiter est en Vierge jusqu'au 25 septembre dans le quatrième signe du vôtre et le cinquième signe de votre ascendant. Il s'agit pour ceux qui n'ont pas encore d'enfant d'en avoir un premier, ou bien prendre la décision d'en avoir un deuxième et pour les courageux, un troisième. Certains d'entre vous iront vers l'adoption.

À compter du 26 septembre, Jupiter est en Balance, dans le cinquième signe du vôtre et le sixième signe de votre ascendant. Il représente une sorte de conflit entre votre devoir parental envers vos enfants et la notion de travail, en ce sens que vous travaillerez énormément à partir du début de l'année. Dès le 26 septembre, il est possible que vous redoubliez votre temps d'emploi ou que vous ayez même deux emplois. Donc, vous serez obligé de délaisser certaines activités familiales, peut-être de mettre vos enfants de côté ou une activité que vous pratiquiez avec plaisir. Cela créera une espèce de conflit intérieur, que vous réglerez assez bien. Mais avec ceux qui vous entourent, il est possible qu'on vous reproche que vous soyez trop travaillant. Est-ce qu'on vous envie? Est-ce qu'on vous envie de faire plus d'argent?

Saturne est en Cancer, il est dans le deuxième signe du vôtre et le troisième signe de votre ascendant signifiant de nombreux déplacements qui vous rapporteront de l'argent en général. Si vous êtes dans la vente particulièrement, ou encore étudiant, vous aurez du travail tout au long de l'année. Il correspondra très souvent aux études que vous faites ou que vous avez faites et qui vous rapportera de jolies sommes d'argent, vous permettant de vivre convenablement et probablement de vous offrir aussi quelques voyages à l'étranger. Pour certains étudiants, il s'agira d'échange avec l'étranger.

Uranus est en Poissons, il est dans le dixième signe du vôtre et le onzième signe de votre ascendant. Il faut vous méfier, particulièrement durant les quatre premiers mois de l'année, de ces gens qui voudront se coller à vous parce que vous avez eu une promotion ou que vous faites plus d'argent, ou encore que vous avez un poste enviable. Certains d'entre eux ne seront pas de véritables amitiés, tout simplement des gens qui aimeraient bien être à votre place, qui vous envient et qui peut-être pourraient vous déséquilibrer sans que cela soit visible durant les premiers mois de 2004. Il y a également des amis qui interviendront dans votre milieu familial. Ceux-ci collent-ils à votre personnalité ou les acceptez-vous parce qu'ils vous sont imposés par les membres de votre famille? Vous devrez être très sélectif et si vous n'êtes pas heureux avec les nouvelles personnes qui se présentent à vous, avisez-les que vous préférez vous en éloigner et si jamais on s'invite trop souvent dans votre maison, qu'ils sortent.

Neptune est en Verseau, il est dans le neuvième signe du vôtre et le dixième de votre ascendant symbolisant la carrière reliée à la construction moderne, à l'ingénierie, et qui se fait très souvent à l'étranger. Vous occupez d'ailleurs un poste très puissant et cette position vous donne beaucoup de chance quant à la progression de votre carrière.

Pluton est dans le septième signe du vôtre et le huitième signe de votre ascendant signifiant de nombreuses discussions avec votre partenaire. Peut-être est-il mécontent de vos absences prolongées surtout si le travail vous appelle un peu partout. Pour certains, il s'agira de soigner un conjoint qui ne va pas bien sur le plan du système nerveux. Votre conjoint se sent dépressif et vous devez le soigner. Ou alors, dans certaines cartes du ciel, il s'agira de votre propre système nerveux qui sera à soigner.

Il y a de grandes questions existentielles sous l'influence du Nœud Nord en Taureau qui se trouve dans le douzième signe du vôtre et sous votre ascendant. Que faites-vous de votre vie? Avez-vous suivi le bon chemin? Ne vous êtes-vous pas écarté de votre véritable route? Le Nœud Nord en Taureau vous propose de reprendre le chemin qui est le vôtre. Donc, les occasions seront là afin que vous manifestiez votre vrai moi et que vous retourniez à une carrière que vous aviez abandonnée ou des études que vous aviez entreprises tout simplement par défi et qui, au fond, n'ont aucun intérêt pour vous. Le Nœud Nord en Taureau, c'est comme la mise en place de ce qui devait être et qui doit être ici et maintenant.

GÉMEAUX ASCENDANT GÉMEAUX

Vous êtes un signe double, un pur, un double mercuriel, en ce sens que vous êtes né pour le monde des communications. Jupiter est en Vierge dans le quatrième signe du vôtre et de votre ascendant jusqu'au 25 septembre signifiant de nombreux changements dans votre maison. Peut-être planifiez-vous un déménagement, la vente de votre propriété ou l'achat d'une autre, des rénovations? En fait, tout cela concerne la maison mais également votre famille. Des transformations sont à prévoir; si vos enfants grandissent, quittent le nid familial, peut-être êtes-vous un grand protecteur et craignez-vous que vos enfants ne puissent se débrouiller sans votre aide? Pourtant, ne sont-ils pas nés de quelqu'un de débrouillard, un Gémeaux ascendant Gémeaux? Alors faites-leur confiance, ils feront comme vous.

À compter du 26 septembre, Jupiter est en Balance et dans le cinquième signe du vôtre et de votre ascendant. Donc, il s'agit d'un mouvement de création très prospère, un aspect qui dit chance même au jeu, particulièrement lorsque vous achèterez des billets avec un partenaire. Ce peut être votre conjoint, un partenaire avec qui vous faites des affaires. Par ailleurs, durant le séjour de Jupiter en Balance, il est fort possible que vous preniez un associé à court terme. Ne signez aucun papier à long terme. Sans doute le regretteriez-vous en 2005.

Durant 2004, Jupiter en Vierge et en Balance vous prédispose à de nombreuses transformations dans la famille et la carrière. Peut-être en êtes-vous à votre retraite? Vous choisirez alors une autre façon de vous accomplir. Saturne est en Cancer, il est dans le deuxième signe du vôtre et de votre ascendant, un autre symbole vous liant à la propriété, à la maison et à l'argent. Pour faire un profit, il serait judicieux d'acheter ou de vendre avant le 25 septembre pendant que Jupiter est en Vierge. Il s'agira également de transformations à l'intérieur de la maison liées aux enfants. En fait, si les enfants quittent la maison, cela ne vous laissera-t-il pas une plus grande marge de manœuvre budgétaire? Que ferez-vous de cet argent supplémentaire qui restera dans vos poches? Peut-être vous offrirez-vous quelques cadeaux? Et pourquoi pas!

Uranus est en Poissons, il est dans le dixième signe du vôtre ainsi que de votre ascendant et ainsi positionné, il vient renforcer l'idée d'une transformation nécessaire de carrière. Et cela touche principalement ceux qui prennent leur retraite ou qui sont malheureux depuis quelques années dans une profession et qui décident de changer.

Uranus en Poissons les incite fortement à se mettre en action et donc à faire des demandes d'emploi, ou alors à retourner aux études pour enfin réaliser un rêve de jeunesse qu'ils avaient dû abandonner à cause de responsabilités prises trop tôt.

Neptune est en Verseau, dans vos neuvièmes signes. Ce qui veut dire que sans doute vous voyagerez, vous vous offrirez des déplacements, petits et grands. Surtout s'agit-il là d'études philosophiques mais aussi d'études qui touchent également la profession que vous vous apprêtez à changer.

Pluton est en Sagittaire dans vos septièmes signes et cela sous-entend d'énormes transformations dans votre vie de couple. S'il s'est créé des habitudes entre vous et l'autre, elles doivent être maintenant rompues avant que votre partenaire vous dise adieu. Les ruptures existent en ce monde, il faut en prendre conscience. Avant qu'elles aient lieu, si vous êtes encore amoureux de l'autre, proposez des changements ou soyez plus à l'écoute des changements dont l'autre a besoin pour être heureux avec vous. Pour les célibataires, ce Pluton en Sagittaire a quand même quelque chose d'heureux. Il vous permet de rencontrer cette autre personne qui sera à la fois votre ombre et votre soleil, votre prise de conscience. Ce que vous êtes réellement et ce que vous pouvez vivre et ne pas vivre à deux. Ce Pluton en Sagittaire ne vous dit pas de déménager avec l'autre dès 2004, vous pouvez attendre 2005 pour cela; d'ailleurs, ce serait prématuré que de déménager avec quelqu'un qu'on rencontre en 2004.

Le Nœud Nord est en Taureau, il est dans le douzième signe du vôtre et de votre ascendant. Il s'agit là de grandes questions existentielles. Également, il y a la possibilité que vous vous transformiez à certains moments en docteur ou en infirmier afin de soigner un de vos proches qui ne se sent pas bien. La maladie peut être morale tout comme elle peut être physique. Mais il s'agira également de prendre soin de vous, surtout si vous travaillez fort depuis de nombreuses années et que vous n'avez pris aucun repos. En tant que Gémeaux ascendant Gémeaux, il vous faut constamment être en action. Le Nœud Nord en Taureau vous signifie cette année de vous accorder des pauses de repos, de prendre de vraies vacances, de vous éloigner. L'éloignement est nécessaire pour votre santé physique et morale, pour vous retrouver face à vous-même. N'oubliez pas que ce Nœud Nord en Taureau en Maison XII vous aide à trouver des réponses aux questions qui sont restées en suspens ces dernières années à cause de vos nombreuses obligations.

GÉMEAUX ASCENDANT CANCER

Vous êtes né de Mercure et de la Lune, vous êtes un signe extrêmement imaginatif, très créatif et vous avez certainement toujours envie de bouger. Jupiter est en Vierge, il est dans le quatrième signe du vôtre jusqu'au 25 septembre et dans le troisième signe de votre ascendant. Avec ces aspects, vos meubles changeront de place constamment parce que vous avez un énorme besoin de voir tout différemment. Sans doute changerez-vous la couleur des murs, vous attarderez-vous beaucoup à la décoration de votre maison. Vous avez besoin de refaire vos couleurs, extérieures comme intérieures.

À compter du 26 septembre, vous serez alors sous l'influence de Jupiter en Balance, cinquième signe du vôtre et quatrième de votre ascendant. Voici encore un rappel de la maison qui achève au fond sa transformation. Cette fois, elle prend des couleurs plus définies, plus officielles; il s'agit également de choix de vie qui seront définis au cours de l'année 2004. Si vous avez donné tout votre temps à vos enfants, à votre famille, vous déciderez de vous donner du temps à vous-même parce que vous y avez droit. En tant que Gémeaux ascendant Cancer, vous vous interdisez le plaisir, comme si vous étiez coupable de prendre du temps pour vous plutôt que de le donner à autrui. Sous les influences de Jupiter au cours de 2004, vous voyez beaucoup plus clairement que vous devez soigner vos intérêts; il en va également de votre santé de le faire.

Saturne est en Cancer, il est dans le deuxième signe du vôtre et dans votre ascendant. Il s'agit là d'une affirmation de vous-même très importante à la fois sur le plan de la personnalité et sur le plan de la carrière. Si vous êtes employé dans la même entreprise depuis longtemps, on apprécie vos services et on vous le manifestera en vous offrant une promotion. Il est possible également que vous changiez de travail et que vous choisissiez un emploi que vous avez toujours souhaité faire. Cela demande du courage avec un ascendant Cancer, car vous avez tendance à vous attacher, à rester là où vous êtes. Sous l'influence de Saturne dans votre Maison I, vous oserez quitter une vieille façon de vivre et même un emploi pour en adopter un nouveau. Certains d'entre vous sont à l'âge de la retraite; vous la prendrez avec beaucoup de légèreté car déjà vous savez ce que vous en ferez. Beaucoup de plaisir à l'horizon en fait pour les futurs retraités.

Uranus est en Poissons, il est dans le dixième signe du vôtre et dans le neuvième de votre ascendant. Il s'agira de voyages décidés à la suite d'une réunion de famille. Sans doute ne voyagerez-vous pas seul mais avec un membre de la famille. Ce peut être un enfant, un parent, votre conjoint, qu'importe. Il s'agira souvent d'un voyage d'exploration ou d'études car vous serez extraordinairement curieux au cours de la prochaine année. Celle-ci sera ponctuée de grandes découvertes à la fois personnelles et professionnelles.

Neptune est dans le neuvième signe du vôtre et le huitième signe de votre ascendant. Dans cette position, c'est comme s'il faisait pression sur vous, des pressions de transformation à l'intérieur de vous. Elles sont parfois douloureuses, mais cette douleur c'est aussi une libération, en ce sens que vous acceptez de vous libérer du poids d'un travail qui ne vous plaît pas. Vous vous en féliciterez bien avant la fin de 2004. Attention, si vous résistez au changement, ce Neptune qui se trouve dans le huitième signe de votre ascendant est présage de maux d'origine psychosomatique: le corps qui fait mal en certains endroits, principalement l'estomac, et de la déprime. Acceptez donc les changements que vous offre tout ce système planétaire; ils vous sont plutôt bénéfiques au cours de la prochaine année.

Pluton est en Sagittaire dans le septième signe du vôtre et dans le sixième signe de votre ascendant. Voici ce qui vient confirmer l'aspect des transformations sur le plan du travail. Même votre amoureux vous dira qu'il est temps pour vous de changer puisqu'il en va de votre mieux-être physique. Beaucoup d'entre vous devront changer leur alimentation au cours de la prochaine année. Peut-être votre ascendant Cancer a-t-il fait de vous un gourmand qui a pris de l'embonpoint, ce qui n'est jamais normal pour un Gémeaux. Au cours de la prochaine année, le régime sera nécessaire.

Le Nœud Nord est en Taureau dans le douzième signe du vôtre et le onzième signe de votre ascendant, symbole qu'il faut vous méfier de ces nouveaux amis lors de rencontres, ce que beaucoup de Gémeaux vivront au cours de la prochaine année. On voudra s'infiltrer dans votre vie, par curiosité ou par intérêt. Vous devriez y prendre garde et devenir extrêmement sélectif. Parmi ces gens, certains seront dignes d'être connus, reconnus et avec eux, vous développerez des amitiés à long terme mais pas tous.

GÉMEAUX ASCENDANT LION

Jupiter est en Vierge dans le quatrième signe du vôtre et le deuxième signe de votre ascendant jusqu'au 25 septembre, ce qui symbolise pour vous la période de transformation à la maison. Des coûts également qui peuvent être fort élevés, puisque votre ascendant Lion vous fait toujours désirer ce qu'il y a de plus beau et de plus cher. Donc, si vous avez les moyens, c'est très bien, vous pouvez dépenser et améliorer votre maison, la rendre plus belle et peut-être même agrandir.

À partir du 26 septembre, Jupiter est dans le cinquième signe du vôtre et le troisième signe de votre ascendant. Là, on revient aux choses sérieuses, le monde du travail, de la création, de la production, comme s'il y avait urgence à produire plus rapidement qu'auparavant. Bien sûr, vous travaillerez dès le début de l'année, nul n'y échappe, sauf que le point central, sous l'influence de Jupiter en Vierge, entre le 1er janvier et le 25 septembre, sera certainement votre bien-être à l'intérieur de la maison mais également ce qui vous permet aussi d'être bien à l'intérieur de vous-même. Mais à compter du 26 septembre, vous penserez autrement puisque le travail, les affaires, la création, tout cela vous projettera hors de la maison et vous sentirez l'urgence de la création. Si vous avez un talent artistique, qu'importe celui que vous possédez, vous irez de l'avant. Cet aspect de Jupiter en Balance est une promesse éventuelle de succès dans l'entreprise artistique. Saturne est en Cancer, il est dans le deuxième signe du vôtre et le douzième signe de votre ascendant. On pourrait vouloir vous faire un emprunt. Si vous prêtez, surtout à un membre de la famille, vous risquez d'attendre longtemps un remboursement. Il est possible également que vous soyez simplement témoin d'une querelle familiale au sujet d'argent entre parents. Si vous restez au-dehors de tout cela, vous ne serez nullement dérangé. En fait, cela vous servira de leçon. Cet aspect vous indique également qu'il faudra vous prémunir d'un système d'alarme si vous possédez des objets d'art à la maison et des objets électroniques coûteux. Saturne en Cancer vous invite à cadenasser la maison lorsque vous la quittez.

Uranus est en Poissons dans le dixième signe du vôtre et le huitième signe de votre ascendant, ce qui indique l'urgence de la transformation de carrière mais aussi la nécessité d'y procéder. Comme s'il y avait un appel de l'intérieur, un mélange de votre instinct et de votre psychisme. Certains rêves vous donneront des réponses à ce que vous devez faire pour vous réaliser. Le monde du rêve revêt une grande importance dans la vie des Gémeaux en 2004, et principalement dans la vôtre. Vous ferez des rêves prémonitoires, par exemple lorsque surviendra un drame dans la famille, vous en serez avisé par rêve d'abord. Y a-t-il vraiment une raison? C'est sans doute pour adoucir la peine que provoquera ce drame. Parce que le drame peut être le décès d'un proche comme ce peut être un accident ou la maladie. Qu'importe la difficulté, c'est comme si vous en étiez averti à l'avance pour adoucir votre sort, votre destin.

Neptune est dans le neuvième signe du vôtre et le septième signe de votre ascendant. Oh! le rêve d'amour! C'est toujours un rêve d'amour que vous faites, mais est-il réalisable? Êtes-vous réaliste dans ce désir de l'autre? N'est-il pas un peu trop la demande de la perfection? Bien sûr que vous pourriez rencontrer quelqu'un qui vous donne l'impression, l'illusion de la perfection. Attention! ce n'est peut-être qu'une illusion. La rencontre avec l'autre ne se produira en réalité qu'à compter du 26 septembre. Avant, bien sûr, vous ferez quelques expériences amoureuses en tant que célibataire et même si vous êtes en couple et que vous n'êtes pas heureux, vous ferez des expériences hors mariage. Vous aurez des signes du véritable amour à compter du 26 septembre, pas avant. N'espérez pas le miracle au cours des premiers mois de l'année.

Pluton est dans le septième signe du vôtre et dans le cinquième signe de votre ascendant. Il vient ici confirmer votre rêve du grand amour, mais le plus urgent serait la création. Étrangement, dans un monde de création, dans un monde où finalement vous exécutez vos rêves, vous êtes dans un travail que vous aimez ou alors vous vous mettez à l'œuvre en tant qu'écrivain, en tant que communicateur, qu'importe le métier dans lequel vous vous exprimez. À travers ce métier, vous ferez étrangement apparaître l'être de vos rêves. Mais si vous ne faites pas ce que vous aimez, l'être de vos rêves va tarder, c'est aussi étrange que cela dans vos aspects cette année. Le Nœud Nord est dans le douzième signe du vôtre et dans le dixième signe de votre ascendant, ce qui vient ici confirmer que choisir votre destin, c'est ce que vous avez de mieux à faire au cours de la prochaine année. Ce choix doit aller selon vos aspirations profondes; un questionnement s'impose parce qu'il faut cesser de subir les influences extérieures, surtout parentales. C'est l'occasion d'en sortir en 2004 et il est important de le faire.

GÉMEAUX ASCENDANT VIERGE

Jupiter est en Vierge dans le quatrième signe du vôtre jusqu'au 25 septembre. Il est aussi sur votre ascendant, ce qui signifie de grandes transformations sur le plan familial. Vous aurez également envie de prendre davantage de place. Il est possible que si vous avez contrôlé la famille depuis peut-être plusieurs années, en tant que chef de famille ou parce que vous n'aviez pas vraiment le choix, on vous dise qu'il est temps de cesser cela. Certains d'entre vous sont sur le point de devenir de nouveaux parents. Alors, faites attention de ne pas prendre votre rôle de chef de famille trop au sérieux; il est possible que vous en perdiez totalement votre sens de l'humour. À compter du 26 septembre, sous l'influence de Jupiter en Balance, votre partenaire pourra vous remettre les deux pieds sur terre. Si vous avez des enfants aux études, il faudra débourser un petit peu plus d'argent, car ils désirent des cours parascolaires, plus de vêtements, quelques fantaisies, et probablement ne serez-vous pas très heureux de ces dépenses. Votre ascendant Vierge vous rend généralement très économe.

Durant la période de Jupiter en Balance, surtout à compter du 26 septembre jusqu'à la fin de l'année, soyez extrêmement prudent quant aux placements boursiers car Jupiter fera un aspect très dur à Saturne dans le signe du Cancer. D'ailleurs, le thème principal et primordial de 2004, en ce qui vous concerne, touche beaucoup vos finances. Si on parle de Saturne en Cancer, il est dans le deuxième signe du vôtre et le onzième signe de votre ascendant. Ces amis qui vous conseillent sur le plan financier sont-ils vraiment fiables? Ou n'ont-ils pas eux-mêmes des problèmes financiers? Leur prêterez-vous? Attention! vous devez être prudent au cours de la prochaine année si vous tenez à préserver vos acquis. Vous avez économisé, vous avez mis de l'argent de côté, alors pourquoi le perdre? Par imprudence, en vous confiant à un ami qui serait courtier par exemple, soyez prudent car il arrive, sous votre signe et ascendant, que vous fassiez confiance à des gens soi-disant connaisseurs. Il est possible que vous décidiez également de vendre votre maison au cours de la prochaine année sous l'influence de Saturne en Cancer. Mais il sera difficile d'avoir votre prix à moins que vous ne réussissiez à vendre durant les cinq premiers mois de l'année, telle est la meilleure période pour vendre une propriété et en retirer un bon profit.

Uranus est en Poissons dans le dixième signe du vôtre et dans le septième signe de votre ascendant. Ici, il s'agit du travail de votre conjoint, de la carrière qu'il mène, parfois il s'agira d'un changement de carrière, d'un changement d'orientation professionnelle qui vous surprendra parce qu'il ne vous en aura pas parlé, il aura pris la décision sans vous consulter. Comme votre Soleil est dans le dixième signe de votre ascendant, vous avez tendance à vous comporter en chef, même dans votre vie de couple. Cette fois, votre partenaire prend des décisions sans vous et décide de mener sa carrière, de choisir un emploi, tel qu'il le désire, tel qu'il l'a souhaité depuis souvent très longtemps. Par ailleurs, vous devrez respecter son choix. Si vous ne le respectez pas, il y aura des querelles inutiles.

Neptune est en Verseau dans le neuvième signe du vôtre et dans le sixième signe de votre ascendant. Il s'agit de changements dans votre travail. D'ailleurs, il y a un très bon aspect pour ceux qui choisiront d'opérer dans un monde du voyage et également dans le milieu de l'information. Ceux qui font de la recherche sur le plan philosophique, mystique ou ésotérique, et même si vous en doutez, puisque vous êtes un double signe de Mercure, vous ferez des découvertes qui vous surprendront et votre scepticisme s'adoucira lentement, mais il ne disparaîtra pas. Étrangement, la plupart du temps, c'est au cours d'un voyage que vous ferez une expérience hors de l'ordinaire, paranormale qui vous sortira des ornières de votre double Mercure.

Pluton est en Sagittaire, il est dans le septième signe du vôtre et le quatrième signe de votre ascendant vous rappelant que votre conjoint prend ses propres décisions mais qu'il pourrait aussi avoir un malaise. Il est possible que ce soit vous qui ayez le malaise, tout dépend du thème personnel. Dans celui-ci, si vous avez un malaise, c'est votre partenaire qui prendra soin de vous. Naturellement, cela changera l'atmosphère au foyer. Attention, il y a une tendance à faire disparaître le bonheur en 2004, en ce sens que c'est comme si votre foi au bonheur avait une ombre. Cette ombre, c'est vous qui la fabriquez avec votre hyper-logique. Comme si l'accumulation de toute votre expérience du passé était lourde. Ce n'est pas facile de vous en libérer mais il faudra y procéder, se débarrasser de bagages qui sont devenus excessifs.

Par ailleurs, le Nœud Nord est en Taureau et dans le douzième signe du vôtre. Voici une autre confirmation du passé, de tout ce que vous entretenez et dont il faut vous libérer. Puisque vous aurez accès à des moments de clairvoyance, vous verrez le futur par instants, vous en serez vous-même surpris. Cet aspect a une autre signification, il vient également vous mettre en garde contre des placements à la Bourse. Il ne faudra surtout pas vous fier à vos voyances concernant vos placements mais à votre logique. Suivez le marché financier mondial, puisque des tas de choses se produisent et vous signalent de mettre ce que vous avez acquis à l'abri.

GÉMEAUX ASCENDANT BALANCE

Jupiter est en Vierge jusqu'au 25 septembre. Il est dans le quatrième signe du vôtre et dans le douzième signe de votre ascendant, position planétaire extrêmement complexe en ce qui vous concerne, puisqu'il s'agit de conflits familiaux que vous ne pouvez prévoir. Ils surgiront de nulle part et de partout à la fois. Il s'agira, par exemple, d'un enfant qui vous aurait caché quelques vérités et qui vous crée un problème que vous devez solutionner, à moins que vous n'abandonniez l'enfant. En fait, vous jouerez un rôle de soigneur dans de votre famille. Vous avez le choix: ou vous prenez soin de votre famille, sous Jupiter en Vierge, ou vous l'abandonnez. Que ferez-vous? Chacun est libre de son choix.

Sous Jupiter en Balance, à compter du 26 septembre, cette planète sera à la fois dans le cinquième signe du vôtre et sur votre ascendant. Ici aussi, il revêt une importance assez étrange puisqu'il prend une couleur solaire, une couleur qui dit «je ne prends désormais soin que de moi». Et attention, si vous ne prenez soin que de vous, cela signifie souvent que vous aurez abandonné les vôtres. Ou alors, il est dit, avec cet aspect, que vous réussirez à prendre soin de vous et des autres. Donc, sous l'influence de Jupiter en Vierge et en Balance, durant toute l'année 2004, vous devrez faire appel à votre sagesse et à tout ce que vous connaissez de vous-même, à vos expériences. Il faudra vous référer à votre passé. Attention, ne reproduisez pas ce qu'on vous a peut-être fait quand vous étiez petit.

Saturne est dans le deuxième signe du vôtre et le dixième signe de votre ascendant. Il vient encore une fois remettre la priorité à la famille, plus particulièrement l'argent attribué à la famille. Le thème personnel sous ce signe et cet ascendant en 2004 est très important, vous avez un choix à faire. Que ferez-vous? Serez-vous généreux envers les vôtres qui ont besoin d'aide? Ne penserez-vous qu'à vos propres besoins? Il s'agira de faire un choix de carrière parce que Saturne, ainsi positionné dans le neuvième signe de votre ascendant, vous demande énormément de temps mais de rester honnête en tout temps.

Uranus est en Poissons dans le dixième signe du vôtre et le sixième signe de votre ascendant. Ceci confirme que le monde du travail vous tiendra extraordinairement occupé puisque vous pourriez négliger votre vie personnelle et votre propre santé. Vous vous demanderez beaucoup de temps, vous donnerez beaucoup de temps, tout cela pour gagner beaucoup plus d'argent. Ne prenez rien qui ne vous appartient pas, c'est important au cours de la prochaine année.

Neptune est dans le neuvième signe du vôtre et dans le cinquième signe de votre ascendant qui vient ici vous rappeler qu'il faut rester pur de cœur, pur d'intention et pur sur le plan matériel. Cet aspect est une invitation à devenir très sage face à vos enfants qui grandissent et qui font des choix que vous devez respecter. Cet aspect, c'est aussi un aspect de créativité, une activité artistique que vous devriez choisir, même si vous vous y adonnez que peu de temps pour vous détacher de vos préoccupations quotidiennes.

Pluton est dans le septième signe du vôtre et dans le troisième signe de votre ascendant, ce qui correspond aux idées de votre partenaire pour vous sortir de votre routine, comme de petits voyages, afin que vous puissiez être plus à l'aise, récupérer votre énergie et maintenir le couple en harmonie. En tant que célibataire, cela signifie qu'il est fort possible que plusieurs d'entre vous aient deux amours sérieuses. L'engagement n'y est pas. Vous n'êtes pas prêt encore à vous engager, du moins pas en 2004.

Le Nœud Nord est en Taureau dans le douzième signe du vôtre et dans le huitième signe de votre ascendant. Voici l'avis final vous signifiant l'honnêteté en tout temps et en tous lieux par rapport au monde de l'argent. Alors, ne trichez ni avec les lois ni avec les règles parce que cet aspect est dur par rapport à l'argent et pourrait vous conduire à de graves problèmes avec la justice pour une peccadille. Cet aspect concerne votre santé; alors faites attention à vous. Si vous avez un partenaire qui vous aime, suivez ses conseils et prenez le temps de vous reposer en 2004.

GÉMEAUX ASCENDANT SCORPION

Jupiter est en Vierge dans le quatrième signe du vôtre et dans le onzième signe de votre ascendant jusqu'au 25 septembre. Il symbolise une désintégration de la famille. Il est possible qu'il y ait quelques querelles familiales, querelles qui étaient latentes mais qui ont éclaté au grand jour. D'un autre côté, vous avez des amis sur lesquels vous pouvez compter et qui désormais seront votre véritable famille. Cet aspect symbolise, pour quelques-uns d'entre vous, prendre soin des enfants des autres. Il est possible, en tant que parent, que vous preniez soin d'un autre membre de votre famille comme s'il était un enfant. Plus sûrement, il est possible qu'un enfant de vos amis vive une période extrêmement difficile et il est inévitable, sous votre signe et ascendant, de vous désister lorsqu'il faut sauver une vie.

À compter du 26 septembre, Jupiter est en Balance dans le cinquième signe du vôtre et le douzième signe de votre ascendant. Cela vient confirmer l'aspect des enfants à sauver. Chez certains d'entre vous, il s'agira aussi d'une implication sociale, en ce sens que vous ferez du bénévolat auprès des enfants malades. Également, il s'agira de vous préparer à un renouveau sur le plan de la carrière. Cette cogitation durera douze mois, mais celle-ci passera aussi par l'action parce que Jupiter est en Balance, à partir du 26 septembre, dans le cinquième signe du vôtre, donc symbole solaire. Période également où vous pourriez rencontrer l'âme sœur et refuser de la reconnaître comme telle et il faudra attendre que les mois passent pour voir qui est vraiment devant vous.

Saturne est en Cancer dans le deuxième signe du vôtre et le neuvième signe de votre ascendant. Ce Saturne représente une accumulation de biens, de gains, d'argent et, surtout, un travail beaucoup plus stable qu'auparavant. Si le vôtre est déjà régulier, il y a toutes les chances du monde que vous ayez une promotion. Beaucoup de déplacements avec ce Saturne en Cancer dans le neuvième signe de votre ascendant et le deuxième signe du Gémeaux. Vous aurez les moyens de voyager et, souvent, ceux-ci viendront par le travail; vous représenterez l'entreprise dans d'autres villes et parfois même dans d'autres pays.

Uranus est en Poissons dans le dixième signe du vôtre et le cinquième signe de votre ascendant. Il s'agit ici d'aspects représentant des colères justifiées contre l'abus de l'autorité en milieu de travail mais aussi dans tous les autres secteurs. Par exemple, vous allez dans une épicerie et vous demandez qu'on vous informe sur un produit et, naturellement, vous avez affaire à un employé, puis au gérant. Finalement, personne ne vous répond ou on vous répond très bêtement. Toute autorité qui ne respectera pas le devoir pour lequel elle est mandatée subira votre courroux. Cet aspect d'Uranus en Poissons est également une grande implication sociale, en particulier la protection de l'environnement. En effet, Uranus en Poissons concerne à la fois l'air et l'eau; en les protégeant tous deux, nous protégerons automatiquement la terre.

Neptune est en Verseau dans le neuvième signe du vôtre et le quatrième de votre ascendant, signifiant des gains surprenants et parfois une nouvelle façon de gagner de l'argent. Il est possible que vous montiez un projet visant la protection de l'environnement et qu'on vous paie en retour. Ces gains peuvent aussi provenir, si vous avez un talent de clairvoyance (l'ascendant Scorpion le donne à de nombreux Gémeaux), par l'augmentation du nombre de consultations que vous faites. Ou alors, vous avez beaucoup plus de contrats au point où il y a un risque que vous manquiez de sommeil.

Pluton est en Sagittaire dans le septième signe du vôtre et le deuxième de votre ascendant. Cela signifie que vous retrouvez l'amour. Cette personne n'a nulle prétention et possède beaucoup d'argent. Mais êtes-vous prêt vraiment à l'accepter? Ou avez-vous choisi la totale indépendance?

Le Nœud Nord est dans le douzième signe du vôtre et le septième de votre ascendant. Ce qui nous ramène à votre éventuel amoureux si vous êtes célibataire, ce qui est fréquent sous votre signe et ascendant. Ou alors, vous aurez un amour caché, un amour que vous ne pourrez claironner puisque l'autre a déjà quelqu'un dans sa vie ou peut-être avez-vous déjà quelqu'un dans votre vie et vivez une passion souterraine.

GÉMEAUX ASCENDANT SAGITTAIRE

Sans doute êtes-vous très volubile et d'ailleurs c'est sous votre signe et ascendant qu'on retrouve le plus de journalistes, d'écrivains, de gens des communications. Puisque tout vous intéresse, l'ascendant Sagittaire vous mène à l'autre bout du monde. Jupiter est en Vierge, il se retrouve dans le quatrième signe du vôtre et le dixième signe de votre ascendant jusqu'au 25 septembre. Vous serez considérablement déchiré entre la carrière et la famille. Sans doute choisirez-vous de faire carrière car il est très difficile de vous retenir lorsque vous avez un objectif, un désir à réaliser sur le plan professionnel. Certains d'entre vous obtiendront une promotion, une promotion qui sera bienvenue après de nombreuses années de service.

À compter du 26 septembre, Jupiter est en Balance, il est dans le cinquième signe du vôtre et le onzième signe du Sagittaire, ce qui conduit à de nouvelles surprises, cette fois sur le plan sentimental. Si, précédemment, vous avez négligé l'amoureux, la famille, il est possible qu'on vous mette «en pénitence», en ce sens que votre partenaire et, surtout, vos enfants, pas heureux de la situation, vous bouderont et peut-être votre partenaire exigera-t-il la séparation, probablement temporaire. Car rien n'est définitif sous le ciel de 2004.

Saturne est en Cancer dans le deuxième signe du vôtre et le huitième signe du Sagittaire. Le Cancer concerne la famille. Saturne étant le deuxième signe du vôtre, c'est l'argent que l'on gagne pour donner à sa famille tout ce dont elle a besoin et la Maison VIII qui correspond à celle de votre ascendant, et Saturne qui s'y trouve aussi, cela signifie qu'une rupture peut avoir lieu dans la famille. Mais cet aspect concerne également le décès d'un proche et un héritage. Si vous avez un parent âgé et riche, il est possible que vous puissiez ajouter quelques dollars à votre compte de banque puisqu'un parent généreux aura eu la bonté de vous laisser un cadeau après son départ.

Uranus est en Poissons dans le dixième signe du vôtre et le quatrième signe de votre ascendant. Cet aspect vous dit que tout est sens dessus dessous dans le milieu familial. Il s'agit également d'acheter des ordinateurs pour la maison; étrangement, il y aura beaucoup d'interférence sur ces appareils comme si le courant ne voulait pas passer. Attention également à l'électricité et à la tuyauterie dans le sous-sol de votre maison. Surveillez, quelque chose peut se produire et vous pourriez éviter des problèmes en étant le premier au courant. Si vous avez une mère très âgée, qui a eu des problèmes de santé, sans doute devrez-vous vous rendre plusieurs fois à l'hôpital pour la visiter car tout indique des aspects de maladie mais non de mort.

Neptune est en Verseau dans le neuvième signe du vôtre et dans le troisième signe de votre ascendant. Curiosité intellectuelle bien sûr avec cet aspect, mais également le désir de vous enfuir, de partir à l'autre bout du monde. C'est pourquoi, si votre travail vous a déjà conduit à l'étranger et qu'on vous offre de vous déplacer encore et encore, vous aurez bien du mal à refuser car tout vous pousse vers l'extérieur et hors de votre maison. Tels sont les aspects de 2004.

Pluton est dans le septième signe du vôtre et sur votre ascendant. Voici qu'il y a affirmation de vous-même mais également de votre partenaire surtout si vous vivez une vie de couple depuis longtemps. Il faudra faire la part des choses et pour ne pas avoir de guerre, il faudra commencer par des relations diplomatiques, des discussions calmes.

Le Nœud Nord est dans le douzième signe du vôtre et le sixième signe de votre ascendant. Voici le rappel que le travail, même s'il est bénéfique, même s'il rapporte beaucoup d'argent, peut devenir une épreuve en 2004 et, finalement, transformer votre vie familiale. Et si la vie familiale est brisée, rompue, c'est votre vie personnelle qui en souffrira. Dans certaines situations, il est nécessaire d'aller vers une nouvelle vie puisque vous n'êtes pas satisfait de celle que vous avez présentement.

GÉMEAUX ASCENDANT CAPRICORNE

Votre Soleil est situé dans le sixième signe de votre ascendant, ce qui signifie que vous êtes un grand travaillant, rien ne vous arrête, vous ne comptez pas vos heures supplémentaires. Mais, sous l'influence de Jupiter en Vierge, dans le quatrième signe du vôtre et le neuvième signe de votre ascendant, il est possible que certains membres de votre famille ne soient pas très heureux de vos absences. Possibilité qu'on conteste également votre autorité parentale et si jamais vous n'êtes pas encore parent et que vous décidiez d'avoir un enfant, attention de ne pas prendre des décisions à l'avance, de voir trop loin pour l'enfant qui est à naître. Dites-vous que vous les prendrez au fur et à mesure que l'enfant grandira. Si vous avez des enfants qui désirent aller étudier à l'étranger, sans doute vous opposerez-vous; votre ascendant Capricorne est un grand protecteur qui craint que quelque chose ne survienne à ses enfants, qu'ils ne puissent se débrouiller sans lui. Vous n'aurez pas d'autre choix que de consentir à les laisser aller à cet échange d'étudiants. De toute façon, vous vous êtes bien débrouillé, pourquoi n'en feraient-ils pas autant?

À compter du 26 septembre, Jupiter est en Balance. Il se trouve dans le cinquième signe du Gémeaux et dans le dixième signe du Capricorne. Attention, si vous n'avez pas modéré votre autorité parentale précédemment sous Jupiter en Vierge, alors ici vous pourriez être terriblement protecteur, à un point tel que vous en arriverez même à faire de l'angoisse. Par contre, cette position de Jupiter en Balance est favorable au domaine de la carrière. Que vous soyez un mathématicien ou un artiste, vous ferez de la création et il y aura pour vous ascension.

Saturne est en Cancer dans le deuxième signe du vôtre et le septième de votre ascendant. Votre conjoint sera plus exigeant; il est possible aussi que votre amoureux soit plus dépensier, ce qui vous surprendra puisque jusqu'à présent il a suivi vos règles d'économie. Mais cette fois, il a décidé de s'offrir du bon temps. D'ailleurs, votre conjoint gagne lui-même son argent, pourquoi ne s'offrirait-il pas des luxes sans vous en parler? Vous aurez tendance à vous opposer, à trouver qu'il exagère. Mais le plaisir fait partie de notre équilibre, il y a le devoir dans la vie et il y a le plaisir. Alors, votre partenaire, votre amoureux ou votre conjoint a décidé d'équilibrer plaisir et devoir. Vous n'y pourrez rien, sauf de le constater et peut-être bien de l'imiter.

Uranus est en Poissons; cette position planétaire symbolise des études qui vous permettront encore une fois d'avoir des promotions dans l'entreprise pour laquelle vous travaillez, et de courts voyages. Ceux-ci seront légèrement plus longs qu'ils ne l'étaient auparavant et beaucoup plus rémunérateurs. Uranus en Poissons, c'est aussi la première étape d'une réorientation de carrière à long terme, d'ici l'année 2011. Dites-vous bien que ce que vous entreprenez en 2004 atteindra son apogée en 2011. Mais votre ascendant Capricorne vous donne énormément de patience.

Neptune est en Verseau, vous avez de la chance sur le plan financier. Mais attention, ne prêtez pas vos biens, votre argent à des gens qui ont la réputation de ne pas rembourser très rapidement. Évitez également les placements à la Bourse, surtout les plus risqués. En fait, disons qu'il y aura dans le ciel de 2004 beaucoup de marchés volatils. Alors soyez très attentif, très sélectif et servez-vous de votre instinct au moment de faire un placement parce qu'il y a danger. Votre meilleur investissement serait en fait dans le domaine de l'immobilier.

Pluton vous propose et vous suggère très fortement de ne confier vos secrets à personne, il y a des gens qui répètent tout ce que vous leur dites. Bien qu'en général vous soyez peu bavard avec cet ascendant Capricorne, vous êtes quand même un Gémeaux et il vous arrive de vous confier, d'avoir cet énorme besoin de dire ce que vous pensez. Mais au cours de 2004, tout n'est pas bon à dire, alors soyez prudent. Il est possible également que votre conjoint éprouve quelques difficultés sur le plan de la santé physique, vous lui viendrez en aide. Votre conjoint aura aussi besoin de s'éloigner, de prendre de petites vacances, peut-être bien sans vous, surtout si vous vivez ensemble depuis quelques décennies. Il a besoin de faire le point sans vous. Il y a également l'aspect du célibataire. Si vous êtes seul depuis longtemps, attention, peut-être ne vous aime-t-on, en cette année 2004, que pour les services que vous rendez. Si vous avez un béguin, méfiez-vous, on peut se servir de vous. L'amour ne sera peut-être pas au rendez-vous avant 2005.

Le Nœud Nord est en Taureau, il est possible qu'un de vos enfants ou petits-enfants soit malade et vous serez là dans les moments difficiles. Cet aspect révèle également la surprise, par exemple votre adolescent vous annonce qu'il sera père. Que ferez-vous? Disputerez-vous, proposerez-vous l'avortement? Ou accepterez-vous cet enfant qui tient à s'imposer dans ce monde? Ce sera à vous de choisir, car le Nœud Nord est un choix que vous avez à faire; c'est non seulement une épreuve, mais également une initiation.

GÉMEAUX ASCENDANT VERSEAU

Sous l'influence de Jupiter en Vierge jusqu'au 25 septembre, il faut vous attendre au décès d'un proche ou vous apprenez qu'un membre de votre famille est atteint d'une maladie grave et vous ferez des allers-retours à l'hôpital pour lui rendre visite, l'encourager. À compter du 26 septembre, sous l'influence de Jupiter en Balance, vous pourriez apprendre qu'une naissance est en vue.

Jupiter en Balance dans le cinquième signe du vôtre symbolise vos grands enfants qui font des choix de vie qui ne sont pas nécessairement les vôtres. Mais en même temps, vous serez étonné et surpris de leur sagesse. Alors soyez bien à l'écoute, dès le 26 septembre et pour les douze mois qui suivront, car vous aurez de belles surprises. Il est possible qu'un de vos grands enfants décide d'aller vivre ou d'étudier à l'étranger parce qu'il a obtenu une bourse d'études ou parce que le choix de carrière qu'il a fait l'oblige à aller poursuivre ses études ailleurs.

Saturne se retrouve dans le sixième signe de votre ascendant et concerne naturellement le secteur travail tout comme Uranus dans le dixième signe du vôtre. Ces aspects s'appellent travail, métro, boulot, dodo, heures supplémentaires, argent qui entre bien à la maison mais également attention, épuisement, santé à la dérive. En fait, votre système immunitaire est menacé sous ces aspects à force de trop travailler. Vous serez fier de vous parce qu'il est fort possible que vous ayez une promotion ou si vous êtes en affaires, vous prendrez de l'expansion. Mais méfiez-vous, si vous ne mangez pas à des heures régulières, si votre alimentation laisse à désirer, quelques problèmes de santé surgiront

Neptune est en Verseau, il se retrouve sur votre ascendant et vous oblige à la réflexion. Cela veut dire aussi doser tout dans votre vie. Vous avez tendance à exagérer les aspects responsabilités, travail, ambition; en fait, chacun de nous a ses excès. Neptune en Verseau vous suggère de modérer ces excès d'abord pour vivre plus longtemps, puis pour vivre plus heureux.

Pluton dans le septième signe du vôtre, onzième du Verseau, est un aspect plutôt troublant puisque si vous ne modérez pas vos excès, si le travail est votre priorité, le centre de votre vie, si vous négligez votre conjoint, s'il y a eu des tensions entre vous deux au cours des dernières années, si vous êtes coincé dans une routine, il y a un réel danger de séparation. Si vos enfants sont encore jeunes, cette séparation pourrait les troubler considérablement. C'est ce que vous dit le Nœud Nord qui est positionné en Taureau. Pour éviter tout cela, faites appel à la sagesse. Si vous ne pouvez être sage, pourquoi ne pas consulter un spécialiste, quelqu'un qui vous aiderait à vous réconcilier avec le partenaire que vous aimez toujours malgré le temps qui a passé, la routine, les habitudes, les doutes.

GÉMEAUX ASCENDANT POISSONS

Vous êtes un véritable mystère puisque vous êtes né de Mercure et Neptune. En fait, il y a en vous une capacité de prémonition, mais vous refusez de voir l'invisible puisque vous êtes un Gémeaux, né de Mercure, le monde de la logique, où on vérifie tout, où on s'assure de la réalité des choses alors que l'invisible existe. Vous y réfléchirez.

Jupiter est en Vierge dans le quatrième signe du vôtre, le septième du Poissons. Voilà qu'il s'agit d'un renouveau sur le plan familial. C'est votre partenaire qui le provoquera. Il vous dira qu'il faut transformer vos vies, surtout si l'union dure depuis cinq ou dix ans, pour votre couple mais également pour vos enfants. Certains d'entre vous désireront un premier enfant, ou peut-être un deuxième et pour les courageux, un troisième ou un quatrième. Certains d'entre vous sont à l'âge d'être grands-parents et ce Jupiter en Vierge, d'ici le 25 septembre, est l'annonce d'une grossesse.

À compter du 26 septembre, Jupiter est en Balance, ce qui vient transformer la vie de vos grands enfants cette fois. Si vous êtes parent d'enfants ayant plus de 18 ans, puisque la Maison V concerne toujours les enfants devenus adultes, Jupiter en Balance symbolise d'énormes transformations qui ne seront pas à votre goût. Vous voudrez diriger leur vie, leur dire quoi faire, mais ils refuseront de vous écouter. Les enfants n'apprennent-ils pas en faisant quelques bêtises parfois et en s'opposant à leurs parents? Dans le ciel, il est dit qu'un de vos enfants suit une ligne contraire à la vôtre. Mais attention, cette ligne n'est pas aussi contraire que vous l'imaginez. Peut-être avez-vous fait la même chose lorsque vous aviez vous-même cet âge? Regardez votre passé.

Saturne est en Cancer et vient ici faire un rappel à cet enfant qui choisit sa vie. Mais également, il concerne le monde de la création qui rapporte. Il y a beaucoup d'artistes sous votre signe et ascendant. Donc, Saturne en Cancer fait un magnifique aspect à votre ascendant et parce qu'il est dans votre deuxième signe, il signifie aussi argent. Si vous faites des placements judicieux, faites-les à court terme. Il n'y a pas d'aspect de perte par placements parce que vous serez extrêmement prudent et intuitif. Possibilité que vous investissiez dans l'immobilier; si vous l'avez déjà fait, vous le referez encore une fois. Sans doute avez-vous raison de le faire, car il s'agit là de projets à long terme.

Uranus est en Poissons, il est sur votre ascendant. Donc, vous êtes extrêmement intuitif et spontané, mais aussi un peu nerveux parce que vous avez envie de tout faire, de tout transformer sans en parler aux personnes concernées. Uranus en Poissons vous suggère de ne pas garder secrets les changements que vous faites, d'en parler, d'en discuter.

Neptune est en Verseau dans le douzième signe de votre ascendant et dans le neuvième du vôtre, vous signifiant que la sagesse est nécessaire dans tous ces changements que vous opérez. C'est aussi une intuition assez extraordinaire sur le plan des affaires, de l'investissement.

Pluton dans le dixième signe de votre ascendant symbolise que vous mettez l'accent sur la carrière, la réussite professionnelle et l'argent. C'est vrai que vous ferez beaucoup d'argent et vous le dépenserez judicieusement en investissant comme il faut. Mais, de grâce, parlez-en à vos proches et principalement à votre partenaire avant de créer une crise.

Le Nœud Nord est en Taureau dans le troisième signe de votre ascendant. C'est encore une invitation à la discussion, principalement avec le partenaire, au sujet d'argent. Dans l'ensemble, l'année égale argent.

◖ JANVIER 2004 ◗

Mars est en Bélier dans le onzième signe du vôtre; cette position vous donne énormément d'énergie, une grande énergie d'action et renforce en même temps le lien que vous avez avec vos véritables amis, puisque cette planète fait de plus en plus, au fil du mois, un aspect de trigone à Pluton en Sagittaire. Donc, les vrais amis sont plus proches de vous que jamais.

Jupiter est en Vierge, puisqu'il mène le bal au cours de toute l'année, dans le quatrième signe du vôtre et vient changer des coordonnés familiales, en ce sens qu'il y a dissolution familiale. Certains membres de votre famille s'éloignent, d'autres ne vont pas bien, vous devez les soigner. En fait, c'est un peu le chaos dans la maison, dans la famille. Si vous avez déménagé au cours de l'été 2003, vous apportez une attention très spéciale à la décoration dans votre nouvelle maison. Attention aux dépenses, surtout à partir du 15 où vous verrez que tout est en vente bien sûr. Vous dépenserez et bien au-delà de vos moyens.

Mercure est en Sagittaire jusqu'au 14, il fait face à votre signe, ce qui veut dire qu'il faut éviter l'obstination, les oppositions absolument inutiles, souvent même avec des étrangers. À compter du 15, Mercure qui est en Capricorne dans le huitième signe du vôtre vous précipite dans un monde de travail extrêmement sérieux, très rémunérateur qui vous laissera peu de temps pour la famille. Voilà pourquoi aussi certains d'entre vous auront des problèmes familiaux puisque vous serez peu présent à votre famille, à vos enfants et à votre conjoint. En tant que célibataire, ce mois est favorable à l'amitié et non pas à l'amour foudre, c'est plutôt une exploration amoureuse que vous vivrez en janvier.

◖ FÉVRIER 2004 ◗

À compter du 4, Mars est dans le signe du Taureau. Il est alors dans le douzième signe du vôtre. Il symbolise que vous devriez être extrêmement prudent dans le monde des communications, des affaires, du travail en fait, dans l'ensemble de votre vie. Aussi, vous devrez être beaucoup plus diplomate que vous ne l'êtes habituellement. Mars en Taureau symbolise l'épreuve, les retards que vous n'avez pas souhaités, qui vous sont imposés par autrui et contre lesquels vous devrez vous battre.

Jupiter est en Vierge dans le quatrième signe du vôtre et cet aspect, qui se relie à Mars en Taureau, symbolise beaucoup de travail à la maison. Si vous avez une entreprise à la maison, vous serez surchargé, vos heures de sommeil seront réduites, vous serez aussi dérangé par les gens qui sonnent à la porte et qui pensent que vous ne faites rien parce que vous êtes chez vous. Vous devrez avoir le courage de les chasser, de les mettre à la porte puisque votre temps est très précieux..

Mercure est en Verseau à compter du 8, une position extrêmement importante par rapport à votre signe puisque vous serez dans un état de grande créativité. Donc, prière de ne pas vous laisser déranger durant ce mois, surtout durant la période où vous avez des idées originales, hors de l'ordinaire et que vous avez l'énergie pour les mettre en action. Cette énergie-là ne doit pas être gaspillée, elle doit être utilisée. D'autant plus que Mercure en Verseau fera une conjonction, entre le 15 et le 18, à Neptune en Verseau, ce qui symbolise une très grande inspiration. Vous aurez alors des idées originales, des idées que vous devriez mettre sur papier puisqu'elles défileront à une vitesse folle.

Jusqu'à la fin du mois, à compter du 26, Mercure entrera en Poissons. Donc, ce qui aura été pensé précédemment devra entrer dans une zone d'accomplissement et vous devrez aller voir ces gens qui participent à l'élaboration d'un projet que vous aurez mis sur pied et auquel vous aurez songé au début du mois.

◖◗ MARS 2004 ◖◗

Mars, la planète, continue son périple en Taureau jusqu'au 21. Il est vrai que durant les derniers degrés du signe, en fait les principaux sont entre le 14 et le 21, Mars peut vous mettre en colère, en ce sens que les gens qui interviendront dans votre vie seront rapidement chassés et sans doute ne serez-vous guère patient avec eux. Mars sert aussi d'inspiration pendant qu'il est en Taureau; par la suite, à compter du 22, l'inspiration sera mise au service de l'action. Lorsque Mars atteindra le Gémeaux, donc votre signe, très rapide, vous aurez à peine le temps de penser. En réalité, tout aura été précédemment réfléchi. Vénus est en Taureau à compter du 6 et sous l'influence de Vénus, attention aux amours cachées, aux troubles sentimentaux à la suite de tensions qui n'ont pas été réglées mais également à la santé qui laisse à désirer. Vous aurez déjà beaucoup travaillé depuis le début de l'année, il faudra faire très attention à votre alimentation, à votre estomac. Vénus en Taureau, c'est également une source d'inspiration artistique, qu'il s'agisse de sculpture, d'artisanat et de peinture. Comme si l'inspiration passait du ciel jusqu'au bout de vos doigts. Donc, vous en arrivez à une création qui est hors de l'ordinaire, à condition de ne pas être dérangé. Ne supportez pas les intrus pendant que vous faites de la création.

À compter du 13, Mercure étant en Bélier, il est vrai que vous ne serez guère tolérant envers ceux qui pénétreront votre territoire. Mais Mercure en Bélier symbolise également les nouveaux amis, les gens qui entrent dans votre vie pour vous aider, pour vous donner un coup de main et, en même temps, pour vous stimuler. Pendant cette période entre le 13 et jusqu'à la fin du mois, sous l'influence de Mercure en Bélier, de Pluton en Sagittaire, ces signes de feu, la vie sera très mouvementée avec vos véritables amis. Quelques planètes vous invitent à éliminer ce qui ne vous convient plus dans votre vie. Jupiter en Vierge, qui continue sa marche dans ce signe, est une grande invitation à faire le ménage non seulement dans votre maison réelle, mais aussi dans votre maison intérieure.

◖◗ AVRIL 2004 ◖◗

Mars est en Gémeaux à compter du 3 au soir, Vénus est en Gémeaux, alors qui peut aller plus rapidement qu'un Gémeaux sous ces aspects? Vous vous accomplirez très rapidement dans tous les secteurs de votre vie. Il est possible que vous ayez deux coups de foudre au cours de ce mois. Que ferez-vous entre deux amours qui sont intéressantes? En fait, deux attractions auxquelles il sera très difficile de résister. Si vous avez déjà une vie de couple et que vous succombez à une attraction, vous risquez d'avoir de sérieux problèmes. Avis aux intéressés. Il faut dire que certains parmi vous vivent des tensions familiales et amoureuses depuis déjà longtemps. Sous ce ciel d'avril, bien des aspects, représentés par des signes doubles, indiquent la séparation. En général, il s'agit de séparation temporaire et non pas de séparation finale comme cela se produirait dans des signes fixes. Il faut dire que cet aspect de séparation touchera toute la famille; tous seront surpris et troublés. Alors ne cachez rien, expliquez ce qui se passe et ainsi, il sera plus facile de vivre la situation. Ce qui est clair est mieux vécu par les gens.

Mercure fera un petit séjour en Taureau, entre le 3 et le 13, ce qui symbolise dix jours de réflexion, non pas d'action, surtout sur le plan des affaires. Après, vous serez prêt à prendre vos décisions.

Uranus est en Poissons, il fait un magnifique aspect à Saturne en Cancer dans le deuxième signe du vôtre. Si vous avez décidé de déménager, si vous êtes en train de vous acheter une propriété, vous serez chanceux, vous tomberez sur une aubaine. Si vous êtes vendeur, vous ferez un profit.

◖◗ MAI 2004 ◗◖

Au début du mois et jusqu'au 7, Mars est en Gémeaux. Tout ce qui était rapide le mois dernier continue. Mais il y a ralentissement à compter du 8 puisque Mars entre en Cancer. Donc, un petit peu plus de lenteur; en fait, vous serez plus préoccupé par la famille, par diverses préoccupations personnelles. Vous vous occupez de vos papiers, des rénovations à apporter à votre maison. Mais ne craignez rien, vous aurez les moyens de payer ces réparations et même de changer votre mobilier. Mais n'agissez pas sur un coup de tête, faites-vous accompagner de quelqu'un qui est très économe lors de votre magasinage, car vous aurez tendance à succomber à ce qu'il y a de plus beau.

N'oubliez pas que durant ce mois, Vénus est en Gémeaux dans votre signe. En général, on se laisse aveugler par la magnificence, par le tape-à-l'œil et par des gadgets et autres objets qui pourraient ne pas être durables. Alors, si vous êtes accompagné de quelqu'un qui aime bien magasiner, prendre son temps et économiser, ce sera mieux pour vous. Sur le plan du travail, tout va très bien et même il y a amélioration de la situation. Beaucoup de travail, par contre vous trouvez le temps de tout faire en ce mois. Vous vous occupez de votre vie personnelle et allez jusqu'au bout de vos responsabilités professionnelles.

◖◗ JUIN 2004 ◗◖

Entre le 6 et le 11, Mercure est en Gémeaux et fait un aspect très difficile à Uranus en Poissons, symbolisant qu'il est facile de s'obstiner avec à peu près n'importe qui. Mais, intérieurement, vous aurez des doutes sur vous-même. Vous avez fait des choix et vous savez où vous allez, mais soudainement, pendant quelques jours, vous ne savez plus, vous vous questionnez. Y aura-t-il des réponses? Probablement non, c'est tout simplement un temps où l'esprit se repose. Après, vous retrouverez le chemin que vous aviez pris avec toute votre énergie. En ce mois, il faut faire très attention à votre santé, surtout si vous aimez manger du sucre. Vous pourriez souffrir de diabète. L'estomac est fragile également, mais il faut dire que vous êtes plus gourmand que d'habitude. Alors, vous vous nourrirez d'un tas de choses que votre organisme en général n'apprécie pas. Ce sera difficile de dire non. Certains d'entre vous mangeront par nervosité, c'est tout simplement pour éviter certains problèmes: plutôt que de les regarder en face, vous les mangez, quoi. Demandez-vous si vous n'êtes pas en train de vous empoisonner la vie parce qu'intérieurement vous n'avez pas les réponses que vous souhaitiez avoir.

N'oubliez pas que Vénus est rétrograde en ce mois; c'est la grande question de l'amour. Si l'amour ne va pas comme vous le désirez, c'est là que vous mangez vos émotions. Donc, évitez de faire comme tout le monde et nourrissez-vous plutôt de livres qui vous éclaireront sur ce que vous vivez sentimentalement. La réalité n'est pas ce que vous aviez souhaité, le rêve n'est pas réalisé. Mais il ne s'agit pas d'un état permanent. Il est possible que votre partenaire se questionne ou vous-même. Vous prenez un temps de réflexion par rapport à l'autre, et vice versa. L'essentiel, c'est de ne pas rompre sur un coup de tête. Lorsque vous serez calme, vous pourrez partager avec l'autre les beaux sentiments qui vous animent envers lui.

❧ JUILLET 2004 ☙

Nous qualifierons juillet, le mois de vos affaires. Effectivement, Mars est en Lion dans le troisième signe du vôtre et signifie une remontée générale de tout ce que vous avez entrepris. Bien que ce soit des vacances pour une grande partie d'entre vous, vous serez encore très nombreux à travailler. Le travail se fait plus urgent, plus pressant, vous remplacez des absents et vous obtenez d'ailleurs, si vous n'en aviez pas, un nouvel emploi que vous aviez peut-être demandé quelques mois plus tôt. Peut-être est-ce le moment d'obtenir cette promotion que vous méritez tant.

C'est aussi un mois de réorganisation sur le plan familial, en ce sens que Vénus fait un aspect un peu difficile à Jupiter en Vierge. Peut-être êtes-vous également en plein déménagement et réorganisation de la maison elle-même. Si vous avez des enfants au milieu du brouhaha, sans doute voudrez-vous les faire garder ici et là. Mais vous aurez bien du mal parce que Vénus fait un carré à Jupiter: on ne trouve ni de gardienne ni de gardien.

Mercure est bien positionné entre le 5 et le 25, vingt jours très bénéfiques qui encore une fois accentuent l'effet commercial. Durant cette période, si vous avez des produits à vendre ou des services à offrir, vous ferez de plus gros profits. Si vous faisiez partie de ceux qui décident de vendre leur maison, vous feriez rapidement une vente. En fait, disons que ce mois est favorable à tout ce qui s'appelle l'entreprise commerciale. Il faut souligner que Vénus est toujours dans votre signe, en Gémeaux, et vous donne un grand magnétisme. En tant que célibataire, vous ne le resterez pas longtemps. Au cours de ce mois, Vénus en Gémeaux, Mars en Lion, ces planètes attirent vers vous une personne avec laquelle vous aurez probablement une grande différence d'âge. Mais qu'importe, au fond, l'amour a-t-il un âge?

⚬ AOÛT 2004 ⚬

Vénus achève son périple en Gémeaux le 7 août et entre en Cancer le 8; Saturne s'y trouve aussi. Donc, Vénus et Saturne étant en Cancer dans le deuxième signe du vôtre, vous donnerez beaucoup d'attention à la propriété encore une fois. S'il y a des rénovations, des réparations à faire, il faudra y voir, principalement en ce qui concerne le sous-sol de la maison. Donc, ne laissez rien couler, ne négligez pas la tuyauterie, l'électricité, quelle que soit la défaillance dans votre maison, il faut y voir.

Mercure est en Vierge et fera une rétrogradation entre le 10 et le 25 dans le signe de la Vierge. C'est une période d'un léger recul, d'un temps de réflexion après avoir beaucoup travaillé le mois précédent. Soyez un petit peu plus prudent sur le plan des affaires. Puisque tout a bien été en juillet, ce n'est pas le moment de tout dépenser d'un seul coup. Si vous avez des achats à faire, réfléchissez deux fois, n'allez pas magasiner seul si vous êtes un dépensier, amenez avec vous quelqu'un d'économe.

Mars est en Vierge à compter du 11, Jupiter est également en Vierge. Ces planètes concernent le quatrième signe du vôtre. Un autre symbole qui vous relie également à la propriété. Je vous avise de faire attention lorsque vous ferez faire des réparations. Prenez des informations sur les gens qui travailleront pour vous, prenez des références et, surtout, des garanties. Quant à la famille, petit désordre familial surtout vers la fin du mois, c'est le retour des enfants à l'école, donc des dépenses. Naturellement, ils voudront plus que vous ne pouvez leur offrir. Il faudra les rappeler à la raison puisque votre budget est serré. Mais si vous faites partie de la catégorie des gens riches, bien sûr que vous pourrez dépenser beaucoup et leur offrir tout ce qu'ils désirent. Mais attention, Jupiter et Mars en Vierge concernent également ceux qui font des placements. Alors, si c'est votre cas, soyez extrêmement prudent, ne vous fiez pas uniquement aux avis des autres mais à la fois à votre logique et à votre instinct. Parce qu'en général, vous avez suffisamment de flair pour savoir ce qui est bien et ce qui ne l'est pas pour vous.

◄◙ SEPTEMBRE 2004 ◙►

Le Soleil est en Vierge jusqu'au 22, Mercure est en Vierge entre le 11 et le 28, Mars est en Vierge jusqu'au 26, Jupiter est en Vierge jusqu'au 25: toutes ces planètes dans le signe de la Vierge sont dans le quatrième signe du vôtre. Celui-ci symbolise d'énormes transformations sur les plans intérieur et matériel. Il s'agit aussi du secteur travail. Si vous êtes travailleur autonome, vous aurez deux fois plus de travail qu'à l'accoutumée, donc peu de temps pour la vie privée. Il faudra quand même surveiller les dépenses parce que les planètes en Vierge font un aspect dur à votre Soleil, en ce sens que certains d'entre vous pourraient voir plus gros et plus grand que nécessaire et, donc, faire d'énormes dépenses comme un ordinateur sophistiqué dont ils n'ont pas vraiment besoin. Attention aux bons vendeurs! Si vous désirez acheter une voiture, magasinez un petit peu plus longtemps, ne sautez pas sur la première occasion et achetez selon vos besoins et vos moyens. Les planètes en Vierge représentent également vous et votre famille: une personne dont il faut prendre soin, des enfants un petit peu plus agités qu'à l'accoutumée, mais peut-être le sont-ils parce que vous-même êtes beaucoup plus nerveux. En fait, beaucoup de Gémeaux voudraient que tout soit réglé pour avant-hier, alors que le temps dit qu'il faut prendre les choses une à la fois, tout simplement.

À compter du 26, Jupiter entrera en Balance, il sera alors dans le cinquième signe du vôtre. Tout ce que vous aurez fait au cours des douze mois précédents va maintenant vous rapporter de l'or. Donc, le travail gigantesque que vous avez accompli au cours de l'année va vous procurer de la satisfaction et plus que ce à quoi vous pouvez vous attendre.

☙ OCTOBRE 2004 ❧

Nous voici dans un autre rythme puisque Jupiter est maintenant en Balance, Mars est en Balance et Mercure est en Balance jusqu'au 15. Ces planètes se retrouvent dans le cinquième signe du vôtre et symbolisent une énorme activité physique et mentale. En fait, il y a beaucoup de joie qui vient s'ajouter à votre vie, beaucoup plus de créativité également. Si vous avez eu des problèmes de santé, c'est comme si soudainement vous retrouviez votre énergie vitale; vous vous ressourcez beaucoup plus rapidement. Vous récupérez rapidement, votre système se refait rapidement. Vous entrez dans un cycle de création extraordinaire. Si vous êtes jeune, amoureux et que vous n'avez pas encore d'enfant, vous entrez dans un cycle de procréation; si vous êtes un artiste, vous serez tout simplement génial, vos idées seront hors de l'ordinaire et vous produirez à une si vive allure que vous en perdrez la notion du temps sans jamais vous sentir même fatigué. C'est un mois assez extraordinaire. Je vous suggère également de vous acheter quelques petits billets de loterie. La chance, ayant été peu présente au cours de mois précédents, se pointe le nez en octobre 2004, alors ne la ratez pas.

☙ NOVEMBRE 2004 ❧

Mars est en Balance jusqu'au 11, Jupiter est bien installé dans le signe de la Balance, Vénus est en Balance jusqu'au 22. Alors pendant le séjour des planètes en Balance, vous avez une énergie assez extraordinaire, vous êtes aussi présent dans le secteur travail que dans votre milieu familial. C'est comme si vous aviez quatre bras et deux têtes et un moteur, vous êtes propulsé à un point tel que vous ne vous rendez même pas compte que vous générez de l'énergie non seulement pour vous-même mais autour de vous. Tous les gens qui vous fréquentent se retrouvent à votre contact beaucoup plus énergisés. Vous êtes une dynamo soit dans l'entreprise, dans votre milieu familial, en fait où que vous vous trouviez.

À compter du 12, Mars est en Scorpion, il est dans le sixième signe du vôtre. Cette fois, de légers signaux de fatigue se font sentir. Il faudrait écouter votre corps qui vous dira qu'il a besoin de se reposer davantage. C'est à peine si vous entendrez, vu Uranus en Poissons qui fait un aspect de trigone à Mars. Vous ferez la sourde oreille en ce mois de novembre. Et pourtant, le premier signal sera sans doute un mal de jambe qui vous dit de vous asseoir, de reprendre votre souffle. Parce que, de toute façon, ce que vous entreprenez réussit très bien. N'allez pas au-delà de vos limites physiques. Sur le plan intellectuel, vous adorez vous dépasser et c'est bien ce que vous faites par les temps qui courent. C'est ce que vous continuerez de faire pendant de longs mois. Donnez une chance à votre corps de bien engranger tout ce dynamisme dont vous disposez présentement.

⊰ DÉCEMBRE 2004 ⊱

C'est le mois du magasinage pour la plupart des gens, ce que vous allez limiter cette année. Mercure est en Sagittaire, Pluton est en Sagittaire, alors vous serez beaucoup plus sélectif que jamais à cause de l'opposition de ces planètes sur votre signe. C'est fini de donner à des gens qui ne méritent rien. Vous êtes extrêmement sélectif en ce sens.

À compter du 17 décembre, Vénus est aussi en Sagittaire. Vous aurez de nombreuses invitations à sortir pour le temps des fêtes. Vous choisirez cette année chez qui vous irez. Il est possible qu'à la dernière minute vous décidiez de refuser d'aller chez l'un ou chez l'autre, que vous préfériez organiser vous-même une petite fête chez vous, avec des gens que vous aurez choisis. Donc, le mois vous prédispose vraiment à devenir de plus en plus difficile parce que vous êtes aussi plus prudent. Vous avez décidé de préserver votre énergie, vous ne la donnerez pas à des gens qui ne vous méritent pas.

Mars est en Scorpion et, naturellement, cette planète vous avise de vous protéger physiquement, de bien vous nourrir aussi. Légère tendance à la gourmandise durant la semaine entre le 19 et le 25, période d'ailleurs où vous aurez envie de cuisiner davantage. Également, si vous devez prendre des médicaments à cause d'une maladie chronique, lorsque vous irez acheter vos médicaments à la pharmacie, veuillez les vérifier de façon à vous assurer qu'on vous a remis la bonne dose et la bonne médication. Une erreur pourrait se glisser, sans qu'elle soit fatale, vous nuire tout simplement. C'est évitable, donc il suffit de vérifier.

Vénus est en Scorpion jusqu'au 15, position planétaire qui vous rend bien difficile sur le plan sentimental, en ce sens que si l'amoureux vous contrariait trop souvent, vous le supporteriez vraiment très mal. Vous ne prendriez pas des gants blancs pour dire ce que vous pensez. En fait, vous avez décidé de mettre les choses au clair partout sur tous les plans de votre vie: amoureux, personnel, des amitiés, etc. Il est possible également que survienne chez certains d'entre vous une séparation ou, du moins, l'annonce d'une séparation puisque vous ne supportez plus d'avoir le mal de vivre dans l'amour. Comme vous avez décidé d'être heureux, vous prenez les moyens pour l'être maintenant et pour les mois à venir.

CANCER

21 juin au 20 juillet

À MA PRINCESSE, MON AMOUR, MA PETITE-FILLE ADORÉE ET SANS LE MOINDRE DOUTE LE PLUS MERVEILLEUX CANCER QUE LA TERRE PUISSE PORTER. À ODETTE RUIZ, FEMME UNIQUE, CLAIRVOYANTE ET, SURTOUT, UNE TRÈS GRANDE AMIE. À ROXANE DENAULT ET À LOUISE TURGEON, DEUX AUTRES FEMMES AU GRAND CŒUR ET À L'ESPRIT OUVERT.

SOUS L'INFLUENCE DE JUPITER

Jupiter est en Vierge jusqu'au 25 septembre, il est alors dans le troisième signe du vôtre, ce qui symbolise le commerce. Si vous avez l'intention de monter une affaire, de partir en commerce, d'être à votre compte, Jupiter en Vierge vous invite à le faire d'ici le 25 septembre. Vous aurez également des idées très originales. Que vous soyez un artiste ou une personne en affaires, même si vous devez faire quelques petits détours pour atteindre votre but, ces détours vaudront le coup, en ce sens qu'ils vous rapporteront de l'or au sens figuré, bien sûr. Mais il faudra faire attention sous Jupiter en Vierge aux nombreux bavardages qu'il y aura autour de vous au travail. Si vous avez un emploi régulier, vous travaillez dans un endroit où vous revoyez les mêmes têtes chaque jour, prière de ne pas révéler vos petits et grands secrets parce qu'on pourrait les utiliser contre vous. Parce que la compétition risque d'être serrée, on envie vos capacités, votre vivacité et vos compétences, et certaines personnes pourraient jouer contre vous et raconter quelques petites histoires mensongères à votre sujet.

Si vous avez l'intention de terminer des études, le moment est venu de le faire sous Jupiter en Vierge. Peut-être devez-vous les commencer? Très bonne idée, allez vers ce monde de la connaissance qui vous fait envie. Si les uns décident d'une nouvelle carrière, donc nécessité d'entreprendre des études, le moment est bien choisi pour le faire, ou alors vous terminez des cours afin d'acquérir de meilleures compétences, lesquelles vous mèneront à de l'avancement dans le secteur où vous êtes déjà impliqué.

Il est possible qu'en tant que parent de grands enfants, toujours sous l'influence de Jupiter en Vierge, vos enfants vous annoncent qu'ils s'éloignent de vous, prennent la décision de déménager. En fait, Jupiter en Vierge, troisième signe du vôtre, symbolise l'adolescence de vos enfants, en réalité des enfants qui sont devenus des adultes et qui font leurs choix. Vous ne pourrez intervenir sur leurs choix de vie en ce sens que le ciel vous suggère de les respecter même s'ils ne sont pas nécessairement les vôtres. De plus, il est certain qu'en tant que parent, leur éloignement vous fera beaucoup de peine. Le Cancer est un signe de famille, celui qui réunit tous ses petits poussins autour de lui même s'ils sont adultes. Il faudra vous résigner à les voir voler de leurs propres ailes et parfois à fonder leur propre nid familial. Il est possible également, si vous avez de grands enfants, que ceux-ci aient quelques petits problèmes dans leur vie de couple. De grâce, restez au dehors, vous n'êtes pas directement concerné. Faites confiance à vos enfants, après tout ne sont-ils pas de vous, n'avez-vous pas réglé vos problèmes vous-même? Vos enfants en feront autant.

À compter du 26 septembre, Jupiter est en Balance, il se retrouve dans le quatrième signe du vôtre. Il est vrai que, dès le début de l'année, vous aurez songé à vendre votre maison, à déménager ou alors à effectuer d'énormes travaux sur votre propriété ou peut-être à devenir un nouveau propriétaire. Mais vous ne serez prêt à procéder à ce déménagement qu'à partir du 26 septembre. Alors, ne vous hâtez pas durant les premiers mois de l'année, réfléchissez, magasinez, inspectez, voyez, s'il est question de déménagement, où vous préféreriez vivre. Donc, faites votre choix parce que pour un Cancer, la maison est ce qu'il y a de plus important. Vous êtes le signe représentant la maison, intérieure et extérieure, mais la maison dans laquelle vous habitez est assurément très importante parce que c'est l'endroit où vous serez paisible ou nerveux. Alors, allez-y selon ce que vous êtes.

Sous Jupiter en Balance, à compter du 26, suivez donc votre intuition et vos désirs. De grâce, ne vous laissez pas influencer par la famille ni les amis dans un nouveau choix de propriété, si vous avez décidé de déménager. Parce qu'il y aura des gens qui essaieront de se mêler de ce qui ne les regarde pas. Évitez ces gens ou dites-leur carrément que vous êtes capable, en tant qu'adulte, de prendre vos propres décisions. Cette position représente également les enfants. Alors pour les nouveaux parents ou futurs nouveaux parents, bien sûr, il s'agit de petits enfants. Donc, vous serez extrêmement concerné par leur bien-être. Il est possible que des *baby-boomers* se voient prendre la charge d'un de leurs petits-enfants au cours des douze prochains mois, à compter du 26 septembre, pour rendre service à leur fille ou à leur fils qui vit des moments difficiles. Par contre, durant cette période, il y aura parmi vous quelques démissionnaires, des Cancer découragés, des Cancer qui s'enfuient de leurs responsabilités. En fait, nous allons vers les contraires avec Jupiter en Balance ou les contrastes. Il y a ceux qui sont de grands responsables et de grands irresponsables. À quel groupe appartenez-vous? Il est bien sûr que, si vous faites partie des irresponsables, vous devrez vivre avec la culpabilité et la fuite de votre famille.

SATURNE EN CANCER

Position extrêmement importante en ce qui vous concerne puisqu'il vient boucler la boucle, mais celle-ci prend du temps à être achevée. Il s'agit tout de même d'une période intermédiaire entre le commencement et la fin dans cette position de Saturne en Cancer par rapport à votre signe. Une boucle concernant la famille, votre rôle familial, votre rôle social également. Saturne en Cancer vous invite fortement à prendre des responsabilités sociales, à aller vers les autres en ce sens que vous avez un besoin inné d'être le parent de quelqu'un dans votre vie, d'en pendre soin. Si vous êtes seul, si vous n'avez pas d'enfant, si vous n'avez plus de responsabilités officielles, faites donc du bénévolat, allez aider quelqu'un, c'est bon pour votre moral, pour votre santé physique.

Saturne en Cancer isolera malheureusement certains Cancer. En fait, ce Saturne a aussi un effet opposé: si vous refusez d'aller vers la société, vers le monde en général, si vous choisissez de retraiter, de reculer, de vous replier sur vous-même, il risque de vous précipiter dans un monde plutôt dépressif. Il est donc important de faire le bon choix. Les planètes vous disent simplement qu'il faut faire acte de volonté et ne pas vous isoler, c'est la pire chose que vous pourriez faire. Vous êtes né de la Lune, et la Lune va vers le monde en général ; vous êtes né pour être en contact avec chaque être qui vit et, donc, aussi donner une part de vous-même à autrui pour vous sentir important et bien dans votre peau. Donnez de vous-même et vous trouverez votre équilibre.

URANUS EN POISSONS

Uranus est bien installé en Poissons jusqu'en 2011. Il est en très bon aspect par rapport à votre signe. Celui-ci vous donne un génie créateur et beaucoup de sagesse aussi. Donc, dans l'ensemble, la majorité des Cancer prendront des décisions sages durant l'année 2004. Uranus en Poissons est un appel à la bonté, à toute cette bonté qui vous habite et à laquelle vous ne pourrez résister ; c'est un appel à la créativité, si c'est un coup de génie. Cette créativité peut vous conduire souvent au-delà des frontières. Si vous avez un talent artistique, qu'il s'agisse de musique, de chant, de littérature, de sculpture, de peinture, qu'importe l'art que vous pratiquez, Uranus en Poissons est un pas vers le monde, vers l'étranger et même une chance qu'une porte s'ouvre sur l'étranger et que vous puissiez vendre votre œuvre à l'extérieur, loin du lieu de votre naissance.

Certains d'entre vous sont d'origine étrangère et retourneront faire plusieurs visites dans leur pays ; ils ont besoin de prendre racine pendant quelque temps. Uranus en Poissons n'est pas un aspect signifiant le retour à la source, au contraire c'est simplement une visite à la source. Uranus en Poissons fait tellement de choses dans votre vie, il la transformera mais lentement puisqu'il demeurera dans ce signe jusqu'en 2011. Mais ne soyez pas inquiet car cette transformation est tout simplement géniale.

Il y a parmi vous de jeunes Cancer avec des rêves extraordinaires, des rêves immenses. Uranus en Poissons, c'est la porte ouverte sur ces rêves, c'est la possibilité de les réaliser. Il symbolise les gens qui se placeront sur votre route et qui vous permettront d'entrer dans votre rêve et de le réaliser. Ce rêve, quel qu'il soit, est réalisable d'ici 2011, vous avez du temps devant vous. Mais tout commence maintenant en 2004.

NEPTUNE EN VERSEAU

Neptune est en Verseau, il se retrouve dans le huitième signe du vôtre; il symbolise une autre série de transformations que vous n'attendiez pas. Ces transformations vous les pressentez, mais il est difficile d'en avoir une image nette. Il y a en même temps chez vous une peur de ces transformations qui sont pourtant nécessaires. Celles-ci viennent de très loin, elles sont de l'intérieur de vous surtout. Elles sont dans votre vision du monde et ne vous inquiétez pas, de nombreuses autres planètes sur le zodiaque en 2004 vous sont tellement favorables que ces visions que vous avez de vos propres transformations seront éventuellement bénéfiques même si dans votre mental, vous les voyez en noir et blanc. Au contraire, ces transformations seront tout en couleurs.

PLUTON EN SAGITTAIRE

Pluton est en Sagittaire, il continue son périple jusqu'en 2008 dans le sixième signe du vôtre, symbolisant le travail. Alors si vous êtes cet éternel inquiet qui a toujours peur de manquer de travail, chassez donc ces inquiétudes puisque le travail ne manquera pas. Dès l'instant où il arrive que vous puissiez être licencié d'une entreprise, peu de temps après, vous trouverez un autre emploi, meilleur que le précédent, ou alors même deux. Alors, vous n'avez vraiment pas à vous inquiéter pour le domaine du travail. Vous devrez plutôt vous poser la question: qu'est-ce que vous avez vraiment envie de faire? Pluton en Sagittaire vous invite à chercher à l'intérieur de vous.

NŒUD NORD EN TAUREAU

Le Nœud Nord est en Taureau, il est dans le onzième signe du vôtre jusqu'en décembre 2004. Ce onzième signe du vôtre symbolise le choix de vos amis. Il est vrai qu'il sera très important d'être très sélectif au cours de la prochaine année. Mais ce Nœud Nord est en bon aspect avec votre signe et il vient accentuer l'aspect génial que vous donne Uranus en Poissons, donc, le monde de la créativité à votre portée et le succès en vue.

CANCER ASCENDANT BÉLIER

Jupiter est en Vierge jusqu'au 25 septembre dans le troisième signe du vôtre, sixième signe de votre ascendant; il symbolise sérieusement le monde du travail. Un monde de travail qui sera en changement, où vous apprendrez un tas de choses différentes, nouvelles. Il est possible que si vous aviez un emploi fixe à la même entreprise depuis plusieurs années, vous soyez muté, vous occuperez un autre poste ou vous aurez beaucoup à apprendre, à étudier. Vous adorerez le défi que vous aurez à relever.

Cette position vous invite sérieusement à vous mettre au lit le plus tôt possible le soir car votre système nerveux risque de subir quelques irritabilités pendant les premiers mois de l'année, du moins jusqu'en mai.

Jupiter sera en Balance le 26 septembre, il sera dans le quatrième signe du vôtre, septième de votre ascendant. Cette position symbolise que vous pourriez avoir des plaintes de la famille et de votre amoureux. Vous êtes tellement pris par votre travail qu'on se plaint de vos absences. Mais pour de nombreux Cancer ascendant Bélier, une période de questionnement commence au sujet de la vie de couple et, parfois, une séparation pointe à l'horizon. Sous Jupiter en Balance, cela devient évident et il faut s'y préparer.

Saturne est en Cancer, il est sur votre Soleil et sur le quatrième signe de votre ascendant. Il symbolise le monde de la famille, donc le monde de vos responsabilités familiales, celui de vos enfants mais également de parents âgés, malades dont vous devrez prendre soin. Mais ça se passe bien, il ne s'agit pas de drame, de finalité ou de mort. Peut-être s'agit-il d'un enfant qui ne se sent pas bien à cause d'une situation familiale perturbée. Alors, en tant que parent, vous devrez être attentif aux signaux que vous donnent vos enfants ou un de vos enfants plus sensible que les autres. Saturne en Cancer, c'est souvent le désir de déménager ou l'obligation de déménager, si à compter de septembre il y a de la séparation dans l'air.

Uranus en Poissons dans le neuvième et le douzième signe par rapport au vôtre et à votre ascendant symbolise que vous aurez des intuitions, vous saurez ce qu'il faut faire. Donc, ne résistez pas à ce que vous ressentirez puisqu'il en va à la fois de votre santé et de votre bien-être intérieur. Il ne faudra pas non plus fuir vos obligations et vos responsabilités. Car Uranus dans le douzième signe de votre ascendant fait parfois fuir certains Cancer ascendant Bélier. Il n'est pas dans votre intérêt de le faire, vous le regretteriez. Regardez votre réalité en face et prenez donc vos responsabilités.

Neptune est en Verseau, huitième signe du vôtre et onzième signe de votre ascendant, symbolisant le choix parmi vos amis, le choix nécessaire à faire. Certains vous donneront des conseils dont vous n'avez absolument pas besoin et d'autres qu'il faudrait peut-être observer. Mais il faut être sélectif parce que vous en entendrez de toutes les sortes. Alors, fiez-vous donc à vos intuitions. Aussi, certains amis doivent sortir de votre vie, ne leur prêtez pas non plus d'argent car sous Neptune en Verseau vous ne reverriez pas votre argent.

Pluton en Sagittaire vient ici donner de la force au secteur professionnel. Si vous avez des intérêts à l'étranger, si vous êtes à votre compte ou si le travail vous fait voyager, vous serez obligé de partir beaucoup plus souvent et cet aspect ne plaira pas non plus à la famille puisque vous serez toujours sur votre départ. Il faudra donc avoir des conversations sérieuses puisque le travail est important pour vous, surtout si vous faites un travail que vous adorez. Car tout est évitable quand on y réfléchit bien.

Le Nœud Nord est en Taureau, cette position est encore un avertissement de ne pas prêter à des amis qui parfois ne vous ont pas encore remboursé ce qu'ils vous doivent. Cette position est également favorable à un gain à la loterie. Je vous suggère, sous ce Nœud Nord bien positionné, d'acheter des billets de loterie. On ne sait jamais, ce serait peut-être votre tour. Mais ce Nœud Nord est aussi la pensée qui éclaire bien des décisions, à condition d'écouter ce qui vient de votre cœur, ce qui vient de votre âme, ce qui vient de vous-même et non pas d'autrui.

CANCER ASCENDANT TAUREAU

Sous ce ciel de 2004, ce signe et cet ascendant sont extraordinairement bénéfiques pour la jeunesse qui sort de l'adolescence, par exemple, puisque sous Jupiter en Vierge dans le troisième signe du Cancer et cinquième signe du Taureau, il s'agit d'entrer sur le marché du travail ou de trouver un nouvel emploi ou de monter une affaire alors qu'on est jeune et inexpérimenté. Au cours de 2004, vous avez du génie et si déjà vous avez de l'expérience dans le domaine où vous êtes impliqué, vous prendrez de l'expansion. Jupiter en Vierge est extraordinairement positif en ce qui vous concerne. Donc, quel que soit votre projet, allez de l'avant car vous êtes le grand gagnant dans cet aspect.

À compter du 26 septembre, Jupiter est en Balance et se retrouve dans le quatrième signe du vôtre et le sixième signe de votre ascendant. Cet aspect s'avère extrêmement positif sur le plan de la carrière. Les projets que vous aurez travaillés dès le début de 2004 aboutiront à partir du 26 septembre et permettront d'autres nouveaux développements. Vous réfléchirez à la famille: le lien entre la famille et la carrière, le temps que vous allouez à votre famille, à vos enfants plus particulièrement si ceux-ci sont petits. Pour les amoureux qui n'ont pas encore d'enfant, à compter du 26 septembre, vous songerez à fonder un foyer.

Saturne est en Cancer et cette position vous donne un énorme pouvoir d'action et le sens du pouvoir. Si jusqu'à présent vous faisiez partie des hésitants, c'est terminé, vous savez où vous allez et ce que vous voulez. Cet aspect prédispose un grand nombre d'entre vous à songer à déménager mais sans doute ne le ferez-vous pas immédiatement, vous y pensez tout simplement. Ce Saturne en Cancer sur votre signe et le troisième de votre ascendant est en excellente position quand il s'agit de l'immobilier, plus précisément d'immeubles à louer.

Uranus en Poissons dans le neuvième signe du Cancer et le onzième du Taureau représente la venue de nouveaux amis dans votre vie; ils viennent de l'étranger ou ont des origines étrangères. Ils vous feront découvrir de nouveaux goûts et probablement une nouvelle cuisine car votre signe et ascendant est extrêmement gourmand et curieux d'alimentation. Cette position d'Uranus en Poissons, c'est vraiment le début de la découverte et peut-être faites-vous partie de ceux qui adorent cuisiner ou qui depuis des années songent à suivre des cours de cuisine, alors vous réaliserez vos rêves dans ce domaine.

Neptune en Verseau est cette année l'indice d'une énorme transformation sur le plan de la carrière, transformation qui est désirée depuis plusieurs année et à laquelle vous êtes prêt à procéder. Pour appuyer cet aspect, vous avez également Pluton qui est en Sagittaire dans le sixième signe du vôtre et le huitième de votre ascendant, ce qui vient accentuer la position de Neptune en Verseau confirmant la transformation sur le plan du travail. Donc, si vous avez décidé d'être à votre compte, c'est une très bonne idée. Que vous soyez un *baby-boomer*, sur le point de prendre votre retraite ou un jeune qui commence sa vie, sa carrière, si vous avez l'intention de monter une affaire, quelle que soit son envergure, allez-y, foncez, vous serez respecté.

Le Nœud Nord est en Taureau sur votre Maison I, le voici qui vient confirmer l'affirmation de soi. Vous traversez une année où vous prenez du pouvoir, de la force et vous êtes de plus en plus déterminé.

CANCER ASCENDANT GÉMEAUX

Il faudrait nommer cette année consécration à l'argent. En fait, vous désirerez acquérir de nouveaux biens, faire plus d'argent et, pour cela, vous êtes prêt à travailler deux fois plus aussi. Mais il sera important de bien doser parce que vous risquez l'épuisement. Jupiter est en Vierge dans le troisième signe du vôtre et le quatrième de votre ascendant. Il s'agit là d'une petite confusion familiale parce que vous travaillez sans arrêt. Si vous ne voulez pas avoir de troubles plus graves, lorsque Jupiter sera en Balance à compter du 26 septembre, essayez d'avoir un équilibre entre le travail et votre vie familiale. En tant que Cancer ascendant Gémeaux et sous Jupiter en Vierge et en Balance, il y aura énormément de créativité. De nombreux artistes sont nés sous votre signe et ascendant, des artistes à succès, qui réussissent, qui font de l'argent aussi. Tout va s'élargir cette année au point où vous perdrez de vue les petits détails de la vie quotidienne, mais ceux-ci sont si nombreux qu'ils finiront par être oubliés. Par contre, ceux qui font partie de tous ces petits détails n'oublieront pas que vous les ignorez.

Saturne en Cancer est dans le deuxième signe de votre ascendant, il est également sur votre Soleil. Donc, durant toute l'année, vous vous préoccuperez sérieusement de vos biens, de l'argent, de vos placements. Il est vrai que vous avez une bonne intuition en ce qui concerne le monde du placement. Vous ferez sans doute un achat important, vous serez intéressé par l'achat de territoires, de terrains, par ailleurs vous devriez faire cela au cours des six premiers mois de l'année pour faire de meilleures affaires, si vous achetez un terrain, surtout si vous l'achetez près de l'eau. Uranus est en Poissons, il est dans le neuvième signe du vôtre et dans le dixième signe de votre ascendant, ce qui conduira certains d'entre vous à voyager à cause de leur travail surtout si vous faites commerce avec l'étranger ou si votre travail vous oblige à de fréquents déplacements. Voici encore que cet aspect vous éloigne de la maison et que cela risque de déplaire à votre conjoint et à vos enfants. Uranus en Poissons, c'est aussi un aspect important en ce qui concerne le choix d'un deuxième conjoint. Si vous avez déjà été marié, si vous êtes seul depuis longtemps, une rencontre soudaine, hors de l'ordinaire, pourrait vous faire désirer de vous marier très rapidement. Mais est-ce bien nécessaire de le faire? Il serait dans votre intérêt d'attendre encore un peu et de prolonger vos fréquentations.

Neptune en Verseau prolonge vos fréquentations si jamais une deuxième union était dans l'air. Il est possible également que certains parmi vous aient des problèmes avec une pension alimentaire à recevoir ou à donner, donc des mises au point sur le plan financier. Neptune en Verseau est présage également d'un héritage familial pouvant provenir d'une vieille tante, d'un oncle que vous avez peut-être même oublié ou d'un gain à la loterie. Au cours de la prochaine année, achetez-vous quelques petits billets de loterie.

Pluton est en Sagittaire dans le sixième signe du vôtre, septième de votre ascendant. C'est l'aspect travail qui ne manque pas: double travail, double emploi, le désir finalement de faire beaucoup d'argent. Méfiez-vous également des associés au cours de la prochaine année, ne les choisissez pas trop vite. Prenez des références et assurez-vous qu'on est très honnête avec vous s'il est question d'une association et qu'il y a beaucoup d'argent en jeu. Pluton fait une mise en garde contre une union qui serait précipitée. Il vous suggère encore une fois de mieux connaître l'autre, non pas uniquement dans ses artifices mais aussi à l'intérieur; alors prenez votre temps.

Le Nœud Nord est en Taureau dans le douzième signe de votre ascendant, onzième du vôtre. Bien sûr, il est fort possible que ce soit un ami qui vous présente ce nouvel amour. Celui-ci veut vous rendre service, votre bonheur. Mais, encore ici, regardez bien à qui vous avez affaire. Pourquoi ne pas développer d'abord une amitié plutôt que de vous lancer dans une aventure qui ne pourrait être qu'un feu de paille. Ce Nœud Nord en Taureau vous avise de ne pas prêter de l'argent à vos amis parce qu'ils pourraient ne pas vous le rendre très rapidement. Vous aurez aussi des amis qui tomberont malades au cours de la prochaine année, du moins un, et vous serez là pour lui tenir la main pendant sa période difficile.

CANCER ASCENDANT CANCER

Vous êtes la pureté du signe, en fait vous êtes né de la Lune, signifiant aussi que votre Soleil est en Maison I. Donc vous êtes un être extraordinairement ambitieux et beaucoup plus que vous n'en avez l'air. Vous êtes prêt cette année à changer d'orientation, de carrière si la nécessité se fait sentir. Aussi, certains d'entre vous s'impliqueront davantage sur le plan professionnel. Certains avaient peut-être pris leur retraite, mais ils reviendront au travail, non pas uniquement par nécessité mais plutôt par goût, par envie, par besoin de vivre et d'être avec et parmi le monde. Cancer ascendant Cancer signifie que vous êtes en amour avec le monde et qu'il est nécessaire pour vous de jouer un rôle de premier plan.

Sous Jupiter en Vierge jusqu'au 25 septembre, cela correspond à la réinsertion au travail, à la carrière, à l'amitié, en fait au retour à des intérêts que vous aviez peut-être abandonnés. À compter du 26 septembre, Jupiter est en Vierge dans le quatrième signe et du vôtre et de votre ascendant, symbolisant le monde familial en transformation. Si vous appartenez aux *baby-boomers*, vos enfants sont maintenant grands, ils ont quitté le nid familial et, surprise, certains d'entre vous deviendront grand-papa ou grand-maman.

Si vous êtes jeune, amoureux et sans enfant, sous Jupiter en Balance, sans doute déciderez-vous de fonder un foyer, d'avoir un premier enfant ou un deuxième et si vous avez du courage, un troisième. En fait, le Cancer ascendant Cancer est un être de famille et sans une famille, il y a un vide chez lui. Celui-ci peut être comblé en prenant soin de quelqu'un d'autre aussi.

Saturne est en Cancer, il est automatiquement sur votre Soleil et sur votre ascendant également. Prise de pouvoir, prise de contrôle de vous-même, vous n'êtes plus sous l'influence des autres mais uniquement sous la vôtre. Vous vous écoutez, vous savez ce que vous désirez et vous allez droit vers votre objectif. Uranus est en Poissons, dans le neuvième signe, et cet aspect fait un trigone à Saturne en Cancer, un très bon aspect. Cet Uranus en Poissons c'est la capacité d'aller vers votre objectif, c'est la redécouverte d'un talent que vous aviez mis de côté, de votre extrême sociabilité parce qu'il est fort possible que ces dernières années, sous l'influence de Saturne en Gémeaux, vous vous soyez retiré tout simplement pour mieux réfléchir à ce que vous deviez faire. Mais cette fois, vous faites un retour vers le monde.

Uranus en Poissons, pour votre signe et ascendant, corres-pond également à un mouvement vers l'étranger. Donc, si vous avez des rapports avec celui-ci, qu'ils soient commerciaux ou tout simplement de nature à protéger la vie d'autrui, vous vous occuperez de la paix dans le monde et c'est par le fruit du hasard souvent que vous serez conduit à jouer un rôle de pre-mier plan. Nous avons besoin de chefs dans ce monde pour favoriser la paix, puis protéger notre environnement et vous faites partie de ceux-ci.

Neptune en Verseau vient ici confirmer qu'il est important que vous preniez votre place. N'ayez pas de crainte, le monde vous ouvrira toutes les portes. Pluton est en Sagittaire jusqu'en 2008 dans le sixième signe du vôtre et de votre ascendant. Donc, il y a énormément de travail à accomplir. Naturellement, si vous jouez un rôle social, ce travail est d'autant plus grand que votre influence s'étendra davantage durant l'année 2004 et cela risque de vous effrayer. Mais n'en ayez pas peur, chaque fois que vous aurez besoin d'aide, vous la trouverez.

Le Nœud Nord en Taureau dans le onzième signe du vôtre symbolise en 2004 ces amis qui seront toujours là pour vous aider et pour vous rappeler les heureux hasards qui vous remet-tent sur pied. Si vous faites partie des Cancer ascendant Cancer qui cherchent leur voie, vous la trouvez maintenant.

CANCER ASCENDANT LION

Vous êtes né de la Lune et du Soleil. Vous avez un signe capable d'un meilleur équilibre que bien d'autres. Jupiter est en Vierge dans le troisième signe du Cancer, deuxième du Lion, ce qui signifie une très bonne période d'ici le 25 septembre concernant le travail. Donc, beaucoup plus de travail, beaucoup plus d'ar-gent, souvent un nouvel emploi dans le domaine de la commu-nication où généralement vous excellez. Période où vous ferez beaucoup plus d'argent et vous vous allierez à des gens ayant beaucoup de pouvoir, de puissance.

À compter du 26 septembre, Jupiter entre en Balance, ce qui signifie que ce qui aura été entrepris depuis le début de l'année se poursuit d'une façon magistrale et plus grandiose encore, mais vous romprez l'équilibre familial. Alors, il est dans votre intérêt de consacrer des périodes à votre famille, à ces gens que vous aimez et dont vous ne pouvez vous passer, afin de préserver l'harmonie. Sous votre signe et ascendant, il est important pour vous de garder un lien avec vos enfants ou vos petits-enfants parce qu'il est à la fois votre équilibre intérieur et votre équilibre physique.

Saturne se retrouve sur votre Soleil et dans le douzième signe de votre ascendant, vous signifiant une fois de plus de pré-server ce lien familial qui est si important pour vous. C'est aussi la prise de pouvoir, la zone de succès qui fut entreprise en 2003 avec souvent un nouveau travail et qui se poursuit allègrement et même à vive allure; le progrès est rapide. Vous êtes parfois vous-même étonné de la vitesse à laquelle vous progressez.

Uranus est en Poissons dans le neuvième signe du vôtre et le huitième de votre ascendant. Si vous travaillez dans le domaine des communications et si vous avez un produit que vous pouvez exporter, sans doute ferez-vous de l'argent. Si vous entreprenez un commerce avec l'étranger, vous ne mettrez pas beaucoup de temps avant d'en comprendre tous les rouages. Finalement, vous augmenterez vos profits très rapidement. Si vous vivez dans une famille reconstituée, quelques petites mises au point s'imposeront au cours de l'année afin de garder la paix.

Neptune en Verseau est dans le huitième signe du vôtre et septième signe du Lion. Votre partenaire a un rêve qu'il désire accomplir et il a besoin de votre aide pour aller au bout de celui-ci. Aurez-vous assez de temps à lui consacrer? Lui apporterez-vous l'aide qu'il vous demande? Cette aide peut être unique-ment sur le plan émotionnel; il a besoin de vos encourage-ments. Il est vrai que vous travaillerez beaucoup mais soyez attentif, votre amoureux a besoin de vous pour poursuivre son rêve ou pour entreprendre une nouvelle carrière.

Pluton dans le sixième signe du vôtre, cinquième du Lion, symbolise une fois de plus le rêve professionnel et une expan-sion sur le plan de la carrière. En fait, l'année est à l'argent, à la profession, à la progression, à l'expansion. Ce qu'il faudra sur-veiller finalement, ce sera votre vie personnelle que vous aurez tendance à négliger. Mais en même temps, si vous êtes célibataire, ce Pluton en Sagittaire ainsi que d'autres planètes dans le ciel indiquent qu'un nouvel amour naîtra dans le milieu de travail. C'est principalement là que vous le rencontrerez. Il faudra surveiller votre santé parce que Pluton en Sagittaire laisse supposer quelques petits dérèglements qui viendraient de votre estomac, des intestins. Donc, en faisant très attention, vous échapperez naturellement au pire. Votre signe et votre ascendant offrent une très grande résistance à toutes les maladies et même s'il y avait maladie, il y a possibilité de guérison sous ce ciel et cet ascendant en 2004.

Le Nœud Nord est en Taureau, à la fois dans le onzième signe du vôtre et le dixième du Lion. Vous aurez des amis, de nouvelles connaissances que vous établirez surtout en milieu de travail. Il est bien certain que certaines personnes ne sont là que par intérêt. Mais avec d'autres, vous vous lierez d'amitié et ce sera en fait le début d'une très grande amitié à l'intérieur de laquelle vous pourriez aussi conclure de nouvelles affaires non pas uniquement en 2004 mais aussi dans les années à venir.

CANCER ASCENDANT VIERGE

Jupiter en Vierge jusqu'au 25 septembre présage que vous aurez naturellement une foule d'idées nouvelles au sujet de la rénovation de votre maison. Vous aurez l'occasion de pouvoir pénétrer un nouveau milieu de travail. Ce Jupiter en Vierge est également sur votre ascendant, ce qui signifie que vous prenez le contrôle de vous-même. Vous ne laisserez plus les gens vous dire quoi faire ni même influencer votre jugement. Jupiter en Vierge est extrêmement favorable aux célibataires. Si vous êtes seul depuis longtemps, si vous n'avez personne dans votre vie, Jupiter sur votre Maison I vous donne un puissant magnétisme, vous permet d'attirer une bonne personne, quelqu'un avec qui vous partagerez les mêmes idées, les mêmes goûts et, surtout, un désir de voyager. Vous pourriez la rencontrer dans le milieu de travail ou tout simplement en allant faire vos courses.

Jupiter sera en Balance à compter du 26 septembre. Plusieurs, au cours de l'année, auront réfléchi, auront songé à déménager et cette fois, ils seront prêts à le faire. Pour certains, il s'agira de vendre, vous n'aurez aucune difficulté et vous obtiendrez ce que vous désirez et si vous faites un achat, vous trouverez la maison de vos rêves, au prix que vous désiriez payer. Jupiter en Balance concerne également votre famille; chacun va de son côté et si vous avez un frère ou une sœur qui est malade, il est possible que vous soyez appelé à son chevet à quelques reprises. Il n'y a pas ici d'aspect de décès, mais bel et bien de maladie. Il faudra faire attention à votre estomac car il sera beaucoup plus fragile au cours de la prochaine année en raison de votre nervosité.

Saturne est en Cancer sur votre Soleil et dans le onzième signe de votre ascendant signifiant que vous choisissez vos amis avec beaucoup de parcimonie et que vous n'acceptez plus n'importe qui autour de vous, surtout pas ceux qui, jusqu'à présent, vous ont épuisé. Ceux-là, vous les chasserez et très rapidement. En fait, tel que Jupiter en Vierge le suggérait, vous prenez le contrôle et Saturne en Cancer, dans votre signe, c'est également ce contrôle qui est réaffirmé. Également, la possibilité d'un voyage que vous déciderez sans doute assez rapidement. Si vous avez de la famille à l'étranger, il est possible que vous y passiez quelques mois pour lui rendre visite.

Uranus en Poissons est dans le neuvième signe du vôtre et le septième de votre ascendant. Si vous êtes seul depuis de nombreuses années, si vous avez déjà été marié, cet Uranus en Poissons suggère une deuxième union, donc la possibilité que vous soyez demandé en mariage ou que vous demandiez quelqu'un en mariage. Toutefois, Uranus suggère plutôt de vivre en union libre, car tout ce qui est sous cet aspect n'est pas voué à l'éternité. Attendez que le temps soit plus favorable.

Neptune en Verseau, huitième signe du vôtre et sixième signe de la Vierge, est très favorable sur le plan du travail; c'est un symbole de grande transformation. Il y a parmi vous des gens qui quitteront un emploi sur un coup de tête. Ce n'est pas une bonne idée, alors il faudra vous retenir. Sinon, vous pourriez rester quelques mois sans emploi alors qu'en réalité, le ciel est plutôt favorable à ce secteur. Si, une de ces journées, vous subissez une saute d'humeur et que vous pensiez à faire la guerre à votre patron, retenez-vous, prenez une journée de congé de maladie.

Pluton est en Sagittaire dans le sixième signe du vôtre et le quatrième signe de votre ascendant rappelant ici quelques petites dissolutions familiales: on s'éparpille, on s'éloigne les uns des autres parce que chacun a ses propres préoccupations. La séparation se fait entre frères et sœurs, oncles et tantes, cousins et cousines, en fait c'est comme si les gens de la famille n'arrivaient plus à se rejoindre. Sauf si quelqu'un est malade, alors celle-ci réunit tout le monde et vous aussi. Sous Pluton en Sagittaire, vous trouverez cela parfois triste que la famille se soit ainsi dispersée, mais dites-vous bien que cet aspect est passager.

Le Nœud Nord en Taureau à la fois dans le onzième signe du vôtre et le neuvième de votre ascendant symbolise un aspect de chance. Alors achetez-vous un billet ou deux et peut-être plus souvent que vous ne le faites à l'accoutumée.

CANCER ASCENDANT BALANCE

Jupiter est en Vierge jusqu'au 25 septembre, il est alors dans le douzième signe de votre ascendant. Il vous met en garde contre des placements hasardeux. Avant une négociation, une transaction, en fait quel que soit le type d'investissement que vous fassiez, examinez-le bien attentivement et étudiez-le longtemps parce qu'il y a danger que vous commettiez une petite erreur. Pourquoi perdre alors que vous avez gagné cet argent si durement? Par ailleurs, ce serait bien d'attendre que Jupiter soit en Balance, soit à compter du 26 septembre, pour prendre une décision éclairée et voir où sont vos intérêts. En effet, entre le 1er janvier et le 25 septembre, il y aura tant de préoccupations dans votre esprit que vous pourriez commettre une grande erreur financière. Période également où vous vous poserez de sérieuses questions sur votre vie amoureuse. Bref, pendant que Jupiter est en Vierge jusqu'au 25 septembre, il vous faudra faire preuve de patience sous tous les aspects.

Saturne est en Cancer dans le dixième signe du vôtre et fait jusqu'au mois de mai un excellent aspect à Uranus en Poissons dans le sixième signe de votre ascendant, symbolisant le secteur du travail. Donc, si vous avez un emploi stable, un horaire régulier, n'y changez rien, surtout si vous y êtes à l'aise. De plus, sans doute vous proposera-t-on une promotion ou vous aurez deux fois plus de travail et, naturellement, les heures supplémentaires sont bien payées. Alors, vous n'avez pas à vous inquiéter sur le plan du travail et, surtout, ne changez rien cette année à moins que vous n'y soyez obligé. Dans l'ensemble, sous votre signe et ascendant, vous avez un talent particulier pour toujours avoir un emploi solide et généralement bien en vue.

Neptune se retrouve dans le cinquième signe de votre ascendant et fait un bon aspect à Pluton, surtout à partir du moment où Jupiter entrera en Balance le 26 septembre. Ce Neptune en Verseau dans le cinquième signe du vôtre est un aspect extrêmement créateur. Vous désirez également prendre de l'expansion, surtout si vous êtes à votre compte. D'autres aspects célestes font quand même une mise en garde. Prenez votre temps, étudiez bien, surtout au moment où il sera question d'une nouvelle association ou si vous êtes propriétaire d'une entreprise, d'une fusion. Avant de prendre une décision qui impliquerait beaucoup d'argent, vos biens et même votre emploi, prenez du recul et peut-être est-il dans votre intérêt de demander conseil à quelqu'un qui vous connaît bien si jamais vous aviez des hésitations.

Pluton dans le troisième signe du vôtre symbolise que vous n'êtes pas à court d'idées; elles se multiplient à un rythme fou. En fait, votre problème sera peut-être de les ralentir au cours de la prochaine année, et Pluton vous cause trop de nervosité en 2004. Alors, de temps à autre, accordez-vous des périodes de repos, de calme et pourquoi pas un petit congé. N'y a-t-il pas longtemps que vous vous êtes privé de vacances? Alors il serait temps de vous en offrir.

Le Nœud Nord en Taureau dans le huitième signe de votre ascendant jusqu'en décembre 2004 est aussi un autre avis de prendre soin de votre santé, surtout de votre alimentation. Si vous avez tendance à grossir ou si vous avez pris quelques kilos au cours de ces dernières années, il serait temps d'y voir. Suivez un bon régime alimentaire et peut-être bien, même si vous détestez aller chez le médecin, passez des examens complets de manière à être rassuré sur vous-même.

CANCER ASCENDANT SCORPION

Vous êtes un double signe d'eau, un signe d'émotions, mais la raison est toujours présente. Jupiter est en Vierge dans le onzième signe de votre ascendant. Au cours de la prochaine année, vous verrez très bien où vous allez, comment vous atteindrez vos objectifs, puisque vous en aurez plusieurs. Certains vous seront présentés comme par surprise; il s'agira de défis à relever, ce que vous ferez avec plaisir et beaucoup plus de facilité que vous ne l'imaginiez.

À compter du 26 septembre, Jupiter sera en Balance dans le quatrième signe du vôtre et le douzième signe du Scorpion. C'est une invitation à la prudence. Donc, vous entrez dans une zone un petit peu plus fragile; faites place à la modération, à la prudence, et parachevez ce que vous aurez précédemment commencé; n'entreprenez pas du nouveau. C'est comme une sorte de fin d'étape; puis, vous mettez de l'ordre dans tous ces nouveaux projets, qu'ils soient personnels, professionnels ou familiaux.

Saturne est en Cancer dans le neuvième signe de votre ascendant et symbolise un moment de sagesse; en fait, une invitation à la sagesse et à ne prendre aucune décision sur un coup de tête. Saturne est sur votre Soleil automatiquement puisqu'il est en Cancer. Cette position vous donne énormément de pouvoir, de puissance, le désir également de faire des voyages et la possibilité d'en faire. Cette neuvième Maison, où se trouve Saturne en Cancer, symbolise pour les célibataires la venue du prince charmant ou de la princesse; vous trouverez cette personne avec laquelle vous aurez quand même une grande différence d'âge. Ce sera un début extraordinaire et, en même temps, une exploration de votre être à travers l'autre, et vice versa. Possiblement que cette personne aura des parents à l'étranger ou sera d'origine étrangère.

Uranus est en Poissons dans le neuvième signe du Cancer, cinquième signe du Scorpion; il symbolise l'amour soudain et l'étranger. Voici le lien entre la Maison IX et la Maison V mais également, si vous êtes jeune et amoureux, si vous n'avez pas encore d'enfant, la possibilité ou la décision plutôt d'avoir un premier enfant. S'il s'agit d'adoption, cet aspect est extrêmement favorable en ce sens que les démarches se feront sans trop de difficultés.

Neptune est en Verseau, huitième signe du vôtre et quatrième signe de votre ascendant; il vient ici accentuer l'aspect du renouveau familial, donc un enfant. Il est possible que ce soit l'enfant d'un autre, donc adopté, mais aussi que vous gardiez l'enfant d'un ami, pour diverses raisons.

Pluton en Sagittaire, dans le sixième signe du vôtre et deuxième signe de votre ascendant, symbolise que vous ne manquerez pas de travail, surtout si vous avez un emploi régulier depuis de nombreuses années. Ne vous inquiétez pas pour cela. Il indique également que vous ne manquerez pas d'argent et que vous pourrez même faire quelques économies. Soyez prudent concernant les placements, surtout à compter du 26 septembre. Par contre, vous bénéficiez d'une protection au travail.

Le Nœud Nord en Taureau, dans le onzième signe du vôtre et septième signe de votre ascendant, est à la fois ce symbole qui nous ramène à la difficulté que peut vivre un ami. Il vous faudra également être très sélectif avec les nouveaux amis, surtout ceux que votre partenaire se fera car il ne fera pas preuve de lucidité à ce sujet.

CANCER ASCENDANT SAGITTAIRE

Jupiter est en Vierge, troisième signe du vôtre et dixième signe de votre ascendant symbolisant un renouveau sur le plan de la carrière grâce à un des membres de la famille qui vous fera repenser votre entreprise. Si vous êtes employé, il y aura tout de même quelques transformations dans votre milieu de travail et plus l'année avancera, plus vous serez favorisé. Donc, vous pouvez accéder à un poste mieux rémunéré, plus en vue, à une promotion.

À compter du 26 septembre, Jupiter est en Balance et symbolise qu'un désir de changement se pointe chez vous. Il est possible que votre entreprise vous fasse beaucoup voyager vers l'étranger ou parfois d'y déménager pour représenter les intérêts de celle-ci. Cet aspect symbolise également, puisque Jupiter se retrouve dans le quatrième signe du vôtre, qu'il y aura une longue négociation avec votre partenaire. Sera-t-il ou ne sera-t-il pas heureux de ce déménagement? La famille pèsera également dans la balance, mais si vous êtes seul, il n'y aura aucun problème.

Saturne en Cancer se retrouve dans le huitième signe du vôtre et cet aspect est difficile en ce sens qu'il donne un fort indice de décès dans la famille, souvent par accident. Peut-être sera-il question de la mort d'une personne âgée. Saturne symbolise ce qui a été dit sous Jupiter en Vierge et vient ici accentuer le fait que si vous travaillez avec un membre de la famille, on insistera pour effectuer des changements dans l'entreprise. Vous savez qu'il faut être prudent avant de faire ces changements. Donc, vous demanderez un temps de réflexion pour mieux comprendre les enjeux.

Uranus dans le neuvième signe du vôtre et dans le quatrième signe de votre ascendant vient ici vous entretenir à nouveau de la famille mais la famille renouvelée en ce sens que si vous avez un nouveau conjoint et qu'il y ait des enfants d'un côté et de l'autre, c'est le moment de faire des mises au point afin que chacun ait sa place. En tant que parents, vous et votre partenaire, il faudra que vous soyez bien sages et que vous soyez à l'écoute de vos enfants quel que soit leur âge. Peut-être êtes-vous un *baby-boomer* qui a un nouveau partenaire. Vos enfants respectifs, qui sont des adultes, voudront vous dire quoi faire ou ne pas faire dans ce nouveau couple que vous formez. Vous devrez leur demander de rester à l'écart de vos décisions puisque vous êtes assez grand pour vivre votre avenir selon vos propres désirs.

Neptune dans le troisième signe de votre ascendant symbolise un tas d'idées mais également un voyage qui sera extraordinairement bénéfique puisqu'il vous permettra de repenser tout ce qui se sera produit depuis le début de l'année. Ce voyage aura probablement lieu à la fin de juin ou au début de juillet. Vous ferez le point sur l'ensemble de votre vie, surtout s'il y a un nouvel amour, un changement familial. Certains d'entre vous vivront aussi une séparation; tout cela doit être mûri, réfléchi. S'il y a eu conflit, il faut que vous fassiez la paix avec vous-même.

Pluton en Sagittaire, dans le sixième signe du vôtre et sur votre ascendant, est à la fois la prise de conscience et la prise de pouvoir sur vous-même. Disons que vous ne laisserez plus personne vous dire quoi faire. Plus Pluton avance dans son signe, d'ailleurs il est là jusqu'en 2008, plus vous prenez conscience que vous êtes libre et que cette liberté vous appartient et que personne n'a le droit d'intervenir dans vos choix. En 2004, vous prenez conscience que vous êtes maître de votre vie, de votre situation.

Le Nœud Nord est en Taureau dans le sixième signe de votre ascendant jusqu'à la fin de décembre 2004. Cet aspect confirme le secteur professionnel; vous ne manquerez pas de travail, bien au contraire. En plus, comme il est le onzième signe du vôtre, c'est un autre symbole suggérant des voyages pour le travail. Petits et grands déplacements également si vous êtes en commerce, si vous offrez un produit que vous devez vendre sur la route.

CANCER ASCENDANT CAPRICORNE

Jupiter est en Vierge dans le troisième signe du vôtre et le neuvième signe de votre ascendant jusqu'au 25 septembre. Durant cette période, il s'agira d'un renouveau sur le plan des études. Sans doute certains d'entre vous termineront-ils un cours inachevé depuis longtemps, étant donné les circonstances de la vie. D'autres parmi vous entreprendront des études en vue de faire carrière dans le domaine de leur choix. Sous votre signe et ascendant, cet aspect prédispose de nombreux Cancer ayant un talent dans les domaines journalistique, des communications et même informatique, à prendre de l'expansion. Si jamais vous avez un travail dans un de ces domaines, il y a un renouveau très important qui pourrait conduire un grand nombre d'entre vous vers l'étranger ou, du moins, à faire de nombreux voyages à la fois d'exploration et d'études.

À compter du 26 septembre, Jupiter est en Balance dans le quatrième signe du vôtre et le dixième signe de votre ascendant. Voici qu'il confirme votre choix de carrière que vous devrez maintenir. En fait, sans doute à certains moments douterez-vous de vous mais avec de la volonté, vous poursuivrez votre route car vous serez extraordinairement bien inspiré.

Saturne est en Cancer, il est proche de votre Soleil et également dans le septième signe de votre ascendant. Alors si vous êtes seul, l'amour vous prendra par surprise et vous ne pourrez y résister. Il sera également question du monde des affaires. Si vous avez l'intention de monter une entreprise, d'être à votre compte, vous rencontrerez des gens qui, par hasard, grâce à l'aspect d'Uranus en Poissons, voudront s'associer à vous. Il faudra vous décider avant le 25 septembre, après avoir bien étudié l'offre et fait une recherche sur ces gens qui seront éventuellement vos partenaires d'affaires. Certains d'entre vous déjà amoureux depuis longtemps, qui vivent en couple, mais non mariés, en union libre, désireront officialiser leur union. Le temps est venu de le faire; bizarrement, cet aspect est favorable aux gens qui ont un âge certain, qui ont déjà vécu une union et qui n'ont plus d'enfants à charge. En tant que première union, attention qu'elle ne soit pas prématurée.

Uranus est en Poissons, il est dans le neuvième signe du vôtre, un excellent aspect puisqu'il est également le troisième signe du Capricorne. Cela présage au moins un grand voyage, voyage qui pourrait vous être offert, voyage que vous pourriez également gagner dans un jeu de hasard. Alors inscrivez-vous à tous les concours de voyages. Il pourrait y avoir également un voyage d'exploration, un voyage lié à vos études et aussi un échange d'étudiants. Il est possible qu'il vous soit offert par votre entreprise.

Neptune en Verseau, dans le huitième signe du vôtre et dans le deuxième signe du Capricorne, suggère que vous recevrez des cadeaux que vous n'avez pas demandés, qui vous sont remis, donnés au moment où vous n'attendez rien. Alors, il vous est proposé d'être détaché de la matière puisque vous recevrez en temps et lieu, à l'instant où vous en aurez besoin. Il y aura toujours quelqu'un pour vous faire sourire au cours de la prochaine année grâce à un petit cadeau, une attention spéciale.

Pluton est en Sagittaire dans le sixième signe du vôtre et le douzième de votre ascendant. En l'an 2004, il présage malheureusement des problèmes de peau dès que vous serez sous l'effet d'un stress. Si vous êtes une personne âgée, il vous est suggéré de prendre un soin particulier à ce propos. Durant l'hiver 2004, faites bien attention au rhume, il pourrait durer longtemps si vous ne le soignez pas dès le début; cela s'adresse aux Cancer ascendant Capricorne de tous âges.

Le Nœud Nord est en Taureau dans le onzième signe du vôtre et le cinquième signe du Capricorne. Vous vous ferez de nouveaux et nombreux amis. Vous les rencontrerez au cours de vos voyages ou de vos déplacements. Par ailleurs, vous ne tiendrez pas en place au cours de la prochaine année. Il vous faudra toujours en savoir plus; les livres revêtent une importance particulière, vous lirez énormément que vous soyez étudiant ou non. Rien de mieux que le savoir pour être mieux.

CANCER ASCENDANT VERSEAU

En 2004, vous êtes coincé entre un désir de fuir et de rester afin de prendre toutes vos responsabilités. Jupiter est en Vierge, que de questions vous avez en tête. Qui êtes-vous? Que ferez-vous? Vous êtes en pleine période de transformation à la fois intellectuelle et intérieure. Parfois, vous avez l'intention de réorienter votre carrière. Vous y songez puisque vous êtes engagé. Peut-être avez-vous une famille, un partenaire? Automatiquement, vous vous devez de réfléchir avant d'aller vers une nouvelle aventure, vers l'inconnu qui, peut-être, ne vous permettrait pas de gagner votre vie aussi bien que présentement.

Mais, le temps faisant bien son œuvre, à compter du 26 septembre, sous l'influence de Jupiter en Balance, cinquième signe de votre ascendant, sans doute aurez-vous la possibilité de parfaire des études tout en préservant votre emploi. Celles-ci peuvent se faire aussi de la maison. Vous apprendrez très rapidement puisqu'il ne s'agit pas ici d'un cours de longue durée.

Saturne est sur votre Soleil et également dans le sixième signe de votre ascendant, ce qui symbolise également le travail. Si vous êtes fatigué de voir les mêmes têtes, ne partez surtout pas sur un coup de tête, ce ne serait pas une bonne idée. De toute façon, les événements sont tels que vous pourriez obtenir une promotion ou il vous sera donné l'occasion de faire autre chose.

Uranus en Poissons, dans le deuxième signe de votre ascendant, symbolise que si vous êtes en commerce, à votre compte, vous ferez beaucoup plus d'argent, ou vous établirez cette année des liens avec l'étranger et vous agrandirez ainsi votre commerce. Certains d'entre vous iront même jusqu'à acheter un autre commerce, particulièrement quand il s'agit de commerce au détail. Mais le lien avec l'étranger subsiste, quel que soit le type de commerce que vous avez.

Neptune sur votre ascendant, le huitième signe du vôtre, signifie que tout au long de l'année vous risquez d'avoir des sautes d'humeur. Les changements seront si nombreux qu'à certains moments, vous vous laisserez aller à la colère. Mais ce Neptune a également du bon puisqu'il active votre imagination, il vous ouvre des portes que vous pensiez ne jamais pouvoir ouvrir.

Pluton est le sixième signe du vôtre et le onzième de votre ascendant. Il y aura un travail sur le plan des communications, vous aurez un énorme besoin de contacts avec autrui que ce soit dans la grande ou la petite communauté. Vous deviendrez un rocher au fur et à mesure que s'écoulera 2004.

Le Nœud Nord est en Taureau; il rend votre maison accueillante et, étrangement, pour les étrangers. Alors ne vous attendez surtout pas à des fréquentations ordinaires, banales; le hasard vous met continuellement en relation avec des gens venus d'ailleurs. Le lien peut être purement personnel, amoureux, mais aussi professionnel.

CANCER ASCENDANT POISSONS

Votre signe double est à la recherche d'un nouvel idéal et il est possible qu'il ne concorde pas avec les vues de votre partenaire. Attention, vous pourriez entrer dans un mouvement de «religiosité» qui peut devenir un enfermement, une limite. Alors, voyez qui vous approche parce qu'en tant que double signe d'eau, vous subissez facilement les influences d'autrui, particulièrement avec les religions, par exemple une secte désirant votre adhésion mais également votre argent. Et si jamais vous y succombiez, dites-vous bien que votre partenaire ne vous suivra probablement pas.

Jupiter qui est en Vierge dans le septième signe de votre ascendant vient ici confirmer tout ce que je vous ai exprimé précédemment. Sous Jupiter en Balance à compter du 26 septembre, un nouveau travail peut ne pas vous convenir et votre partenaire vous dit qu'il n'est pas dans vos cordes et qu'il se trouve en conflit avec son horaire. En fait, c'est comme si en acceptant une offre, vous laissiez à l'autre toute la responsabilité familiale. Aussi, à compter du 26 septembre, si jamais vous ne faites pas de concessions avec l'amoureux et, surtout, si vous avez des enfants, il est possible qu'une guerre se déclare car l'autre aussi a des idées. Votre signe d'eau, étant extrêmement vulnérable, pourrait être pris dans un mouvement quasi dictatorial tant sur les plans professionnel que religieux, ces deux thèmes étant les plus importants au cours de la prochaine année.

Saturne en Cancer dans le cinquième signe de votre ascendant symbolise vos enfants. Ceux-ci ont besoin de vous, donc de l'attention que vous devez leur donner. Mais il y a parmi vous des Cancer ascendant Poissons qui sont des artistes, et ce Saturne en Cancer représente l'inspiration qu'on met en application assez rapidement, qui vous conduira beaucoup plus loin que vous ne l'imaginiez. Attention, Saturne limite les investissements. Soyez en garde et plutôt que de vous fier à vos intuitions, examinez le marché.

Uranus en Poissons se situe sur votre ascendant, symbolisant la nervosité, le désir de la nouveauté, le désir de vous refaire une nouvelle vie. Mais attention, ce désir est impétueux et peut vous faire commettre des actes irréfléchis. Étrangement, ce sont vos enfants qui peuvent vous ramener à la raison, qu'ils soient petits ou grands, ils tirent le signal d'alarme, au cas où vous feriez un mauvais geste. C'est aussi l'influence d'amis parfois jaloux, qui aimeraient bien être à votre place. Soyez aux aguets entre les mois de janvier et de mai.

Neptune en Verseau dans le douzième signe de votre ascendant, c'est la plongée au cœur de soi. Alors regardez bien où vous en êtes parce que c'est une zone de questionnement, une zone où vous vous êtes égaré et vous avez besoin des autres pour vous éclairer. Qui de mieux que la personne proche de vous, celle qui vous aime, ou vos enfants? Alors écoutez-les, ils ont de bons conseils à vous donner.

Pluton est dans le dixième signe de votre ascendant. Si vous avez un travail stable, que vous aimez, vous pouvez vous attendre à une promotion plus grande que celle à laquelle vous vous attendiez. Vous en serez heureux puisqu'il s'agit en même temps d'une augmentation de salaire.

Le Nœud Nord en Taureau dans le troisième signe de votre ascendant représente le monde des idées, un monde en cogitation. Puisqu'il se trouve dans le onzième signe du vôtre, ce sont vos amis qui vous apportent une multitude d'idées mais faites bien le tri parmi celles-ci car certaines ne vous conviennent pas. Vous êtes un signe d'eau et ce Nœud Nord, bien qu'il soit en Taureau et se retrouve dans le onzième du vôtre, est un symbole d'air. Et l'air symbolise les idées qui passent. Alors, faites attention.

JANVIER 2004

Mars est en Bélier durant tout ce mois et provoque de l'agressivité que vous n'exprimez pas immédiatement. Mais, au fil des jours de ce mois, vous ne pourrez vous empêcher de vous mettre en colère, à gauche, à droite, avec les uns, avec les autres. Vous aurez également la sensation d'être mal aimé, par la famille, parfois même par vos enfants, comme si les gens n'étaient pas suffisamment reconnaissants envers vous. Vous vous dites que vous avez tout donné et que vous avez droit de recevoir un peu plus. La vie a ses inégalités et vous êtes dans ce mois où celles-ci sont flagrantes. Si vous avez des enfants, ils sont plus nerveux parce qu'ils ressentent votre insécurité, vos émotions qui sont troublées par le fait de vous sentir moins apprécié qu'à l'accoutumée.

Sur le plan du travail, celui-ci pourrait être inconstant surtout si vous êtes travailleur autonome et si vous travaillez pour une grande entreprise, il pourrait y avoir des remaniements administratifs. Certains d'entre vous désireront retourner à l'école et d'autres pourraient décider d'adopter une carrière complètement différente de celle qu'ils exercent présentement. Ce retour à l'école devra être réfléchi, planifié pendant plusieurs mois à venir. Il est possible que vous ne preniez aucune décision avant le mois de juin, surtout si vous avez des enfants.

Si vous avez des parents malades, vous les soignerez. Il y aura des réunions également concernant le partage du fait de soigner un parent qui est très malade et qu'il faut souvent visiter à l'hôpital. Faites attention à votre alimentation. Votre organisme, sous l'influence de Mars en Bélier en ce mois, s'acidifie rapidement.

Il est important de fuir les papotages entre les collègues ainsi que dans la famille. Attention, n'écoutez pas les idées de tous les membres de votre famille qui vous disent quoi faire, comment penser, que ce soit au sujet de vos enfants, de vos études, de votre profession. Vous êtes adulte et capable de prendre vos décisions vous-même.

◖ FÉVRIER 2004 ◗

Un mois où vous êtes mieux équilibré émotionnellement. Vous vous sentez beaucoup mieux. Vos isolements fréquents, vos réflexions vous conduisent à des décisions positives. Durant ce mois également, vous vous ferez de nouveaux amis et ceux-ci auront une belle influence sur vous en ce sens qu'ils apporteront ce calme dont vous aviez bien besoin.

À compter du 9, amour et questionnement, souvent sans fin, nostalgie insupportable, parfois solitude en amour surtout si vous êtes célibataire, cela vous est très pénible mais en même temps, vous ne faites rien pour vous rapprocher d'autrui. Alors, il n'en tient qu'à vous de faire les premiers pas, ne serait-ce que pour entrer en contact avec ces gens qui ont autant besoin que vous d'un échange amical d'abord. Il ne faut pas espérer l'amour en ce mois, surtout pas à compter du 9, mais l'échange verbal est très important même avec ces inconnus qui recherchent la même chose que vous, les beaux sentiments.

À compter du 8, sous l'influence de Mercure en Verseau, il y aura une implication sociale beaucoup plus grande. En fait, vous voudrez sauver la planète au grand complet, quel programme! Si vous avez déjà fait des pas en vue de lutter contre la pollution, vous vous impliquerez davantage, vous vous ferez chef dans un secteur déterminé ou vous irez droit vers ceux qui dirigent la lutte contre la pollution et les organismes qui luttent contre les mauvais traitements faits aux enfants parce que c'est un thème qui tient le Cancer à cœur. Sous l'influence de Mercure en Verseau, vous ne résisterez pas à l'envie de sauver ces êtres sans défense.

Il faut faire attention à des pertes d'argent, ne prêtez surtout pas, à moins que vous ne soyez bien riche et que vous puissiez prêter sans attendre un remboursement; disons-le, la majorité d'entre vous ne sont pas fortunés. Alors, soyez extrêmement prudent si vous décidez de prêter, faites signer un papier. Et si vous consentez à un prêt, ne comptez pas revoir votre argent avant peut-être quelques années. Dites-vous bien que vous faites presque un don, si vous agissez en ce sens. Par contre, étrangement, vous serez porté à faire des dons à des organismes. Là encore, il faut vérifier à qui vous donnez parce qu'en ce mois, quelques organismes seront dénoncés. Si vous avez une vie de couple et que vous soyez heureux en amour, vous faites partie des heureux élus. En ce mois, si le bonheur est, le bonheur restera. Peut-être y aura-t-il quelques petites discussions avec vos enfants, surtout si vous avez des adolescents; ils font leur choix de vie, et peut-être n'êtes-vous pas d'accord. Si jamais vous étiez jeune, amoureux, encore sans enfant, voilà que la discussion portera sur le fait de concevoir un bébé, ce qui est fort plausible.

⚬ MARS 2004 ⚬

Attention, une grande partie du mois, vous aurez un esprit de lutte. En fait, vous lutterez pour le bien de tous, et il faut faire attention. Vous avez la langue bien pendue et certains mots pourraient jouer contre vos intérêts, ou certaines personnes n'apprécieront pas que vous disiez la vérité. Alors, soyez un petit peu plus diplomate.

Au cours de ce mois, dans un secteur où vous défendez vos droits et les droits des uns et des autres, surtout entre le 1er et le 6, vous aurez quelques petits ennuis; attention aussi aux erreurs. De mauvaises informations pourraient vous être transmises et peut-être aura-t-on fait exprès pour vous induire en erreur. Oui, en ce mois, il y a quelques personnes qui vous jalousent, qui vous envient, qui se déclarent vos ennemies. Heureusement, au fur et à mesure que les jours passent, ces ennemis s'éloignent. Ils se rendent compte qu'ils n'ont aucune emprise sur vous puisque votre caractère, en tant que signe cardinal, est capable de se défendre.

Le 6, l'amour est au rendez-vous, l'amour fertile. Si vous avez décidé de fonder un foyer, alors il est possible que madame tombe enceinte et que monsieur devienne père. Si jamais vous faites partie de ceux ou celles qui ne prennent aucune précaution, attention vous aurez un enfant de la passion.

Plus le mois avance, plus vous avez l'esprit d'aventure et cette aventure est truffée d'heureux hasards. Vous ferez des rencontres surtout à partir du 22 et celles-ci vous permettront d'avoir une meilleure vue d'ensemble sur votre propre monde et le monde extérieur, sur votre vie professionnelle, personnelle et familiale et même sur votre vision par rapport à vos amis. Certains d'entre eux ne devraient plus être aussi présents dans votre vie. Ils ont changé, ils ne pensent plus comme vous, ils ont d'autres objectifs, d'autres idéaux et peut-être maintenant sont-ils contre les vôtres? Soyez lucide parce que la vie est un mouvement qui continue et certaines personnes sont là de passage.

⤳ AVRIL 2004 ⤶

Vous êtes celui qui guette et un grand sceptique. Plusieurs planètes vous font douter de vous. Vous aurez la sensation de donner des coups d'épée dans l'eau, bien que le travail se poursuive et que vous ayez du succès, mais vous en voulez beaucoup plus et peut-être voulez-vous autre chose, nuancer ce que vous faites? Donc, vous vous mettez à douter. Le doute peut vous conduire à des inquiétudes, à des angoisses. Attention, n'écoutez pas trop les bulletins de nouvelles le soir, car ces mauvaises nouvelles vous mettent dans tous vos états, surtout si elles touchent le monde commercial dans lequel vous travaillez.

Vous serez également témoin d'une personne qu'on maltraite psychiquement ou même physiquement. Vous interviendrez malgré votre peur des représailles. Vous aurez le courage en fait parce que Mars en Gémeaux et Vénus en Gémeaux dans le douzième signe du vôtre font en sorte qu'il devient impossible de rester passif face à la douleur d'autrui et, surtout, lorsqu'on en est un témoin direct. De toute façon, ne vous inquiétez pas, vous êtes très protégé par d'autres aspects dans le ciel.

Vous aurez des emprunteurs autour de vous en ce mois et, encore une fois, il vous est suggéré de ne faire aucun prêt, surtout si le dernier emprunteur ne vous a pas remboursé ce qu'il vous doit. Vous avez déjà là un avertissement. Par ailleurs, depuis quelques mois, j'insiste pour vous dire de ne pas prêter, ce n'est pas le moment.

Si vous êtes un artiste, l'inspiration est puissante. Vous puisez vos idées dans le collectif. Étrangement, guerre et paix sont aussi une source d'inspiration quant à la composition d'un roman, d'une chanson, d'une toile, d'une sculpture même. Si déjà vous avez une reconnaissance publique en tant qu'artiste, vous serez au premier plan au cours du mois afin d'aider tous ceux qu'on maltraite sur la planète.

À compter du 4, grande réflexion sur l'amour et si vous êtes sur le point de vous engager, attention, vous reculez. Si vous êtes sur le point de rompre, alors que vous êtes à peine engagé, il vaudrait mieux y réfléchir. Ne prenez aucune décision sur un coup de tête en ce mois, le temps vous suggère de réfléchir et non pas de passer à l'action parce que vos sentiments sont mitigés. Il y a une confusion intérieure, j'agis, je fais, je ne fais pas, je m'engage, j'aime, je n'aime pas. En fait, il y a tant de passion en vous qu'il faut faire un tri.

ᨒ MAI 2004 ᨑ

Entre le 1er et le 7 s'achève votre période de tristesse face à la souffrance humaine. En fait, c'est le mois de mai et les oiseaux chantent; ne pleurez plus et chantez avec eux. En réalité, à partir du 8, vous vous impliquerez socialement plus profondément encore et plus visiblement afin de sauver ces malheureux. Même si vous avez un emploi à temps plein, vous ne pouvez reculer face à la nécessité de venir en aide aux gens qui ont besoin d'être secourus. Donc, à partir du 8, vous ferez d'ailleurs dans certains milieux une entrée remarquable. Vous serez un très bon politicien, vous apporterez des solutions efficaces afin de protéger l'environnement et la langue maternelle, et ce, quelle qu'elle soit.

Vous pouvez également vous attendre à un surplus de travail en ce mois, une expansion si vous êtes à votre compte, si vous êtes en commerce. Il se peut que vous décidiez de doubler l'entreprise; pour y parvenir, vous trouverez l'associé, qui peut fort bien être un membre de votre famille. Si vous êtes à contrat, cette fois-ci un contrat à long terme se présente. À la maison, c'est le gros remue-ménage du printemps. Certains jettent leurs objets ou plutôt les donnent à des œuvres. Vous faites de la place pour du neuf, cela correspond à votre nouvel état d'esprit, à ce renouveau, à cette implication sociale également.

À compter du 17, c'est l'amour qui entre dans votre vie par effraction, et quelle heureuse effraction! Si vous êtes amoureux, si vous avez une vie de couple, si vous êtes jeune, si vous désirez un enfant, fertilité et paternité ou maternité en vue. Si vous avez l'âge d'être des grands-parents, il y a pour vous une très bonne nouvelle!

ᨒ JUIN 2004 ᨑ

Vous avez Mars et Saturne en Cancer, ce qui vous donne énormément de volonté, le goût d'aller encore plus à l'avant, de prendre la défense des pauvres et des opprimés face aux riches qui abusent. Il y a dans l'air des contestations contre les grandes entreprises qui font des mises à pied et qui, malheureusement, laissent des gens sans emploi et sans protection. Vous ferez partie de ceux qui contesteront, de ceux qui suggéreront des solutions. Encore une fois, vous vous mettrez de l'avant. Si vous avez un emploi régulier et que vous soyez en position de force, ce poste que vous occupez, ce siège, vous l'utiliserez pour rendre service à une majorité de gens parce que votre pouvoir est un pouvoir blanc en ce moment. C'est le désir d'aider qui domine.

Vous êtes sous l'influence du Nœud Nord en Taureau encore et c'est le cœur qui vous parle, le cœur qui n'est pas exempt de raison puisque sous votre signe les gens sont intelligents. Vous avez une mémoire fabuleuse et la capacité de faire des liens entre les diverses époques; en même temps, vous pouvez voir à travers ces époques les mauvais croisements qui se sont produits et êtes en mesure présentement de les contrecarrer.

Si vous occupez un travail routinier, vous jouerez un rôle social; vous vous occuperez aussi davantage de vos enfants. Il ne faut pas oublier que les vacances approchent et qu'il faut vous réorganiser, réorganiser votre temps et le leur, et cela, c'est un gros travail pour un parent.

⟪ JUILLET 2004 ⟫

Mars est en Lion tout au long du mois, Mercure est en Lion entre le 5 et le 25. Vous serez très proche de vos enfants. Vous serez aussi très souvent inquiet à leur sujet, surtout si vous avez des adolescents qui ne vous demandent pas la permission pour sortir et qui entrent à des heures tardives. Il vous est d'ailleurs très fortement suggéré de ne pas leur prêter votre voiture si vous savez que l'un d'eux est un imprudent. Il vous est également proposé d'inviter leurs amis à la maison, ainsi vous saurez qui ils sont et vous pourrez mieux protéger vos enfants. Il y a en ce moment dans le ciel une mauvaise influence des amis sur vos enfants.

Sur le plan travail, tout se poursuit, certains d'entre vous devront retarder leurs vacances sérieusement et peut-être n'auront-ils que très peu de jours de congé puisque vous êtes en bon aspect et qu'il faut remplacer les absents. Ou alors, si vous êtes travailleur autonome, vous aurez un contrat qui ne vous permettra pas de prendre la moindre journée de congé. Sauf que Mars en Lion, même s'il vous met en garde contre les mauvais copains de vos enfants, est une énergie dynamique, qui vous propulse vers l'avant, une énergie extraordinairement créative.

Il y a également Vénus qui est en Gémeaux. Pour certains, c'est le doute amoureux et pour d'autres, le partenaire qui aimerait bien avoir leur attention.

ʘ AOÛT 2004 ʘ

Jupiter est encore en Vierge, Saturne est en Cancer et, additionné à cet aspect, Mars qui entre en Vierge à compter du 10. Si vous avez passé outre les vacances et si vous n'en prenez pas durant les premiers jours de ce mois, il est possible que vous n'ayez aucune journée de congé tant vous serez occupé. Encore une fois, vous avez beaucoup d'énergie pour vous rendre à l'objectif que vous visez et également vous êtes stimulé par vos nouveaux buts. Votre nouvel idéal est souvent un nouvel emploi ou des études que vous avez décidé d'entreprendre. Il y a également votre implication sociale qui grandit de plus en plus et qui prend une telle dimension qu'il vous faut faire attention, puisque vous avez tendance à négliger votre famille. Attention, si vous ne prenez pas quelques journées en compagnie de votre partenaire et de vos enfants, à la fin du mois, vous risquez d'être ébranlé et gravement boudé. À vous de voir clair dans cette histoire.

Il y a beaucoup de recherche dans le domaine où vous êtes impliqué, celle que vous faites par vous-même mais également celle que vous ferez en collaboration avec autrui. Si vous avez un travail régulier, au cours de ce mois, il faut vous attendre à quelques petits changements. Ces changements surviendront surtout à la fin du mois, à compter du 26. Auparavant, il en sera question, mais le grand bouleversement aura lieu à compter du 10 alors que Mercure va rétrograder. Il s'agit à la fois des employés qu'on pourrait manipuler et d'une grande entreprise qui tirait beaucoup de ficelles et qui outrepasserait son pouvoir. Mais vous faites partie de ces gens qui luttent, qui se battent pour faire valoir leurs droits et vous avez raison de le faire. Par ailleurs, il est important pour vous en cette année 2004 de prendre votre place sur le plan social.

ʘ SEPTEMBRE 2004 ʘ

Trois planètes en Vierge en ce mois de septembre: Jupiter reste en Vierge jusqu'au 25, Mars est en Vierge jusqu'au 26 et

Mercure est en Vierge entre le 11 et le 28. Toutes ces planètes symbolisent le travail, et plus particulièrement le plan inventif dans le milieu du travail. Si vous travaillez manuellement, vous devrez être prudent avec votre outillage. Vous aurez tendance à aller tellement vite que vous pourriez vous blesser. Il ne s'agit pas là d'une grande blessure mais d'un inconvénient, d'une maladresse qui, finalement, vous retarderait alors que vous étiez si pressé. Si vous travaillez sur le plan intellectuel, vous serez plongé dans le monde de la recherche. Un monde de recherche où sans doute vos supérieurs et même vos collègues, du moins certains d'entre eux, contesteront votre travail. Que vous travailliez en secrétariat, en informatique, dans le monde médical, etc., qu'importe le domaine dans lequel vous êtes, vous risquez d'être combattu, en fait on mène une lutte parce que vous en faites trop. On jalouse votre énergie, on trouve que vous prenez trop de place présentement. Mais cette place est la vôtre et vous devez vous y maintenir avec le plus de diplomatie possible. Saturne est dans votre signe et cette planète vous dit que vous avez un rôle à jouer et vous devez y procéder.

L'amour existe bien sûr à travers le travail puisqu'il fait partie de la vie et vous êtes sous l'influence de Vénus en Lion à compter du 7. Attention, certains d'entre vous, célibataires encore, sont à la recherche d'une belle personne; méfiez-vous des apparences, elles sont trompeuses, surtout à la fin du mois, à compter du 19. Avant, entre le 7 et le 18, vous pourriez rencontrer une personne de cœur, une personne passionnée, une personne qui vous épatera. Sans doute aura-t-elle un talent artistique et ce sera le moyen de l'identifier.

◖◖ OCTOBRE 2004 ◗◗

Nous avons changé de rythme depuis le 26 septembre, puisque Jupiter est entré en Balance et sera dans ce signe pour les douze prochains mois. Cette planète se retrouve dans le quatrième signe du vôtre, symbole lunaire, et le chiffre 4 égale la Lune astrologiquement. Donc, il vient augmenter la puissance de votre signe. En fait, vous êtes déterminé et cette détermination est extraordinaire. Elle est également très dangereuse, puisque vous devrez parfois, peut-être plus souvent que vous ne l'imaginiez, tasser quelques personnes pour tracer votre chemin. En ce mois, on essaiera de se mettre en travers de votre route.

Mars est aussi en Balance et c'est principalement à la fin du mois, à compter du 23, qu'on tentera de vous éloigner du centre, de la place que vous avez prise dernièrement. Bizarrement, je dis centre, mais il peut s'agir d'un tout petit milieu tout comme un immense cercle, tout dépend d'où on part et où on se place. Qu'importe, certaines personnes vous envient en ce moment. Ne tenez pas compte des avis de la famille. Il se peut que quelques parents vous induisent en erreur. On vous donne des conseils alors que vous savez très bien ce que vous avez à faire. Durant les premiers jours du mois et particulièrement jusqu'au 15, écoutez ce qu'on vous dit mais ne retenez que ce que vous pensez être juste et bon pour vous puisqu'on envie votre situation.

Vénus est en Vierge à compter du 4, ce qui rétablit très souvent une situation sentimentale qui devenait peut-être boiteuse ou peut-être parce que vous étiez trop éloigné de votre partenaire, de vos enfants. Voilà que malgré toutes vos occupations, vous vous rapprochez d'eux. Il y a possibilité, vu l'aspect de Pluton en Sagittaire sur le Vénus en Vierge, vers le milieu du mois, qu'un membre de votre famille soit sérieusement malade. Vous serez là pour le soigner. Quant à vous, faites bien attention à votre alimentation; vous avez tendance à vous nourrir sur le coin de la table, vous êtes constamment pressé, et ce, que vous soyez un entrepreneur avisé, un retraité qui se remet au travail, un inventeur ou un nouveau venu sur le marché du travail.

⊶ NOVEMBRE 2004 ⊷

Le Soleil en Scorpion jusqu'au 21 adoucit beaucoup votre vie. En fait, il vous permet de voir plus clairement qui sont vos amis et qui ne le sont pas.

Jupiter poursuit sa route en Balance. Il est possible, si jamais vous avez oublié de remplir certains papiers, certains formulaires, de payer des comptes, qu'en ce mois où c'est le temps du magasinage, il vous faille d'urgence payer ce que vous devez. Si vous avez fait un emprunt lors de l'achat d'une propriété, d'une voiture ou d'un quelconque objet, il est possible qu'il y ait des papiers mêlés ou mal remplis; vous n'êtes pas le responsable mais la personne qui s'en est occupée a mal fait son travail et vous devez réparer. Ensuite, surveillez bien votre compte en banque, vérifiez votre courrier, répondez rapidement, il y aura plusieurs urgences au cours de ce mois. Ne tardez surtout pas puisque vous pourriez, dans certains cas, rater une bonne affaire aussi.

Ce que vous avez entrepris en début d'année se poursuit mais à une allure si vive qu'à un certain moment vous vous demanderez si une seule tête est suffisante parce que la demande devient de plus en plus grande. C'est pourquoi lentement, au fil des jours qui passeront en ce mois, vous ferez appel à des collègues, à des amis, à de nouvelles connaissances pour vous aider dans le travail que vous avez entrepris. Si vous travaillez dans une entreprise et que tout soit parfait jusqu'à présent, si, ce mois-ci, les choses avaient changé, à compter du 12, tout se replace très favorablement. Sans doute y aurez-vous contesté des règles qu'on voulait vous imposer et qui, finalement, ne devaient pas être.

◄ DÉCEMBRE 2004 ►

Tout ira beaucoup mieux en ce mois. Mars est en Scorpion; il est là jusqu'au 25 décembre. Saturne est en Cancer, et le Soleil en Sagittaire dans le sixième signe du vôtre jusqu'au 21 fait en sorte que vous trouvez enfin des moments pour vous reposer. D'ailleurs, plusieurs d'entre vous planifieront des vacances non pas dans le froid mais dans des lieux ensoleillés, en bordure de l'océan. Quelques chanceux auront la possibilité de partir et le feront, il y a besoin de récupérer vos énergies car vous avez beaucoup travaillé durant ces derniers mois. Par ailleurs, vous savez que l'année 2005 vous occupera également énormément.

L'amour se fait plus présent aussi, en fait vous vous rapprochez de l'autre. Si vous êtes célibataire, vous êtes sérieusement attirant entre le 1er et le 15. Dès que vous sortirez, où que vous alliez, quoi que vous fassiez, quelqu'un vous remarquera; vous aurez donc le coup d'œil. Un coup d'œil qui vous permettra même d'entrer en conversation ou entrera-t-on en conversation avec vous parce que vous fascinez, parce que vous attirez. Il est possible qu'il y ait une attraction spontanée. Soyez attentif, les signaux seront si évidents qu'il faudrait vraiment avoir l'esprit absent pour ne pas voir l'amour qui se présente.

Également, si vous avez eu des difficultés avec les enfants, vous êtes en zone de réconciliation, de paix, en ce mois de décembre. En fait, vous passerez d'heureuses fêtes; des fêtes où vous donnerez des cadeaux, vous recevrez des cadeaux et vous relaxerez. Bref, il y aura de la détente pour vous, votre famille et tous ceux que vous aimez.

LION

21 juillet au 21 août

---◇---

À MON FILS ALEXANDRE AUBRY, PAISIBLE, PACIFIQUE ET SAGE. À MES FIDÈLES AMIS LISE WARDEN, JOHANNE BAILLARD, RITA CORBEIL ET WILBROD GAUTHIER.

---◇---

SOUS L'INFLUENCE DE JUPITER

Jupiter est en Vierge jusqu'au 25 septembre, il est dans le deuxième signe du vôtre, symbolisant non seulement une augmentation de vos biens, de votre salaire, mais également une augmentation de tout ce qui fut accompli en l'an 2003. Vous êtes en zone de progression. Naturellement, si jamais vous faites partie des Lion ayant peu travaillé ou peu produit au cours de 2003, sous l'influence de Jupiter en Vierge, vous devrez être extrêmement prudent concernant vos projets et biens parce que cette planète ainsi positionnée en Vierge jusqu'au 25 septembre est directement reliée à l'argent: celui qu'on gagne, qu'on a accumulé. Donc, si vous avez fait des économies, il serait sage, au cours de 2004, principalement entre janvier et mai, de ne faire aucun placement hasardeux, si possible de ne rien acheter qui ne soit certain, qui ne soit garanti à long terme. Qu'il s'agisse d'une voiture, d'une maison, d'un bateau, qu'importe l'achat que vous ferez, assurez-vous que le produit soit durable, solide et, surtout, honnête. Assurez-vous également de la source, s'il s'agit d'un rachat.

Sous l'influence de Jupiter en Vierge jusqu'au 25 septembre, vous êtes dans l'axe de la vie et de la mort symbolisant de très grands changements sur le plan professionnel pour les uns, pour d'autres un déménagement dans une autre ville ou qu'ils n'ont pas choisi de vivre. Les raisons sont aussi multiples qu'il y a d'individus de toute manière. Cet aspect de Jupiter en Vierge représente la possibilité d'une naissance, qu'elle ait été planifiée ou non. Alors avis aux intéressés et à ceux qui ne le sont pas. Pour certains de la génération des *baby-boomers*, vous apprendrez que vous serez grands-parents sous l'influence de Jupiter en Vierge. Celle-ci vous invite également à faire très attention à votre santé. Vous serez beaucoup plus nerveux parce que les changements qui s'opéreront vous donneront à peine le temps de respirer ou vous respirez beaucoup plus rapidement. Le système nerveux sera affecté, donc nourrissez-vous d'aliments qui vous réconforteront mais faites également attention de ne pas faire d'embonpoint, surtout si votre système retient les graisses.

Jupiter est en Balance à compter du 26 septembre; à ce moment-là, il entre dans le troisième signe du vôtre, une position extrêmement favorable à tout ce qui concerne le domaine intellectuel et qui fut entrepris déjà sous Jupiter en Vierge et les années auparavant. Donc, si vous avez fait un travail de recherche, si vous êtes dans le domaine des communications modernes, Internet, si vous êtes un écrivain, un journaliste, en fait tout ce qui se nomme contacts avec autrui comme les relations publiques, sous Jupiter en Balance, vous aurez un succès fou qui pourrait vous conduire bien au-delà des frontières et de vos espoirs. Ce qui implique souvent, pour bon nombre d'entre vous, l'obligation de déménager ou de partir longtemps, parfois des mois, au cours de l'année 2004 où vous ne serez pas à la maison avec votre famille. Vous serez en train de fureter, de faire de la recherche ici et là, car le boulot le demande. Que vous soyez dans le domaine des affaires ou de l'enseignement, vous serez appelé ailleurs, dans un monde différent que vous ne connaissez pas.

L'artiste sera extraordinairement favorisé sous Jupiter en Balance à compter du 26 septembre, et ce, pendant les douze mois qui suivront. Si vous avez des idées originales, si vous avez l'intention d'innover, que vous chantiez, que vous écriviez, que vous peigniez, que vous sculptiez, quel que soit le domaine artistique dans lequel vous êtes impliqué, foncez droit devant, le succès vous attend.

SATURNE EN CANCER

Saturne se retrouve dans le douzième signe du vôtre durant l'année 2004 et ainsi positionné, il vous parle de problèmes familiaux pouvant surgir de nulle part, par exemple la maladie d'un enfant ou la révolte d'un adolescent. Bref, vous ne saurez plus à quel saint vous vouer. Il faudra beaucoup de psychologie pour régler ces problèmes.

Saturne en Cancer, c'est aussi l'annonce de la maladie d'un parent, souvent très âgé; vous devrez lui rendre visite à l'hôpital. Saturne symbolise vos ancêtres, donc les gens les plus âgés de la famille qui ne vont pas bien. Ce Saturne ainsi positionné n'a pas de rapport avec la mort mais bel et bien avec la maladie et l'hospitalisation.

Saturne en Cancer représente aussi la prison, mais la prison intérieure, celle qu'on a construite soi-même parce qu'on a oublié de communiquer avec autrui et qu'on s'est replié sur soi. Pourtant, en tant que Lion, vous avez besoin d'être avec et parmi les autres; après tout, vous êtes le Soleil et le Soleil brille, il est tout là-haut et Saturne en Cancer est le retrait, un retrait que vous n'aurez pas nécessairement choisi. C'est une zone de réflexion, de préparation. C'est souvent sous ce Saturne qu'on travaille son petit génie intérieur qui vous permettra, lorsque cette planète atteindra votre signe en juillet 2005, d'éclater de tous ses feux. Et il se prépare présentement.

Pour certains, attention! si vous avez joué avec des chiffres, si vous avez trompé les gouvernements, Saturne en étant le digne représentant, vous devrez malheureusement payer votre dette, si vous ne le faites pas, vous serez détenu en prison. Alors, il vaut mieux tout mettre à jour et payer vos comptes.

URANUS EN POISSONS

Uranus est en Poissons dans le huitième signe du vôtre et il est là jusqu'en 2011. Ce huitième signe symbolise le monde des transformations qui ne sont pas toujours désirées. Certaines peuvent venir également d'un coup de tête, alors méfiez-vous-en.

Uranus en Poissons symbolise également votre moral par rapport à tout le système planétaire de 2004 bien sûr, alors votre moral sera plutôt changeant. Vous aurez des hauts et des bas; durant certaines semaines, vous vous sentirez très bien mais durant d'autres, vous serez déprimé. Et pendant ce temps, il ne faudrait pas vous isoler car vous aurez grandement besoin d'autrui. Il s'agit d'une période importante puisque vous pourriez vous découvrir intérieurement, découvrir vos émotions telles qu'elles sont et lavées de toutes ces raisons que vous vous êtes données pendant longtemps pour faire ou ne pas faire certaines choses. Cette planète ainsi positionnée, c'est la vérité qu'on se dit à soi-même sur soi-même et celle que peut-être il n'est pas nécessaire de toujours dire à autrui. Certaines vérités font mal et il y a des gens dont il vaudra mieux vous éloigner plutôt que de leur dire ce que vous pensez puisqu'ils n'ont plus à être dans votre vie; quittez-les sur la pointe des pieds, cessez de les voir pour retrouver votre propre paix.

Un avis s'impose avec Uranus en Poissons: entre les mois de janvier et de mai, il est important que vous ne conduisiez jamais en état d'ivresse. L'aspect accident peut vous toucher directement.

NEPTUNE EN VERSEAU

Neptune se retrouve dans le septième signe du vôtre et vous invite à ne pas vous associer, surtout si vous avez des doutes sur votre associé. Il y a danger que vous vous fassiez des illusions au sujet d'une personne en qui vous avez cru depuis longtemps et qui, finalement, pourrait vous décevoir en affaires. Ne faites pas non plus confiance à un membre de votre famille car Neptune dans le septième signe du vôtre fait un aspect dur au Nœud Nord en Taureau, qui lui est dans le dixième signe du vôtre. Il vaut mieux travailler en solo au cours de la prochaine année et si jamais vous avez des associés, aux moindres problèmes, réglez-les très rapidement.

Sur le plan sentimental, Neptune ainsi positionné vous fait voir la réalité de l'autre, votre partenaire. Il est possible que vous vous soyez créé un rêve maintenant devenu réalité qui ne vous plaira pas tous les jours. Mais, effectivement, vous n'avez pas épousé un rêve, vous avez épousé une personne. Alors, il faudra prendre conscience de vos imperfections et que l'autre a aussi ses imperfections avec lesquelles jusqu'à présent vous avez accepté de vivre.

PLUTON EN SAGITTAIRE

Pluton dans le cinquième signe du vôtre jusqu'en 2008 symbolise la passion pour un idéal, une personne. En fait, c'est la passion de la vie qui, parfois, est aveugle. Certains aspects de Pluton en Sagittaire feront de temps à autre quelques aspects un petit peu difficiles à Jupiter en Vierge au cours de l'année. Il est possible que cette passion aveugle soit éclairée à travers certains événements. Quoi qu'il en soit, Pluton, dans le cinquième signe du vôtre, demeure un aspect extraordinairement créatif que ce soit sur le plan des affaires ou sur le plan personnel. On peut être créatif dans sa vie privée comme dans sa vie professionnelle ou familiale, qu'on soit un artiste ou non. Pluton en Sagittaire stimule votre génie.

NŒUD NORD EN TAUREAU

Le Nœud Nord est en Taureau jusqu'en décembre 2004. Il est dans le dixième signe du vôtre. Il fait partie d'une étape du destin quant au choix de votre carrière. Votre destin est semblable à une poussée psychique tant sur le plan familial que sur le plan de la carrière. Etrangement, certains d'entre vous formeront une nouvelle famille, une famille reconstituée; il y aura rencontre, amour, enfants, déménagement, tout cela en l'an 2004. Il en est de même pour la carrière. Certains d'entre vous ont fait un choix bien précis et, soudainement, les événements sont tels que la vie vous place dans une direction diamétralement opposée où il est impossible que vous puissiez faire ce que vous aviez décidé. Puis, les événements sont tels que vous allez droit où vous deviez aller au départ. Il s'agit souvent d'un destin étrangement lié à un ancêtre; quelqu'un a déjà pratiqué ce métier et vous y faites un retour, souvent inconscient, il est impossible d'y trouver une explication rationnelle; tout se fait à partir de la conscience.

LION ASCENDANT BÉLIER

Jupiter est en Vierge jusqu'au 25 septembre dans le deuxième signe du vôtre et le sixième signe de votre ascendant. Naturellement, il parle de travail; celui-ci est acharné et rend service à autrui. Vous rendrez davantage service que jamais vous ne l'avez fait. Mais vous serez payé alors que vous n'avez rien demandé.

À compter du 26 septembre, Jupiter est en Balance dans le troisième signe du vôtre et le septième signe de votre ascendant, symbole de votre union. Vous pouvez vous attendre à des transformations dans votre union. Grosses discussions sur votre idéal, vos choix de vie et ceux de votre conjoint qui décide qu'il a envie de vivre autre chose, que tout soit différent. Il est possible également que l'idée de déménager vienne de votre conjoint et non pas de vous. En tant que Lion ascendant Bélier, vous pouvez vous attendre à de multiples transformations et peut-être reverrez-vous un ancien amour si vous êtes seul; la flamme se ravivera et ainsi se perpétuera, se poursuivra ce qui n'avait pas été terminé.

Saturne est en Cancer dans le quatrième signe de votre ascendant et dans le douzième du vôtre. Ainsi positionné, il s'agit de la maladie, principalement d'un proche parent, souvent père ou mère, qui ne va pas bien ou qui prend un recul face à la vie. En tant qu'adolescent, vous devez vous rapprocher de ce parent qui a plus besoin de vous que jamais. Si vous êtes un jeune parent, ce sont vos enfants qui vous réclament davantage. Ils ont besoin que vous vous occupiez d'eux. Cet aspect symbolise également qu'il y a possibilité d'un enfant malade puis hospitalisé. Vous devrez lui rendre visite. Mais il ne s'agit pas du tout de décès sous l'influence de Saturne.

Uranus en Poissons est dans le huitième signe du vôtre, le douzième signe du Bélier qui vient ici confirmer l'aspect de Saturne en Cancer, donc la maladie d'un proche, ce qui vous mettra sens dessus dessous. Mais attention, il pourrait s'agir de votre propre santé également. Il faudra vous ménager, vous serez beaucoup plus nerveux en 2004; Uranus en Poissons a l'art de vous mettre hors de vous et, souvent, pour de petits riens, mais ceux-ci s'accumulent et, soudainement, c'est votre santé qui décline. N'oubliez pas que le dos du Lion est toujours fragile.

Neptune en Verseau, dans le septième signe du vôtre et le onzième signe du Bélier, symbolise qu'il vaudra mieux choisir vos amis dans la prochaine année et principalement si ceux-ci veulent s'associer à vous. Attention, il se pourrait que vous commettiez une erreur; il est dans votre intérêt d'attendre avant de décider d'une association. L'idéal serait d'attendre au moins jusqu'au 26 septembre.

Pluton dans le neuvième signe de votre ascendant symbolise que vous aurez grandement besoin de voyager, de vous reposer; peut-être un petit voyage en famille afin que vous puissiez vous rapprocher des uns et des autres et, peut-être bien, non seulement récupérer sur le plan de votre santé mais aussi celle d'un de vos enfants. Si vous vivez dans une famille reconstituée, si vous êtes jeune, il est bien possible qu'un autre enfant s'ajoute.

Le Nœud Nord est en Taureau, il est dans le deuxième signe de votre ascendant et dans le dixième du vôtre. Il symbolise l'importance du secteur professionnel ainsi qu'une promotion qui vous permettra d'avoir un meilleur salaire. Si vous êtes à votre compte, vous prendrez certainement de l'expansion. Mais il est très important que vous demeuriez en plein contrôle de vos affaires et qu'en aucun temps vous ne vous fiiez à autrui pour régler vos comptes personnels ou pour faire votre comptabilité. Alors, votre carnet de chèques, gardez-le pour vous.

LION ASCENDANT TAUREAU

Vous êtes un double signe fixe; généralement, la vie vous donne quelques épreuves. En fait, quelques épreuves à l'intérieur desquelles vous avez peut-être tendance à vous complaire. En tant que signe fixe, vous vous accrochez et, attention, il arrive que vous ne vous accrochiez pas aux bonnes idées.

Jupiter est en Vierge dans le deuxième signe du vôtre et dans le cinquième signe de votre ascendant. Il symbolise votre argent et celui que vous donnez à vos enfants, donc l'argent qui sert à faire vivre votre famille, c'est-à-dire les besoins quotidiens. Attention, vous pourriez dépasser votre budget et parfois pour des dépenses qui sont parfaitement inutiles, en ce sens qu'on vous fera dépenser pour des peccadilles. Vous serez sans doute plutôt naïf surtout entre les mois de janvier et mai, qui sont très importants pour le Lion qui a économisé. Durant ce temps plus particulièrement, ne donnez pas votre argent et si jamais vous aviez un certain âge et que vos enfants essayaient de vous soutirer des biens, de grâce, ne succombez pas. Si vous avez des adolescents, ils seront très exigeants; il faudra les raisonner, ne pas leur donner tout ce qu'ils vous réclament. Si vous êtes un parent de tout jeunes enfants, vous aurez envie de tout leur offrir et peut-être dépenserez-vous outre mesure, plus qu'ils n'ont besoin.

À compter du 26 septembre, sous l'influence de Jupiter en Balance, vous redeviendrez raisonnable mais peut-être devrez-vous refaire vos finances si vous n'avez pas fait attention précédemment. Le plan du travail est très bien représenté ici. Vous avez des idées absolument géniales et sans doute serez-vous nommé à un poste où vous serez plus avantagé. Certains d'entre vous occuperont même deux emplois dans lesquels ils se complairont parce que sous cet aspect, il y a un plaisir à faire ce que l'on fait. Mais c'est seulement à compter du 26 septembre, et pendant douze mois, que vous vivrez un temps de satisfaction. Mais pourquoi ne pas le vivre avant en étant parfaitement lucide dans vos affaires et dans vos choix?

Saturne est en Cancer dans le troisième signe de votre ascendant, ce qui symbolise la maladie pour vous, vos frères ou vos sœurs. Il peut s'agir également de querelles souterraines, dont on ne se parlait pas beaucoup ou à peu près pas; on se cachait des choses les uns aux autres et voici que les secrets sont révélés et vous apprendrez des choses qui ne vous enchanteront pas du tout. Vous serez peut-être déçu d'un frère, d'une sœur, d'un oncle, d'une tante, d'une cousine, d'un cousin, qu'importe. Toutefois, cet aspect touche particulièrement les frères et les sœurs. Si vous êtes enfant unique, il s'agira plutôt d'un voisin dont il faudra vous méfier parce qu'il risque d'y avoir une chicane de clôture. Il est à souhaiter qu'en tant que propriétaire, votre maison soit bien divisée par rapport à celle de votre voisin.

Uranus en Poissons dans le onzième signe de votre ascendant symbolise les nouveaux amis qui entreront dans votre vie. Certains y entreront rapidement, ils ne seront là que pour un temps très court pour vous éveiller à de nouvelles connaissances ou peut-être à des vérités que peut-être vous n'avez pas le goût d'entendre mais qu'il faut savoir ou prendre conscience. Le Lion en tant que signe solaire n'aime pas entendre le négatif de la vie et pourtant, celui-ci est une réalité de la vie; des gens se placeront sur votre route pour vous dire ce qu'il en est, ce que vous faites de votre vie, ou peut-être vous faites-vous du tort.

Neptune en Verseau dans le dixième signe de votre ascendant est un aspect de carrière; il s'agit de faire un choix qui deviendra officiel à compter du 26 septembre. Auparavant, vous ne savez pas si vous aurez deux emplois ou si vous serez coincé avec trois ou quatre choix à faire. Neptune dans le dixième signe du vôtre vous avise de ne pas vous fier aux associés et vous met en garde contre ceux qui pourraient abuser de votre talent, vous demander des services professionnels sans toutefois vous rémunérer. Il faudra dire non car cet aspect vous rend parfois naïf parce que le besoin d'être aimé est tellement grand que vous devenez aveugle.

Pluton en Sagittaire dans le huitième signe de votre ascendant et dans le cinquième signe du vôtre est relié à la création qui pourrait être difficile, en ce sens qu'elle vient de votre conscience profonde, de vos forces intérieures et de vos faiblesses en même temps. C'est comme si tout émergeait sur une seule et même toile; le tableau sera complet sans doute à l'automne 2004.

Le Nœud Nord est en Taureau et sur votre ascendant; ceci confirme l'énorme prise de conscience, la capacité enfin de dire non quand vous avez envie de dire non et d'accepter aussi certains compromis que vous aviez refusés à des gens qui pourtant méritaient que vous en fassiez avec eux. Pour le Lion ascendant Taureau, l'année 2004 est enfin un moment d'équilibre qui n'est jamais facile d'atteindre. Toutefois, avant de retrouver l'équilibre, il y aura une période de chaos mais au bout, la lumière est totale.

LION ASCENDANT GÉMEAUX

Que d'explosions en prévision en 2004! À cause de votre ascendant Gémeaux, vous avez la langue bien pendue. Le danger qui vous guette au cours de la prochaine année, ce sont des paroles dures qui restent dans la mémoire des gens, une exigence qui dépasse les limites de ce qu'on peut vous donner; il en découle donc quelques petits problèmes dans votre environnement. Celui-ci est vaste, puisqu'il peut s'agir de la famille comme du travail.

Jupiter est en Vierge dans le deuxième signe du vôtre et le quatrième de votre ascendant, ce qui symbolise souvent un déménagement que vous n'aviez pas souhaité. Soudainement, vous avez des voisins qui dérangent ou de nouveaux voisins que vous n'aimez pas et vous décidez de déménager. Cet aspect est confirmé par Jupiter en Balance à compter du 26 septembre. Mais il se peut que cela se produise en 2005 seulement. Toutefois, si cela ne peut attendre, vous pourriez faire un profit en vendant votre propriété et obtenir un rabais en achetant une autre.

Il faut faire attention aux dépenses concernant la famille, vous avez tendance à trop gaspiller votre argent au cours de la prochaine année. N'achetez rien qui ne soit garanti. Certains d'entre vous feront des rénovations pour la maison, mais veillez à surveiller les ouvriers: prenez des références, engagez des gens ayant une longue expérience car des problèmes non souhaités et non souhaitables peuvent survenir et il vous en coûterait beaucoup plus cher que prévu.

Jupiter en Vierge, c'est également le secteur travail et il est possible que nombre d'entre vous décident de travailler à la maison ou alors l'entreprise pour laquelle ils sont employés depuis longtemps leur demande de travailler à temps partiel à la maison. Il est possible aussi qu'au cours de la prochaine année vous deviez arrondir les fins de mois en ayant un autre emploi.

Saturne dans le deuxième signe du vôtre vient ici confirmer l'aspect financier. Donc, ne vous inquiétez pas, vous ne manquerez pas d'argent. Et si vous perdez votre emploi, vous en trouverez un. Cet aspect de Saturne en Cancer symbolise également tout ce qui concerne la maison, le foyer. Donc, attention à l'électricité, au feu, à l'eau, à la plomberie. Les moindres détails seront importants, un bruit suspect à l'intérieur des murs devrait être vérifié pour votre sauvegarde et pour protéger votre maison. Également, protégez-vous des voleurs; si vous n'avez pas de système d'alarme, si vous possédez une maison luxueuse, il serait temps de vous en procurer un.

Uranus dans le dixième signe de votre ascendant et le huitième signe du vôtre symbolise l'hésitation sur le plan de la carrière au cours de la prochaine année; en effet, il y a la possibilité d'avoir deux emplois. Si vous travaillez au même endroit depuis très longtemps, probablement qu'il y aura d'importantes discussions afin de sauvegarder vos droits acquis.

Neptune dans le neuvième signe de votre ascendant fait de vous un battant, quelqu'un qui est capable de se défendre et de voir à ce que justice soit faite. Ne vous attendez pas à ce que cela soit fait du jour au lendemain, mais vous avez toutes les chances de gagner s'il y avait un procès ou une lutte syndicale. C'est à compter du 26 septembre que tout se règle à votre avantage.

Pluton dans le cinquième signe du vôtre et le septième de votre ascendant symbolise que votre amoureux, la personne avec qui vous vivez depuis parfois très longtemps ou nouvellement, pourrait choisir une activité artistique; cela vous surprendra, mais vous serez étonné et ébloui par ce côté génial de votre amoureux. Vous aussi pouvez opter pour un art quelconque grâce à l'appui votre partenaire.

Le Nœud Nord est en Taureau dans le douzième signe de votre ascendant et le dixième du vôtre. Attention, vous aurez des moments où vous vous sentirez rejeté, mis de côté; cela peut durer quelques semaines, particulièrement les jours de Lune en Taureau, en Scorpion et en Verseau. Il faudra faire également attention à votre santé.

LION ASCENDANT CANCER

Jupiter est dans le neuvième signe de votre ascendant jusqu'au 25 septembre et fait un aspect qui stimulera votre désir de voyager mais également d'étudier, d'apprendre. Il peut s'agir d'un retour sur les bancs d'école, d'un cours à terminer. Aussi, vous deviendrez beaucoup plus sage comme jamais vous ne l'avez été, car cette position vous fait réfléchir à votre vécu. Cette influence est très favorable sur le plan financier; vous serez même chanceux dans les jeux de hasard sous Jupiter en Vierge. Donc, entre le 1er janvier et le 25 septembre, achetez un billet par semaine, ainsi vous vous donnerez une chance de gagner. Il n'en faut qu'un pour devenir millionnaire après tout. Cet aspect favorise également le secteur professionnel. Peut-être attendiez-vous une promotion depuis longtemps; vous l'aurez enfin.

À compter du 26 septembre, Jupiter en Balance vous permet de poursuivre la route qui aura été entreprise au début de l'année, et vous le ferez allègrement, facilement, aisément avec une très belle énergie. Cette position se retrouve dans le quatrième signe de votre ascendant, ce qui signifie que vous serez davantage absent sur le plan familial. Si vous avez de jeunes enfants ou que vous prenez soin d'un parent par exemple, vos absences contrarieront vos proches et vous compenserez en leur faisant beaucoup plus de cadeaux. Il est question aussi que vous entamiez les discussions au sujet d'un éventuel déménagement.

Saturne est en Cancer sur votre ascendant; attention, cela peut créer quelques petites sautes d'humeur ou des secrets de famille seront dévoilés. Vos os seront un petit peu plus fragiles; alors, si vous faites du sport, soyez extrêmement prudent. Si vous faites du ski, évitez les côtes dangereuses. En somme, quel que soit le sport que vous pratiquiez, redoublez de prudence et ne faites surtout pas de vitesse au volant, c'est interdit, surtout si vous voulez garder une bonne santé pour le reste de l'année. Vos sautes d'humeur viendront la plupart du temps d'une contrariété familiale. En fait, quand un parent vous contrariera, vous aurez tendance à bouder. Ce n'est pas dans votre nature mais en 2004, vous y serez porté.

Uranus en Poissons est dans le neuvième signe de votre ascendant, ce qui signifie que plusieurs d'entre vous seront appelés à voyager, à partir à l'autre bout du monde, par plaisir. Aussi, vous prendrez officiellement la décision de déménager entre les mois de janvier et d'avril, mais il est possible que cela ne se fasse qu'au mois de septembre ou d'octobre. Si vos parents retraités ont des difficultés financières, vous devrez leur venir en aide et peut-être en prendre soin.

Neptune dans le huitième signe de votre ascendant Cancer signifie qu'il peut y avoir une querelle relativement à un héritage et à la distribution de biens. Peut-être ne s'agit-il même pas d'héritage, mais d'un gain, d'un lot gagné en groupe, et vous aurez de la difficulté à obtenir l'argent si les papiers n'ont pas été signés préalablement d'une façon officielle et légale. Assurez-vous que tout ce qui a trait à la signature de papiers concernant l'argent soit sûr.

Pluton dans le sixième signe de votre ascendant vous assure beaucoup de travail. Vous êtes un grand créateur en général sous ce signe et cet ascendant. Sans doute tenterez-vous d'innover dans un domaine que vous avez effleuré dans le passé. Et ce n'est que le début d'une carrière que vous préparez, car Pluton demeurera en Sagittaire jusqu'en 2008.

Le Nœud Nord en Taureau symbolise que vous avez des amis influents; ceux-ci vous aideront très souvent à obtenir un poste plus élevé dans l'entreprise pour laquelle vous travaillez ou à percer dans un secteur qui vous fait envie et pour lequel vous avez des compétences. Un parent peut aussi vous aider à avoir une promotion, puisque le Nœud Nord en Taureau est dans le dixième signe du vôtre.

LION ASCENDANT LION

Cette année est centrée sur l'amour et l'argent. En fait, il s'agira de faire beaucoup plus d'argent au cours de la prochaine année et il y aura de nombreux déplacements surtout si votre travail vous y oblige déjà. Si vous prenez l'avion fréquemment, vous partirez sans arrêt à l'autre bout du monde. Il est possible que votre amoureux n'en soit pas très heureux, surtout si votre union est plutôt récente et qu'il n'est pas habitué au fait de vous voir partir souvent. Il y a aussi l'aspect études pour un grand nombre de Lion; vous êtes curieux, rapide intellectuellement et vous avez une très grande soif de savoir, d'apprendre, de connaître. Tout vous intéresse, de la politique à la cuisine; en fait vous voulez tout apprendre au cours de la prochaine année. Jamais vous n'aurez autant lu qu'en l'an 2004.

Saturne dans le douzième signe du vôtre et de votre ascendant signifie quelques petits problèmes familiaux et de prendre soin de votre santé. Vous serez tellement rapide, vous aurez tellement besoin d'action et vous travaillerez énormément pour faire beaucoup d'argent. Donc, la santé laissera à désirer et la faiblesse du Lion, naturellement c'est le dos. Cette fois, s'ajoutent les troubles d'estomac. Il vaudra mieux vous nourrir et surtout pas à toute vitesse, car cela risque de créer énormément d'acidité gastrique.

Uranus en Poissons symbolise le décès d'une personne déjà malade; peut-être s'agira-t-il d'un parent âgé. Il sera aussi question pour certains d'entre vous d'une mort psychique; vous mourrez en vous-même pour renaître parce que toute cette curiosité intellectuelle représente le commencement d'une nouvelle vie.

Quelque part à l'intérieur de vous, vous vous sentez un être neuf, qui demande à émerger d'une manière nouvelle et même à vivre différemment dans votre vie professionnelle, personnelle et amoureuse. C'est ce que dit Neptune en Verseau dans le septième signe du vôtre et de votre ascendant. C'est comme si la vision que vous aviez d'un partenaire avec lequel vous vivez depuis longtemps changerait, comme si vous vous aperceviez tout d'un coup qu'il n'est plus cette personne que vous avez connue, qu'il est un autre, qu'il est devenu décevant ou ennuyeux. Au cours de l'année, certains d'entre vous trouveront l'âme sœur, la perle rare, parce qu'ils sont célibataires depuis longtemps; pour d'autres, ce sera la rupture officielle qui se fera en douceur.

Pluton dans le cinquième signe du vôtre symbolise toute votre créativité mais également vos enfants, la proximité que vous avez avec eux. Si vous vivez un divorce et que vous luttez pour obtenir la garde des enfants, cette planète vous est très favorable au cours de la prochaine année, et plus particulièrement pour la garde des enfants. Si celle-ci doit vous revenir, ce sera surtout à partir du 26 septembre. Que vous soyez papa ou maman, en tant que Lion ascendant Lion, vous protégez vos enfants, vous leur donnez le maximum.

Le Nœud Nord est en Taureau et met l'accent sur la famille (enfants, partenaire) puisqu'il se retrouve dans votre dixième signe. Si vous vivez une rupture, ne laissez pas les autres s'en occuper; il s'agit d'une affaire entre vous et votre partenaire, surtout s'il y a de petits enfants qui sont impliqués. Si ceux-ci sont grands, de grâce, expliquez-leur ce que vous vivez, c'est important. Dans l'ensemble, vous trouverez une tout autre façon de vivre à la fin de 2004.

LION ASCENDANT VIERGE

Jupiter est votre ascendant. Vous aurez des idées qui rapporteront beaucoup et c'est aussi l'aboutissement d'un long travail que vous aurez fait en coulisses ces dernières années, principalement durant l'année 2003. Lorsque Jupiter atteindra la Balance, le 26 septembre, vos idées vous rapporteront énormément et il est possible que celles-ci vous fassent voyager. Non seulement sera-t-il question de faire plus d'argent, mais vous travaillerez aussi en fonction d'un grand idéal que vous avez poursuivi depuis déjà longtemps.

Saturne en Cancer dans le onzième signe de votre ascendant symbolise la famille, plus particulièrement les nouveaux amis qui y font leur entrée que ce soit par vos grands enfants ou même vos petits-enfants. Il faudra être sélectif, car certains d'entre eux seront indésirables et peuvent nuire à l'harmonie familiale. Alors soyez aux aguets parce qu'au cours de 2004, beaucoup de nouvelles personnes se grefferont à vous par le biais de votre travail, de vos activités, de votre famille. Ne laissez pas tous ces gens vous séduire et prendre de vous ce qui vous appartient; il y a des voleurs qui rôdent.

Uranus en Poissons dans le septième signe de votre ascendant met en garde ceux qui vivent déjà une relation sentimentale tendue, comme une séparation – temporaire ou radicale – qu'ils n'ont peut-être pas désirée. Mais peut-être avez-vous manqué d'attention envers le partenaire et qu'il s'est plaint de vos absences. Cet aspect d'Uranus en Poissons, positionné en face de Jupiter en Vierge jusqu'au 25 septembre, a également un autre symbole puisque si vous êtes célibataire, seul, une rencontre hors de l'ordinaire se présentera à vous. Vous serez fasciné, surtout si vous avez tendance à vous maintenir dans une espèce de rigidité entre votre signe fixe, le Lion, et l'organisation assez rigide de la Vierge. Donc, quelqu'un d'un peu farfelu entrera dans votre vie pour l'égayer. Ne lui fermez pas la porte mais, en même temps, soyez prudent parce que trop de différences peuvent entraver une bonne relation. Toutefois, il y a des relations qui peuvent durer. Il ne vous est surtout pas suggéré de vous marier en 2004, même si vous pensez avoir le coup de foudre.

Neptune dans le sixième signe de votre ascendant symbolise l'efficacité dans le monde des communications. Vous perfectionnerez tout ce qui s'appelle ordinateur, Internet, bref, vous vous intéresserez à l'appareil moderne. Peut-être certains d'entre vous s'offriront-ils un cinéma maison puisque Neptune est un aspect du cinéma. Donc, vous aurez plus envie que jamais de posséder ce type d'appareil tout comme une chaîne stéréo. Attention, il s'agit là de grosses dépenses et vous aurez tendance à peut-être grever votre budget. Pour ce type de caprice, il serait préférable d'attendre le 26 septembre, vos finances seront au beau fixe.

Pluton dans le quatrième signe de votre ascendant concerne votre famille et vos enfants. Si jamais vous vivez une rupture, elle ne s'annoncera pas facile, aucune rupture ne l'est au fond, surtout si vous avez de très jeunes enfants. Il faudra beaucoup de sagesse, car la colère peut vous envahir, ce qui est normal si vous ne l'avez pas choisie et que vous vous sentez coupable. Quant à la garde des enfants, elle doit se décider paisiblement pour le bien de chacun. En fait, la paix familiale est promise à compter de l'arrivée de Jupiter en Balance.

Le Nœud Nord est en Taureau dans le neuvième signe de votre ascendant symbolisant les voyages faits pour le travail afin de représenter les intérêts de l'entreprise. Si vous avez une petite entreprise, il est possible qu'un parent vous propose une association. Ce qui donne à réfléchir et qui n'est pas mauvais en soi, surtout si celui-ci a déjà fait ses preuves. L'aspect est quand même favorable concernant cette association.

LION ASCENDANT BALANCE

Le thème de l'année serait un choix de carrière, mais lequel? Jupiter est en Vierge jusqu'au 25 septembre, il est dans le douzième signe de votre ascendant symbolisant les hésitations mais également des études, de la recherche, un grand questionnement sur l'existence, le but que vous poursuivez. Il faudra faire attention car durant le séjour de Jupiter en Vierge, vous serez beaucoup plus nerveux; quelques anxiétés peuvent également vous tenailler au point où vous sentirez votre intestin grouiller. Il est important que vous vous nourrissiez sainement au cours de la prochaine année afin de maintenir un équilibre physique qui vous amènera à un équilibre émotionnel, et vice versa.

Après de longues études, vous commencerez une nouvelle carrière à compter du 26 septembre. Lorsqu'une nouvelle planète entre dans un signe comme le fera Jupiter en Balance le 26 septembre, vous pourriez trouver l'emploi rêvé deux mois plus tôt si vous êtes nouvellement venu sur le marché du travail. Si vous êtes une personne ayant déjà fait carrière, il est possible que Jupiter en Balance vous offre la promotion dont vous rêvez depuis plusieurs années.

Saturne est en Cancer dans le dixième signe de votre ascendant et douzième du Lion. Cette carrière dont vous rêvez vous fera douter de vos compétences alors que tout le monde vous dit que tout est parfait, que vous réussissez dans tout ce que vous entreprenez. Alors il faudra le chasser pour être à l'aise avec vous-même. Saturne en Cancer vous donnera également des intuitions au-delà de la normale, au-delà du réel souvent. Vous aurez des prémonitions, vous rêverez d'événements sur le point de se produire et ceux-ci pourraient même vous aviser de ne pas faire le geste que vous vous apprêtez à faire. Étrangement, vos rêves tourneront principalement autour de votre carrière et, à l'occasion, d'un de vos enfants.

Uranus en Poissons dans le sixième signe de votre ascendant symbolise encore une fois le travail qui vous arrive en double ou un changement de travail qui non seulement était souhaité mais qui vous demande aussi un effort gigantesque, difficile à supporter. Tout comme Jupiter en Vierge, il s'agit de bien vous nourrir parce qu'Uranus ainsi positionné dans le sixième signe de votre ascendant parle encore une fois d'augmentation. Donc, tout ce que vous mangerez de chimique nuira dangereusement à votre organisme; épurez au maximum votre alimentation; les liquides que vous boirez seront également importants. Évitez les petites bulles, les boissons sucrées; en fait, vous devez vous convertir à l'alimentation naturelle.

Neptune en Verseau, c'est un nouvel élan du cœur, c'est un choix amoureux parfois après quelques années de solitude, c'est l'amour qui surgit dans votre vie, l'amour qui fait plaisir, l'amour qui rend heureux, l'amour tendre pour certains, la perle rare. Ce peut être aussi l'enfant qu'on désirait depuis quelques années. Il s'agira pour certains d'entre vous de devenir un grand-papa ou une grand-maman.

Pluton dans le troisième signe de votre ascendant vous rendra extrêmement curieux, intellectuellement curieux. Si jamais vous faisiez partie des *baby-boomers* et que vous avez l'âge d'être grands-parents, plus que jamais vous vous occuperez des études de vos petits-enfants. Vous serez plus près d'eux et s'ils sont très petits, peut-être déménagerez-vous tout près afin d'être présent et de surveiller leurs allers-retours à l'école. Si vos petits-enfants sont des adolescents, vous veillerez sur eux de manière qu'ils aient de bons copains. Vous serez d'un grand secours pour vos propres enfants par rapport à leurs enfants. Votre rôle est primordial cette année en tant que *baby-boomer*.

Le Nœud Nord est en Taureau dans le huitième signe de votre ascendant et le dixième du vôtre. C'est un autre symbole de transformation sur le plan familial; votre rôle devient plus important. En tant que parent, vous fabriquez l'avenir de vos enfants. Vous leur donnerez beaucoup plus d'importance, vous serez beaucoup plus présent, c'est une nécessité, un besoin. Si vous ne pouvez y être, vous demanderez à un membre de votre famille de vous remplacer auprès de vos enfants afin que ceux-ci aient toute l'attention qu'il leur est nécessaire pour bien grandir ou pour bien vivre leur adolescence.

LION ASCENDANT SCORPION

Jupiter est en Vierge dans le deuxième signe du vôtre et le onzième signe du Scorpion. Il ne faudra prendre aucune décision hâtive concernant vos finances, les associations. Si un ami vous invite à monter une affaire, soyez sage, extrêmement prudent parce qu'il est possible que vous commettiez une erreur, que vous alliez trop vite. D'autant plus que si vous agissez rapidement sous Jupiter en Vierge, lorsque Jupiter arrivera en Balance le 26 septembre, vous devrez payer les pots cassés pendant peut-être les douze prochains mois. Si vous avez un emploi stable, gardez-le même si vous avez un vif désir de le quitter. Peut-être devriez-vous avoir des activités en dehors de votre travail que vous trouvez trop routinier; ainsi la vie serait moins terne si telle est votre considération par rapport au secteur professionnel.

Saturne en Cancer dans le neuvième signe de votre ascendant et douzième signe du vôtre vous sert encore ici un avis: ne prenez aucune décision hâtive concernant les grands projets. Saturne vous avise également de prendre bien soin de votre famille, de vous rapprocher d'elle et peut-être de multiplier les activités avec vos enfants, votre conjoint et même de rendre visite à ces parents que vous avez vus rarement au cours des dernières années. Un voyage vous ferait le plus grand bien ou plusieurs petits voyages au cours de la prochaine année. Il faut faire attention à votre foie car vous avez tendance à trop bien vous nourrir à certains moments. Si jamais vous prenez de l'alcool et que vous en buviez trop, vous risquez d'être sérieusement incommodé physiquement par un mal douloureux.

Uranus dans le huitième signe du vôtre et le cinquième de votre ascendant symbolise une surprise agréable de la part d'un enfant ou, au contraire, si déjà vous aviez des problèmes avec un de vos enfants, une surprise très désagréable. Si vos enfants sont très petits, ils vous demanderont une attention extraordinaire et plus que vous ne leur en avez donné. Vos proches ont besoin de vous et vous avez besoin d'eux pour trouver votre propre équilibre. Il sera important de faire le point avec vos petits et grands enfants. Si vous êtes plus âgé, cessez de donner des conseils à vos enfants avant qu'il y ait querelle familiale; c'est annoncé par Neptune en Verseau. Si c'est le cas, il pourrait y avoir une rupture momentanée, ce qui vous peinerait. En tant que double signe fixe, vous êtes fortement attaché à vos proches, à un point tel que parfois vous pensez les posséder. L'année 2004 vous suggère de faire attention: le monde ne vous appartient pas ni personne d'ailleurs.

Pluton se retrouve dans le deuxième signe de votre ascendant et dans le cinquième signe du vôtre. Il vous suggère d'adopter une activité artistique surtout si vous avez des temps libres. Si vous êtes las de votre travail routinier, une activité artistique vous permettrait de retrouver un équilibre. Cet aspect concerne également vos enfants. Si, dans le passé, vous avez cru régler les problèmes de ceux-ci avec l'argent, cette année, il en va tout autrement et vous devrez discuter sagement avec les enfants qui ont cassé des pots.

Le Nœud Nord en Taureau vient ici confirmer cet aspect familial qu'il faut régler une fois pour toutes. Il s'agit de mettre l'équilibre en vous, autour de vous, faire la paix aussi parce que sous votre signe et ascendant, des disputes ont éclaté entre frères et sœurs. Il est temps de tout harmoniser de nouveau. Cela vous demandera sans doute l'humilité pour faire les premiers pas. Mais si vous ne le faites pas, qui d'autre le fera?

LION ASCENDANT SAGITTAIRE

Vous entrez dans une nouvelle vie, vous désirez atteindre un nouvel objectif, avoir un nouvel idéal. Vous vivrez deux carrières de front et c'est ainsi que vous parle Jupiter en Vierge jusqu'au 25 septembre. Il est à la fois le deuxième signe du vôtre et le dixième signe de votre ascendant. Il vous promet également une promotion à votre travail, ou alors un changement d'orientation après avoir étudié pendant deux, trois ou quatre ans.

À compter du 26 septembre, Jupiter est en Balance, troisième signe du vôtre et onzième signe de votre ascendant. Il s'agit là d'un aspect de communications, un rapport plus étroit avec le public, avec les gens qui vous entourent; vos écrits et vos paroles auront une énorme importance auprès d'autrui. Que ce soit vos proches, votre entourage de travail, vos amis, c'est comme si tout ce que vous direz à partir de l'instant où Jupiter atteint la Balance, était noté et retenu. Il vous faudra donc être bien sage. Mais vous êtes né avec un Soleil positionné dans le neuvième signe du vôtre et vous aspirez à la sagesse dès la naissance.

Saturne en Cancer se retrouve dans le douzième signe du vôtre et le huitième signe de votre ascendant. Cet aspect présage un décès qui peut être soudain; il peut s'agir d'un ami, d'une connaissance que vous pensiez en parfaite santé. C'est ainsi que vous prendrez conscience du côté éphémère de la vie, de tout ce que vous avez à faire car cet aspect de Saturne en Cancer vous permet une prise de conscience en 2004. C'est également une incursion du côté de l'ésotérisme; vous ferez des rêves prémonitoires. En fait, vous aurez un instinct comme jamais vous n'avez eu auparavant.

Uranus est en Poissons dans le quatrième signe du vôtre. Si vous êtes jeune, amoureux, si vous avez un enfant, deux, peut-être en aurez-vous un troisième? Si vous n'en avez qu'un ou si vous n'en avez pas, il s'agit en fait de paternité ou de maternité. Il est possible que vous deviez faire des réparations sur votre maison. Cet aspect vous suggère de surveiller l'eau qui coule, que ce soit par le toit ou par des fissures du sous-sol. Il faudra faire très attention à la tuyauterie au cours de la prochaine année.

Neptune en Verseau dans le troisième signe de votre ascendant symbolise le domaine de recherche; l'aspect intellectuel que vous liez au côté émotionnel et intuitif, comme si vous aviez une nouvelle vision du monde. Cette vision se révèle plus amplement et plus fortement à vous lorsque Jupiter atteint la Balance le 26 septembre. Vous allez redessiner votre destin, principalement au cours de 2004, et dès que Jupiter entre en Balance, le monde vous semblera complètement différent et sans doute jouerez-vous un rôle beaucoup plus important. Vous vous impliquerez socialement parce que vous savez que vous pouvez apporter la paix là où vous êtes.

Pluton dans le cinquième signe du vôtre et sur votre ascendant est un questionnement qui a commencé quelques années plus tôt et qui durera d'ailleurs jusqu'en 2008. C'est aussi une affirmation de vous-même. Vous plongez en vous et cela fait surgir des connaissances qui viennent tout droit de ce qu'on pourrait qualifier d'un monde invisible.

Le Nœud Nord dans le dixième signe du vôtre et le sixième signe de votre ascendant symbolise que le travail est très créateur, formateur et qu'il vous mène vers le succès, celui que vous avez toujours désiré. Surtout, ne craignez pas de manquer d'argent au cours de la prochaine année, même si vous avez des réparations à faire sur la maison.

LION ASCENDANT CAPRICORNE

Il arrive que le travail soit en dents de scie, et c'est ce qui vous attend pour la majeure partie de l'année. Sans doute aurez-vous deux emplois qui vous permettront de bien vivre; par ailleurs, vous dépenserez bien. Certains d'entre vous ont un travail leur permettant de voyager ou d'être souvent sur la route. Vous serez constamment en déplacement en 2004. Vous manquerez certainement à vos proches mais si ceux-ci savent qu'il en a toujours été ainsi avec vous, on acceptera cet état de chose. Jupiter en Vierge vous apporte de la chance dans les jeux de hasard. Donc, entre le 1er janvier et le 25 septembre, achetez-vous un billet de loterie par semaine, il n'en faut pas plus d'un pour être millionnaire.

À compter du 26 septembre, Jupiter est en Balance dans le dixième signe de votre ascendant. Il concerne à la fois votre carrière mais aussi votre famille et votre conjoint; il faudra satisfaire chacun. Mais vous avez une vivacité d'esprit et une capacité vous permettant de faire un cadeau chaque fois qu'il est nécessaire pour vivre des moments d'harmonie. Attention, vous avez tendance à acheter vos proches.

Saturne dans le douzième signe du vôtre et septième de votre ascendant symbolise qu'un trouble peut survenir dans la famille de votre amoureux. S'il y a une querelle de famille, de grâce, restez au dehors et soutenez votre amoureux à travers l'épreuve qu'il va vivre.

Uranus est en Poissons dans le troisième signe de votre ascendant; il symbolise votre génie dans toutes les situations. Quelle que soit la situation embêtante, vous aurez une solution, votre esprit étant plus rapide que jamais. N'oublions pas qu'Uranus reste en Poissons jusqu'en 2011, donc vous ne serez pas à court d'idées peu importe les événements. Neptune en Verseau dans le deuxième signe de votre ascendant concerne l'argent de votre partenaire. Il peut y avoir querelle au sujet d'un héritage ou tout simplement querelle d'argent entre parents qui se sont prêté de l'argent et on mêle votre partenaire à cette histoire. Mais il y a une toute petite possibilité qu'il s'agisse de vous, en ce sens qu'il y a décès et un partage d'héritage. Comme vous êtes habile et magnifiquement brillant, vous vous organiserez pour que les choses se règlent avant la fin de 2004.

Sous l'influence de Pluton en Sagittaire dans le douzième signe de votre ascendant, vous n'acceptez aucune autorité, vous ne faites que l'écouter. En tant que Lion ascendant Capricorne, vous faites à votre tête. Il en sera ainsi au cours de la prochaine année. Pluton se retrouve dans le cinquième signe du vôtre et peut donc concerner quelques petits problèmes reliés aux enfants, mais ils ne sont que rarement majeurs. Étant donné votre vivacité d'esprit, vous réussirez encore une fois à trouver la solution.

Le Nœud Nord en Taureau vient confirmer votre position d'une très grande résistance par rapport à tout ce qui concerne votre vie: la famille, les enfants et votre santé aussi. Par ailleurs, si vous avez des maux physiques, vous trouvez le médecin ou la médecine qui vous guérira.

LION ASCENDANT VERSEAU

Vous êtes né avec le Soleil dans le septième signe de votre ascendant symbolisant que vous êtes constamment à la recherche de l'amour, mais un amour étrange. Au fond, votre ascendant Verseau vous dit: je veux aimer mais je veux rester libre, je veux me marier mais je ne veux pas signer de papiers. Ce qui rend toute situation plutôt complexe. Jupiter est en Vierge et se trouve dans le huitième signe de votre ascendant; peut-être sera-t-il question d'argent entre votre partenaire et vous. En fait, il s'agira du budget familial. Si des tensions existent déjà entre l'amoureux et vous et qu'elles persistent, attention, l'argent sera au cœur des discussions. Attention également à vos investissements. Si vous jouez à la Bourse, il vaudrait mieux être d'une extrême prudence et peut-être même vous abstenir. Ayez des placements sûrs, vous y gagnerez moins mais vous ne perdrez rien.

Il faudra attendre Jupiter en Balance, à compter du 26 septembre, pour le retour de la chance et de l'équilibre dans divers domaines. Si vous avez traversé une dure épreuve sur le plan marital, sous Jupiter en Balance, il y a le retour de la paix. Jupiter en Balance symbolise aussi la chance dans le secteur professionnel. S'il y a eu changement dans l'emploi ou perte d'emploi, il est possible que l'entreprise qui vous avait congédié vous rappelle et que vous occupiez un meilleur poste qu'auparavant. Certains d'entre vous sont de grands voyageurs et sous Jupiter en Balance, le monde est votre patrie; vous partirez sans nul doute.

Sous Saturne en Cancer dans le sixième signe de votre ascendant, il est question d'une nouvelle expérience professionnelle, mais auparavant d'une épreuve possible. Peut-être occupez-vous le même emploi depuis longtemps et avez-vous envie d'en changer. En fait, vos désirs deviennent des réalités.

Uranus est en Poissons dans le deuxième signe de votre ascendant et le huitième du vôtre. Voici qu'il vous met sérieusement en garde contre les placements hasardeux. Par contre, si vous achetez une propriété, vous le faites seul, sans associé; il s'agit là d'un meilleur placement qu'un investissement boursier. Le monde de l'immobilier vous est favorable durant cette année et particulièrement si vous prenez vos décisions à compter du 26 septembre. Avant cette date, soyez prudent, surtout si vous achetez un immeuble à logements; assurez-vous qu'il est sécuritaire et solide.

Neptune est en Verseau sur votre ascendant. Il s'agit là de la recherche d'un amour idéal, puisqu'il est le septième signe aussi du vôtre. Rares sont les Lion ascendant Verseau qui l'ont trouvé. Alors, si vous l'avez dans votre vie, gardez-le jalousement, il est à vous, il vous appartient. Si vous le vivez depuis longtemps, l'amour se poursuit, il est même très beau parce qu'il y a un second voyage de noces à l'horizon. Si vous êtes seul depuis longtemps, faites attention, vous cherchez peut-être encore une illusion, car Neptune a tendance à vous créer des rêves. Mais le rêve peut devenir possible à compter du 26 septembre; pour cela vous devrez vous poser énormément de questions sur votre façon d'aimer.

Pluton en Sagittaire dans le cinquième signe du vôtre et le onzième de votre ascendant symbolise que les amis changent autour de vous; souvent, les nouveaux appartiennent à un milieu artistique. Vous y aurez beaucoup de plaisir. Certains d'entre eux ne feront que passer, d'autres resteront dans votre vie pendant de nombreuses années. Pluton en Sagittaire, c'est une invitation au plaisir de découvrir que ce soit par le biais de sorties, d'une activité ayant un lien avec l'art.

Le Nœud Nord est en Taureau dans le quatrième signe de votre ascendant; il s'agit là d'une grande réorganisation familiale. Si vous êtes chef d'une famille monoparentale, comme il arrive à de nombreuses personnes de nos jours, vous réorganiserez votre temps. Si vous êtes une femme Lion ascendant Verseau, il est possible que vous tombiez amoureuse et qu'il y ait un homme pour vos enfants. Mais il serait prématuré de vous marier si vite.

LION ASCENDANT POISSONS

Jupiter est en Vierge jusqu'au 25 septembre, il est dans le septième signe de votre ascendant et symbolise la rencontre avec le grand amour. Que vous soyez un homme ou une femme, ce grand amour peut vous faire dépenser beaucoup d'argent. Attention, il peut exister dans certains cas une grande différence d'âge. Vous pourriez «vous faire avoir» par quelqu'un qui aime bien vos cadeaux ou serez-vous la personne qui reçoit les cadeaux? Les planètes dans votre thème personnel y sont pour beaucoup, et cette rencontre aura certainement lieu avant le 25 septembre. Si vous faites partie des gens qui vivent un divorce, une séparation, l'aspect financier jouera un rôle majeur. D'ailleurs, vous risquez d'y perdre de l'argent ou une partie de votre cœur.

À compter du 26 septembre, Jupiter est en Balance dans le huitième signe de votre ascendant qui vient ici confirmer l'aspect dépenses que j'ai mentionné précédemment. Vous devrez rembourser vos cartes de crédit si jamais vous avez renouvelé votre garde-robe, acheté une voiture. Vous pensez parfois être pratique, mais vous ne le serez pas toujours. Cet ascendant Poissons vous aveugle à certains moments, d'autant plus qu'Uranus est en Poissons sur votre ascendant. Il vous faut donc éviter toute précipitation dans vos décisions financières.

Saturne est en Cancer dans le cinquième signe de votre ascendant. À la suite d'une rupture, si vous avez de jeunes enfants, il sera question de leur garde. Qui les aura? Si vous vivez dans une famille reconstituée, il est possible qu'il s'agisse des enfants de l'un ou de l'autre avec lesquels il doit y avoir une nouvelle entente puisqu'on a décidé de modifier les règles du jeu.

Uranus en Poissons dans votre Maison I vous donne le goût de vous libérer. Attention, cela peut créer des coups de tête sur les plans sentimental et des affaires, et modifier vos dépenses parce que vous aurez le goût de tout essayer. Uranus en Poissons vous avise de faire très attention aussi à votre santé. C'est ce qu'on appelle «brûler la chandelle par les deux bouts».

Neptune en Verseau dans le douzième signe de votre ascendant symbolise la difficulté sur le plan sentimental puisque cette planète fait face à votre signe. Donc, la sagesse s'impose pour obtenir cette tranquillité d'esprit dont vous et votre conjoint avez besoin pour réfléchir à votre avenir en tant que couple. La difficulté du Lion ascendant Poissons sur le plan sentimental est d'exprimer verbalement ce qu'il a à dire, comme s'il avait peur que l'autre le juge ou s'oppose à ses idées. Alors n'anticipez pas, discutez calmement et doucement. Si vous êtes en paix avec votre conjoint mais que les changements étaient nécessaires, parlez-en, n'ayez aucune crainte, on vous écoutera.

Pluton en Sagittaire dans le dixième signe de votre ascendant et cinquième signe du vôtre concerne votre fierté vis-à-vis de vos enfants. Effectivement, au cours de la prochaine année, certains d'entre vous auront l'occasion d'être plus fier que jamais de la réussite d'un de leurs enfants. Un enfant qui réussit au-delà de tout espoir et qui exerce un métier que personne n'a jamais fait dans la famille. Sans doute aimez-vous tous vos enfants mais il est possible qu'au moins l'un d'entre eux fasse une grande surprise, qu'il ait un succès au-delà des attentes.

Le Nœud Nord est en Taureau dans le dixième signe du vôtre et le troisième signe de votre ascendant. Il s'agit d'un rappel aux voyages en famille. Ils sont liés principalement à un enfant qu'on accompagne dans son nouveau lieu de travail parce que sa carrière prend un nouveau tournant.

◖◗ JANVIER 2004 ◖◗

Vous êtes sous l'influence de Mars en Bélier, une énergie qui renforce à la fois votre santé physique et mentale. Rapidité d'esprit, capacité de trouver des solutions dans des situations où tout le monde s'y perd ou s'emmêle.

À compter du 15, dans le secteur professionnel, il y a expansion, progression, il y a réussite dans tout ce que vous faites ; il y a aussi l'entrée de Vénus en Poissons dans le huitième signe du vôtre qui laisse présager des mésententes avec l'amoureux. Vous vous dites la même chose mais pas dans le même langage. Célibataire, vous êtes si méfiant qu'on s'éloigne de vous et lorsque vous faites la cour, de grâce, n'ajoutez pas ce brin de cynisme, ce serait très mal perçu et finalement vous feriez fuir les meilleures personnes du monde.

Sur le plan de la santé, Mars en Bélier vous permet de récupérer. Si vous avez souffert de troubles à l'estomac ou si vous avez subi une opération ces derniers mois, Mars en Bélier vous permet de cicatriser plus rapidement. Par ailleurs, lorsque vous sortirez, si vous voulez rester en forme, de grâce, protégez bien vos pieds contre le froid, plus particulièrement à compter du 15 avec l'entrée de Vénus en Poissons qui va accentuer la puissance d'Uranus en Poissons. Les bronches sont menacées.

◖◗ FÉVRIER 2004 ◖◗

À compter du 4, vous serez sous l'influence de Mars en Taureau, symbole du travail, de la carrière mais également ce qui vous prédispose à être souvent dérangé, désorganisé par un membre de la famille. Il est même possible que vous deviez vous absenter du travail pour prendre soin d'un proche ou aider un des vôtres. Il est également possible, sous l'influence de Mars en Taureau, que vous vous sentiez obligé d'aider quelqu'un qui en fait ne vous a rien demandé. Vous vous transformerez en sauveur alors que tout ce que la personne veut faire, c'est se sortir elle-même de ses ennuis. Soyez simplement à l'écoute. On vous fera signe autrement.

Certains vivront des moments plus dramatiques lorsqu'ils apprendront qu'un parent âgé est gravement malade et qu'il pourrait même mourir.

Entre le 8 et le 25, vous avez une imagination débordante et fertile, mais il faudra tout de même faire attention dans le domaine des affaires car vous demeurez naïf. Les beaux parleurs peuvent vous «bouffer», vous prendre des profits qui vous appartiennent et qu'il faudrait garder pour vous et investir. D'ailleurs, vous avez des pressentiments par rapport à ces gens; alors, ne faites pas celui qui n'entend rien.

À compter du 9, cher célibataire, vous êtes une personne très recherchée. Votre magnétisme sera alors puissant puisque vous serez sous l'influence de Vénus en Bélier. Par ailleurs, s'il y avait des tensions dans votre couple, Vénus en Bélier vous aidera à modérer vos transports, à garder un discours beaucoup plus calme et, finalement, à réparer les pots cassés en cours de route.

⚬ MARS 2004 ⚬

Vous êtes sous l'influence de Mars en Taureau jusqu'au 21; Vénus entre en Taureau à compter du 6. Ces planètes risquent de vous faire perdre votre sens de l'humour. Vous prenez tout au sérieux et même vous êtes pessimiste. Un simple petit détail, une petite contradiction, une contrariété mineure peut vous plonger dans l'angoisse. Mais chez certains d'entre vous, l'anxiété peut se transformer en une énergie créative absolument extraordinaire; c'est comme une poussée vers l'avant. En effet, Mars en Taureau dans le dixième signe du vôtre symbolise l'ascension vers le sommet, tout en haut de la montagne. Donc, si vous avez ce type d'énergie, si l'anxiété vous propulse, vous réussirez au-delà de tout ce que vous pouvez imaginer. Que vous soyez artiste ou une personne en affaires, quel que soit le projet, vous dépasserez l'objectif que vous vous êtes fixé.

Une mise en garde s'impose dès l'entrée de Mars en Gémeaux le 22. Ne vous opposez pas au patron d'une entreprise si vous êtes son employé. Vous pourriez le regretter amèrement.

Il y a parmi vous des Lion qui mènent une vie simple, ordonnée, qui agrémentent la vie des autres et qui, dans leur grande bonté et leur sagesse, récolteront ce qu'ils ont semé depuis parfois plusieurs années.

Pour ce qui est de votre vie sentimentale avec Vénus en Taureau à compter du 6, méfiez-vous des arguments en famille et, surtout, ne laissez aucun membre de votre famille s'ingérer dans votre vie de couple. En tant qu'adulte, vous savez fort bien ce qu'il faut dire et ne pas dire en état de tension.

◖ AVRIL 2004 ◗

Au cours de ce mois, votre magnétisme est extrêmement puissant. Vous fascinerez les gens que vous rencontrerez au hasard de votre route. Vous entrez en conversation aisément avec ces inconnus.

C'est un mois extraordinaire pour les intellectuels, mais surtout pour les gens imaginatifs et habiles de leurs mains. D'ailleurs, une majorité de Lion transforment de vieux matériaux pour en faire du neuf. Donc, il y a sous votre signe plusieurs personnes qui innoveront parce qu'elles sont aptes à travailler de leurs mains que ce soit en couture, en ébénisterie ou en rénovation domiciliaire.

Nombreux d'entre vous obtiendront un nouvel emploi après de nombreuses démarches, il s'agira d'un travail dont ils ont rêvé depuis longtemps. Il ne faut pas perdre de vue que Saturne est en Cancer et continue de vous tenailler intérieurement, mais d'autres planètes vous permettent de garder le contrôle mental, émotionnel et physique. Cet aspect vous ramène à vos vieux souvenirs d'enfance qui vous ont troublé et vous en faites le tri. Vous en discutez avec votre amoureux afin de ne pas reproduire ces situations. Vous aurez également des explications sérieuses avec vos grands enfants; ils vous posent des questions et vous répondez honnêtement. En principe, le Lion ne se cache jamais.

À compter du 14, ceux qui font commerce avec l'étranger entrent dans une zone extraordinairement prospère. Cela présage des voyages, de la chance au jeu et de l'amour pour le célibataire.

◖ MAI 2004 ◗

À compter du 8, Mars entre en Cancer; il s'agit d'un mois familial. Par exemple, vous avez balayé des problèmes familiaux sous le tapis en vous imaginant qu'ils disparaîtraient, eh bien, ce mois-ci, ils se manifestent d'une manière étrange. Il est possible qu'un parent soit malade et monopolise l'attention de chacun; cela provoque des discussions bénéfiques entre tous les membres de la famille. Il peut s'agir d'un enfant qui a commis une bêtise; une telle situation demande qu'on en parle avec tous les membres de la famille. Malgré toutes ces alertes, vous désirez la paix. Mais celle-ci commence en soi.

Sur le plan professionnel, ne vous inquiétez pas, l'argent rentre, vous avez du succès, les grands et les petits projets se réalisent. Vous vous dirigez vers le sommet. À compter du 18, Mercure en Taureau symbolise qu'il est possible que vous ayez un patron ou des collègues qui vous envient un petit peu trop, qui vous jalousent, et cela provoque des tensions. Demandez-vous s'ils ne traversent pas une période difficile et ayez plutôt un mot gentil pour désamorcer la situation.

◖◗ JUIN 2004 ◖◗

Entre le 7 et le 11, ne faites pas de confidences aux compétiteurs ou à des collègues qui vous envient; évitez-les plutôt, plus particulièrement entre le 7 et le 11. Durant cette période, à la maison, si vous avez un système d'alarme, de grâce, mettez-le en marche car il y a un réel danger d'être volé. Sur le plan professionnel, faites attention, ne révélez pas vos secrets d'entreprise à qui que ce soit; on pourrait vous les voler.

En juin, c'est le temps de planifier des vacances. Attention, plusieurs d'entre vous ne partiront nulle part, car ils doivent travailler ou remplacer les absents, ou encore ils n'en ont pas les moyens. Les vacances se passeront à la maison, mais vous aurez des idées particulièrement originales pour vous amuser avec votre famille.

À compter du 24, si vous avez eu de la difficulté à trouver certaines solutions à divers petits problèmes familiaux ou autres, sous l'influence de Mars en Lion, c'est comme si les liens entre la raison, l'émotion, la réaction et l'action se trouvaient à égalité. Vous ferez les bons gestes et vous apporterez des solutions à tous vos problèmes au cours des deux derniers mois.

◖◗ JUILLET 2004 ◖◗

Mars est en Lion et Vénus en Gémeaux, ce qui prédispose des célibataires à vivre le coup de foudre, le grand amour, l'échange instantané. D'autres qui sont heureux, amoureux, deviendront parents; il s'agit d'un moment de conception extraordinaire. D'autres encore ont déménagé et ont réaménagé plus rapidement que prévu leur appartement ou leur maison. Si vous faites des rénovations, vous avez un œil artistique; de plus, sous l'influence de Vénus en Gémeaux, vous aurez le don d'acheter des matériaux bon marché mais également de qualité et durables.

En ce qui concerne le travail, nombreux parmi vous ne prendront pas de vacances tel que cela le présageait le mois dernier, surtout si vous êtes un travailleur autonome. Un contrat à long terme peut vous échoir, il s'agit là d'un défi que vous relèverez avec beaucoup de plaisir. Par ailleurs, vous attendiez ce défi, ce contrat, il s'agit finalement de vous dépasser. Certains d'entre vous prendront la décision de retourner aux études, des études qu'ils avaient abandonnées quelques années plus tôt. D'autres qui ont pris leur retraite seront rappelés au boulot ou décideront de trouver un emploi avec un horaire souple qui leur permettra d'être utiles à la société. Certains d'entre vous choisiront de faire du bénévolat auprès des personnes âgées et malades ou des jeunes enfants.

Vous ferez des économies, les dépenses seront très bien calculées. Que vous soyez jeune ou non, vous songez énormément en ce moment à vous mettre à l'abri financier pour le futur ou, si vos enfants grandissent, à mettre de l'argent de côté pour leur payer des études. Si vous avez une dette à rembourser depuis longtemps, vous le faites.

Si vous avez de jeunes enfants, le mois de juillet sera très agréable puisqu'il se passera dans l'entente et le plaisir. S'ils sont au début de l'adolescence, il y aura beaucoup de plaisir et beaucoup d'échange avec eux.

✠ AOÛT 2004 ✠

Un mois où les événements petits et grands seront nombreux et surprenants. Mars est en Lion sur ses derniers degrés jusqu'au 9 symbolisant l'agressivité subie ou la vôtre. Dans ce cas, vous transposez vos frustrations sur autrui ou les petits malentendus deviennent de grandes querelles dans votre couple, tout dépendra de votre ascendant. Certains d'entre vous auront un charme fou. Mais attention, ce charme est en fait celui du conquérant qui refuse également de s'engager.

À compter du 10, additionnons Mars en Vierge, Jupiter en Vierge et Saturne en Cancer, ce qui donne le sens de l'organisation, de la minutie et, essentiellement, le retour à la paix, au calme ainsi que plus de créativité pour bon nombre d'entre vous. Malheureusement, il s'agit d'aspects très contrastants en ce sens que certains ascendants prédisposeront quelques-uns d'entre vous à être passifs, voire très paresseux, alors qu'ils sont d'un naturel actif. Parfois la maladie d'un proche pourrait toucher certains d'entre vous et ouvrir la porte à l'anxiété, à sa propre peur d'être touché soi-même par un mal quelconque.

Il y aura querelle au sujet d'un héritage; en réalité, il s'agira d'un testament qui aura été mal fait. Il faudra démêler le tout et cela causera des conflits entre les héritiers. Il est possible aussi que certains d'entre vous subissent la trahison d'un ami; la blessure sera vive et profonde. Le pardon ne vous viendra aisément, vous devrez digérer votre déception face à cet ami.

Si certains d'entre vous sont extraordinairement créatifs, pour d'autres, le travail est pénible parce qu'il y a des transformations dans l'entreprise ou ils ont un choix à faire entre deux offres intéressantes. Réfléchissez avant de donner votre consentement à l'une ou à l'autre.

À la fin du mois, les célibataires rencontreront une personne ayant une grande différence d'âge avec eux. D'autres qui sont amoureux, jeunes, désireux d'avoir un enfant, à la toute fin du mois, il sera question de paternité ou de maternité. C'est un mois où il ne faudra rien précipiter mais plutôt réfléchir.

◖◖ SEPTEMBRE 2004 ◗◗

Mars est en Vierge jusqu'au 25 et entre le 18 et le 25, vous prendrez de grandes décisions concernant l'orientation de votre carrière. Il ne faut pas perdre de vue que vous êtes encore sous l'influence de Jupiter en Vierge, symbole du travail. Vous êtes sur le point de prendre un tournant très important et généralement bénéfique pour les gens de votre signe.

Mars entre en Balance le 26, Jupiter en Balance le 25 au soir, ce qui vous donnera le sens de l'esthétique, le sens des décisions justes. L'intellect sera extraordinairement vif. Jupiter en Balance dans le troisième signe du vôtre a un rapport direct avec le monde des communications verbales et écrites; vous entrez dans un nouveau monde où vous serez beaucoup plus visible. Si vous êtes un artiste, vous monterez sur scène et obtiendrez un succès magistral. Dans votre famille, vous serez le centre, le cœur, le pouls. En fait, de vos décisions dépendra toute l'organisation de votre travail même si vous n'êtes pas un chef. Votre seule présence devient un point central, un point de référence, les gens vous suivent même si vous n'avez dit aucun mot. Si vous êtes dans la vente, puisque Jupiter en Balance dans le troisième signe du vôtre symbolise le monde des communications, des déplacements, du commerce, vous serez souvent sur la route et non seulement rencontrerez-vous de nombreux clients mais vous accroîtrez aussi votre marché, vous serez plus convaincant que jamais vous ne l'avez été. Plusieurs d'entre vous participeront à des mouvements pour la paix, mouvements pour la dépollution de la planète; tel un justicier, vous voudrez protéger la veuve et l'orphelin.

C'est un mois aussi où plusieurs d'entre vous récoltent le succès après un travail très acharné.

Vous avez de la chance au jeu et si vous faites des placements, vous en ferez d'excellents principalement à compter du 26, surtout durant les derniers jours du mois sous la Lune en Bélier.

◖◗ OCTOBRE 2004 ◖◗

En ce mois, vous êtes encore ce justicier. Vous êtes également créatif. Plusieurs d'entre vous se découvrent des talents qu'ils ne pensaient même pas posséder. Le monde des hasards étant présent ce mois-ci, vous rencontrez des gens qui déclenchent chez vous vos talents cachés. Certaines personnes seront là pour vous ouvrir la porte à un nouveau monde sur le plan du travail, à un élargissement de toutes vos compétences. C'est comme si on reconnaissait vos capacités; vous êtes le soleil et en tant que signe solaire, il vous faut une place beaucoup plus grande, plus lumineuse.

Jupiter et Mars sont en Balance; cet aspect lumière est tellement puissant que vous éclairez les gens autour de vous. Encore une fois, votre magnétisme parle pour vous, il est à la fois dans votre corps, votre esprit et votre âme; vous êtes habité également de nouveaux sentiments comme si vos peurs s'estompaient.

Ce mois est excellent pour les communications écrites et verbales; si vous prenez la défense de quelqu'un, cette personne n'aura jamais trouvé un meilleur avocat. Que vous le fassiez professionnellement ou tout simplement à titre d'ami, parce que vous considérez qu'un ami a été traité injustement, vous obtiendrez pour lui ce qu'il aurait dû recevoir.

Octobre est un mois de nouvelles relations et, souvent, de rencontres de gens influents qui pourraient vous ouvrir de nouvelles portes. Il ne faut pas perdre de vue que Mercure entre en Scorpion à compter du 16. Il se retrouve alors dans le quatrième signe du vôtre et vous invite à une grande prudence en ce qui concerne la protection de votre maison, surtout si vous possédez des biens coûteux, téléviseur très coûteux, chaîne stéréo ou ordinateur, en fait tous les appareils de la maison sont menacés. Procurez-vous un système d'alarme si vous n'en avez pas ou verrouillez très bien la maison lorsque vous quittez. Vous aurez aussi quelques réparations, des dépenses que vous n'aviez pas prévues, mais elles ne sont pas majeures.

Vos enfants, petits et pré-adolescents, vous réclameront, vous leur manquez. Bien que vous vouliez changer le monde, il faut d'abord s'occuper de son petit monde à soi.

☽ NOVEMBRE 2004 ☾

On pourrait appeler ce mois l'éveil spirituel. Jupiter est en Balance, Vénus est en Balance jusqu'au 22, Mars est en Balance jusqu'au 11. Ces planètes, positionnées dans le troisième signe du vôtre, font énormément réfléchir à la qualité de votre vie, à ce que vous faites pour les autres, à ce que vous devriez faire de plus aussi. En tant que Lion, en général, vous savez très bien vous occuper de vos propres affaires et le temps veut que non seulement vous vous occupiez de vous, puisqu'il faut quand même prendre soin de vos intérêts, mais aussi des autres. Vous vivez profondément cet éveil spirituel à l'intérieur de vous ainsi que dans votre milieu de travail, en ce sens que vous serez plus proche de vos collègues que vous ne l'avez jamais été. Soudainement, vous aurez le mot juste pour vous rapprocher de l'un d'eux et créer un lien d'amitié. Votre voisin avec qui ne vous entendiez pas, vous découvrez soudainement l'activité qui lui plaît ou vous lui rendez ce petit service dont il avait justement besoin, ou encore vous lui dites ce bonjour qu'il avait besoin d'entendre ce matin-là pour être bien. Voilà que le lien se crée et que vous avez un ami de plus. Il en sera ainsi tout au long du mois.

Par contre, la vie n'étant pas parfaite, à compter du 12, Mars en Scorpion présage de la maladie pour un membre de votre famille et peut-être vous-même. Bien que vous soyez très résistant, vous vous sentirez beaucoup plus fatigué. Il faudra vous coucher un petit peu plus tôt le soir afin de récupérer, car Mars en Scorpion représente la descente au cœur de soi et, en même temps, il correspond par rapport à votre signe à une descente énergétique sur le plan physique. Il faudra bien vous nourrir pour préserver votre santé.

La faiblesse du Lion est le cœur, il ne faut perdre cela de vue. Le cœur palpite parce qu'il est amoureux, mais le cœur peut aussi vieillir et ces palpitations peuvent devenir irrégulières. Mars en Scorpion vous sert d'avertissement: si jamais votre cœur palpitait un petit peu trop vite, il faudra voir votre médecin. Il en va de même de votre pression.

Si vous êtes dans la trentaine ou dans la quarantaine, le ciel vous avise que la résistance a ses limites, de là toute l'importance d'avoir un sommeil plus régulier et de bien vous nourrir et d'éviter les aliments qui contiendraient de nombreux produits chimiques. Cet aspect se renforce à compter du 23.

Vous êtes magnifiquement intelligent et vous en ferez la preuve à plusieurs reprises au cours de ce mois.

❧ DÉCEMBRE 2004 ☙

Jusqu'au 16, Vénus et Mars sont en Scorpion. Ces planètes se tiennent très près l'une de l'autre, on pourrait même dire qu'elles sont en conjonction. Cet aspect céleste présage des difficultés dans votre vie de couple, plus particulièrement s'il y a eu des mésententes. Ces planètes en Scorpion vous font parfois dire des mots durs; naturellement, on vous répondra et à ce moment-là, il y a risque d'une querelle. C'est non seulement une descente au cœur de vous-même mais une descente aux enfers sur le plan sentimental. N'oublions pas qu'en tant que Lion, vous êtes une bête sauvage et que certains d'entre vous ont refusé catégoriquement la domestication et sont constamment en chasse, afin de dominer l'autre. Si vous faites partie de cette catégorie de dominateurs, c'est triste parce que vous vous préparez un Noël sous le signe de la querelle.

Mercure poursuit sa route en Sagittaire et Pluton se trouve dans le cinquième signe du vôtre. Miracle! à compter du 17, Vénus en Sagittaire vient pacifier les gens qui se sont querellés, il appelle à la paix, à l'harmonie. En fait, l'appel vient de votre cœur, vous serez donc le premier à faire les premiers pas. Mais si vous claquez la porte, peut-être risquez-vous d'y perdre plus que vous le croyiez et vous risquez de regretter votre geste. En effet, Jupiter en Balance est une invitation à l'harmonie, au pacifisme et aussi à une union, à un couple. Pourtant, durant la moitié du mois, le déséquilibre se présente. Si vous ne rétablissez pas la situation, malheureusement il y aura rupture dans votre couple. Par la suite, vous devrez faire les premiers pas, marcher sur votre orgueil. Parce que vous devez aller vers l'autre et non pas le contraire. Nul n'est parfait, même si vous aimez penser cela de vous-même. Vous êtes le signe ayant le plus de mal à avouer les fautes qu'il commet envers autrui, mais c'est le temps de le faire.

En dehors de cet aspect sentimental qui sera dominant en ce dernier mois de l'année, vous serez chanceux au travail et au jeu. Si vous partez en voyage, il est possible que vous décidiez de le faire à la toute fin du mois et même le lendemain de Noël. Nombreux sont ceux qui resteront parmi nous et, heureusement, le ciel veut que vous passiez une fin d'année et une veille du jour de l'An beaucoup plus agréable que Noël.

VIERGE

22 août au 22 septembre

---◇---

AU DOCTEUR ANTOINE F. ASSWAD, UN GÉNIE GYNÉCOLOGUE ET UNE SOIE POUR SES PATIENTES. À MES AMIS DIANE DUQUETTE, SYLVIE BELLEROSE, JEAN-CLAUDE ILLION, ET À MARGUERITE BLAIS.

---◇---

SOUS L'INFLUENCE DE JUPITER

Jupiter est en Vierge depuis le 28 août 2003 et, depuis ce temps, les événements n'ont pas cessé de se précipiter pour vous, autour de vous et ils vous amènent à faire des changements. Il s'agira pour les uns d'une prise de pouvoir ou d'un refus de responsabilités. Puisque Jupiter est dans votre signe jusqu'au 25 septembre, dites-vous qu'il donne pleine puissance à votre signe, donc à votre Soleil, et fait ressortir à la fois toutes vos qualités ou tous vos défauts! Sous Jupiter en Vierge, ce sera la fortune, mais vous aurez travaillé. En tant que Vierge, votre symbole étant le travail, vous connaissez bien le monde de l'effort et vous n'hésitez pas à en faire. Mais certains d'entre vous risquent d'y perdre beaucoup à cause d'une mauvaise association. Par prudence, si vous avez des acquis, ne vous associez pas sur un coup de tête surtout.

Jupiter en Vierge, c'est aussi le monde des études, des voyages, des placements et un goût de savoir qui ne vous quittera pas à partir de maintenant et pendant de nombreuses années. Le goût d'apprendre, le goût d'aller plus loin, le goût de se développer sur le plan intellectuel, de mieux comprendre ce qui se passe en vous et autour de vous aussi. Négativement vécu, ce Jupiter représente un trouble avec des frères et sœurs et, généralement, ce sera au sujet d'argent. Ne prêtez rien, surtout si vous n'êtes pas fortuné, ni à un frère ni à une sœur, et plus particulièrement si ce parent ne vous a pas remboursé ce que déjà il vous devait.

Sous Jupiter en Vierge, il sera fortement question de déménagement, un déménagement que vous ressentez comme nécessaire surtout si vous habitez au même endroit depuis de nombreuses années. Il sera important de changer de décor, puisque Jupiter en Vierge est l'indice d'un renouveau qui devrait être complété d'ici le 26 septembre. Si vous ne déménagez pas, si vous refusez de bouger alors que tout vous appelle à un dépaysement, il y a un risque que cela vous fasse vivre de l'angoisse ou un éternel questionnement: qu'est-ce que je fais, est-ce que je déménage ou ne déménage pas? Si vous ne trouvez pas de réponse, vous resterez sur place.

Sous Jupiter en Vierge, il est question de naissance: vous deviendrez parent ou grands-parents. Il s'agit également de créativité, de nouveaux projets que vous acheminerez très rapidement, que vous mettrez à terme. Vous êtes en plein boom créatif, financier également, qui peut être extraordinairement positif.

Jupiter en Vierge, c'est le service à autrui et, dans le cas contraire, il s'agit de maux physiques qui risquent alors de vous précipiter trop souvent chez le médecin. Ils seront liés à un malaise psychique profond qu'il serait nécessaire de soigner avec l'aide d'un psychologue. Il sera aussi question de mariage ou de divorce sous Jupiter dans votre signe, de rencontre pour le célibataire, mais attention, pendant plusieurs mois de l'année et principalement jusqu'au mois de mai, le célibataire séduit mais il risque d'y avoir des ruptures successives par crainte d'engagement. Vous pourriez peut-être passer à côté de la personne idéale. Alors ne rompez pas trop rapidement, donnez-vous le temps de la fréquenter.

Jupiter en Vierge, c'est la révolte contre le monde entier ou la réflexion, vous avez le choix. C'est la sagesse ou un abus de pouvoir, puisque votre magnétisme sera extrêmement puissant. Que ferez-vous de cette force? Une réorientation professionnelle, une ascension, un progrès, une promotion, mais attention, vous aurez certainement des amis intéressés; cet aspect est clairement indiqué avec Jupiter sur votre Soleil ou tout autour.

Vous aurez des perceptions extra-sensorielles, ne les refusez pas, elles sont de vous, en vous et viennent d'un monde invisible. Vous êtes un signe de Terre, vous appartenez au monde de la rationalité. Mais n'oubliez pas que nous sommes un tout fait de perceptions, d'intuition, d'instinct, etc.

Attention, certains d'entre vous risquent aussi d'être hospitalisés parce qu'ils n'ont pas soigné un mal physique dont ils souffrent depuis longtemps.

Jupiter va entrer en Balance le 26 septembre pour les douze prochains mois, ce sera alors un temps de réparation si vous avez commis des bêtises ou vous récolterez ce que vous avez fait de bien depuis le 28 août 2003.

SATURNE EN CANCER

Saturne dans le onzième signe du vôtre symbolise le monde des amitiés mais également le monde de l'informatique, des communications. Étant positionné en Cancer, plusieurs d'entre vous ouvriront un commerce à la maison ou travailleront directement de là. Attention, les amis entreront chez vous. Certains vous envieront et d'autres s'associeront à votre nouvelle entreprise. Il serait bon d'y réfléchir avant d'y consentir car cette position planétaire ne garantit pas le succès.

Cet aspect de Saturne en Cancer par rapport à votre signe symbolise que vous serez nombreux à vous éloigner de la maison à cause de votre travail. Certains seront nommés dans une autre ville ou dans un autre pays.

URANUS EN POISSONS

Uranus est en Poissons dans le septième signe du vôtre et y sera jusqu'en 2011. Il vous parle d'amour mais également d'association. Quant à l'amour, Uranus aime bien la liberté, c'est son mode. Alors il vous sera difficile de vous engager en tant que célibataire ou il arrivera qu'après un engagement, vous trouviez des raisons pour l'abandonner. Par contre, vous êtes aussi sous l'influence de Jupiter dans votre signe et celui-ci vous envoie vers les bonnes personnes. À vous de voir qui est devant vous, avec qui vous pouvez être heureux et avec qui vous pouvez vous associer. Par contre, il est préférable, durant la première moitié de 2004 de refuser les associations car il y a danger que vous fassiez un choix précipité ou que vous rencontriez une personne qui vous roule.

Autre aspect assez intéressant d'Uranus en Poissons face à votre signe et à Jupiter, vous pourriez gagner à la loterie. N'est-ce pas une bonne nouvelle?

NEPTUNE EN VERSEAU

Neptune est en Verseau dans le sixième signe du vôtre et vient ici vous chercher dans le secteur travail qui vous prend jusqu'au fond des tripes. Attention, certains d'entre vous y laissent leur âme, ce qui pourrait déplaire sérieusement à l'amoureux.

Neptune dans le sixième signe du vôtre, c'est l'inspiration dans votre milieu de travail. Il faut être attentif aux signaux que vous recevrez au cours de l'année, signaux qui seront une invention, une innovation, un moyen d'aller plus loin, de vous dépasser.

Ce Neptune en Verseau a un rapport très étroit avec le monde des communications modernes telles qu'on les connaît. Donc, si vous travaillez dans le domaine de l'informatique ou des médias, les aspects de 2004 présagent un progrès dans ce domaine.

PLUTON EN SAGITTAIRE

Pluton en Sagittaire dans le quatrième signe du vôtre vient désorganiser votre vie de famille. Vous serez débordé de travail, vous serez magnifiquement occupé, vous ferez de l'argent, mais attention, le travail vous empêchera de voir vos enfants, qu'ils soient petits ou grands. Il est également possible que vos grands enfants quittent le milieu familial pour aller vivre à l'étranger. Si vous appartenez à la génération des *baby-boomers*, vous vous sentirez puni par leur départ, triste aussi. En fait, dites-vous que vous aurez une bonne raison de prendre des vacances pour aller les voir, là où ils sont. Si vos enfants sont des étudiants et qu'ils désirent faire partie d'un échange, ne leur interdisez pas.

Si vous êtes un *workaholic*, il faudra trouver un parent remplaçant auprès de vos tout-petits, car vous risquez de leur manquer sérieusement et vous pourriez en subir les conséquences très bientôt.

NŒUD NORD EN TAUREAU

C'est l'appel vers l'autre bout de la planète, un appel à la sagesse aussi, un appel aux grandes réflexions. Donc, les aspects négatifs qui apparaissent au cours de la prochaine année peuvent être contrecarrés par la réflexion et par vos décisions. Le Nœud Nord en Taureau dans le neuvième signe du vôtre vous invite à demander parfois l'avis d'amis qui vous connaissent bien et qui, vous le savez, vous ont toujours conseillé dans vos moments d'incertitude. N'hésitez pas à leur parler quand vous en avez besoin.

Le Nœud Nord en Taureau, étrangement positionné par rapport à votre signe, symbolise que malgré votre peur de manquer d'argent, il en rentre plus que jamais dans vos caisses, à moins que vous ne soyez ce grand imprudent, ce grand dépensier, mais il y en a très peu sous votre signe.

VIERGE ASCENDANT BÉLIER

Vous êtes né de Mercure et de Mars, vous avez le sens des décisions. En 2004, le travail est une dominante. Par ailleurs, vous vous êtes déjà engagé dans un nouveau travail, et nombreux gravissent les échelons sur le plan professionnel. D'autres qui ont cherché l'emploi idéal le trouveront. 2004 est vraiment une année de productivité. Si vous êtes à votre compte, vous doublerez votre entreprise: le nombre d'employés et les profits. Vous êtes très présent à tout ce que vous faites et rapide d'exécution. Vous ne perdez pas une seule minute; le temps c'est de l'argent pour vous, surtout en 2004. Pourquoi ne pas faire fortune quand on en a l'occasion? C'est à votre tour.

À compter du 26 septembre, vous serez sous l'influence de Jupiter en Balance. Cette fois, il serait préférable que vous refusiez toute association, même si vous avez déjà un nouvel emploi ou un nouveau commerce, que vous êtes en expansion et que tout va pour le mieux. Ce serait prématuré. De toute manière, avez-vous vraiment besoin d'un associé? Pourquoi ne pas rester maître chez vous?

Saturne en Cancer dans le quatrième signe de votre ascendant symbolise votre famille. Vous serez beaucoup moins présent à vos enfants et s'ils sont en bas âge, il sera nécessaire de trouver quelqu'un qui les aimera autant que vous. Il peut s'agir des grands-parents. Pensez-y. Vos enfants sont grands, il est normal qu'ils ne soient plus à la maison et si la situation était contraire à ce que je dépeins, sous Jupiter en Balance à compter du 26 septembre, ils prendront leur envol. De grâce, ne les retenez pas si vous êtes un parent protecteur: ils ont leur propre nid à construire.

Uranus est en Poissons, juste en face de Jupiter et de votre signe, et également dans le douzième de votre ascendant. Cette position est un avis de faire très attention aux nouveaux amis qui voudront entrer dans votre vie; il en va de même pour la compétition. Si vous êtes en commerce, ne révélez pas vos secrets, ne soyez pas trop bavard. Si vous faites partie de ceux qui n'en peuvent plus de travailler au même endroit, il n'est pas dans votre intérêt de partir sur un coup de tête. Certains d'entre vous malheureusement vivront une grève ou une suppression d'emploi à cause d'une fermeture de compagnie. Triste perspective pour certains d'entre vous. Il faut tout de même voir le bon côté des choses car Jupiter étant dans votre signe, il vous permet de retrouver un autre emploi très rapidement, surtout en tant qu'ascendant Bélier.

Neptune en Verseau vous prédispose à vous faire de nouvelles relations, de nouveaux amis et parfois à vous initier à des nouvelles technologies. Si vous travaillez dans le domaine de la recherche informatique, médicale ou architecturale, vous serez nommé à la tête d'un nouveau projet. Vous ferez aussi des découvertes.

Pluton en Sagittaire dans le neuvième signe de votre ascendant symbolise le monde des voyages qui se présente très bien à vous, surtout si votre travail vous y oblige. Toutefois, si vous avez cessé de voyager pour toutes sortes de raisons, ce sera un retour aux sources. Cette position vous influencera à participer à la paix dans le monde. Plusieurs parmi vous, voyant les conflits qui se produisent un peu partout sur la planète, seront à la tête de manifestations pacifiques.

Le Nœud Nord en Taureau dans le deuxième signe de votre ascendant symbolise l'achat d'une propriété. Oui, vous travaillerez beaucoup plus fort, vous ferez beaucoup plus d'argent au cours de la prochaine année et certains d'entre vous achèteront leur première propriété; pour d'autres, il s'agira de vendre celle qu'ils ont, vous ferez un profit et vous achèterez une nouvelle maison à un prix ridicule car vous êtes un excellent négociateur.

VIERGE ASCENDANT TAUREAU

Jupiter est en Vierge dans le cinquième signe de votre ascendant jusqu'au 25 septembre. Il symbolise le monde des enfants et de la créativité. Vous aurez un regain d'énergie. Si vous avez été précédemment malade, vous regagnerez votre énergie physique et les moyens à prendre seront simples; il s'agit de vous réconcilier avec l'humanité, le monde et votre environnement. Les circonstances seront telles qu'il vous sera facile de vous rapprocher des uns et des autres.

Jupiter est en Balance à compter du 26 septembre dans le sixième signe de votre ascendant. Cette position planétaire symbolise le monde du travail acharné, un travail qui réussit, des projets que vous mettrez en branle et qui se dérouleront plus rapidement que vous ne l'imaginez et qui vous rapporteront énormément d'argent. Il faudra faire très attention à votre santé, plus principalement à vos reins. Évitez le thé, le café et tout ce qui est susceptible de bloquer vos fonctions rénales. De plus, gardez vos reins au chaud pendant la saison froide.

Saturne est en Cancer dans le troisième signe de votre ascendant symbolisant à la fois les amis ainsi que les frères et les sœurs. Dans votre maison, il y aura fréquemment des réunions familiales et amicales. Avez-vous vraiment envie de recevoir tout ce monde? Avez-vous vraiment envie de les servir? Vous vous retrouverez souvent dans cette situation; il vous faudra du courage pour les chasser ou leur dire, si vous aimez leur présence, de venir un petit peu moins souvent.

Uranus en Poissons est dans le onzième signe de votre ascendant et en face de votre signe au cours de l'année qui vient. Si vous vous faites de bons amis, attention il y aura également des gens indésirables. D'ailleurs, il est dit que par Saturne en Cancer, votre maison sera sans cesse visitée par des inconnus. Quelques-uns ne seront peut-être pas tout à fait honnêtes, alors surveillez vos biens car vous serez extraordinairement perceptif à ce sujet au cours de la prochaine année. Sous cette position, comme votre prédécesseur, Vierge ascendant Bélier, vous serez chanceux dans les jeux de hasard.

Neptune en Verseau dans le dixième signe de votre ascendant symbolise une fois plus le monde du travail, la carrière, l'acharnement, la créativité mais également une ambition décuplée. Cet aspect vous avise toutefois de prendre un petit peu plus soin de votre famille, d'être là lorsque vos proches vous le demandent, surtout votre conjoint. Il peut se plaindre de vos absences ou de ces trop nombreux amis qui entrent dans la maison et qui ne repartent que tard dans la soirée et qu'il n'a plus aucune intimité avec vous.

Pluton en Sagittaire dans le huitième signe de votre ascendant symbolise que la série de changements entamés depuis plusieurs années se poursuit. Ces changements se font sur le plan psychique et, en 2004, sur le plan familial. Si vous formez une famille reconstituée, des explications seront nécessaires parce qu'il risque d'y avoir des petits conflits entre les ex-conjoints. Pour avoir la paix, il faut se parler doucement, gentiment, sinon vous écrire. Mais n'est-il pas temps que vous fassiez la paix avec l'autre?

Le Nœud Nord en Taureau sur votre ascendant symbolise la prise de conscience, un pouvoir que vous retrouverez face à vous-même. Vous êtes émotif à l'excès puisque vous êtes un double signe de terre. Or, la terre se cache de ces effusions émotives et les vit de l'intérieur. Cette position vous permettra d'exprimer vos émotions, vos insatisfactions à ceux qui vous ont offensé, contrarié, ainsi que vos plaisirs et vos satisfactions à l'endroit de bonnes personnes.

VIERGE ASCENDANT GÉMEAUX

Vous êtes un double signe de Mercure: la Vierge est un signe de terre et le Gémeaux, un signe d'air. Il est difficile de vous rencontrer parfois. L'un est pratique et l'autre manifeste un idéal débordant. Mais il n'en demeure pas moins que sous votre signe et ascendant, vous êtes extrêmement ambitieux et vous avez à cœur de réussir ce que vous entreprenez. Sous l'influence de Jupiter en Vierge jusqu'au 25 septembre, de nombreux changements se produiront dans votre maison intérieure, votre âme en somme. Elle qui fut troublée par différents événements dans le passé se guérit de ses maux. Vous allez vers un monde meilleur à la fois sur les plans émotionnel et matériel, puisque vous serez nombreux à changer d'emploi, à obtenir une promotion, à exploiter un commerce souvent avec un membre de votre famille.

À compter du 26 septembre, Jupiter en Balance dans le cinquième signe de votre ascendant symbolise la réussite, une réussite qui sera au-delà de vos espoirs si vous avez travaillé précédemment à votre succès. Si vous avez monté une affaire, si vous avez donné le maximum dans l'entreprise, alors il s'agira d'une promotion.

Vous êtes en zone chanceuse dans à peu près tous les secteurs de votre vie, spécialement ceux qui vous tiennent le plus à cœur puisque le cinquième signe de votre ascendant symbolise le cœur. Saturne est en Cancer dans le deuxième signe de votre ascendant. Il symbolise le monde de l'argent. Vous n'avez pas à vous inquiéter à ce sujet si vous restez naturellement prudent. S'il y a eu ou il y a une proposition de travail, de commerce avec un parent, vous avez la voie libre et la possibilité de faire plus d'argent qu'auparavant. Il sera question également pour bon nombre d'entre vous d'acheter une première propriété ou une seconde et pour d'autres, jeunes et amoureux, vous déciderez, vous planifierez un premier ou un deuxième enfant, ou alors vous deviendrez des grands-parents.

Uranus en Poissons, dixième signe de votre ascendant, vous suggère la prudence avec les étrangers. C'est également une invitation à ne pas avoir deux projets à la fois si vous êtes nouvellement venu dans le monde des affaires. Allez-y graduellement. Si déjà vous êtes en commerce, il y en aura un deuxième. Uranus présage des malaises pour un membre de la famille. En tant que Vierge, symbole de la santé mais également de celui qui soigne les autres, il est possible que vous soyez la personne désignée par hasard à prendre soin de cette personne.

Sous l'influence de Neptune en Verseau, vous n'hésiterez pas à faire un voyage car vous aurez besoin de vous reposer, de vous éloigner, de prendre de l'air. Pour les plus chanceux, ils sera question de choisir une destination soleil et de faire le plein d'énergie. Votre astrologue vous suggère de planifier à l'avance le lieu où vous vous reposerez.

Le Nœud Nord est en Taureau dans le douzième signe de votre ascendant. Cette position symbolise qu'il faut ménager votre santé, faire attention à ce que vous mangez car le Taureau donne bon appétit. Celui-ci vous donne le goût de divers mets exotiques mais que vous n'avez jamais goûté et il est possible que votre estomac ne les digère pas très bien. Si vous choisissez de prendre des vacances dans un pays lointain, où l'hygiène est très différente de la nôtre, soyez sur vos gardes car il y a risque d'infection qui vous donnera de sérieux problèmes pendant toute l'année.

VIERGE ASCENDANT CANCER

Vous êtes né de Mercure et de la Lune, de l'imagination, du plaisir, de l'amusement, mais aussi du sérieux. Vous êtes Vierge et on ne change pas votre nature. En tant qu'ascendant Cancer, vous avez le sens de la famille. Vous êtes sous l'influence de Jupiter en Vierge jusqu'au 25 septembre dans le onzième signe du vôtre, il ne faudra pas laisser les amis intervenir dans votre vie familiale où de nombreux changements risquent de se produire. Jupiter ainsi positionné, des conflits entre l'amoureux et vous pourraient s'envenimer si vous laissez une tierce personne intervenir ou vous donner des conseils que vous n'avez pas besoin de recevoir. Vous avez suffisamment d'intuition pour régler vos propres problèmes. Sur le plan du travail, de la carrière, vous faites des progrès et parfois même des découvertes, surtout si vous travaillez dans les domaines informatique ou médical.

L'influence de Saturne en Cancer vient confirmer la possibilité d'un conflit familial, surtout si les tensions existent depuis déjà belle lurette. Vous exprimerez vos désirs mais vous donnerez aussi la chance à l'autre de les exprimer. Saturne sur votre ascendant vous porte à prendre toute la place, à tel point que vous oubliez l'autre.

Uranus en Poissons vous avise que si vous avez des enfants, vous devrez en prendre soin et ne pas les négliger. Évitez la guerre avec l'amoureux en leur présence, mais expliquez-leur ce qui se passe.

Neptune en Verseau dans le huitième signe de votre ascendant vient ici confirmer tout l'aspect de transformation sur le plan familial mais également sur le plan du travail. Il faut mettre fin au passé parce que vous commencez une vie nouvelle.

Pluton en Sagittaire dans le sixième signe de votre ascendant vous avise des transformations dans le monde du travail: un nouvel emploi, parfois un double travail et aussi manque de temps pour votre famille. Ce n'est pas facile en ce monde de trouver un équilibre entre la famille et la carrière, mais il faudra faire l'effort pour préserver la paix, l'harmonie et, s'il y a conflit, retrouver le calme.

Le Nœud Nord en Taureau dans le onzième signe de votre ascendant vient ici vous rappeler que vos amis ne sont pas de bon conseil pour vous cette année. S'ils se taisent et vous écoutent parler, alors là c'est le signe qu'ils sont de bons amis. Par contre, laissez tomber ceux qui vous disent quoi faire.

VIERGE ASCENDANT LION

Jupiter est dans votre signe et le deuxième de votre ascendant. Il symbolise une remontée sur le plan financier ou les moyens que vous prenez pour faire plus d'argent, pour prendre de l'expansion. Il est possible également que vous obteniez une promotion, surtout si vous avez fourni les efforts nécessaires pour l'obtenir.

À compter du 26 septembre, Jupiter en Balance est une invitation aux voyages, qu'ils se fassent au loin ou pour votre entreprise. N'en doutez pas, ils seront couronnés de succès; vous établirez des ponts afin de brasser d'excellentes affaires. Somme toute, l'aspect matériel est excellent au cours de la prochaine année. Vous aurez des idées géniales, originales, marginales. Vous serez également un très bon administrateur, surtout si vous occupez un poste de direction. Si vous êtes un simple employé, au fil des mois qui passeront, on vous donnera de plus en plus de responsabilités et, éventuellement, vous obtiendrez une promotion que vous méritez.

Saturne en Cancer dans le douzième signe de votre ascendant vous fait réfléchir sérieusement à vos enfants, à votre famille. Peut-être certains d'entre vous seront-ils surpris et contrariés d'apprendre qu'ils seront grands-parents pour une première ou une deuxième fois, car ils jugent leur enfant trop jeune pour devenir père ou mère. Mais il en est ainsi de la vie et vous devez accepter cet état de chose. Vous songerez à un déménagement, mais vous n'y procéderez pas.

Uranus en Poissons laisse présager quelques petits troubles de santé: stress ou mauvaise alimentation. Si vous voyagez dans de lointains pays, surveillez bien votre alimentation et si vous pressentez qu'un aliment n'est pas frais, ne le consommez pas car sous cet aspect vous êtes sujet à une infection bactérienne. Les femmes qui vivent des transformations hormonales trouveront cela particulièrement difficile jusqu'au 26 septembre; après, elles trouveront une solution adéquate.

Neptune en Verseau vous avise que certains d'entre vous, mariés depuis longtemps, ressentent une lassitude sentimentale. Pourquoi ne pas proposer un voyage à l'amoureux? Par contre, si vous êtes nouvellement tombé amoureux en 2003 ou le serez en 2004, cet aspect vous fait désillusionner rapidement. Alors regardez qui est en face de vous: cette personne mérite des compliments alors que vous ne lui voyez qu'une montagne de défauts. N'est-ce pas votre propre peur de l'engagement qui vous fait parler ainsi?

Sous Pluton en Sagittaire, l'esprit est extraordinairement rapide, vous êtes un concepteur, un inventeur, un innovateur. Cela vient ici renforcer votre position sur le plan du travail mais aussi la difficulté de laisser voler de leurs propres ailes vos grands enfants. Il y a risque que vos plus jeunes se plaignent de vos absences cette année. Chez la Vierge, il est important de leur être présent, puisque leur avenir dépend de l'affection que vous leur donnez, de l'attention que vous leur portez.

Le Nœud Nord en Taureau dans le dixième signe de votre ascendant symbolise ici encore la carrière et le conflit familial. Que ferez-vous? Vous consacrerez-vous entièrement à votre carrière en ne donnant pas de temps à vos proches, en n'ayant aucune activité? Le choix vous revient.

VIERGE ASCENDANT VIERGE

Vous êtes né d'un double signe de Mercure, double signe de Terre également, et Jupiter est en Vierge jusqu'au 25 septembre. Il traverse donc votre signe et votre ascendant symbolisant la prise de conscience. En effet, Jupiter est à la fois le monde de la matière et le monde intérieur, ce qu'on appelle l'élévation de soi. D'ici le 25 septembre, tout ce que vous désirez transformer, changer dans votre vie y est propice. Il vous faudra cependant, au début de l'année, ne pas tenir compte des opinions d'autrui. On essaiera d'influencer votre jugement, de vous faire changer d'avis et parfois même de vous manipuler, d'abuser de votre gentillesse, de votre bonté afin de profiter des changements que vous opérez ici et là dans votre vie, à la fois sur les plans personnel et professionnel. Par ailleurs, au fur et à mesure que Jupiter avance dans le signe, et principalement à partir de la mi-mai, il y a une promesse de réussite surtout si vous avez travaillé à un projet depuis quelques années ou quelques mois. Mais attention, des gens voudront s'emparer de vos idées, de votre projet ou vous proposeront une association afin de retirer des bénéfices de votre travail. Alors soyez extrêmement prudent.

À compter du 26 septembre, sous l'influence de Jupiter en Balance, vous êtes promu à une bonne augmentation de vos bénéfices, mais vous ne les retirerez que si vous avez été précédemment prudent lors du passage de Jupiter en Vierge. Jupiter en Balance symbolise également la justice par rapport à votre signe et votre ascendant. Ce qui vous appartient vous revient et ce qui vous est dû doit vous être remboursé. Donc, il est très important de vous protéger au début de l'année afin que Jupiter en Vierge vous permette de bénéficier de ce que vous méritez.

Saturne en Cancer vous avertit que vous rencontrerez des faux amis. Des gens se présenteront à vous sous leur meilleur jour, avec un beau sourire, des paroles flatteuses, ne vous laissez pas prendre. Ces gens peuvent abuser de vous. Naturellement, il y a vos anciens amis, ceux que vous connaissez depuis très longtemps, qui vous sont fidèles, bien sûr vous n'allez pas vous méfier d'eux puisqu'ils continuent de vous encourager. De toute manière, vous avez suffisamment d'intuition pour reconnaître qui est bon de qui ne l'est pas.

Uranus en Poissons dans votre septième signe symbolise l'union, l'association qui ne doit pas avoir lieu trop rapidement. Il est préférable d'attendre la fin de 2004 pour en décider. De toute manière, votre signe et votre ascendant vous prédisposent à être le chef, le patron. En tant qu'employé, sous cette influence, prière de ne rien placoter et, surtout, de ne pas participer aux commérages des autres. Sur le plan sentimental, s'il y a déjà de la tension dans le couple, plusieurs explications seront nécessaires. Mais si vous êtes célibataire et seul depuis très longtemps, Uranus en Poissons annonce «la» rencontre avec une personne qui vous ressemblera et qui vous complétera. Soyez attentif, car cette rencontre peut se produire dans un endroit public comme un magasin à grande surface.

Neptune dans le sixième signe du vôtre symbolise vos compétences dans le domaine des communications, votre habileté à entrer en relation avec autrui, votre sensibilité face aux autres; cet aspect est déjà en place et se poursuit. Vous ne vous départirez pas de votre sensibilité, car elle fait partie de vous et vous permet d'avoir de bonnes relations avec autrui.

Pluton en Sagittaire dans votre quatrième signe représente le désordre familial passager mais également la possibilité de maladie dans la famille. Il peut s'agir de faire très attention à votre santé, à votre alimentation, mais il n'y a pas de drame à l'horizon, seulement de nombreuses mises au point. De ces petits chaos, l'ordre se refait.

Le Nœud Nord est en Taureau, neuvième signe du vôtre, et vous prédispose à voyager ou vous invite à prendre des vacances. C'est également la chance dans les jeux de hasard. N'hésitez pas cette année à acheter des billets de loterie. Si vous faites commerce avec l'étranger, le Nœud Nord en Taureau vous est extraordinairement favorable: il annonce une petite fortune dans un échange avec d'autres pays.

VIERGE ASCENDANT BALANCE

Jusqu'au 25 septembre, Jupiter en Vierge sillonne le douzième signe de votre ascendant et symbolise votre naïveté mais également votre grande bonté, votre compassion, votre générosité envers autrui. Vous aurez le cœur sur la main au point où certaines personnes en profiteront. Soyez extrêmement sélectif au cours de la prochaine année, voyez à qui vous donnez, certaines personnes ne méritent pas vos faveurs. Attention: vous êtes troublé sur le plan émotionnel, vous êtes dans un monde d'hésitation, un monde où vous avez peur de ne plus être aimé et vous donnez à des personnes qui risquent même de se retourner contre vous. Alors, d'ici le 25 septembre, soyez sur vos gardes. Par contre, d'ici le 25 septembre, vous êtes dans une zone de préparation. Alors si vous travaillez sur un projet qui vous tient à cœur, qu'il soit artistique ou autre, vous le mettrez au point, vous le fignolerez et vous ferez de nombreuses démarches afin de vous assurer que vous êtes sur la bonne voie.

À compter du 26 septembre, lors de l'entrée de Jupiter en Balance, miracle! Ce sur quoi vous avez travaillé les mois précédents sera couronné de succès. Après de nombreux mois de réflexion, c'est l'assurance de ce que vous êtes, de vos valeurs. Vous aurez aussi changé de nombreuses croyances.

Saturne dans le dixième signe de votre ascendant symbolise la carrière en transformation, ce qui n'est pas aisé et vous le savez. En fait, vous avez de l'aide de bonnes personnes autour de vous et même des membres de votre famille avec qui vous vous entendez bien. En même temps, vous vous questionnerez énormément sur vous-même et il est important également, sous cette influence, de donner de l'attention à votre famille surtout si vous avez des enfants. On a besoin de vous, on vous réclame et il faut écouter leur message.

Uranus en Poissons dans le sixième signe de votre ascendant constitue un autre symbole vous reliant au monde du travail mais également à votre santé. Donc, vous serez beaucoup plus nerveux, même si cela n'est pas apparent. Vous êtes à la fois un signe de Mercure et de Vénus, alors pour bien paraître, vous donnez l'impression d'être calme, en plein contrôle de vous mais intérieurement, tout remue, tout brasse, et vos proches le savent. Pour vous éviter des irritations nerveuses, des sautes d'humeur, que vous ne vivriez qu'en famille, reposez-vous en regardant, par exemple, un bon film d'amour.

Neptune dans le cinquième signe de votre ascendant vient ici préciser qu'en tant qu'artiste, l'œuvre sera grandiose, plus que vous ne l'imaginiez. Pluton en Sagittaire, dans le troisième signe de votre ascendant, ajoute à cet aspect de création artistique la possibilité d'exportation ou d'un voyage d'études afin de parfaire vos connaissances tant dans le monde des affaires que sur le plan artistique.

Le Nœud Nord en Taureau dans le huitième signe de votre ascendant symbolise la mort. En fait, il s'agit d'une «petite» mort: une mort à vous-même et une renaissance. En ce qui concerne le monde physique, le monde de la matière, si vous avez des parents âgés et malades, il est possible qu'il y ait un décès dans la famille mais vous vous y attendiez. Par ailleurs, quelques planètes dans votre ciel vous prédisposent à rêver cette mort avant qu'elle se produise.

VIERGE ASCENDANT SCORPION

Jupiter est en Vierge jusqu'au 25 septembre et se balade autour de votre Soleil. Il est également dans le onzième signe de votre ascendant symbolisant des transformations rapides principalement dans votre milieu de travail. Cet aspect signifie que vous rencontrerez des gens différents. Vous vous ferez également des amis mais soyez sélectif en ce sens que certains visages, si vous les observez bien, ne sont pas aussi amicaux qu'ils le paraissent. Si vous avez un emploi qui vous permet de vous déplacer, vous serez constamment en mouvement, sinon c'est à l'intérieur de l'entreprise qu'on vous déplacera.

À compter du 26 septembre, Jupiter est en Balance et c'est à partir de là qu'il faut vous méfier de ces nouvelles relations, ces visages «amicaux». En fait, on vous enviera parce que vous aurez progressé énormément au cours des mois précédents. Il est possible que vous obteniez une promotion et vous ferez des envieux. Ceux-ci utiliseront tout ce qu'ils savent sur vous pour vous nuire. Donc, dès le début de l'année, évitez de confier vos petits secrets, ne racontez pas votre vie privée, cela pourrait se retourner contre vous. Si l'amour est entré dans votre vie, sous Jupiter en Balance, vous entrerez dans une valse hésitation. Est-ce que je respecte mon engagement ou non? Vous craindrez d'être emprisonné par l'amour. Avant de prendre une décision, réfléchissez encore. Un bon conseil, ne vous mariez pas cette année.

Saturne dans le neuvième signe de votre ascendant vient ici renforcer l'élément déplacements ou voyages. Si vous faites commerce avec l'étranger, sans doute irez-vous au-delà des frontières. Ou vous entreprendrez de nouvelles études à compter surtout du mois de septembre, après y avoir mûrement réfléchi. Il est également possible que ce soit l'entreprise qui vous offre de vous perfectionner.

Uranus dans le cinquième signe de votre ascendant, c'est l'amour qui pourrait soudainement disparaître ou encore l'union soudaine. Attention, vous pourriez vivre les deux situations, en ce sens qu'il peut y avoir une rupture que vous pourriez regretter et une union prématurée. Il serait dans votre intérêt de ne pas déménager avec le nouvel amour et si vous vivez en couple, entamez des discussions et s'il le faut, parlez longtemps avec l'autre. Allez-y doucement pour que l'autre comprenne bien vos paroles; au moindre énervement, vous pourriez apeurer votre partenaire.

Neptune dans le quatrième signe de votre ascendant sym- bolise la famille. Alors si vous avez des enfants et qu'il est ques- tion de rupture, réfléchissez car il n'y a rien d'irréparable en cette année. Au contraire, l'effet Pluton en Sagittaire sur Neptune en Verseau vous permet de discuter et de trouver un terrain d'en- tente afin que l'amour revienne. Protégez vos enfants, surtout s'ils sont jeunes. Si jamais vous décidiez de rompre, soyez très clair lorsque vous vous expliquerez avec eux, surtout s'ils sont adolescents. Sous cet aspect, il est question d'avoir un enfant que madame voudrait bien élever seule ou que monsieur vive une paternité non voulue. Avis à ceux qui font l'amour sans pré- caution.

Le Nœud Nord en Taureau dans le septième signe de votre ascendant vient ici confirmer l'union. Une union qui pourrait être précoce et non durable. Par contre, sous cet aspect, il y en a qui sont promis à un grand bonheur. Sous le Nœud Nord en Tau- reau, il y a également la chance dans le monde des finances, des placements mais également dans le monde des jeux de hasard. Alors, achetez régulièrement un petit billet de loterie.

VIERGE ASCENDANT SAGITTAIRE

Jupiter est en Vierge jusqu'au 25 septembre dans le dixième signe de votre ascendant. Cette position symbolise une ascen- sion sur le plan de la carrière, une promotion ou si vous cherchez un emploi rêvé, vous le trouverez. Si vous terminez des études, vous n'attendrez pas longtemps avant d'être embauché.

À compter du 26 septembre, Jupiter en Balance est dans le onzième signe de votre ascendant, symbole de mouvement, d'action dans le milieu de votre travail, dans le monde où vous serez impliqué. Si vous avez fait de nombreux changements dans et autour de la maison, dans votre famille, en vous et autour de vous, ne comptez pas vivre calmement les douze prochains mois. En fait, il y aura sans cesse de l'action. Mais elle sera positive car votre ascendant est un signe positif. Jupiter en Balance se trouve aussi dans un signe positif puisqu'il est masculin; ainsi positionné, il vous donne énormément de chance. Tout ce qui aura été entrepris précédemment pourrait se doubler de chance et de possibilités de toutes sortes.

Saturne en Cancer dans le huitième signe de votre ascendant laisse présager le décès d'une personne âgée et déjà malade ou alors il s'agira de transformations dont vous serez témoin, qui se feront dans votre famille. C'est comme si ceux qui vous entourent décidaient de changer de vie, de faire place à du renouveau sur tous les plans. Si quelqu'un a été malade, il est possible qu'il recouvre une santé quasi parfaite grâce à la médecine ou grâce à ses propres moyens, que ce soit par un effort mental, psychique ou peut-être même magique.

Uranus en Poissons dans le quatrième signe de votre ascendant vient ici bousculer tout ce qui concerne le milieu familial. Vous serez effectivement témoin de transformations dans la famille: certains quitteront la maison, d'autres décideront de fonder leur propre foyer et d'autres encore deviendront grands-parents. Si vous êtes jeune, amoureux, si vous avez un enfant ou peut-être même deux, il est possible que sous l'influence d'Uranus en Poissons, vous désiriez en avoir un troisième.

Neptune en Verseau dans le troisième signe de votre ascendant vous donne constamment le goût de l'action, vous êtes en pleine découverte. Le monde vous semble trop étroit alors vous vous gaverez de livres, vous irez à la recherche de l'inconnu, parce que vous désirez mieux vous connaître, et vous développez de nouveaux intérêts dans divers domaines. Ces intérêts sont spontanés; vous suivez une intuition quelconque et vous allez jusqu'au bout de celle-ci. Pourquoi le faites-vous? Si la réponse ne vient pas en 2004, elle vous sera donnée en 2005.

Pluton en Sagittaire sur votre ascendant vient ici vous donner énormément de force. Une force de régénération, la capacité de vous transformer, d'être ce que vous avez toujours rêvé. Donc, au cours des mois qui suivront, tous les changements amorcés ces dernières années donneront des résultats positifs. Il est vrai que de temps à temps, lorsque vous vous regardez, vous vous demandez si vous êtes la même personne que vous étiez douze ans plus tôt. Mais non, vous êtes complètement différent et ne vous sentez-vous pas mieux?

Le Nœud Nord en Taureau dans le huitième signe de votre ascendant symbolise le secteur travail qui est très occupé, et dans lequel vous vivez des changements généralement positifs. Certains d'entre vous se découvriront une activité purement artistique; celle-ci pourra éventuellement, dans les années à venir, se transformer en une nouvelle carrière.

VIERGE ASCENDANT CAPRICORNE

Jupiter est en Vierge jusqu'au 25 septembre et se retrouve dans le neuvième signe de votre ascendant et sur votre Soleil. Il symbolise automatiquement la chance dans le monde du travail mais également dans tous les secteurs que vous désirez entreprendre, qu'il s'agisse des arts, des affaires, du commerce, des investissements. Jupiter en Vierge sur votre Soleil, c'est un appel aux voyages à l'étranger. C'est aussi un appel vers la paix intérieure et autour de vous.

Jupiter passe en Balance le 26 septembre et est dans le dixième signe de votre ascendant. Cette fois, vous vous occuperez davantage de votre carrière en ce sens que vous vous assurerez un revenu qui vous permette de bien faire vivre les gens qui vous entourent, surtout si vous êtes chef de famille. Ne vous inquiétez pas, vous ne manquerez pas d'argent.

Saturne se retrouve dans le septième signe de votre ascendant et symbolise la vie amoureuse, le conjoint, votre façon de vivre votre union. Si vous êtes jeune, encore sans enfant, le moment est venu de fonder une famille. En tant que grands-parents, vous prendrez soin d'un de vos petits-enfants ou peut-être de plusieurs parce que vos propres enfants ont besoin de vous.

Uranus dans le troisième signe de votre ascendant symbolise l'aspect intellectuel puissamment représenté. La curiosité chez vous n'a pas de limite. Par ailleurs, si vous cherchez à atteindre un sommet, dites-vous bien que vous ne l'atteindrez pas puisqu'il se situe à l'autre bout du monde. Il vous faudra attendre 2012 pour obtenir les réponses à vos grandes questions existentielles. En attendant, vous aurez grand plaisir à vous chercher et à vous trouver.

Neptune dans le deuxième signe de votre ascendant vient ici confirmer l'aspect matériel; vous ne manquerez pas d'argent. Quelle que soit la situation que vous vivez présentement, Neptune représente l'aspect miraculeux: de l'argent qui entre par une porte ou par une autre, du travail si vous n'en aviez pas ou alors une promotion qui vous permet d'avoir beaucoup plus d'argent que vous n'en aviez auparavant.

Pluton dans le douzième signe de votre ascendant vient ici renforcer l'aspect d'Uranus en Poissons en ce sens que les questions que vous vous posez sur vous-même sont multiples mais que les réponses ne commenceront à surgir que vers 2008 et ne prendront fin qu'en 2012.

Le Nœud Nord en Taureau dans le cinquième signe de votre ascendant confirme l'aspect familial, l'attachement que vous portez à vos grands et à vos petits et la capacité de mieux dire vos sentiments, de les exprimer ouvertement. Car en tant que double signe de Terre, vous avez du mal à dire ce que vous ressentez.

VIERGE ASCENDANT VERSEAU

Jupiter dans le huitième signe de votre ascendant jusqu'au 25 septembre symbolise de nombreuses transformations qui toucheront tous les secteurs: famille, argent, emploi, santé. Vous devrez vous surveiller et ne pas commettre de bêtises. Donc, entre le 1er janvier et le 25 septembre, prière de réfléchir deux fois avant de prendre une décision quelle qu'elle soit.

À compter du 26 septembre, Jupiter en Balance dans le neuvième signe de votre ascendant symbolise que si vous avez bien réfléchi, si vous avez attendu pour prendre des décisions, cela vous apportera de meilleures solutions et même de la chance. Le hasard jouera en votre faveur, principalement dans le monde des finances.

Saturne dans le sixième signe de votre ascendant vient ici confirmer le secteur travail. Certains d'entre vous se questionneront pendant longtemps à ce sujet, ils auront l'impression de reculer mais il n'en est rien. Car votre réflexion vous permettra d'avancer plus rapidement quand le temps sera propice, soit à partir de la fin de septembre.

Uranus en Poissons dans le deuxième signe de votre ascendant représente l'argent que vous continuerez de gagner, et vous n'en manquerez pas. Étrangement, lorsque votre crédit sera sur le point de dépasser la limite, vous aurez un contrat, l'emploi vous permettant de vous en sortir et de vous refaire une santé financière.

Neptune en Verseau sur votre ascendant vous permet de mieux vous situer par rapport à vous. C'est comme si le corps était dissocié de l'esprit et qu'il fallait qu'ils se retrouvent tous deux. Il y a un énorme travail à faire sous l'influence de Neptune en Verseau mais vous êtes appuyé par Pluton en Sagittaire qui se retrouve dans le onzième signe de votre ascendant, ce qui vous empêche d'être divisé en réalité. Si vous vivez une désunion avec vous-même, vous vous retrouverez; les jumeaux qui sont en vous deviendront une seule et même personne.

Le Nœud Nord dans le quatrième signe de votre ascendant symbolise la famille. S'il y a eu quelque problème que ce soit, il faudra faire la paix. Il n'est pas dit qu'avec cet aspect il soit facile de retrouver l'harmonie familiale. Soyez-en averti et faites preuve de diplomatie.

VIERGE ASCENDANT POISSONS

Jupiter est en Vierge dans le septième signe de votre ascendant jusqu'au 25 septembre. Il s'agit là d'amour. Même s'il y a possibilité de rupture chez les uns, rien n'est perdu. Il faut discuter sagement. Mais si vous n'appartenez pas à la catégorie des Vierge sages et que vous soyez la Vierge folle, parce que les deux existent sur le zodiaque, malheureusement il y aura rupture et souffrance. Les autres se marieront parce qu'ils auront rencontré le bonheur en quelques mois; ce sera sous une attraction spontanée, une attraction du cœur, de l'esprit et de l'âme.

Lorsque surviendra Jupiter en Balance, à compter du 26 septembre dans le huitième signe de votre ascendant, le monde des transformations s'accomplira en ce sens que tout ce qui aura été décidé précédemment devra être achevé officiellement. Il faudra faire attention toutefois sur le plan financier et ne pas investir là où vous avez un doute, vous serez extraordinairement perceptif au cours de la prochaine année.

Saturne dans le cinquième signe de votre ascendant vient ici vous parler de vos enfants. S'il y avait rupture dans votre couple et que vous ayez des enfants, il est important d'avoir une discussion avec eux afin que tout soit bien clair; vous trouverez sûrement les bons mots pour les apaiser. Il y a également les grands amoureux et ceux qui tombent amoureux cette année, et tous ne mettront pas longtemps avant de décider d'avoir un premier enfant.

Uranus sur votre ascendant, c'est le symbole de la vitesse. Comme si, au cours de la prochaine année, tout allait tellement vite que vous ne verriez à peu près pas le temps passer. Vous vous demanderez à certains moments si votre respiration est encore normale. Toutefois, vous ne perdez pas le nord; après tout, vous êtes Vierge, un signe de terre et la terre est bien ancrée dans le sol.

Neptune en Verseau, douzième signe de votre ascendant, est un monde de réflexions et de cachotteries – d'ailleurs, qui n'en a pas? Gardez-les pour vous-même, vous n'êtes pas prêt à les révéler à qui que ce soit. Cet aspect vous met en garde contre votre attirance pour des religions, des sectes, des mouvements mystiques; on pourrait vous happer, vous voler de l'argent.

Pluton dans le dixième signe de votre ascendant confirme ici la transformation de carrière qui s'accomplira bien précisément à compter du 26 septembre, puisque Jupiter en Balance sera en harmonie avec Pluton en Sagittaire. Si jamais vous faites affaire avec l'étranger, il y a de grandes chances que vous voyagiez, que vous soyez appelé à représenter pendant quelque temps l'entreprise qui est en cours. Certains d'entre vous, qui ne faisaient pas commerce avec l'étranger, ouvriront un marché qui sera rapidement prospère.

Le Nœud Nord en Taureau dans le troisième signe de votre ascendant, c'est la grande réflexion sur tout ce mouvement qui se fait en vous et autour de vous. Ce mouvement est purement intellectuel, donc bon, parce que, dans l'ensemble de l'année, vous serez un grand émotif. Mais ce Nœud Nord en Taureau vient à votre rescousse puisqu'il fait appel à la raison, qui ne se départit pas du cœur toutefois.

✐ JANVIER 2004 ✐

Vous êtes sous l'influence de Mars en Bélier tout au long du mois, alors il faut faire attention à la bêtise, principalement entre le 1er et le 14. Mercure est alors en Sagittaire et en Pluton et vous pourriez dire des mots qui dépassent votre pensée. Vous les réservez pour vos proches et si jamais vous avez des adolescents, ces mots durs risquent de créer de graves mésententes avec eux que vous devrez réparer par la suite. Réfléchissez à ce que vous allez dire. Il en va de même dans le milieu du travail. Vous pourriez blesser des collègues en leur disant des mots peu aimables. Attention, vous transposez vos frustrations sur autrui.

Si vous êtes un étudiant, durant la première partie du mois, vous songerez à abandonner vos études parce que vous êtes fatigué, et vous vous imaginez que vous gagneriez mieux votre vie sans un diplôme. Heureusement que Vénus en Verseau est là durant ces 15 premiers jours du mois et, grâce à vos amis, la majorité d'entre vous resteront aux études. Ceux-ci vous ramènent à la raison, ils vous font clairement comprendre qu'il faut terminer ce que vous avez commencé, qu'il vous faut poursuivre votre chemin, autrement vous serez un éternel insatisfait.

Si vous êtes en commerce, il y aura un nouveau départ à compter du 15: une proposition d'association vous sera faite et il sera très important d'y réfléchir, de ne pas consentir immédiatement. Il ne faut pas perdre de vue qu'Uranus est en Poissons, en face de votre signe, et il vous met en garde contre des décisions hâtives et principalement dans le monde du travail, de l'association, du commerce et même de l'investissement. Ceux qui travaillent dans le domaine médical seront débordés plus que jamais ils ne l'ont été; l'épuisement peut même les guetter. Essayez de relaxer le plus possible dès que vous en avez la chance. Sur le plan de la santé, si vous partez pour l'étranger, méfiez-vous de l'eau pouvant contenir des bactéries.

✐ FÉVRIER 2004 ✐

Mars est en Taureau à compter du 4; l'instinct et l'intuition vont de pair. Cet aspect vous fera voyager, par affaires et par plaisir. Ou alors, il s'agira de nombreux déplacements afin d'aller à la rencontre de clients où un double profit vous attend. Si vous êtes à votre compte et que vous fassiez commerce avec l'étranger, parce que l'ensemble des aspects célestes de 2004 vous y portera, vous pouvez alors vous attendre à un succès au-delà de vos attentes.

Il y a également l'aspect chance dans votre ciel de février; profitez de la Lune en Taureau, en Vierge et en Poissons pour jouer. Pour le savoir, consultez le tableau lunaire à la fin du livre.

Sur le plan sentimental, un coup de foudre pour une belle personne; attention, les apparences sont parfois trompeuses. Par ailleurs, avant la fin du mois, vous craindrez la possibilité d'un engagement; l'autre ne pense pas comme vous à ce sujet. Une mise en garde: vous pourriez rencontrer un manipulateur et celui-ci aura alors plus d'un tour dans son sac pour vous prendre votre argent, pour obtenir de vous des faveurs.

Beaucoup de dépenses pour la famille et vos enfants, petits et grands: vêtements, ustensiles de cuisine et objets divers. Si un de vos proches parents désire vous emprunter une autre fois et qu'il ne vous a pas remboursé déjà ce qu'il vous doit, refusez net.

◖ MARS 2004 ◗

Entre le 13 et le 21, vous traversez des degrés durs de Mars en Taureau. Attention, vous pourriez être inflexible et cela ne vous servirait pas dans le monde des affaires; au contraire, cela pourrait vous fermer des portes. Mais il est également possible que ce soit ceux avec qui vous négociez qui soient inflexibles. Vous devrez alors faire preuve d'une grande diplomatie, de sagesse et, surtout, ne pas adopter une attitude défensive. Aussi, de nouveaux venus dans l'entreprise pour laquelle vous travaillez seront envieux, ils désireront ce que vous avez. Il vous suffira d'être aimable avec eux pour éviter tout problème.

À compter du 13, Mercure est en Bélier; modérez vos paroles, malgré la colère qui vous envahira trop souvent. Attention, quelquefois vos vieilles frustrations feront surface, vous revivrez des tourments du passé comme s'ils se produisaient dans l'instant présent.

À compter du 22, Mars est en Gémeaux. Soyez très prudent au volant, avec votre outillage, lorsque vous faites du sport, vos jambes, vos genoux et vos chevilles sont plus fragiles que jamais. C'est un peu comme si vous étiez en déséquilibre. Ces aspects dans le ciel indiquent également que des maux d'oreille peuvent survenir subitement alors que vous n'en avez jamais souffert.

Entre le 22 et la fin du mois, s'il y a eu querelle dans la famille, vous décidez qu'il est temps de vous réunir, de vous parler intelligemmeent, calmement, posément. Il en va de même si vous vivez dans une famille reconstituée et qu'il y a eu conflit avec les ex-conjoints.

⚙ AVRIL 2004 ⚙

Mars est en Gémeaux, Vénus est aussi en Gémeaux à partir du 4. Divers règlements financiers, des ententes, des associations qui devaient avoir lieu prendront du retard. Sauf pour quelques exceptions, ce sera la course au succès, ou encore votre vie prendra des tournants dangereux, vous vivrez des épreuves au cours desquelles vous pourriez prendre la mauvaise décision à cause de votre précipitation. Ne vous attendez surtout pas à un mois paisible ni dans le monde des affaires ni du côté senti-mental. Pour ce qui est de l'amour justement, entre le 4 et le 14, il y a risque de grand conflit; le silence sera d'or. Si vous mani-festez de l'agressivité, elle sera interprétée comme une attaque par votre partenaire qui, naturellement, s'en défendra.

Parce que Mars est en Gémeaux et Vénus en Gémeaux entre le 4 et le 14, vos adolescents et préadolescents ne seront pas des anges; armez-vous de patience si vous tenez à la paix avec eux et si vous voulez éviter qu'ils commettent des bêtises pour le simple plaisir de vous contrarier.

Avril est un mois où il ne faut pas vous laisser envahir par les pensées négatives, elles viennent très rapidement. De plus, des événements extérieurs sont là pour vous contredire et vous déplaire. Ne vous laissez surtout pas emporter par ce mouve-ment. Attention, ne donnez pas votre attention à des gens qui ne le méritent pas. Vous êtes à l'envers ce mois-ci, retrouvez votre bon sens.

⚙ MAI 2004 ⚙

Entre le 1er et le 7, vous traversez les derniers degrés de Mars en Gémeaux et, bientôt, ceux de Vénus en Gémeaux. Vous n'avez toujours pas retrouvé votre bon sens; c'est comme si vous vous enlisiez dans votre négativisme et que vous vous entouriez de gens qui vous tapent sur les nerfs plutôt que de vous aider à sortir de vos vibrations négatives. Ne perdons pas de vue que Mercure est en Bélier jusqu'au 16 et se retrouve dans le huitième signe du vôtre; cet aspect en est un d'inquiétude sur le plan financier. Pourtant, tout laisse croire que vous vous organisez très bien, vous avez fait des économies et vous les préservez.

Pluton en Sagittaire fait un excellent aspect à Mercure en Bélier, Mercure étant la planète qui régit votre signe. Dans ce huitième signe, elle promet des transformations mentales. Toutefois, organisez-vous pour que celles-ci soient positives; entourez-vous de gens dynamiques et non pas d'éteignoirs.

À compter du 8, Mars entre en Cancer et Saturne est en Cancer; ces aspects touchent la famille. Cette fois, vous êtes préoccupé par un parent d'un certain âge ou par vos grands enfants. Il est vrai qu'il peut survenir dans la vie de l'un d'eux un drame, la perte d'un emploi, une contrariété et, en tant que parent, vous vous porterez à son secours. Si vous êtes des grands-parents, tout cet aspect vous dit que vous prendrez soin davantage de vos petits-enfants. Et si vous n'en avez pas encore, il est possible que vous appreniez la venue prochaine d'un beau bébé.

◖ JUIN 2004 ◗

Jusqu'au 23, Mars est en Cancer, Saturne se tient tout près mais ne fait pas de conjonction; il ne porte pas à des mouvements d'agressivité dans la famille. Les drames du mois précédent disparaissent ou diminuent, et votre inquiétude se dissipe. Vous vous sentez mieux dans votre peau et vous avez le goût de tout transformer à l'intérieur de votre maison.

Si vous avez quitté votre emploi, si vous êtes retraité, on vous rappellera. Il s'agira d'un travail relié au public parce que vous avez besoin de la compagnie d'autrui. Même si elle aime le monde en général, la Vierge ne cherche pas le grand public. À ce sujet, elle est très sélective mais ce mois-ci, elle désire connaître plus de gens, vibrer et rire avec eux.

Vénus et Mercure sont en Gémeaux entre le 6 et le 19. Ces aspects peuvent contrarier tous vos beaux sentiments face à un nouvel amoureux. Si, auparavant, vous étiez sûr de vous après quelques mois de fréquentation, soudainement vous craignez de vous unir parce que votre nouvel amoureux a déjà des enfants et que cela vous effraie. Mais avant de quitter les lieux, pourquoi ne pas lire un livre sur la famille reconstituée.

◖ JUILLET 2004 ◗

Cette fois, Mars s'est installé dans le signe du Lion et donne énormément d'énergie et de chance à tous ceux ayant un ascendant de feu: Bélier, Lion et Sagittaire. Jupiter en Vierge fait un aspect difficile à Vénus jusqu'à la fin du mois: après vous être rendu compte que l'amour demandait des compromis ou que vous y perdiez votre liberté, vous reculez. Ne perdons jamais de vue que la Vierge symbolise celle qui n'appartient à personne. Sous ces présents aspects de juillet, cette évidence vous revient et la peur de perdre votre liberté risque de vous faire fuir l'amour. Il y a aussi ces gens qui se disputent depuis longtemps. Si cela ne va plus dans votre couple depuis plusieurs années et que vous avez gardé le silence, juillet vous pousse à exprimer toutes vos frustrations; vous prenez des décisions.

Le monde du travail est très présent. Jupiter étant dans votre signe, les vacances seront rares ou de courte durée. Donc, vous serez de ceux qu'on appelle pour remplacer les absents et vous ne refuserez pas puisqu'on vous payera mieux qu'à l'accoutumée.

◖ AOÛT 2004 ◗

Entre le 1er et le 10, nous sommes sur les derniers aspects de Mars en Lion et comme chaque fois que Mars traverse les derniers degrés d'un signe, l'agressivité augmente. Elle se fait sentir non seulement en vous, mais également autour de vous; l'idéal consiste à ne pas y réagir. Gardez votre calme. Aussi, la paix intérieure peut désamorcer la colère d'autrui car il est bien possible que vous soyez en face de quelqu'un qui devienne physiquement violent. Cette situation peut se produire dans votre couple; évitez de vous retrouver seul avec l'autre car il pourrait en venir aux poings, l'aspect étant extrêmement puissant.

Mercure est dans le signe de la Vierge, donc le vôtre, jusqu'au 26, ce qui vous donne une grande vivacité d'esprit, une grande intelligence. Mais il y a, en face de cette planète, Uranus en Poissons, et celui-ci vous fait parfois réagir inversement à la normale. C'est pourquoi, avant toute décision financière, professionnelle, familiale, matérielle ou sentimentale, il vaut mieux demander conseil à quelqu'un qui vous connaît bien.

Si vous vous sentez mal intérieurement, pourquoi ne pas consulter un psychologue pour une courte période? Parce que si vous ne voyez pas clairement en vous-même, à compter du 11 avec l'entrée de Mars dans votre signe jusqu'à la fin du mois, plutôt que d'avoir la paix, ce sera la guerre dans votre âme, dans votre cœur, dans votre esprit. Vous souffrirez aussi d'insomnie et quand une Vierge ne dort pas, elle devient très irritable et très agaçante pour tous ceux qui l'entourent.

◖ SEPTEMBRE 2004 ◗

Il est important de noter qu'entre le 18 et le 25, Mars est en Vierge et fera une conjonction à Jupiter aussi en Vierge et, pour une bonne part, à Mercure dans ce signe. Ce sont donc des jours extrêmement explosifs. Vous alternerez entre négativisme et positivisme. On aura de la difficulté à vous suivre.

Sur le plan mondial se jouent des aspects durs, violents. Quant à vous, vous serez très en vue à compter du début du mois puisque Mars et Jupiter seront en Vierge et feront un bon aspect à Saturne en Cancer; il s'agit là de transformations extraordinairement positives dans votre milieu de travail, principalement si vous travaillez dans cette direction. La Vierge est travaillante; rares sont les paresseux, les ivrognes ou les personnes qui s'alimentent mal sous votre signe, car vous représentez la santé. Il y a sous ce ciel de septembre non seulement une remontée de votre énergie physique, mais également de votre élan créatif. Que vous soyez en affaires ou un artiste, quel que soit le métier que vous fassiez, vous occupez le centre et vous apportez un renouveau grâce à votre magnétisme.

Vous avez également le pouvoir de régler tous les problèmes autour de vous; mais si vous n'utilisez pas les forces positives, que vous vous laissez aller à la noirceur, à l'ombre de votre signe, vous créerez le chaos ou, pis encore, le vide.

◖ OCTOBRE 2004 ◗

Vous entrez dans un autre cycle: nouveau dynamisme, nouvelles valeurs, nouvelles croyances, nouveaux buts, puisque Jupiter est maintenant en Balance et se trouve dans le deuxième signe du vôtre. En fait, vous avez traversé l'initiation de Jupiter en Vierge dans votre signe durant les mois précédents et vous êtes maintenant prêt à récolter ce que vous avez semé; dans le cas contraire, vous devrez vous y mettre. Si vous appartenez à la race des constructeurs, Jupiter en Balance est une promesse d'argent parce que vous adorez la sécurité et qu'il y a une promesse d'atteindre votre idéal.

C'est un nouveau départ pour plusieurs d'entre vous qui aura été préparé pendant les douze mois précédents. Car rien ne se fait du jour au lendemain; ce serait s'illusionner que de croire en la magie. À partir du 4, Vénus entre dans votre signe. Si vous n'êtes pas amoureux, si personne n'a encore traversé votre route, soyez heureux puisque la grâce et la beauté de l'amour atteindront votre âme, il vous suffira de les saisir.

À compter du 16, Mercure entre en Scorpion. Vous apprendrez quelques petits secrets des uns et des autres, mais vous devrez les garder pour vous car ils ont un lien principalement avec vos collègues de travail ou vos associés. Si vous n'y parvenez pas, cela jouerait contre vous.

◖ NOVEMBRE 2004 ◗

Vous remuerez énormément d'affaires, surtout si vous êtes dans le monde du commerce. Il y aura des échanges avec l'étranger, des échanges qui ont d'ailleurs commencé le mois précédent ou plus tôt. Soudainement, cela vous rapportera, vous ferez fortune. Quel bonheur et quelle joie car vous êtes quelqu'un de responsable et vous aimez apporter à vos proches tout ce dont ils ont besoin matériellement.

Mercure est en Sagittaire à compter du 25 et est accompagné de Pluton en Sagittaire. Toutefois, il ne crée pas de grabuge; il invite plutôt au commerce avec l'étranger et à vous associer avec la famille; dans ce cas, vous devrez signer des papiers formels en cas de pépins. Car rien ne prédit qu'une association familiale sera durable, mais elle peut être très prospère pendant quelques années.

En ce qui concerne vos enfants, Saturne est toujours en Cancer et fait une rétrogradation à partir du 8, ce qui sous-entend que vous garderez un peu trop le silence, vous vous éloignerez d'eux, ce qui n'est bon ni pour vos enfants ni pour vous-même. Le jour où vous désirerez leur parler, peut-être vous feront-ils un reproche. Il serait bien de prendre conscience du recul que vous prenez, vous êtes tellement pris par le monde de la matière, par vos responsabilités que vous oubliez l'aspect émotionnel.

✎ DÉCEMBRE 2004 ✐

Mars est en Scorpion et se trouve dans le troisième signe du vôtre, ce qui vous donne une volonté de fer et une énergie extra-ordinaire; il vous sera même difficile d'aller au lit puisque vous serez en forme du matin au soir. Cet aspect de Mars vous fait réfléchir profondément au but de la vie et à tout ce que vous vivez, et plus particulièrement aux gens que vous fréquentez. Sous cette influence, il est bien possible que certains ne vous fréquentent plus durant les fêtes, principalement entre le 12 et le 17 où Vénus est en Scorpion. Si votre conjoint, un frère ou une sœur a eu des problèmes de santé, vous devrez le soigner durant cette période.

Mars en Scorpion sera sur ses derniers degrés, les plus agressifs, entre le 19 et le 25. Malheureusement, ce temps de l'année prédispose énormément les gens à se quereller souvent pour des riens et vous serez témoin de cela. Y prendrez-vous part? Ou quitterez-vous les lieux dès qu'elle sera commencée? Il est possible également que durant cette période un de vos enfants ne soit pas très sage et refuse de voir la parenté. Peut-être a-t-il le droit de s'éloigner de ses vieux parents et de se rap-procher de ses amis?

Mercure est en Sagittaire dans le quatrième signe du vôtre et Jupiter poursuit sa route en Balance. Il s'agit d'acheter des petits cadeaux pour la famille, mais vous serez porté à dépenser plus que vous ne l'imaginez. Soudainement, vous vous retrou-vez devant un comptoir de beaux objets et vous vous laissez tenter. Attention, ce n'est qu'objet et vous pourriez grever votre budget alors que vous vous étiez juré de le respecter.

BALANCE

23 septembre au 22 octobre

---◦---

AU PREMIER DE MES PETITS-FILS, PRINCE ANTOINE AUBRY DE CHAPUT.

---◦---

SOUS L'INFLUENCE DE JUPITER

Jupiter est en Vierge jusqu'au 25 septembre. Il est alors dans le douzième signe du vôtre et, ainsi positionné, il vous fait attendre, patienter. Vous êtes dans les coulisses du travail, une année de préparation ou d'attente, ce qui peut sembler long à certains d'entre vous. Si vous n'êtes pas en action, vous serez léthargique et cela peut conduire certains d'entre vous à la dépression. Donc, il importe de prendre des décisions. Ce temps de préparation ou d'attente peut être utile pour terminer vos études, pour suivre un cours de perfectionnement. D'autres entreront sur le marché du travail après avoir passé quelques années à l'université, mais ils ne seront peut-être pas heureux de cet emploi; patience jusqu'au 25 septembre.

Jupiter en Vierge symbolise également pour certains d'entre vous l'excès dans le travail et l'abstraction de la vie familiale qui peut entraîner des querelles de couple. Les enfants en seront trop souvent malheureusement témoins. Advenant une séparation sous cet aspect, les grands perdants seront votre progéniture à qui vous n'expliquerez pas ce qui se passe.

Sous Jupiter en Vierge, certains d'entre vous se sentiront extrêmement nerveux, d'autres iront même jusqu'à la dépression ou l'épuisement physique dû à un surplus de travail.

N'oubliez pas d'apprendre à relaxer tout en travaillant. L'organisme peut supporter beaucoup, mais il arrive à un moment où il ne peut plus en prendre. Vous êtes un signe d'air et cela prend du temps avant de vous rendre compte jusqu'à quel point vous vous épuisez.

Jupiter en Vierge avise ceux qui seraient tentés d'être malhonnêtes, de tricher, de ne pas payer leurs comptes de vous en abstenir, car l'arrivée de Jupiter en Balance le 26 septembre vous fera payer cher ces gestes. Ne perdez jamais de vue que Jupiter est le grand symbole de la justice. Positivement vécu, Jupiter en Balance augmente non seulement votre magnétisme, mais aussi vos perceptions extrasensorielles. Certains d'entre vous deviendront des devins; dès que vous serez devant les gens, vous saurez s'ils disent la vérité ou s'ils vous mentent. Tel est le bon côté de Jupiter en Balance. Toutefois, il peut faire de vous une victime si vous n'êtes pas alerte.

À partir du 26 septembre, Jupiter en Balance pivote autour de votre Soleil et est un présage de chance, de réussite ou, du moins, des premiers pas vers le succès. Jupiter, je le répète, est un grand symbole de justice, il récompense les bons et punit les méchants. Si vous n'avez rien à vous reprocher, vous n'avez pas à vous en faire; au contraire, les gens qui vous auront causé du tort viendront s'excuser et si on vous doit de l'argent, vous serez remboursé. Par ailleurs, tous ces projets sur lesquels vous aurez travaillé sous Jupiter en Vierge, vous serez prêt à passer à l'action sous Jupiter en Balance. C'est comme si les obstacles disparaissaient d'eux-mêmes.

Jupiter est annonciateur de chance dans l'ensemble de votre vie. La Balance est le signe du mariage et sous l'influence de cette planète plus particulièrement, donc à compter du 26 septembre, la personne esseulée trouvera l'âme sœur. Souvent, cet amoureux ne sera pas fauché puisque Jupiter attire vers vous des gens ayant de bons revenus.

Si vous êtes marié depuis très longtemps et qu'il y ait des conflits de couples, que vous ayez glissé cela sous le tapis durant le séjour de Jupiter en Vierge entre le 1er janvier et le 25 septembre, il sera impossible de vous cacher que ça ne va pas dans votre couple dès que Jupiter est en Balance à compter du 26 septembre. Vous prendrez donc des mesures pour la séparation. Si jamais vous n'avez réglé aucun des problèmes, que la situation matrimoniale s'est envenimée, vous en êtes à un point de rupture. En général, sous Jupiter en Balance, ce sera le mariage pour les uns, ou du moins l'union libre ou, pour certains, la reprise de leur liberté après quelques années d'une union où ils n'étaient pas heureux.

SATURNE EN CANCER

Vous êtes sous l'influence de Saturne en Cancer. Saturne est en domicile dans le signe du Capricorne; dans le signe du Cancer, il est en exil, signifiant la difficulté saturnienne; plutôt que de vous libérer de vos problèmes familiaux, Saturne a tendance à les accentuer. Si vous êtes en affaires avec un membre de la famille ou plusieurs parents, il y aura querelle au sujet de la direction, des finances. Vous êtes un signe cardinal tout comme le Cancer et si vous entrez en conflit, la lutte risque d'être longue car ni vous ni personne ne voudrez faire de concession. Certains d'entre vous tenteront encore d'étouffer les problèmes déjà existants depuis parfois plusieurs années. Saturne en Cancer, inévitablement, les fait surgir et il devient impossible de les camoufler.

Saturne en Cancer concerne également l'éducation des enfants. Il est possible que vous désiriez un type d'école pour vos enfants et votre partenaire, un autre, donc querelle à l'horizon. Ou encore vos enfants choisissent des cours complètement différents de ce que vous pensiez, vous êtes inquiet à ce sujet et vous essayez d'influencer leur décision. En tant que parent, vous devez respecter ce que vos enfants désirent, surtout lorsqu'il est question de leur avenir, de futur.

Sous l'influence de Saturne en Cancer, il est possible qu'un décès survienne; il peut s'agir d'un parent déjà âgé et malade depuis longtemps. C'est aussi le temps que vous pouvez allouer à soigner ce parent. Si vous avez des frères et des sœurs, vous devrez respecter un horaire afin que chacun s'occupe de lui.

Saturne en Cancer concerne également tous ceux qui commencent dans le monde du travail. Il est possible qu'il soit déjà question d'une association. En tant que débutant, diplômé et que vous ayez l'intention de créer une entreprise, il vous est suggéré, sous cette influence, de ne signer qu'un contrat à court terme. Il en va de vos intérêts futurs.

En ce qui concerne la santé, si vous avez mal aux os, si vous avez des problèmes arthritiques, il sera nécessaire de prendre des suppléments alimentaires. Si vous ne vous soignez pas, malheureusement, vous traverserez de longues périodes de douleurs; vous aurez mal partout. Ne perdons pas de vue que le Cancer est un signe d'émotions et que ces douleurs seraient liées à celles-ci, ce que très souvent la Balance tente de nier.

Sous l'influence de Saturne en Cancer, certains déménageront, achèteront une première propriété, il sera primordial de bien faire vérifier votre future propriété, surtout si cette dernière a de l'âge. Faites-la inspecter de fond en comble pour vous éviter d'éventuelles mauvaises surprises. Si vous appartenez à la génération des *baby-boomers* et que vous habitiez depuis longtemps au même endroit, sous l'influence de Saturne en Cancer, vous désirerez changer de décor, de monde, de vie. Si c'est le cas, procédez avant le 25 septembre, pendant que Jupiter en Vierge fait un bon aspect à Saturne en Cancer. Parce que dès l'entrée de Jupiter en Balance le 26 septembre, Saturne et Jupiter mèneront une lutte un petit peu plus complexe.

URANUS EN POISSONS

Vous êtes sous l'influence d'Uranus en Poissons jusqu'en l'an 2011. Cette planète va donc circuler dans le sixième signe du vôtre et concerne principalement le monde du travail et de la santé. On appelle également cette sixième Maison, par rapport à votre signe, le service à autrui. Si vous avez des planètes en carré ou en aspect dur avec le Poissons, si votre thème révèle des planètes en Gémeaux, en Sagittaire ou, moins fréquemment, en Vierge, vous aurez tendance à fuir le service à autrui. En réalité, vous choisirez le plus souvent de vous faire servir. Vous risquez malheureusement d'être déçu puisque Uranus en Poissons vous commande de «suivre le courant». De nombreuses Balance croient qu'elles ont toujours été là pour les autres, mais attention, si vous analysez qui vous êtes, en tant que signe d'air, vous êtes d'abord là pour vous-même. Vous n'êtes pas exempt de générosité, au contraire, vous avez de magnifiques élans de générosité mais celle-ci cache presque toujours un intérêt quelconque. Je m'excuse pour cette vérité plutôt choquante. Vous faites partie des plus brillants du zodiaque; vous êtes né à la fois de Vénus, mais Vénus dans un signe d'air. Le sens du calcul et de la mesure ainsi que la logique ne sont jamais absents.

Uranus en Poissons renforce le côté travail: travail en double, travail sans arrêt, travail pour faire beaucoup plus d'argent, travail par insécurité. Vos caisses seraient remplies d'argent et vous seriez encore inquiet, vous auriez peur d'en manquer. Peut-être n'avez-vous rien et à ce moment-là il est bien certain qu'il faille travailler. Attention, n'allez pas au-delà de vos forces car Uranus en Poissons vous parle d'épuisement nerveux, suivi de troubles physiques certainement liés à une alimentation déficiente. Uranus en Poissons vous portera à manger très rapidement, sur le coin de la table, et peut-être à vous nourrir d'aliments chimiques qui ont un effet dévastateur sur votre santé, surtout durant la période du passage de Jupiter en Vierge, soit jusqu'au 25 septembre. Uranus en Poissons y fera face et même s'il ne s'agit pas d'une position directe, le face-à-face n'est jamais très bon pour la santé surtout lorsqu'on commet des abus.

Si vous êtes étudiant, sous Uranus en Poissons, il est possible qu'au milieu de 2004 vous décidiez de changer de cours, de changer d'orientation de carrière même. Cet aspect est aussi un symbole d'occasions. Pour aller vers le meilleur, il faudra être prudent et vous protéger, surtout s'il s'agit de signer un contrat. Avant le 25 septembre, cela doit être fait en bonne et due forme; lisez toutes les clauses, même les petits caractères.

Uranus en Poissons a un rapport direct avec les Balance artistes; vous serez bien inspiré. Il est possible que si vous travailliez à contrat, on vous en propose un pouvant vous mener à l'autre bout du monde. Si vous êtes un écrivain, vos écrits pourraient être traduits dans d'autres langues. Si vous êtes un comédien, vous pourriez aller jouer à l'étranger. Si vous êtes un musicien, votre musique pourra être exportée; par ailleurs, vous serez divinement inspiré en tant que musicien. Uranus en Poissons, plus particulièrement ce dernier, est un symbole de musique du pianiste. Nombreux sont ceux parmi vous qui décideront d'apprendre un instrument de musique en 2004.

Uranus vous suggère également d'acheter des billets de loterie, surtout des collègues de travail. Si votre animal est vieillissant, il a des petites douleurs et voilà qu'il meurt. Vous ne mettrez pas de temps à le remplacer. Si vous n'en avez jamais eu dans votre vie, il est possible que vous viviez cette expérience. Ils seront de très bonne compagnie surtout si vous vivez seul. L'animal est en contact avec vous et vous transmet sa force de vie, plus que vous ne pourriez jamais l'imaginer.

NEPTUNE EN VERSEAU

Il s'agit souvent de vos enfants; peut-être en avez-vous extraordinairement créatifs, très artistes, ou découvrirez-vous que vous avez un enfant très spécial, en ce sens qu'il a un don hors de l'ordinaire et vous lui permettrez de l'exploiter. Ce don pourrait apparaître plus précisément à compter du 26 septembre alors que Jupiter est en Balance. En fait, durant les mois qui précéderont, vous vous poserez de multiples questions sur la nouvelle activité de votre enfant. Que fait-il? Qu'est-il donc en train d'inventer?

Pour certains d'entre vous, Neptune en Verseau est le monde de la reconnaissance publique, le trophée qu'on mérite, la protection de gens influents, l'achat d'œuvres d'art en tant que placements. Neptune en Verseau exerce une protection sur vous et maintient le baromètre. Si Uranus en Poissons vous fait quelques petites misères, Neptune en Verseau les répare en quelque sorte. S'il y avait un problème de santé créé par la position d'Uranus en Poissons, mais également par la position de Jupiter en Vierge et même par Saturne en Cancer, ces aspects risquent d'user votre organisme. Toutefois, vous êtes protégé dans l'ensemble par Neptune en Verseau: pour chaque petit bobo, il y aura un remède, pour chaque maladie, il y aura guérison.

PLUTON EN SAGITTAIRE

Pluton est en Sagittaire jusqu'en 2008: intelligence, intuition, instinct sont reliés en vous. Rien ne vous manque au fond, mais vous choisissez toujours de fonctionner avec la logique souvent au détriment d'une intuition, d'une inspiration; pourtant, cela fait partie de vous. Vous ne pouvez échapper à cette influence plutonienne qui vient vous chercher au-dedans de vous.

Pluton en Sagittaire dans le troisième signe du vôtre est une protection dans à peu près tous les secteurs de la vie. Mais n'allez surtout pas commettre des imprudences parce que vous vous savez protégé par cet aspect; il y a des limites à respecter.

Pluton en Sagittaire, c'est également le monde du voyage qui s'offre à vous par le biais d'un concours. Vous ferez également au cours de la prochaine année de nombreux déplacements surtout si vous êtes dans la vente. Certains d'entre vous songent à s'installer à l'étranger. Il y a parmi vous les *baby-boomers* qui peuvent se permettre d'aller vivre au soleil; vous y réfléchissez de plus en plus sérieusement. Mais je vous suggère de ne pas prendre de décision à ce sujet avant le 26 septembre, tant que Jupiter n'est pas dans le signe de la Balance.

Nous traversons tous des cycles planétaires plus complexes et il me faut vous donner quelques conseils afin de minimiser les aspects plus durs, plus difficiles que les années qui ont précédé. Il faut faire très attention de ne prendre aucune décision hâtive tant dans le monde des affaires que dans votre vie personnelle. Si vous décidez de faire un voyage, essayez de prévoir à l'avance votre départ et n'allez pas trop loin.

Pluton en Sagittaire en aspect difficile à Jupiter durant les neuf premiers mois de l'année vous met en garde contre la vitesse excessive au volant, les stationnements interdits; il s'agit d'un tas de petits détails dont vous devrez tenir compte alors qu'habituellement tout s'organise bien autour de vous. Au cours de 2004, vous serez beaucoup plus ému comme vous ne l'avez jamais été auparavant. Vous vous surprendrez à avoir le cœur serré parce que quelqu'un vous a tout simplement dit un mot qui déclenche en vous une multitude de souvenirs qui vous habitent depuis toujours. 2004 vous permet de solutionner ce qui est resté en suspens, ce que vous avez refusé de voir et de ressentir vraiment.

NŒUD NORD EN TAUREAU

On attribue au Nœud Nord tout autant les bons coups accomplis dans le passé que les mauvais. Il sert donc de déclencheur en vous obligeant à rembourser ce que vous devez ou à remettre à autrui ce qui ne vous appartient pas. Mais si vous avez subi la malhonnêteté des uns et des autres, voilà que le Nœud Nord, comme par magie, fait en sorte que les fautifs se rétractent, s'excusent et vous paient ce qu'ils vous doivent.

Dans certains thèmes, le Nœud Nord est un fort indice d'une transformation de carrière; ou alors, si vous êtes un célibataire endurci, vous flancherez sous le charme exquis d'une personne fort originale.

Après le passage du Nœud Nord en Taureau, vient celui du Bélier qui se trouve alors en face de votre signe. C'est à ce moment que peut se créer une rupture qui n'est pas souhaitée! Il vous avise aussi de tenir parfaitement vos livres si vous êtes à votre compte. Certains parmi vous quitteront à regret une maison qu'ils ont habitée pendant longtemps. Il s'agira là d'un important déracinement; mais la vie continue...

BALANCE ASCENDANT BÉLIER

Jupiter est en Vierge jusqu'au 25 septembre, dans le neuvième signe du vôtre et dans le sixième signe de votre ascendant. Il symbolise le travail mais également une réorganisation dans votre milieu de travail que vous n'aurez pas toujours choisie. On vous assignera à un nouveau poste que vous ne serez peut-être pas heureux d'occuper, mais il faudra être patient jusqu'au moment où Jupiter entre sur votre Soleil, soit le 26 septembre, puisqu'il sera en Balance et dans le septième signe de votre ascendant. Il est possible alors que vous ayez des collaborateurs avec lesquels vous vous entendiez très bien et que vous occupiez même un poste beaucoup plus en vue. En attendant, ne désespérez pas et ayez la sagesse de vous reposer dès que vous en sentirez le besoin afin de préserver votre santé. Il est important de bien vous nourrir durant au moins les neuf premiers mois de l'année. De grâce, ne consommez pas d'aliments contenant trop de produits chimiques.

À partir du moment où Jupiter sera en Balance, soit le 26 septembre, il y aura certainement progrès sur le plan professionnel mais vous pourrez également compter sur l'amour qui peut apparaître après quelques années de solitude ou une rupture.

Sous l'influence de Saturne en Cancer dans le quatrième signe de votre ascendant, s'il y avait séparation – puisqu'il y a prédisposition sous votre signe et ascendant –, il faudra évidemment mettre de l'ordre dans vos papiers. Il y a également possibilité qu'un parent âgé et malade vous ait laissé quelques biens à son décès qui n'ont pas été homologués par un testament fait en bonne et due forme. Vous devrez y voir. Saturne en Cancer peut vous donner des maux de dos et parfois de l'acidité stomacale; il faudra bien vous nourrir, et principalement, au risque de me répéter, durant les neuf premiers mois de l'année 2004.

Uranus en Poissons dans le douzième signe de votre ascendant concerne la collectivité. Vous serez plus touché par les mauvaises nouvelles que vous ne l'êtes habituellement, plus sensible, plus vulnérable aussi. Attention, prenez une distance par rapport à ce que vous entendez, à ce que vous écoutez et à ce que vous lisez dans les journaux. Vous n'êtes pas directement concerné par des crimes et des drames qui se passent à gauche et à droite mais il semble que vous les viviez comme s'ils étaient les vôtres. Uranus en Poissons vous avise encore de prendre bien soin de votre santé, particulièrement de votre circulation sanguine. Surveillez bien si vous faites de l'enflure dans les jambes, si vous avez des problèmes aux pieds. Vos chevilles seront beaucoup plus fragiles, alors ne faites pas de course et lorsque vous montez les escaliers, allez-y une marche à la fois.

Neptune en Verseau dans le onzième signe de votre ascendant représente vos bons amis, ceux qui sont toujours là pour vous donner des conseils que vous avez intérêt à écouter. Il s'agira pour quelques-uns d'entre vous de vivre une union libre. L'aspect ne vous conseille nullement un mariage, du moins pas durant les neuf premiers mois de l'année. Patientez jusqu'au 26 septembre alors que Jupiter sera en Balance; ce dernier signe représente par ailleurs le côté légal. Il peut être question, pour certains d'entre vous, de fonder un foyer.

Pluton en Sagittaire vous invite aux grands voyages, mais un voyage qui peut se faire aussi dans l'esprit, sur le plan intellectuel. Certains retourneront aux études, d'autres partiront plus souvent qu'à l'accoutumée. Sous votre signe et ascendant, soyez toujours prudent lorsque vous conduisez la voiture, n'allez pas vite et prière de ne jamais conduire en état d'ébriété, c'est le conseil le plus banal qui puisse vous être donné. Pluton en Sagittaire vous apporte de la chance au jeu, d'autant plus si vous achetez des billets avec un frère ou une sœur. L'important ici serait de signer des papiers officiels afin qu'il ne survienne aucun conflit si le billet était gagnant. N'oubliez pas que pendant les neuf premiers mois de l'année, vous êtes sous l'influence de Jupiter en Vierge dans le douzième signe de la Balance et, à la moindre erreur, un conflit peut survenir et qui peut perdurer pendant des mois.

BALANCE ASCENDANT TAUREAU

Vous êtes un double signe de Vénus, donc un signe d'air doublé d'un signe de terre. Vous avez beaucoup d'imagination, l'esprit pratique, vous êtes ambitieux et tenace. Jupiter est en Vierge dans le douzième signe du vôtre et dans le cinquième signe de votre ascendant, ce qui symbolise de l'inspiration surtout si vous êtes dans le domaine de la créativité. Méfiez-vous également, il peut y avoir de la tromperie sur le plan amoureux.

Serez-vous celui qui trompe ou serez-vous celui qui est trompé? Alors là, il me faudrait votre thème natal pour le voir précisément. Quoi qu'il en soit, Jupiter en Vierge jusqu'au 25 septembre est dans l'ensemble bénéfique à la majorité d'entre vous. Il symbolise à ceux qui sont en amour et qui n'ont pas encore d'enfant le désir d'en avoir un; effectivement, il y a là une très grande possibilité. Si vous appartenez à la génération des *baby-boomers*, peut-être apprendrez-vous que vous deviendrez grand-père ou grand-mère.

À compter du 26 septembre, Jupiter est en Balance dans le sixième signe de votre ascendant. Il représente le travail: travail acharné, possibilité d'une promotion, emploi ayant parfois un lien avec la loi, la justice, ou alors vous aurez à faire justice dans une situation de travail parce qu'on aura commis une faute envers vous. Tous les aspects vous prédisposent à l'emporter si jamais vous menez une lutte.

Saturne est en Cancer dans le dixième signe du vôtre et dans le troisième du Taureau, ce qui symbolise une grande fertilité d'imagination mais également du bagou; en fait, vous n'aurez pas la langue dans votre poche quand il s'agira de bien défendre vos intérêts et ceux des autres. Saturne dans le troisième signe du vôtre laisse présager un désir de déménager. Ne vous pressez pas à le faire, procédez par étape, magasinez plusieurs maisons avant de définir votre choix et le quartier.

Uranus est en Poissons dans le onzième signe de votre ascendant et dans le sixième signe de la Balance, symbole de nouveaux amis influents qu'on se fait dans son milieu de travail. Vous prendrez bien soin de ces gens qui sont autour de vous. De toute manière, vous les servez et ils vous servent, l'échange sera plutôt juste.

Neptune en Verseau dans le dixième signe du Taureau correspond à votre idéal. Celui-ci est très élevé et c'est pourquoi vous travaillez énormément et pendant longtemps tout en gardant le sens de la morale. C'est important parce que Neptune fait un aspect dur à votre ascendant; dès l'instant où vous trichez, il y a le retour du balancier. Restez en tout temps honnête et bon.

Pluton en Sagittaire dans le huitième signe de votre ascendant vous donne l'envie de faire deux choses à la fois. En fait, il y aura deux emplois qui vous tenteront et peut-être bien deux amours, mais attention, il faudra faire un choix. Sinon, vous aurez le vague à l'âme, ce qui pourrait être très pénible à vivre puisqu'il peut s'étirer jusqu'en 2008.

Ne perdons pas de vue que le Nœud Nord est en Taureau, il se situe également dans le huitième signe de votre ascendant. Il symbolise la possibilité d'un décès d'un parent âgé et malade, ce qui vous touchera profondément car vous prendrez conscience de votre propre finalité. C'est peut-être pourquoi vous serez aussi travaillant au cours de la prochaine année; vous aurez l'impression que vous avez tout à faire et peut-être irez-vous jusqu'à l'exagération. Prenez quand même du temps pour vivre, pour votre famille, pour vos enfants, pour votre partenaire. N'attendez pas que celui-ci vous demande où vous en êtes ou qu'il claque la porte. S'occuper des autres, c'est aussi s'occuper de soi; ne l'oubliez pas.

BALANCE ASCENDANT GÉMEAUX

Vous êtes un double signe d'air, sans doute très occupé par toutes les affaires sociales et très informé sur la politique. Vous voulez tout connaître, tout savoir des uns et des autres. Jupiter est en Vierge jusqu'au 25 septembre; il se trouve dans le douzième signe du vôtre et le quatrième signe de votre ascendant. Si vous voulez tout savoir sur votre famille cette année, principalement d'ici le 25 septembre, peut-être vaudrait-il mieux ne pas vous mêler des histoires de vos grands enfants. S'ils sont petits, ils ont besoin d'être surveillés; si l'un d'eux avait de mauvaises fréquentations, du moins c'est ce que vous soupçonnez, allez voir de plus près et s'il le faut, intervenez. Si vous pensez être incapable d'intervenir d'une manière douce, tendre, aimable étant donné votre double signe d'air, vous êtes prié de consulter un psychologue qui vous aidera à voir clair en vos jeunes avant qu'ils commettent des bêtises. Mais peut-être songez-vous à fonder une famille ou encore il sera question d'un deuxième ou d'un troisième enfant? Les aspects célestes y sont très favorables.

La chance dans tous les secteurs de votre vie arrive le 26 septembre alors que Jupiter entre dans le cinquième signe de votre ascendant; il traversera toute votre zone solaire pendant les douze prochains mois. Précédemment, soyez très prudent; dès l'instant où vous brassez des affaires ou lors de vos achats, demandez toujours des garanties. De plus, tenez-vous loin des histoires de famille.

Saturne est en Cancer dans le deuxième signe de votre ascendant: le danger est de faire des dépenses exagérés, souvent pour la maison. Si vous engagez des ouvriers pour faire réparer votre maison, vérifiez leurs antécédents et, de grâce, ne payez qu'après, au cas où ils disparaîtraient dans la nature.

Uranus en Poissons dans le dixième signe de votre ascendant vous fait travailler d'une manière acharnée et, surprise, il est possible que vous ayez une nomination ou, si vous avez de mauvais aspects dans votre carte natale, peut-être l'entreprise supprimera-t-elle des postes mais, encore là, surprise, vous seriez embauché de nouveau. Alors, n'ayez pas peur de manquer de travail. De toute manière, en tant que double signe d'air, vous êtes un grand débrouillard. N'avez-vous pas remarqué qu'au cours de votre vie, la chance arrivait toujours à temps?

Neptune en Verseau dans le neuvième signe du vôtre symbolise que si vous avez des amis qui habitent à l'étranger, vous aurez des nouvelles d'eux et peut-être viendront-ils vous visiter (ou serait-ce vous?). Ou alors, en tant qu'étudiant, sans doute désirez-vous faire un échange. C'est une très bonne idée, ce voyage serait bénéfique pour vous sur les plans culturel et des apprentissages.

Pluton est dans le septième signe de votre ascendant; il symbolise un brin de jalousie. Parfois vous vous mettrez à soupçonner votre partenaire du pire, ce qui n'arrivera pas, mais vous aurez des inquiétudes. Mais serez-vous celui qui a envie de quitter la relation? En fait, il y a là une petite confusion, ne la laissez pas prendre le dessus car vous pourriez être déprimé. Certains d'entre vous glissent véritablement dans la dépression; si c'est le cas, faites-vous aider d'un psychologue.

Le Nœud Nord est en Taureau, il se retrouve dans le douzième signe de votre ascendant cette année. Il vient ici renforcer votre mauvaise estime de vous-même sur le plan sentimental, comme si vous ne valiez rien ou vous trouviez trop de défauts à l'autre. Attention, soyez plus juste, voyez clair. Le Nœud Nord en Taureau représente aussi le talent; étrangement, il est là pour vous faire faire des rêves qui vous diront la vérité à votre sujet et au sujet de l'autre, ou alors verrez-vous la personne que vous allez rencontrer.

BALANCE ASCENDANT CANCER

Vous êtes un double signe cardinal, un chef, vous avez une main de fer dans un gant de velours. En tant que parent, vous êtes autoritaire et contrôlant. Faites attention, au cours de la prochaine année, il est possible que vos enfants qui prennent de l'âge vous fassent quelques petites crises, qu'ils aient besoin de plus de liberté ou, pire, qu'ils fuient la maison. Vous serez naturellement très inquiet surtout s'ils n'ont pas terminé leurs études. C'est le conseil que vous donne au fond Jupiter en Vierge dans le douzième signe du vôtre; puisqu'il est aussi dans le onzième signe du Cancer, il symbolise que vous pourriez accuser les enfants des autres de mauvaises influences auprès des vôtres.. Attention, l'éducation se passe d'abord dans votre famille. Si vos enfants ne se comportent plus comme ils le devraient, il faut vous poser des questions sur l'attitude que vous avez à la maison.

À compter du 26 septembre, Jupiter est en Balance dans le quatrième signe de votre ascendant. Il renforce ici tout ce qui a été décrit précédemment. Donc, si vous n'avez pas réglé les problèmes avec vos enfants, si vous n'avez pas réfléchi à des solutions, si vous n'avez pas discuté avec eux, malheureusement sous l'influence de Jupiter en Balance, vous serez obligé, à la suite de circonstances plus ou moins agréables, de trouver des solutions et, finalement, une entente. Par ailleurs, qu'y a-t-il de plus pénible pour un parent que de devoir vivre la guerre avec ses enfants? Attention, votre ascendant étant en conflit avec votre signe – il s'agit d'un aspect de carré ou aspect dur entre la Balance et le Cancer –, cela vous fait désirer des choses à la place de vos enfants limitant ainsi leurs initiatives.

Saturne est en Cancer dans le premier signe de votre ascendant. Sur le plan de la carrière, vous irez vers le sommet, ce que vous avez mérité par ailleurs parce que vous êtes généralement très travaillant. Si vous êtes propriétaire d'une entreprise, restez seul maître à bord, vous ne pourriez partager votre pouvoir et si vous acceptiez de le faire, il s'ensuivrait quelques petits conflits. Ce n'est pas non plus le moment d'élargir votre entreprise mais tout simplement de la solidifier.

Uranus en Poissons dans le neuvième signe de votre ascendant suggère de faire du bénévolat et d'aller voir ces gens qui vivent dans la pauvreté; peut-être cela vous ouvrira-t-il les yeux sur vous-même? Pardonnez-moi d'être dure, mais il est nécessaire de vous aviser qu'au cours de 2004, vous pourriez commettre quelques petites bêtises qui joueraient contre vous.

Neptune dans le huitième signe de votre ascendant renforce ici la coupure avec un enfant, plus particulièrement les enfants qui ont l'âge de voler de leurs propres ailes ou de prendre leurs décisions. Alors, n'essayez pas d'influencer leur choix.

Pluton est en Sagittaire dans le sixième signe de votre ascendant; il symbolise que vous ne manquerez pas de travail. Que vous soyez employé, patron ou propriétaire, vous n'avez pas à vous inquiéter, tout roule à une vitesse confortable, l'argent rentre très bien dans vos caisses et vous réussissez même à faire des profits au-delà de vos espérances. Il est également venu le temps, pour certains d'entre vous, de mettre de l'ordre dans les finances parce que vous êtes économe, parfois trop, ce qui vous prive de nombreux plaisirs. Vous en avez mis de côté, utilisez une certaine somme afin de vous offrir des vacances, un peu de luxe à vous et à ceux que vous aimez aussi.

BALANCE ASCENDANT LION

Que de projets au cours de la prochaine année! Vous êtes un bien né, entre Vénus et le Soleil, vous ne passez pas inaperçu. Où que vous alliez, quoi que vous fassiez, vous avez le sens des communications, vous êtes un excellent vendeur. Vous êtes persuasif parce que vous déployez énormément d'assurance. Peut-être un petit peu moins durant les neuf premiers mois de l'année; en fait, il s'agit d'une zone de réflexion avant de passer à l'action nécessaire pour agrandir votre entreprise ou peut-être vous tournerez-vous vers un emploi rémunérateur. Parce qu'au cours de 2004, vous ferez certainement beaucoup plus d'argent que les années précédentes. Bien sûr, vous travaillerez fort, cela ne vous fait pas peur, au contraire, vous êtes quelqu'un de dévoué mais aussi d'astucieux. Vous avez le sens de la stratégie commerciale.

À compter du 26 septembre, sous l'influence de Jupiter en Balance, si vous avez un commerce ayant des ramifications avec l'étranger, vous voyagerez davantage; si vous avez un commerce qui vous porte à vous déplacer en voiture, vous serez rarement à la maison parce que vous irez à la rencontre de clients plus souvent qu'auparavant. Bienvenus les profits! Vous développerez également un nouveau cercle d'amis à compter de cette date; ils seront à la fois très influents et salvateurs en ce sens que chaque fois que vous aurez un pépin, ils viendront à votre rescousse et vous épargneront le pire. Vous aurez également de la chance au jeu sous Jupiter en Balance, surtout sur le plan professionnel.

Saturne en Cancer représente principalement le monde familial, celui que vous négligerez parce que vous serez très occupé à faire de l'argent. Cet aspect symbolise également un travail en coulisse pour certains d'entre vous: un projet que vous mettez sur pied, un travail qui vous demande de la discrétion. D'ailleurs, il vous est conseillé de ne rien révéler d'un projet sur lequel vous travaillez et qui rapportera lorsque Saturne atteindra le Lion, soit dans plus d'une année. Prenez votre temps et allez-y minutieusement. Mais, en tout temps, soyez attentif à votre conjoint, à vos enfants, à vos parents, en fait, à tous ceux qui vous entourent et qui, jusqu'à présent, vous ont toujours soutenu.

Uranus en Poissons est dans le sixième signe du vôtre et dans le huitième signe de votre ascendant; il s'agit là d'une réorientation professionnelle très positive à la suite d'une profonde réflexion. Il pourrait s'agir également du décès d'un grand malade mais qui vous prendra par surprise. Cela vous fera réfléchir à vos valeurs et à vos croyances.

Neptune est dans le septième signe de votre ascendant, il vous fait rêver d'amour et il y a des rêves qui se réalisent. Si vous êtes seul depuis longtemps, à compter du 26 septembre plus particulièrement, après quelques mois de fréquentations, il pourrait y avoir une union sérieuse mais qui ne doit pas être légalisée maintenant. Attendez, les années à venir s'y prêteront mieux.

Pluton en Sagittaire dans le cinquième signe de votre ascendant vous parle de vos enfants. Peut-être aurez-vous à choisir avec votre conjoint une nouvelle école pour vos enfants, ce qui engendrera des discussions, ou encore l'un d'eux se révèle un artiste, soyez-y attentif. Cet aspect vous porte à travailler énormément et à négliger vos proches et, surtout, vos enfants. Pour certains d'entre vous, il sera probablement question de fonder une famille.

BALANCE ASCENDANT VIERGE

Vous êtes dans une année de réorganisation et vous remettrez de l'ordre un peu partout dans votre vie. Vous êtes un signe extraordinairement pratique à moins que vous ne soyez la Vierge moins sage. À ce moment-là, même s'il y a désordre autour de vous, vous trouverez tout. En tant que Balance ascendant Vierge, vous savez faire de l'argent et vous êtes un grand travaillant. Au cours de la prochaine année, quel que soit l'emploi que vous occupiez, vous aurez probablement une promotion ou vous déciderez d'occuper un nouvel emploi qui correspond mieux à votre talent ou encore vous répondrez à l'appel d'un compétiteur qui vous offrira une meilleure rémunération. Il serait étonnant que vous refusiez une telle offre. Jupiter qui sera sur votre ascendant jusqu'au 25 septembre donne des indices de chance, particulièrement dans le secteur professionnel et lorsque Jupiter atteindra la Balance le 26 septembre, il rapportera encore beaucoup plus d'argent que précédemment. Vous n'avez pas à vous en faire pour de nombreux mois à venir et même au-delà.

Saturne dans le onzième signe de votre ascendant symbolise les amitiés. Vous aurez de nombreux et nouveaux amis; certains seront envahissants et ne les laissez pas prendre toute la place dans votre maison. D'autant plus qu'au cours de la prochaine année, non seulement pourrez-vous travailler énormément mais aurez-vous en plus de nouvelles activités et sorties.

Uranus en Poissons, sixième signe de la Balance et septième de la Vierge, vous dit ici que votre partenaire pourrait être mécontent parce que vous êtes trop souvent absent de la maison à cause du travail. Alors, il est important que vous lui donniez du temps si vous tenez à préserver votre union. Mais il y a dans l'air une idée de création d'entreprise avec l'aide de votre conjoint ou alors il sera question d'association. Cette dernière vous est toutefois déconseillée d'ici le 25 septembre. Surtout, n'oubliez pas de signer des papiers afin que tout soit légal.

Neptune en Verseau dans le cinquième signe du vôtre et sixième de votre ascendant vous rend un excellent communicateur, surtout avec vos enfants; vous savez leur expliquer les «choses de la vie». Vous bénéficiez, sous l'influence de Jupiter en Vierge et en Balance au cours de 2004, de beaucoup de sagesse qui vous permet de bien les conseiller.

Pluton est dans le quatrième signe de votre ascendant; il s'agit là d'une série de changements que vous apporterez dans votre maison. Vous aurez envie de voir de nouvelles couleurs sur vos murs, de changer de meubles, d'autant plus que vous ferez plus d'argent. Certains d'entre vous prévoient déménager, et cet aspect est plus favorable à compter du 26 septembre, donc plus possiblement vers 2005. Sinon, il pourrait survenir quelques petits problèmes.

Vous êtes également sous l'influence du Nœud Nord en Taureau dans le neuvième signe de votre ascendant, ce qui symbolise beaucoup de chance. Et celle-ci est partout dans votre vie au cours de la prochaine année. Dès que vous aurez un problème, il vous suffira d'y penser et vous serez soudainement entouré de gens qui vous donneront le bon conseil ou qui vous aideront à échapper au problème. Quelle magnifique année vous avez devant vous, alors il faudra en profiter. Vous êtes né de Vénus et de Mercure, vous êtes né de la beauté et de l'intelligence et, au cours de la prochaine année, tout cela est en double sous votre signe.

BALANCE ASCENDANT BALANCE

L'influence du Nœud en Taureau dans le huitième signe du vôtre est puissante. C'est l'indice d'une série de changements de toutes sortes tant en ce qui concerne votre vie professionnelle que personnelle. Le Nœud Nord en Taureau est dans un signe vénusien, deuxième du zodiaque; il s'agit là d'un symbole de la terre, de la matière, de l'argent qu'on vous doit, ou encore celui que vous devez et que vous camouflez! D'ici avril 2004, il vous faudra avoir réglé vos dettes et, si vous refusez, la loi risque de s'appliquer. Le ciel vous avise donc de ne pas tricher avec l'impôt, et plus particulièrement si vous êtes à votre compte car le Nœud Nord attire les inspecteurs! En somme, vous devez rester honnête en tout temps, la moindre tricherie a des conséquences; même si elles ne sont pas instantanées, soyez assuré qu'elles viendront vers vous.

Si vous vivez avec votre amoureux, il sera question d'une union légale. En tant que célibataire, un joli cœur peut changer votre destin. Si vous êtes divorcé et seul depuis longtemps, même si vous êtes devenu cynique lorsque vous parlez d'amour, une rencontre hors de l'ordinaire vous ouvrira les yeux sur votre Vénus dont vous avez fait abstraction depuis trop longtemps.

Si vous n'avez pas d'enfant, si vous en désirez un, ce n'est pas la cigogne qui passera au-dessus de chez vous, mais bel et bien un grand vent de fertilité! Soyez averti.

BALANCE ASCENDANT SCORPION

Vous êtes né de Vénus et de Mars, deux planètes qui parfois se querellent entre elles. Vénus veut la paix et Mars fait la guerre. Alors que ferez-vous? Vous êtes souvent un être très compétitif, il vous faut gagner, être le premier. Mais il vous arrive de ne pas l'être et dans ces cas-là, l'aspect Scorpion vous précipite dans des états d'angoisse, d'anxiété. Mais, au cours de la prochaine année, vous pourrez enfin échapper à cet aspect. La vie sera beaucoup plus belle.

Jupiter en Vierge est dans le onzième signe du Scorpion. Vous aurez envie de sortir, de voir des gens nouveaux; par ailleurs, le hasard lui-même vous présentera des personnes différentes, originales, amusantes, qui vous entraîneront à sortir de vos habitudes. Sous l'influence de Jupiter en Vierge qui est également dans le douzième signe du vôtre, l'aspect travail peut sembler problématique, il faudra ne prendre aucune décision hâtive entre le 1er janvier et le 25 septembre. Ne changez pas d'emploi sur un coup de tête.

À compter du 26 septembre, vous aurez des possibilités d'exercer votre métier d'une manière plus payante, plus agréable aussi, dans un milieu et un décor différents. Jupiter en Balance dans le douzième signe du vôtre vous rend extraordinairement perceptif. Vous aurez à la fois instinct, intuition, prémonition. Vous ferez des rêves dans lesquels vous verrez votre avenir et celui des autres. Par ailleurs, en tant que Balance ascendant Scorpion, vous êtes souvent devin.

Saturne en Cancer dans le neuvième signe du vôtre vous porte à commencer des travaux que vous ne terminerez pas ou à entreprendre une thérapie et à la laisser tomber. Sous cette influence, vous serez à la fois ambitieux et hésitant parce que vous craignez de vous tromper et que Saturne, positionné dans le neuvième signe de votre ascendant, vous porte à fuir dès que les choses deviennent sérieuses. En fait, il s'agit de régler cela avec vous-même. Certains d'entre vous décideront de déménager à l'étranger; peut-être y avez-vous déjà habité et repartirez-vous. Cela pourra être pour quelques mois seulement à plus long terme. Toutefois, il vaut mieux prendre cette décision à compter du 26 septembre lorsque Jupiter entrera dans votre signe.

Uranus est en Poissons jusqu'en 2011; vous êtes dans une longue période de créativité. Bien sûr, au cours de ce temps, vous aurez des moments d'hésitation mais vous vous ferez aussi de nombreux amis, des artistes, des gens originaux, qui vous introduiront dans un nouveau cercle où vous vous mettrez à communiquer davantage, à élargir vos connaissances.

Neptune en Verseau dans le quatrième signe de votre ascendant est un indice que vos enfants, surtout s'ils sont petits, réclament votre attention. Mais attention, vous êtes si préoccupé par vous-même, par tous ces changements que vous voulez faire, que vous hésitez à faire. Mais il se peut aussi que vos grands enfants volent de leurs propres ailes et que cela vous inquiète au point où, subtilement, vous tentez de les retenir. Cela ne fonctionnera pas, vos enfants sont grands, ont décidé de partir tout simplement, et il faut l'accepter. Il y a aussi un désir d'avoir un enfant, ce qui fera plaisir à toute la famille.

Pluton en Sagittaire dans le deuxième signe de votre ascendant représente l'argent que vous ferez par le commerce, par le jeu aussi. De préférence, achetez vos billets en groupe puisque Pluton se retrouve aussi dans le troisième signe du vôtre; cela augmentera vos chances de gagner. C'est également le monde des connaissances; vous désirez étudier davantage, dans le but d'obtenir une meilleur rémunération.

Le Nœud Nord est en Taureau dans le septième signe de votre ascendant. Ainsi positionné jusqu'à la fin de décembre 2004, il vous parle de votre relation amoureuse, celui à qui vous manquez peut-être. Alors attention à la critique, la pointe piquante de votre ascendant Scorpion peut blesser l'autre. Mais il y a parmi vous des célibataires qui attendent l'amour, et le voici qui se montre le bout du nez et au cours des mois qui viennent. Cette personne voudra partager votre vie pour de longues années à venir. Attention, votre ascendant vous portera à reculer, à avoir peur parce que vous avez été blessé dans le passé, parce que vous êtes seul depuis longtemps mais tout est devant vous, alors saisissez l'occasion d'aimer et d'être aimé.

BALANCE ASCENDANT SAGITTAIRE

Jupiter est en Vierge dans le douzième signe du vôtre et dixième signe de votre ascendant. Il y aura une lutte intérieure entre faire carrière et vous occuper des vôtres. Mais il est possible aussi que l'entreprise pour laquelle vous travaillez supprime des postes ou vous demande d'en occuper un différent; il y aura changement d'horaire et, naturellement, vous ne serez pas très heureux de cette situation. Il faudra être patient car cette situation pourrait durer jusqu'au 25 septembre.

Jupiter est en Balance le 26 septembre dans le onzième signe de votre ascendant et également sur votre Soleil. Malgré les difficultés précédentes, vous bénéficierez de billets de faveur sur le plan de la carrière si vous avez su faire des compromis. Dans notre société, nous n'avons pas le choix d'accepter les transformations. Par contre, celles-ci deviennent extraordinairement positives à compter du 26 septembre. Vous êtes né après tout de Vénus et de Jupiter, vous êtes né avec la chance qui vous pend au bout du nez et si vous ne vous en êtes pas rendu compte, peut-être est-ce parce que vous avez décidé de voir le pire plutôt que le meilleur.

Saturne en Cancer dans le huitième signe du vôtre laisse malheureusement présager quelques petits conflits familiaux, principalement si vous avez une entreprise ou un commerce avec un membre de la famille. Mais il s'agira également de régler quelques questions financières avec un de vos enfants qui a perdu son emploi. Que ferez-vous? La réponse vous appartient. En général, la plupart des parents se dévouent, mais il faudra vous assurer d'être éventuellement remboursé. Soyez patient, ils en sortiront. Il faudra également faire très attention à votre santé. Vous avez tendance à vous négliger et à taire vos petits bobos. Également, vous aurez des chutes de vitalité qui seront des signaux d'alerte. Il sera d'une importance capitale de bien vous nourrir et même de changer votre alimentation. Pourquoi ne pas consulter un naturopathe pour en avoir le cœur net, surtout si vous vous sentez constamment fatigué. N'attendez pas qu'un drame arrive et qu'un de vos organes soit défaillant pour réagir. Faites-le au début de l'année. L'estomac, l'intestin sont les principaux organes problématiques.

Uranus en Poissons concerne également vos enfants qui auront... des enfants! Si vous appartenez à la génération des baby-boomers, il est possible que vous deveniez un grand-papa, une grand-maman et si vous êtes heureux en amour, vous songez sérieusement à avoir un premier ou un deuxième enfant.

Neptune dans le troisième signe de votre ascendant symbolise la curiosité intellectuelle. Toutefois, chez certains d'entre vous, si vous êtes étudiant particulièrement, ce sera la paresse intellectuelle contre laquelle il faudra lutter. Mais il peut s'agir d'un choix de carrière à faire et vous n'en êtes pas très certain. Pourquoi ne pas consulter un orienteur? Il y aura ceux qui n'ont jamais pu poursuivre d'études; cette année, ils s'y remettent ou terminent un cours.

Pluton en Sagittaire sur votre ascendant vous donne beaucoup de volonté. Donc, ces instants de paresse seront de courte durée parce que cette influence vient ici «vous fouetter»; il vous donne le goût d'aller de l'avant, d'avoir plus de pouvoir, plus d'argent, d'être plus en sécurité et, pour cela, certains doivent retourner étudier, accepter des compromis au travail, travailler plusieurs heures supplémentaires ou avoir deux emplois. Quoi qu'il en soit, vous prendrez les moyens pour être plus à l'aise en 2004.

Le Nœud Nord est en Taureau dans le sixième signe de votre ascendant; il renforce ici le désir d'un mieux-être et d'un bien-être. Mais il faudra également vous occuper de l'amoureux; vous aurez tendance à le négliger en ne vous préoccupant que du mieux-être matériel. Attention, vous pourriez vous jouer un tour à vous-même. Il est important de prendre soin de la personne avec qui vous partagez votre vie. Si vous êtes seul depuis longtemps, la rencontre de la perle rare se présentera dans un milieu de travail ou scolaire.

BALANCE ASCENDANT CAPRICORNE

Jupiter est en Vierge jusqu'au 25 septembre et dans le douzième signe du vôtre. Cela signifie qu'il ne faudrait surtout pas cacher de l'argent à l'impôt; si vous travaillez au noir, il y a danger qu'on vous prenne la main dans le sac et que vous soyez obligé de rembourser ce que vous devez. Cet aspect est confirmé par Jupiter en Balance à partir du 26 septembre dans le dixième signe de votre ascendant et il fait ici référence au gouvernement. Il est possible aussi qu'au cours de l'année vous décidiez de partir en voyage parce que vous serez invité par des amis à l'étranger. Votre signe et ascendant est régi par Vénus et Saturne, vous êtes généralement économe et vous savez vous faire des amis, car Vénus est toujours charmante. Vous n'aurez en fait que votre billet d'avion à payer.

Saturne est en Cancer dans le septième signe de votre ascendant et le dixième signe du vôtre. Si vous travaillez avec votre conjoint, il y a un grand risque de querelle entre vous deux au sujet de l'organisation de l'entreprise. Il est possible aussi que vous demandiez beaucoup à votre conjoint et que celui-ci décide qu'il doit voir lui aussi à ses intérêts. Au cours des mois qui suivront, vous aurez donc de longues discussions avec votre partenaire, surtout si vous êtes ensemble depuis déjà de nombreuses années. Il faut faire attention, Saturne est également chez vous une invitation au flirt. Vous aurez envie de jeter un œil dans le jardin du voisin, mais est-il vraiment plus vert? Il y a parmi vous des célibataires qui croiseront sur leur route une personne ayant une grande différence d'âge avec eux et qui les fascinera. Il vous est suggéré de la fréquenter et non pas d'officialiser l'union.

Uranus est en Poissons dans le troisième signe de votre ascendant et il y sera jusqu'en 2011. Faites attention à l'éparpillement dans votre travail; mêler le chou, le navet, les carottes et les poireaux ne fera peut-être pas une très bonne soupe. Encore une fois, il vous est conseillé de rester en bons termes avec le monde des finances en ce qui touche votre propre entreprise. Si vous avez un employeur, n'arrivez pas en retard, surtout entre le 1er janvier et le 25 septembre, car ils seront notés. Il faudra également faire très attention si vous utilisez des outils, car vous pourriez vous blesser. Étrangement, jusqu'en 2011, vous aurez les doigts fragiles; protégez-les bien. Il en va de même pour vos orteils.

Neptune en Verseau dans le deuxième signe du vôtre vous fait gagner de l'argent grâce à votre clientèle, que vous travailliez dans un grand magasin ou que vous fassiez de la consultation puisque Neptune s'y prête très bien. Attention, vous êtes avisé de donner des reçus car vous êtes surveillé par le gouvernement surtout si, dans les années précédentes, vous avez eu quelques petits problèmes. Par contre, vous ne manquerez pas d'argent et, de temps à autre, vous ferez un surplus grâce à cette influence. Neptune en Verseau peut être l'occasion de dépenses que vous ferez pour la maison ou pour vos enfants, s'ils fréquentent des écoles privées.

Pluton qui est en Sagittaire se retrouve dans le onzième signe de la Balance mais dans le douzième du Capricorne. Cela vous donne quand même beaucoup d'intuition, vous pressentez les événements mais il vous arrive de ne pas écouter votre petit doigt, puisque vous êtes à la fois une Balance très logique et un saturnien qui veut absolument raisonner, planifier, organiser. Il en va de votre intérêt de le faire ainsi que d'écouter les conseils que vous donneront de nombreux amis. Il y a également quelques ennemis que vous vous êtes faits au fil des années; attention, ils seront au rendez-vous pendant une partie de l'année et plus principalement durant le mois d'avril. Durant ce mois-là, soyez à l'écoute de vous-même afin de ne pas être coincé par quelqu'un qui aurait envie de se venger d'un mauvais tour que vous lui avez joué dans le passé.

Le Nœud Nord est en Taureau dans le cinquième signe de votre ascendant; il parle d'amour. Il est dit que sous l'influence de Saturne en Balance le flirt est au rendez-vous et cette influence renforce cet aspect. Si vous êtes heureux et que vous ayez une fredaine, faites attention, contentez-vous d'un échange de sourire, n'allez pas vers le drame, la rupture. Pourquoi briseriez-vous une vie de couple où vous avez été heureux et parce que l'ennui vous submerge présentement. Brisez-le par un voyage, par des activités nouvelles. Le Nœud Nord en Taureau, c'est aussi l'annonce de l'amour qui peut se présenter pour le célibataire. Si vous êtes divorcé et seul, c'est la même chose, c'est comme une autre chance de goûter au bonheur.

BALANCE ASCENDANT VERSEAU

Vous êtes un double signe d'air, vous êtes né de Vénus et d'Uranus. Vous êtes plein de surprises en tous genres, créatif, innovateur, inventeur. Le savez-vous? Avez-vous exploré toutes les dimensions de votre être? Vous y êtes invité sérieusement au cours de la prochaine année.

Jupiter est en Vierge jusqu'au 25 septembre dans le douzième signe du vôtre et dans le huitième signe de votre ascendant. C'est triste à dire mais cet aspect représente la mort psychique, en ce sens que vous vous mourrez à des croyances, à des valeurs, à un travail même. En fait, vous êtes en pleine transformation de votre être et le changement est immensément grand qui vous conduira à une espèce de paradis sur terre. À moins que vous ne vous figiez dans l'aspect difficile des neuf premiers mois de l'année, parce qu'ils seront ainsi. Il peut s'agir également de la maladie d'un proche, ce qui vous touchera énormément même si vous le saviez, d'un accident laissant quelqu'un en piteux état pendant de nombreux mois. En fait, un tas d'événements, qui seront plus ou moins heureux, vous transformeront pour être mieux dans votre peau; chacun de nous vit des cycles difficiles et le vôtre dure neuf mois en 2004.

À compter du 26 septembre, vous serez sous l'influence de Jupiter en Balance dans le onzième signe du vôtre et le neuvième du Verseau, ce qui s'appelle mouvement de chance. Après avoir vécu des moments difficiles, la chance revient dans à peu près tous les secteurs de votre vie. Si vous-même avez eu des problèmes de santé, vous retrouverez votre énergie, votre vitalité.

Saturne en Cancer dans le sixième signe du Verseau vous fera travailler énormément au cours de la prochaine année. Il est possible que ce soit une des raisons pour lesquelles vous soyez épuisé au cours de la prochaine année.

Autre aspect qui vous fera énormément travailler, Uranus en Poissons qui est dans le sixième signe du vôtre et dans le deuxième signe de votre ascendant. Vous avez tellement besoin d'argent que vous travaillez très fort. Mais attention, c'est la santé qui prend un coup.

Neptune qui est en Verseau sur votre ascendant vous signifie que vous devriez peut-être avoir la sagesse de ralentir à certains moments. Il est vrai qu'il y a des obligations à remplir mais cette influence vous demande de temps à autre de prendre congé, de reposer votre tête et votre organisme. Neptune en Verseau a deux effets, l'un fait fuir les irresponsables et l'autre invite les grands responsables à prendre des vacances, à se reposer pour préserver leurs énergies.

Pluton en Sagittaire vous propose aussi de vous en remettre à quelques amis de temps en temps, de leur demander de l'aide, des conseils. Ayez l'audace de leur demander quelques petites faveurs, de toute manière ils ne vous les refuseront pas.

Le Nœud Nord en Taureau est dans le quatrième signe du Verseau et dans le huitième signe de la Balance. Cela symbolise ici et là des petits problèmes avec les enfants, principalement ceux qui ne veulent plus écouter leurs parents. Ils semblent avoir mis de côté les leçons que vous leur aviez apprises. L'important, c'est de rester présent à eux. Il est également possible que vos enfants aient besoin de plus d'attention et d'affection. N'oubliez pas que vous traverserez une année de travail acharné. À moins que vous ne soyez ce parent qui a fui, il est rare qu'une

Balance fuit ses obligations: vous leur donnerez ce dont ils ont besoin.

BALANCE ASCENDANT POISSONS

Vous êtes né de Vénus et de Neptune. Vous êtes bon, parfois bonasse, il y a en vous un côté naïf, un côté tellement gentil que vous avez bien du mal à dire non à autrui. Il vous faudra bien des années pour différencier celui qui vous remerciera de celui qui abusera de vous, mais vous finissez toujours par apprendre.

Jupiter est en Vierge jusqu'au 25 septembre, douzième signe du vôtre et septième signe de votre ascendant. Si vous vivez des tensions dans votre couple, il est possible qu'au cours des neuf prochains mois de l'année elles s'accentuent. Vous aurez besoin de nombreuses explications. Un autre fait peut se produire. Peut-être votre partenaire sera-t-il malade et vous aurez l'obligation de le soigner. Vous aurez également vous-même une chute de vitalité si vous prenez soin d'un autre parce que lorsque vous soignez, en tant qu'ascendant Poissons, vous êtes entier, complètement présent à l'autre.

À compter du 26 septembre, Jupiter est en Balance à la fois sur votre Soleil et dans le huitième signe de votre ascendant. Il signifie les grandes transformations et la mort. Si la personne est malade, il vous faudra accepter qu'il y ait bientôt un décès, ce qui n'est jamais très drôle. Il est possible aussi qu'il s'agisse de la mort d'un de vos parents si vous êtes un des premiers *baby-boomers*. Jupiter en Balance c'est également, pendant les douze prochains mois à compter du 26 septembre, un monde de grandes transformations, des transformations qui peuvent être extraordinairement positives en ce sens que vous changez de métier, de profession, vous décidez des études à entreprendre ou d'un déménagement. En fait, vous décidez de transformer votre vie de manière qu'elle soit la vôtre et non plus celle des autres.

Saturne en Cancer dans le cinquième signe de votre ascendant renforce ici l'idée d'être ce que vous êtes, de votre propre prise en charge: vous déciderez de votre avenir. Cet ascendant Poissons vous donne souvent un talent artistique, et sous l'influence de Saturne en Cancer, vous le développerez davantage, vous serez extraordinairement créatif. Il est également possible que sous cette influence il y ait départ d'un de vos enfants parce qu'il est tombé amoureux. Peut-être même fera-t-il de vous un grand-père ou une grand-mère. Si vous êtes jeune, si vous n'avez pas encore d'enfant, Saturne en Cancer présage la possibilité de paternité ou de maternité.

Uranus en Poissons sur votre ascendant vous donnera énormément d'originalité et, en même temps, ne vous privera pas de travail. Si vous avez un emploi stable, vous pouvez même vous attendre à une promotion ou alors vous occuperez un meilleur siège dans l'entreprise et vous serez mieux rémunéré. Puisque Uranus est en Poissons jusqu'en 2011 sur votre Maison I, vous serez plus nerveux mais, en contrepartie, vous aurez beaucoup plus de chance dans les jeux de hasard. Donc, il faudra vous calmer, faire de la relaxation mais pour ce qui est des jeux, vous pourriez gagner un montant dans les jeux de hasard ou aux courses, principalement en 2004.

Neptune en Verseau dans le deuxième signe de votre ascendant renforce ici l'idée de l'argent; d'ailleurs vous n'en manquerez pas. Vous avez l'aspect artistique et si vous développez un art, quel qu'il soit, vous ferez beaucoup plus d'argent qu'à l'accoutumée. Tous les éléments se mettent en place comme pour vous faciliter la tâche, spécialement dans le monde de l'art mais également dans le monde des affaires.

Pluton en Sagittaire dans le dixième signe de votre ascendant et le troisième signe du vôtre vous donne énormément d'astuce, d'intelligence et de stratégie si vous êtes en commerce et dans l'entreprise pour laquelle vous travaillez. C'est un autre présage, une autre confirmation planétaire qui vous dit que vous aurez une promotion. Nombreux serez-vous à retourner aux études, à terminer un diplôme afin d'occuper un poste qui vous sera offert en début d'année.

Le Nœud Nord en Taureau dans le huitième signe de la Balance et dans le troisième signe du Poissons est une invitation et même une incitation aux études. Études qui peuvent conduire le célibataire à la rencontre du grand amour parce que ce n'est pas en traversant la rue que vous le rencontrerez, mais plutôt dans un monde où vous partagerez un intérêt commun. Par un étrange hasard, en allant visiter un malade à l'hôpital, il est possible que vous y rencontriez votre perle rare. Et si vous êtes amoureux, il faudra donner du temps à l'autre car pendant neuf mois, il y a des aspects complexes et difficiles, surtout pour les couples qui vivent déjà de nombreuses tensions. Pour éviter la séparation, il faut se parler et continuer de s'aimer aussi.

Mars est en Bélier et fait donc face à votre signe; jusqu'au 20, il fait un aspect dur au Soleil qui est en Capricorne. Cela symbolise très souvent un ralentissement de vos affaires ou des obstacles que vous n'aviez pas prévus. En fait, il y aura également chez certains d'entre vous, mais plus rarement, des Balance qui devront accélérer leur production. Avec Mars en Bélier, c'est tout l'un ou tout l'autre, ou tout est en retard ou tout va trop rapidement, et vous avez alors du mal à suivre.

Une chose est certaine, c'est que Mars en Bélier vous suggère d'être extrêmement prudent au volant et si vous pratiquez un sport, quel qu'il soit, protégez bien vos genoux, vos chevilles parce que vous êtes sujet aux chutes. Lorsque vous montez les escaliers, montez les marches une à la fois. Dans l'empressement, vous pourriez provoquer une chute. Le ciel indique une fragilité sur le plan osseux à cause principalement de la possibilité d'une cassure qui serait due à une maladresse de votre part.

Sur le plan du travail, entre le 1er et le 14, étant sous l'influence de Mercure et de Pluton en Sagittaire durant les jours de travail, il y aura de nombreuses discussions au sujet de ce qui est en cours, une sorte de réorganisation, mais en même temps, il y aura aussi un petit brin de confusion en ce sens qu'il faudra penser deux fois avant d'opérer des changements. Il est possible également que durant cette période, entre le 5 et le 14 plus spécifiquement, vous remplaciez des absents au travail, des gens qui prolongent leurs vacances ou qui sont tombés malades.

Vous vous créerez également de nouvelles amitiés au début du mois, des amis que vous rencontrerez au hasard. Si vous suivez des cours d'art ou en ébénisterie, en fait quel que soit votre choix, ils seront l'occasion d'une rencontre fort agréable. Si vous êtes célibataire, une rencontre peut tourner d'abord à l'amitié, puis très rapidement à une aventure amoureuse.

À compter du 15 et jusqu'à la fin du mois, Mercure est en Capricorne. Cette fois vous êtes vraiment en zone de ralentissement sur le plan du travail, vous ne devez rien décider à la hâte et, principalement, en ce qui touche les investissements, les achats. Si jamais vous faites des achats parce que vous pensez faire une bonne affaire, exigez les garanties sinon vous pourriez être grandement déçu.

Sur le plan sentimental, si vous vivez déjà quelques petites tensions avec l'amoureux, cela risque de ne pas vraiment s'améliorer. Il y aura de nombreuses discussions qui semblent tourner à vide. Donc, que le plus sage garde le silence et retraite en ce sens qu'il réfléchisse à la meilleure des solutions. Le temps n'est pas bien choisi non plus pour songer à une séparation.

Sur le plan de la santé, il est question plutôt de prévention au début mais il est quand même important de faire attention de protéger vos pieds du froid puisque c'est par là que vous pourriez prendre un rhume, une grippe. D'ailleurs, les planètes vous y inclinent: Vénus qui régit votre signe est en Poissons à compter du 15 et Uranus est dans ce signe également. Par ailleurs, il serait sans doute nécessaire de prendre quelques suppléments alimentaires afin d'augmenter votre résistance aux petits virus qui circulent dans l'air.

Sur le plan familial, un parent essaiera de vous dire quoi faire par rapport à vos enfants, à votre vie et à votre argent. Dites-lui de ne pas s'immiscer dans vos affaires, cela vous regarde. Sur le plan social, vous sortirez davantage, vous aurez d'ailleurs besoin de vous évader et d'aller au cinéma, au théâtre et d'écouter de la musique pour vous décontracter, pour décompresser. Dans l'ensemble, ce n'est pas un mois de tout repos, au contraire il vous fait subir une tension nerveuse. Alors, pour la minimiser, faites des pauses ou bougez.

❧ FÉVRIER 2004 ☙

À compter du 4 février, Mars est en Taureau dans le huitième signe du vôtre; il symbolise particulièrement l'argent, les placements, votre insécurité financière aussi en ce sens que même si vous aviez plusieurs millions dans votre compte en banque, vous auriez l'impression de ne pas en avoir suffisamment ou de le perdre. Attention, la peur est un très mauvais guide et peut vous conduire à un mauvais état de santé. Certains d'entre vous pourraient vivre une légère déprime; regardez logiquement, lucidement ce que vous possédez et ce que vous ne possédez pas et ne pourrez jamais posséder. Voyez ce que vous pouvez faire avec ce que vous avez.

Si vous avez un travail régulier, vous n'avez pas à vous inquiéter, les aspects sont excellents de ce côté-là. Il est possible que vous ayez des malentendus avec des collègues surtout à compter du 9, alors que Vénus entre en Bélier. Quant à ces collègues qui cherchent à vous nuire, il sera assez simple de les éloigner en leur disant gentiment que vous avez beaucoup à faire et que, de toute manière, vous connaissez parfaitement vos responsabilités. La période la plus difficile avec ces gens se situe entre le 9 et le 20, car vous vivez un carré entre Vénus, la planète qui régit votre signe, et Saturne qui est dans le Cancer. Par ailleurs, ces mêmes journées ont aussi un symbole familial en ce sens qu'il est possible qu'un de vos enfants ne se sente pas bien et ait besoin davantage de votre attention. Il peut avoir un rhume, une grippe, ou il peut s'agir d'un argument entre vous et votre partenaire au sujet de l'éducation d'un de vos enfants. Si vos enfants sont adultes, n'intervenez pas dans leurs décisions car vous seriez perdant.

Certaines personnes pourraient vous emprunter de l'argent et rares seront les Balance qui, de toute façon, en prêteront car vous craignez toujours d'en manquer.

Sur le plan sentimental, à compter du 9, toujours sous cette influence de Vénus en Bélier, s'il y a déjà des conflits sur le plan sentimental, vous aurez beaucoup de difficulté à exprimer vos sentiments ou lorsque vous tenterez de vous expliquer, il est possible que vous n'ayez pas les bons mots. Alors pourquoi ne pas écrire ce que vous ressentez si vous vous sentez incapable de le dire ou si vous vous sentez trop maladroit.

Pluton poursuit sa route dans le Sagittaire dans le troisième signe du vôtre et est important pour votre vie sociale; il vous invite à sortir de temps à autre, ne serait-ce que pour vous évader, pour réfléchir dans la solitude. Vous avez besoin de cela et principalement au début du mois, entre le 1er et le 8. Il y a un aspect de génie qui émerge principalement durant les quatre derniers jours du mois; un aspect de créativité hors de l'ordinaire et un sens de l'initiative incroyable quel que soit votre emploi; et si vous êtes un artiste, vous serez inspiré d'une façon magistrale.

Il est possible aussi que certains d'entre vous décident de partir en voyage à la toute dernière minute et cela à la fin du mois, mais le ciel vous déconseille les grands départs à l'autre bout du monde. Si vous n'allez pas trop loin, si vous restez tout simplement aux alentours, vous pourrez aussi bien vous reposer que si vous partiez, par exemple, pour l'Afrique.

⫷ MARS 2004 ⫸

Mars poursuit sa marche en Taureau jusqu'au 21 et étant sur ses derniers degrés, ses principaux étant du 14 au 21 mars, il a tendance à vous faire piquer des colères pour un oui ou pour un non. Si vous êtes prédisposé à vous emporter, à vous emballer, dès le début du mois, commencez à faire quelques exercices afin d'être plus décontracté face à vous-même et envers autrui.

Sur le plan sentimental, attention, vous entrez à compter du 6 dans une période où vous aurez une grande envie de charmer, de séduire. Par ailleurs, vous n'avez pas beaucoup à faire, dès que vous apparaissez quelque part, vous devenez un centre d'attraction, votre magnétisme est extraordinairement puissant. Certains d'entre vous pourraient en abuser et se retrouver le bec à l'eau. Par ailleurs, si vous choisissez d'avoir des aventures, la vie vous suggère de vous protéger contre les MTS parce que ça court toujours.

À compter du 13, Mercure est dans le signe du Bélier et vous fera courir dans tous les sens au travail. Vous devrez réfléchir très rapidement à des solutions, si rapidement que parfois vous douterez de vos décisions. À partir du moment où vous aurez des doutes, il serait bon de demander l'avis de quelqu'un d'autre parce que vous avez de très fortes intuitions.

L'aspect voyages apparaît plus fortement à compter du 22, voyages qui seront faits le plus souvent en raison du travail; vous y ferez quelques connaissances. Si vous êtes dans la vente et que vous ayez vendu des produits à des gens, il est possible que vous essuyiez quelques plaintes, principalement entre le 22 et le 31. Vous devrez, dans certains cas, rembourser le client. Il est possible que l'entreprise qui emploie vos services procède à une réorganisation à la fois des produits et des services.

En cette fin de mois de mars, vous serez certainement beaucoup plus nerveux. Il est possible que vous ayez quelques petits maux de ventre. Alors, veuillez vous nourrir plus légèrement. Évitez les repas gras, lourds, chargés, n'engorgez pas votre foie; en fait, c'est tout le tube digestif qui est en cause.

À la maison, si vous n'avez pas de système d'alarme, assurez-vous de bien verrouiller chaque fois que vous quittez la maison. Alors, protégez-vous mieux surtout à la fin du mois, les petits voleurs vous surveillent. Lorsque vous êtes dans les endroits publics, protégez votre sac à main ou si vous avez à transporter une mallette, il ne faut pas la quitter des yeux une seconde, sinon elle pourrait disparaître.

En ce qui concerne votre vie sociale, il est possible qu'elle soit plutôt tournée vers la famille. En fait, vous commencez à ressentir que vos absences prolongées, votre travail exigeant et votre manque de présence touchent vos enfants surtout s'ils sont tout petits. Vous organiserez donc des activités en famille.

◖◗ AVRIL 2004 ◖◗

Vous êtes dans une zone de chance, surtout à compter du 4 alors que Vénus entre en Gémeaux dans le neuvième signe du vôtre; Mars s'y trouve aussi. Achetez des billets en groupe. C'est également un aspect qui prédispose à de nombreux déplacements, petits et grands voyages, parfois pour l'entreprise. Vous pouvez partir en toute quiétude parce qu'il semble que le ciel soit plutôt clair si vous prenez l'avion. Il en va de même pour vos petits déplacements, vous êtes plutôt protégé à moins que vous ne fassiez des excès de vitesse sur la route ou que vous preniez de l'alcool.

Vous avez le génie des affaires en ce moment, plus particulièrement si vous êtes à votre compte. Vous êtes en pleine transformation et, à compter du 14, vous mettez tout un nouveau système en place. Il est vrai que vous ferez plaisir à certains, que vous déplairez à d'autres, mais disons que vous améliorerez le sort de tous les gens qui travaillent avec vous ou pour vous. S'il est question d'une association, il vaut mieux y réfléchir encore une fois. Vous êtes toujours sous l'influence de Jupiter en Vierge dans le douzième signe du vôtre qui vous conseille de réfléchir avant de vous associer officiellement. Par contre, certains d'entre vous vendront leur entreprise. Cet aspect est extraordinairement favorable et très lucratif.

Pour d'autres qui sont retournés à l'école, qui ont suivi un cours de perfectionnement, le moment est venu d'obtenir cette promotion ou cet autre poste qu'ils convoitaient et, effectivement, dès le début du mois, la bonne nouvelle leur parviendra.

Il y aura toutefois une période d'inquiétude souvent non fondée principalement entre le 6 et le 12. En fait, c'est que

Mercure durant cette période sera rétrograde dans le signe du Taureau, donc le huitième signe du vôtre, et crée généralement de l'angoisse. Une angoisse qu'on n'arrive pas à s'expliquer mais qui ne vous empêche nullement d'être actif. Chez certains d'entre vous, cette peur pourrait être un véritable moteur, vous permettant d'aller encore plus vite qu'à l'accoutumée. Il faudra faire attention durant ces six jours si vous prenez des médicaments; surveillez bien ce qu'on vous remet lorsque vous allez chercher vos médicaments à la pharmacie de manière qu'aucune erreur ne soit commise. Pour ceux qui sont en pleine forme et en pleine santé, vous le resterez parce que sous l'influence de Mars en Gémeaux, vous avez un énorme besoin de bouger, d'être actif et de faire du sport.

Étant né sous le signe de Vénus, la plupart d'entre vous tiennent à rester beaux et en forme. Ce sera un mois où les femmes seront beaucoup plus coquettes et dépenseront beaucoup pour des traitements de beauté, des massages et des cours spéciaux afin de se refaire une musculature; ces messieurs en feront autant sauf qu'ils pratiqueront des sports un peu plus violents afin de se mettre en forme plus rapidement.

✐ MAI 2004 ✑

Ce mois vous ramène à la dimension familiale puisque Mars est en Cancer à compter du 8 et Saturne s'y trouve déjà. Ces deux planètes sont alors dans le dixième signe du vôtre. C'est comme s'il y avait nécessité de vous occuper d'affaires de famille, surtout si vous exploitez un commerce avec un parent. Ou encore, si un de vos parents est malade, vous serez obligé d'en prendre soin. Advenant un partage d'héritage, l'aspect représenté dans le ciel de mai n'est ni simple ni facile. C'est comme si personne n'arrivait à s'entendre sur le testament en question et qu'il y avait quelques contestations. Mais celles-ci en resteront là. Il en est de même sur un plan commercial; si vous avez des associés, des partenaires en affaires, qu'il soit question de réorganisation, il n'est pas facile de s'entendre avec chacun. Les compromis sont beaucoup plus difficiles à faire que jamais ils ne l'ont été. Il faudra garder son calme et tout simplement réfléchir plus longuement avant de prendre une décision.

Sur le plan sentimental, tout va bien. Si vous êtes célibataire, il est bien certain que vous ferez une rencontre, sinon deux. Vénus en Gémeaux dans le neuvième signe du vôtre vous rend extraordinairement magnétique, beau, charmant; vous avez la parole facile et on entre en conversation avec vous, on a envie de vous connaître. Si vous vivez une union stable, si vous êtes amoureux, heureux dans votre vie de couple, si vous n'avez pas encore d'enfant, il sera fortement question de fonder une famille. Mais il y a encore des hésitations.

Si vous avez un talent d'écrivain, vous serez extraordinairement inspiré au cours de ce mois. Si vous travaillez dans le monde des communications, de l'informatique, vous ferez probablement une découverte. S'il s'agit d'un domaine médical, vous serez débordé au-delà de ce que vous souhaitiez même; il est possible que vous n'ayez pas une minute à vous et très peu de journées de congé.

En ce qui concerne votre vie sociale, elle se résume finalement à la famille et à votre travail; en réalité, vos sorties seront peu nombreuses.

☜ JUIN 2004 ☞

Sur le plan des affaires, il vous faudra encore réfléchir à certaines situations car rien n'est concluant. Si vous avez un travail stable, vous ne manquerez pas une seule journée de travail et sans doute devrez-vous même remplacer fréquemment des absents. Si vous êtes à votre compte, si vous êtes en commerce, si vous êtes un chef d'entreprise, il en va tout autrement; vos responsabilités vous obligent à effectuer des transformations sur le budget lui-même. Il ne faudra rien précipiter car vous pourriez commettre une erreur. Prenez le temps de consulter des gens qui ont de l'expérience dans votre domaine, cela vous sera utile. C'est après le 24 juin que vous serez prêt à prendre une décision.

Sur le plan sentimental, vous êtes encore très bien «aspecté». Mais avant d'accepter de s'engager officiellement, une Balance y pense sérieusement et longuement. Mais la peur ne brisera pas l'union à moins que vous ne décidiez de rompre. Il vous est toutefois suggéré de ne rien décider à la hâte; vous êtes tout simplement plus tendu, plus nerveux et vous donnez trop d'importance aux petits détails. Il est possible également que vous ayez quelques petits troubles avec votre voiture et voilà que vous considérez cela comme un drame. Mais n'en faites pas tout un plat, vous vous en doutiez de toute façon. Si vous aviez l'idée d'acheter une nouvelle voiture, il faudra magasiner plus longuement. Mais faites votre achat après le 25 juin, auparavant vous pourriez choisir un citron.

Sur le plan de la santé, puisque quelques planètes vous rendent bien nerveux, il est possible que vous ayez des problèmes de peau. Vous êtes sous l'influence de Jupiter en Vierge et de Vénus en Gémeaux, deux signes régis par Mercure; cela donne beaucoup de tension, de nervosité. Des petits problèmes cutanés peuvent émerger de mauvaises combinaisons alimentaires ou médicamenteuses; ce sera à surveiller tout au long du mois.

Pour ce qui est de votre vie sociale, il semble que vous soyez tellement occupé et, surtout, préoccupé par une foule de choses que vous limiterez vos sorties. En fait, vous ne verrez que quelques-uns de vos amis, vous serez extrêmement sélectif. De toute manière, quiconque aurait un mot négatif serait immédiatement chassé de votre groupe.

◖ JUILLET 2004 ◗

Voilà un mois beaucoup plus joyeux que le précédent. En fait, vous retrouvez votre légèreté aérienne qu'est votre signe d'air. Mars est en Lion, il vous rend tout feu tout flamme. C'est comme si vous retrouviez vos ailes, votre foi et vos croyances; plus personne ne peut vous faire douter de vous en ce moment. Nous vivons tous des cycles où nous ne sommes plus certains de rien; vous les avez traversés.

Par ailleurs, vous retrouverez beaucoup d'amis que vous aviez délaissés à cause de vos obligations et parce que vous ne vous sentiez pas bien. Parmi ces amis se trouvent des gens influents qui vous aideront à vous faufiler à un poste ou à obtenir un emploi que vous souhaitiez depuis déjà longtemps. Vous êtes béni au cours de ce mois concernant ce genre de démarches. Si vous cherchez un emploi, vous le trouverez très rapidement; si vous espérez une promotion, vous l'obtiendrez; s'il s'agit d'obtenir un crédit à la banque, vous êtes extraordinairement bien «aspecté».

Sur le plan sentimental, ces doutes que vous aviez le mois dernier s'estompent tout doucement. En fait, vous voyez la réalité telle qu'elle est. Vous avez une ouverture de conscience très grande, très large, comme si soudainement les blocages que vous avez vécus les mois précédents disparaissaient. En fait, vous êtes en train de mieux vous réaliser.

◦《 AOÛT 2004 》◦

Mars poursuit sa marche dans le Lion jusqu'au 9; sauf qu'entre le 1er et le 9, il est sur les derniers degrés de ce signe. Sans doute assisterez-vous à la colère d'un ami, d'un collègue, d'un parent; ce ne sera pas très joli à voir. Il est possible que vous soyez la seule personne pouvant le calmer.

Vénus poursuit sa marche en Gémeaux jusqu'au 7, puis entre dans le Cancer; la famille devient beaucoup plus importante. Si vous vivez dans une famille reconstituée, il est possible que vous ayez des explications avec votre ex-conjoint ou alors votre partenaire doit finaliser une entente avec son ex-conjoint. Il s'agit là de situations souvent complexes. Il n'y a pas d'aspect de guerre comme tel mais une longue explication. Il en va en fait de la sérénité des enfants.

Votre vie sociale sera tout de même plus réduite puisqu'il est plutôt question de boulot et de famille, surtout à compter du 10 lorsque Mars entre en Vierge. Donc, Mars va encore une fois vous bousculer, vous obliger à faire des compromis, à accepter de faire des heures de travail supplémentaires, de remplacer des absents. Si vous êtes retraité, il est possible que vous retourniez sur le marché du travail.

Il faudra surveiller les petits menteurs, surtout ceux qui veulent vous vendre des objets n'offrant aucune garantie. Par ailleurs, il faut aussi vous prémunir contre le vol car vous avez des aspects en ce sens dans votre thème. Verrouillez bien la maison ou n'oubliez pas vos clés lorsque vous quittez la demeure car vous serez distrait.

Il se peut qu'un membre plus âgé de la famille vous demande de l'aide, et vous lui donnerez. Il ne se sent pas bien, vous êtes en forme et vous êtes là pour voler à son secours. Vous réduirez vos déplacements considérablement ce mois-ci. En réalité, vous ne vous déplacerez que par obligation, puisque vous désirez économiser. Bizarrement, personne ne s'en plaindra, pas même vos enfants.

◦◙ SEPTEMBRE 2004 ◙◦

Vous êtes sous l'influence de Jupiter en Vierge jusqu'au 25 septembre. À compter du 26, Jupiter entre dans votre signe: la vie deviendra beaucoup plus simple et beaucoup plus facile. Il vous reste cependant tout un mois à passer sous Jupiter et Mars en Vierge; ces planètes sont des indices d'un travail acharné. Vous atteignez en général l'objectif que vous vous êtes fixé. Par ailleurs, tout a mieux été depuis le début d'août et même le début de juillet. Ce mois-ci, vous commencez déjà à récolter le fruit de vos semences.

Vénus en Lion à compter du 7 occupe une position planétaire très favorable concernant un nouveau contrat de travail, un nouvel emploi et également en ce qui concerne vos amours. Si vous avez vécu une phase d'hésitation, sous Vénus en Lion, vous voyez beaucoup plus clairement où vous en êtes avec l'autre et vous savez maintenant si vous êtes capable de partager votre vie avec l'autre. Certains d'entre vous, célibataires encore, rencontreront une personne qui a généralement un talent artistique quelconque et qui aimera voyager. Ainsi, vous saurez plus facilement l'identifier.

Sur le plan de la santé, il faudra faire attention sur les derniers degrés de Jupiter en Vierge ainsi que de Mars en Vierge, soit entre le 19 et le 25; vous vous sentirez beaucoup plus fatigué. Durant ces jours, essayez de mieux vous nourrir et de vous détendre de temps à autre.

Pour ce qui est de votre famille, s'il y a eu précédemment quelques petits conflits, il semble que tout commence à se régler d'une manière plus agréable puisque vous vous parlez, vous avez réussi à trouver des terrains d'entente.

Quant à votre vie sociale, elle est encore plutôt réduite puisque votre vie est presque uniquement concentrée sur votre travail et la famille. Elle sera plus active à compter du 26 septembre alors que Jupiter entrera dans votre signe. Vous passerez un mois plutôt agréable dans l'ensemble puisqu'il s'agit de résolutions, de solutions et d'achèvement en vue d'un recommencement.

◦◙ OCTOBRE 2004 ◙◦

Jupiter est en Balance, Mars est aussi dans votre signe, Mercure est en Balance jusqu'au 15 et, naturellement, le Soleil se trouve dans votre signe jusqu'au 23. Vous voilà presque le maître de ce monde. Au fond, vous y aviez bien droit, vous avez travaillé énormément au cours des mois qui ont passé et sous l'influence de Jupiter dans votre signe, vous récolterez tout ce que vous avez semé. Pour certains d'entre vous, il s'agira d'une réorientation professionnelle complète après de nombreux mois de préparation. Pour d'autres, il s'agira de l'obtention surprenante d'une promotion. Pour les étudiants frais émoulus de l'université, ils obtiennent un emploi extraordinairement valorisant pour un débutant.

Du 4 au 29 septembre, Vénus est en Vierge dans le douzième signe du vôtre et symbolise que vous mettrez quelque peu l'amour de côté au profit de l'organisation matérielle. Par ailleurs, certains d'entre vous mettront de l'ordre dans leurs papiers accumulés depuis longtemps. Vous aurez également de la chance dans les jeux de hasard; il vous est suggéré d'acheter des billets seul.

Entre le 16 et la fin du mois, Mercure est en Scorpion et a le don de vous créer quelques petites angoisses. Donc, aussitôt que vous aurez une pensée négative, chassez-la pour mieux la remplacer par toutes ces bonnes nouvelles que vous aurez précédemment reçues; vous vous porterez mieux.

✎ NOVEMBRE 2004 ✐

Jupiter toujours en Balance, Mars en Balance jusqu'au 11 et Vénus dans votre signe jusqu'au 23: c'est un mois plutôt chanceux dans l'ensemble en ce sens que beaucoup de vos rêves, de vos désirs, de vos espoirs vont se réaliser. Il est possible que certains d'entre vous planifient un voyage. Bien sûr, vous n'irez pas à l'autre bout du monde à moins d'y être obligé par affaires. En général, vous vous contenterez de petits déplacements loin de la ville.

Sur le plan du travail, tout ira parfaitement bien et beaucoup plus rapidement que tout ce que vous pouvez imaginer. À partir du 11, sous l'influence de Mars en Scorpion, il y aura parfois une petite lutte à cause d'argent qu'on vous doit, qu'on ne vous remet pas assez vite. Mais si vous avez vous-même une dette à rembourser, on insistera pour que vous la remboursiez.

La peur vous fait parfois faire de drôles de choses, elle vous fait reculer alors que vous devez avancer. Ce mois-ci, vous la chassez plutôt rapidement car vous êtes sous l'influence de Mercure en Sagittaire à compter du 5. Jupiter étant dans votre signe et bien campé, il apporte un mouvement vers la joie, un mouvement d'expansion qui se fait sur tous les plans de la vie. Peut-être n'étiez-vous axé que sur le monde de la spiritualité et voilà qu'il vous faudra découvrir votre matérialité en ce sens que vous devrez prendre vos responsabilités.

Sous Jupiter en Balance, vous ne pouvez plus fuir vos obligations si jamais vous l'avez fait. Et si vous en avez trop pris, les plateaux de la justice de Jupiter en Balance feront en sorte que vous ne prendrez soin que de vos intérêts et que vous laisserez à d'autres le soin de prendre les leurs. En fait, vous cesserez de tout prendre sur votre dos.

Le Nœud Nord poursuit sa route dans le Taureau, il est là depuis le début de l'année et ne le quittera que le 26 décembre prochain. Ce Nœud Nord a été et est encore une étape de matérialité. La grande question est: qu'est-ce qui est le plus important? L'argent ou l'être? En fait, tout est important en ce monde puisque pour payer sa nourriture, il faut avoir de l'argent, et pour avoir de l'argent, il faut travailler. Les réponses vous parviendront rapidement; c'est comme si vous viviez un bel éveil.

❧ DÉCEMBRE 2004 ☙

Nous voici au dernier mois de l'année sous l'influence de Mars en Scorpion jusqu'au 25 décembre. Il s'agit là d'un aspect un peu rude en ce sens que les fêtes, ça bouscule. Vous serez bousculé vous-même dans votre milieu de travail, les gens seront pressés, tendus; plus particulièrement entre le 1er et le 15, c'est comme si tout le monde voulait terminer à temps pour partir en vacances alors que certains ne partent même pas. Mais c'est un mouvement de bousculade contre lequel bien peu de gens résistent. En même temps, vous serez comme le témoin, vous entendrez ici et là des drames se dérouler à la grandeur de la planète et près de vous qui affectent finalement le moral. Alors évitez d'être constamment branché sur les mauvaises nouvelles.

Quant à votre propre vie, tout s'améliore présentement. Jupiter est dans votre signe et présente de bons aspects pour le travail, vous êtes même plus chanceux que jamais vous ne l'avez été dans toutes sortes de petites choses de la vie. Un exemple banal? Le fait de chercher un stationnement et de le trouver immédiatement. Il se produira ainsi les petits miracles du quotidien pour vous faciliter la vie. Vous serez également préoccupé par un membre de la famille, surtout si celui-ci est malade depuis plusieurs mois.

Saturne en Cancer dans le dixième signe du vôtre, c'est la prise de conscience de l'influence qu'on a sur sa propre famille et sur le rôle qu'on y joue. Si vous n'êtes pas celui qui a autorité sur les autres, n'essayez pas de jouer ce rôle car il ne vous a jamais appartenu.

Bien sûr, vous magasinerez, vous ferez quelques petites dépenses. Vous pourrez vous le permettre puisque vous avez fait plus d'argent et ayant fait plus d'argent, vous serez beaucoup plus généreux pour les cadeaux de Noël. Étrangement, vous attendrez sans doute au 17 pour vous lancer dans la course au magasinage car au début du mois, vous hésiterez encore. Vous vous demanderez si oui ou non vous ferez des cadeaux, surtout si vous n'avez regardé que les mauvaises nouvelles. Mais la venue de Vénus en Sagittaire le 17 décembre sonnera le réveil; cette planète vous libère de Vénus en Scorpion qui fut si lourd à porter.

L'association de Vénus en Sagittaire et de votre signe symbolise également que pour les célibataires, il y a toutes les chances du monde que vous puissiez rencontrer la perle rare. Et cette rencontre peut se faire dans un lieu dansant. Alors, si vous êtes seul, si vous n'avez pas d'amoureux, acceptez les invitations aux fêtes, joignez-vous même à des groupes de rencontre organisés et sans doute rencontrerez-vous votre âme sœur. Il est bien certain que l'engagement, quand on est Balance, ne se fait pas du jour au lendemain mais tout se présente bien, surtout vers la fin du mois.

Les réunions familiales seront plutôt inégales; il est possible que des parents, chez qui vous aviez l'habitude de fêter, aient décidé de faire autrement; ce sera à vous de vous organiser sans eux. Mais il est possible que vous partiez en voyage; les plus chanceux iront certainement vers le soleil mais, en général, la plupart des Balance s'organiseront de manière à avoir plusieurs journées de congé afin de récupérer des onze derniers mois qui viennent de passer.

Sur le plan social, il vous est suggéré de sortir si vous êtes seul; ne vous isolez pas, ce serait la pire chose à faire. Une Balance, un signe de Vénus comme le vôtre, n'est pas faite pour vivre seule; vous êtes né pour vivre en amour, avec l'amour, en communication avec autrui.

SCORPION

23 octobre au 22 novembre

―――――◆―――――

À MON TENDRE ET DOUX PETIT-FILS, MIKAËL AUBRY.

―――――◆―――――

SOUS L'INFLUENCE DE JUPITER

Jupiter est en Vierge jusqu'au 25 septembre dans le onzième signe du vôtre. Il symbolise le monde des communications, de la recherche en informatique, surtout si déjà vous appartenez à ce domaine. Vous ferez des pas géants et sans doute y ferez-vous également beaucoup plus d'argent. Si vous êtes dans le domaine médical, vous serez très occupé. Si vous n'avez pas encore choisi votre orientation professionnelle parce que vous êtes encore un jeune étudiant, vous trouverez l'idée pour vous accomplir dans votre avenir. Pour ceux qui hésitaient, à compter de cette année, vous saurez exactement où vous allez et quoi faire.

Jupiter en Vierge est une position très favorable pour le Scorpion. C'est la reprise économique, le retour aux grandes activités, aux grands désirs, aux grands espoirs qui n'ont pu être réalisés au cours des deux ou trois dernières années. Voilà qu'il se remet sur les rails et filera à toute vitesse vers le but, l'idéal, l'objectif qui le conduira à faire beaucoup plus d'argent qu'auparavant. Il est possible aussi que certains Scorpion aient quitté un travail il y a longtemps et, par un concours de circonstances ou par un tour du destin, ils y retourneront. Il y a parmi vous des gens qui ont pris leur retraite et étrangement, sous Jupiter en Vierge, ces gens qui pensaient se reposer décideront soudainement de retourner travailler parce qu'ils ont besoin d'être parmi les autres mais également par besoin d'en posséder plus pour en donner davantage.

Cette année, il faudra tout de même faire attention aux placements et à ces amis emprunteurs autour du Scorpion, car Jupiter en Vierge sera en face d'Uranus en Poissons pendant quelques mois. Évitez de prêter de l'argent car vous ne le reverriez pas. Mais cet aspect de Jupiter en Vierge peut également vous permettre de gagner une somme à la loterie. Alors, entre le 1er janvier et le 25 septembre, si vous n'êtes pas un joueur et n'avez pas cru à la chance, vous pouvez peut-être y croire un petit peu plus. Mais la véritable chance est vraiment située dans le domaine professionnel, là où vous atteindrez vos buts, là où vous développerez vos talents et vos dons.

Puis, Jupiter passera en Balance le 26 septembre. À ce moment-là, pendant les douze mois qui suivront, cette planète sera dans le douzième signe du vôtre et symbolise une longue année de préparation à la suite de beaucoup de mouvements. Vous travaillerez en coulisse à un immense projet.

Jupiter en Balance, c'est également un retour à l'amour pour de nombreux Scorpion qui désespéraient de le voir arriver. Les présentations seront faites, puis ce sera le temps d'une fréquentation.

Jupiter en Balance dans le douzième signe du vôtre vous donnera énormément de perceptions extrasensorielles. Vous ferez des rêves sur votre avenir, sur vous. Avant de créer quoi que ce soit, vous le rêverez d'abord et lorsque vous vous mettrez en action, ce sera comme si vous étiez guidé par une voix intérieure ou même le cosmos en entier. En fait, vous vous préparez à vivre une belle étape de vie, un renouveau magnifique.

SATURNE EN CANCER

Saturne est en Cancer dans le neuvième signe du vôtre, une position extrêmement favorable pour de nombreux Scorpion qui n'ont pas eu la vie très facile jusqu'en juin dernier. Saturne en Cancer, c'est le retour vers la famille dont vous vous étiez peut-être séparé pour diverses raisons, professionnelles ou de santé. Mais cet aspect vous redonne beaucoup de vitalité; vos idées seront beaucoup plus claires et, du même coup, votre corps se sentira mieux. Il y aura également ces amis que vous aviez perdus de vue et que vous retrouverez.

Saturne en Cancer dans le neuvième signe du vôtre, c'est aussi un grand voyage, un voyage qui n'était pas au programme au début de l'année et qui, au fil des mois, se décidera. Si vous n'êtes pas allé à l'étranger depuis très longtemps, que vous n'avez plus voyagé, vous en aurez l'occasion. Peut-être gagnerez-vous ce voyage qui vous permettra d'aller vous détendre dans des mers chaudes ou alors irez-vous visiter un de ces pays exotiques remplis de surprises, de soleil, de magie. Vous êtes très protégé au cours de vos prochains voyages par l'influence de Saturne. Toutefois, le danger peut guetter certains Scorpion qui voyageront au cours de 2004 mais, dans l'ensemble, vous bénéficiez d'une protection plus grande que beaucoup d'autres signes.

URANUS EN POISSONS

Vous êtes sous l'influence d'Uranus en Poissons jusqu'en 2011: voilà une longue période de créativité. Uranus se retrouve dans le cinquième signe du vôtre; cette position solaire éclaire vos idées, votre mental, vous devenez tout simplement génial. Vous innoverez au cours des prochaines années, c'est comme si aucun obstacle n'allait plus s'interposer; en fait, vous les ferez disparaître les uns après les autres.

Pour de nombreux Scorpion, ce sera le plaisir d'être avec leurs enfants ou ils découvriront qu'un de ceux-ci a un talent particulier, probablement la musique ou le cinéma. Vous en serez sans doute très fier au cours de la prochaine année. Si vous n'avez pas d'enfant et que vous en désirez un, vous déciderez d'aller vers l'adoption. Bizarrement, les démarches vous seront facilitées. Le Scorpion est le signe d'avant la naissance; il est à la racine de la vie. Dès l'instant où un Scorpion s'occupe d'un enfant, il en prend soin comme s'il s'agissait de sa propre vie. Sans doute pourrait-il donner sa propre vie pour un enfant, car ce signe est un symbole de grand sacrifice. Mais sous Uranus en Poissons, vous n'avez plus besoin de faire ce grand sacrifice; au contraire, vous entrez dans une zone où les petits et grands bonheurs se multiplieront avec la famille et, surtout, avec vos propres enfants.

Uranus en Poissons, tel que je l'ai écrit précédemment, vous donne du génie, un génie créateur. Dès que vous le ressentirez en vous, ne le freinez pas, laissez-le aller, laissez-vous guider par cette magie qui flotte dans l'air.

NEPTUNE EN VERSEAU

Neptune est en Verseau dans le quatrième signe du vôtre. Encore une fois, il est question de la famille. Naturellement, s'il y a eu et a encore des tensions dans la famille, elles disparaîtront de plus en plus rapidement. Pour certains d'entre vous qui travaillent à la maison, il vous sera beaucoup plus aisé de le faire au cours de la prochaine année; c'est comme si cette fois vous étiez moins dérangé, on respectait davantage votre travail. Si vous travaillez dans une entreprise, celle-ci pourrait vous demander de le faire à partir de chez vous, ce qui fera votre bonheur. Neptune en Verseau bouscule vos habitudes, il vous empêche de vous incruster dans vos habitudes, dans le quotidien.

Neptune est une planète mouvante. Ne vous attendez tout de même pas à avoir une maison vide, il y aura sans cesse des gens qui viendront sonner à votre porte et il vous faudra tout de même être sélectif car certains d'entre eux ne seront là que pour vous envahir, profiter de vos bontés et de votre bonne table.

Par ailleurs, Neptune dans le quatrième signe du vôtre vous invite à bien protéger votre maison. Si vous n'avez pas de système d'alarme ou si vos serrures ne sont pas très bonnes, s'il vous plaît, veuillez les changer. Neptune ainsi positionné par rapport à d'autres planètes laisse supposer qu'il est possible que des petits voleurs vous visitent. Vous êtes protégé par Uranus en Poissons mais pas entièrement. En étant prudent, il ne vous arrivera rien.

PLUTON EN SAGITTAIRE

Pluton est en Sagittaire jusqu'en 2008. Il se balade dans le deuxième signe du vôtre, symbole d'argent, celui que vous dépensez, donnez, sans faire attention. Mais, étrangement, aussitôt que vos poches semblent vides, l'argent revient pour mieux se redistribuer. Pluton peut également être un présage d'héritage au cours de la prochaine année mais plus encore vers la fin de septembre. S'il y a partage d'héritage de la part d'un oncle ou d'une tante, il y aura sans doute quelques discussions à ce sujet mais dès la fin de septembre 2004, vous bénéficierez de la part qui vous revient.

Il y aura sous l'influence de Pluton en Sagittaire beaucoup de faits étranges reliés toujours à l'argent. Si quelqu'un vous doit de l'argent depuis 15 ou 20 ans et que vous avez désespéré de le recevoir, voilà que soudainement vous le recevez par la poste ou on vient vous le porter. Il n'est pas exclu non plus que vous puissiez gagner à la loterie, mais c'est plus rare.

NŒUD NORD EN TAUREAU

Le Nœud Nord est en Taureau jusqu'à la fin de décembre 2004 et sillonne alors le septième signe du vôtre, symbole de l'amour en général. L'amour vous interpelle, vous appelle, mais s'il y a des tensions dans votre couple et que vous ne soyez plus heureux depuis de nombreuses années, vous prendrez la décision de vous séparer. Mais vous ne resterez pas seul longtemps, car le Nœud Nord vous donne un puissant magnétisme d'attraction. Ne cherchez pas à savoir où, quand aura lieu la rencontre, ce sera le fruit du hasard, au moment où vous êtes parfaitement en harmonie avec vous-même.

La vie ne vous met pas de côté, la vie vous présente l'amour, mais celui-ci a un sens très large aussi. Il est possible que certains d'entre vous donnent du temps à des gens plus pauvres, plus malheureux que vous, à des malades; il sera question pour certains d'entre vous de faire du bénévolat, ce qu'ils n'ont peut-être jamais fait de leur vie. Ils se rendent compte que la vie les a gâtés et qu'ils doivent redonner à la vie ce qu'ils ont reçu.

Je reviens à l'amour. Rares sont les Scorpion qui ne donnent pas d'amour. Il faut vraiment être mal né pour être égoïste à ce sujet, bien que dans de nombreux livres on décrive le Scorpion d'une manière noire. Le Scorpion est un signe fixe, un être généralement fidèle et lorsqu'il doit vivre une rupture, c'est très cuisant et douloureux. Si vous avez vécu ce genre de situation, vos plaies se refermeront au cours de 2004 et vous permettez à l'amour de revenir dans votre vie.

Grâce à la magnificence du Nœud Nord en Taureau par rapport à votre signe, il est l'espoir qui renaît, la fin parfois d'une longue dépression, le commencement d'une nouvelle fortune, le retour de l'amour et, pour certains, un mariage et possiblement un déménagement de la campagne vers la ville. Le Nœud Nord en Taureau appelle à un renouveau et aussi à de nouvelles expériences heureuses. N'ayez crainte, ce qui vient en 2004 vous est extraordinairement favorable. Rien ne sera parfait, ce serait mentir que de dire que la vie ne comporte pas quelques obstacles, mais dans l'ensemble vous êtes un grand gagnant.

SCORPION ASCENDANT BÉLIER

Jupiter est en Vierge jusqu'au 25 septembre dans le onzième signe du vôtre et le sixième de votre ascendant. Cela présage énormément de travail au cours des neuf prochains mois de l'année, particulièrement sur le plan des technologies. Si vous êtes chercheur ou nouvellement arrivé sur le marché du travail, vous ferez des progrès immenses et extraordinairement rapides. Vous êtes né de Mars et de Pluton, vous ne laissez jamais rien tomber et avez le sens de la continuité principalement au travail où vous manifestez une énorme ambition, une grande suite dans les idées. Vous êtes un travailleur acharné. Vous essayez toujours d'être plus que parfait partout où vous allez, dans tout ce que vous entreprenez.

Jupiter est en Balance à compter du 26 septembre, dans le douzième signe du vôtre et le septième de votre ascendant. Cela signifie que vous donnerez trop peu de temps à votre partenaire à cause du travail et il peut s'ensuivre de nombreuses discussions parce que celui-ci s'ennuie de vous. Il est possible qu'il vous fasse la vie dure, comme s'il voulait vous punir de votre manque d'attention. Alors, si vous avez assez de sagesse, ne répondez pas par l'agressivité. Si vous étiez seul depuis longtemps, c'est surtout à compter du 26 septembre, sous l'influence de Jupiter en Balance, que vous ferez une rencontre.

Saturne en Cancer dans le neuvième signe du vôtre et quatrième signe du Bélier symbolise que certains d'entre vous iront travailler à l'étranger, ce qui suppose un déménagement. Ou simplement habiterez-vous à la campagne. Vous avez un gros besoin de changement d'air. Si vous travaillez de la maison, organisez-vous pour avoir des activités physiques sinon vous vous en ressentiriez de bien des manières, en ce sens que vous pourriez développer quelques petits problèmes de dos.

Uranus en Poissons se trouve dans le douzième signe de votre ascendant et le cinquième signe du Scorpion, ce qui symbolise le monde de la recherche. Vous y consacrerez votre temps, vos activités et, attention, votre famille pourrait en souffrir. Pour certains d'entre vous, cette position d'Uranus symbolise la venue d'un enfant.

Neptune dans le onzième signe de votre ascendant et le quatrième du Scorpion symbolise beaucoup d'action dans la maison, en ce sens que des gens s'introduiront chez vous pour vous faire la conversation. Attention, certains d'entre eux seront des intrus, ils vous dérangeront. Ayez l'audace et le courage de les mettre à la porte; vous avez bien d'autres intérêts.

Pluton en Sagittaire dans le deuxième signe du Scorpion et neuvième du Bélier renforce l'aspect travail qui rapporte énormément d'argent. Si vous êtes un artiste, cette planète peut conduire votre œuvre à l'étranger.

Le Nœud Nord en Taureau dans le septième signe du vôtre et le deuxième signe de votre ascendant représente des discussions concernant le budget, l'argent qu'on partage à deux. Advenant une séparation, il risque d'y avoir une lutte. Alors, il sera important de négocier tranquillement. N'essayez pas d'avoir le plus gros morceau si vous savez qu'il ne vous appartient pas. Dans le cas contraire, faites preuve de ténacité si vous savez que l'autre veut prendre tout ce qui vous appartient.

SCORPION ASCENDANT TAUREAU

Vous êtes né de Mars et de Vénus: dure lutte! Mars est passionné et guerrier et Vénus, tranquille et voulant la paix. En fait, votre signe et ascendant symbolise souvent que vous jouez contre vos intérêts pendant de nombreuses années jusqu'au jour où vous vous éveillez et que vous usez de votre force sans perdre votre diplomatie.

Jupiter en Vierge dans le onzième signe du vôtre et cinquième signe du Taureau symbolise une très grande créativité. Peut-être celle-ci vous avait-elle fait faux bond à cause de problèmes familiaux en 2003 mais voici qu'en 2004, tout cet aspect revient vers vous puissamment. Il en va également de l'amour qui revient dans votre vie.

À compter du 26 septembre, Jupiter se retrouve en Balance dans le douzième signe du vôtre et sixième signe de votre ascendant; il symbolise un énorme travail à faire pour les douze prochains mois. Un travail que l'on fait en coulisse; cela ne veut pas dire que vous vous isolerez totalement parce que Jupiter en Balance vous rend beaucoup plus sociable que vous ne l'étiez depuis quelques années.

Par ailleurs, il y a Saturne en Cancer dans le neuvième signe du vôtre et troisième signe de votre ascendant. Cela vous fait causer, vous aimez la compagnie d'autrui plus qu'avant. Saturne en Cancer est très bénéfique puisqu'il vous permettra également quelques petits et, parfois, de grands voyages qui seront souvent liés à votre travail.

Uranus en Poissons dans le cinquième signe du vôtre et dans le onzième signe du Taureau est un autre symbole de votre originalité d'esprit et de votre créativité dont vous ferez part constamment cette année. Il faudra faire attention à vos finances toutefois car cette planète se trouve pendant neuf mois face à Jupiter; cela vous rend très généreux. Attention, soyez sélectif lorsque vous dépenserez.

Neptune en Verseau dans le quatrième signe du vôtre et dixième signe de votre ascendant symbolise la lutte que vous devez mener pour votre carrière. Il peut s'agir d'une ascension rapide si vous êtes jeune et sortez tout juste de l'université. Vous trouverez l'emploi idéal qui vous propulsera très vite à un poste de direction. N'ayez crainte, vous avez les reins solides et la capacité de prendre d'énormes responsabilités.

Pluton en Sagittaire dans le huitième signe de votre ascendant et deuxième du vôtre symbolise la lutte pour gagner de l'argent, pour épargner. Attention, cet aspect a aussi son côté négatif. Évitez les dépenses inutiles qui grèveraient votre budget au cours de la prochaine année et soyez très prudent avec vos placements.

Le Nœud Nord en Taureau dans le septième signe du vôtre et sur votre ascendant symbolise l'amour, le grand amour, celui peut-être auquel vous ne croyiez plus; parfois, il peut s'agir du retour d'un ancien amour. Si vous êtes jeune, vous pourriez découvrir l'âme sœur et, très rapidement, iriez-vous vivre avec elle.

SCORPION ASCENDANT GÉMEAUX

Vous êtes né de Mars et de Mercure, vous bougez constamment, vous ne restez pas en place. Vous êtes le Scorpion le plus curieux du zodiaque. En fait, vous êtes toujours à la recherche de nouveauté également. Jupiter en Vierge, qui se trouve dans le quatrième signe de votre ascendant, symbolise des rénovations à la maison, à la fois originales et coûteuses. Il représente aussi pour certains un déménagement éventuel au cours de la prochaine année, décision qui sera prise avant le 26 septembre.

Sous l'influence de Jupiter en Balance dans le cinquième signe de votre ascendant, il se peut qu'après cette date vous changiez d'avis et que vous fassiez à la place d'importantes rénovations, une nouvelle décoration ou quelques petites réparations ici et là. C'est également un très bon aspect pour retrouver la famille qu'on avait un peu perdue de vue, à cause de l'éloignement ou d'une querelle. Mais il y a aussi vos amis que vous verrez beaucoup plus souvent au cours de la prochaine année.

Saturne dans le neuvième signe du vôtre et deuxième signe du Gémeaux parle encore ici de la possibilité de faire l'acquisition d'une propriété. Il serait important que vous fassiez votre achat avant le 26 septembre, les aspects seront meilleurs et vous trouverez la petite maison de vos rêves. Naturellement, cet aspect représente beaucoup plus une demeure hors de la ville. Saturne ainsi positionné vous apporte également de la chance sur le plan financier. Si vous avez un emploi stable depuis longtemps, il est possible qu'il y ait un changement à l'intérieur de l'entreprise et que vous receviez une augmentation de salaire assez importante.

Uranus en Poissons dans le dixième signe du Gémeaux vient confirmer la position de celui qui a une promotion. Vous serez un patron compréhensif et vous saurez vous faire des alliés partout autour de vous. Cet aspect d'Uranus dans le dixième signe du vôtre, ce sont aussi des gens influents qui peuvent vous aider à pénétrer des milieux professionnels, intellectuels ou culturels qui vous intéressaient depuis très longtemps. Pour quelques-uns d'entre vous, il s'agira d'un changement complet de carrière.

Neptune en Verseau dans le quatrième signe du Scorpion et le neuvième signe du Gémeaux rappelle ici le monde des voyages. Cette fois, il s'agit de grands voyages pour l'entreprise pour laquelle vous travaillez. Vous prendrez de grandes vacances au moins deux fois durant l'année. Vous en sentirez le besoin et vous vous direz aussi que vous les méritez bien. Si vous possédez des maisons dans d'autres villes ou à l'étranger, il est possible que vous décidiez de les vendre; plusieurs planètes dans votre ciel correspondent à un énorme profit provenant de ces ventes. Mais peut-être serez-vous un acheteur et obtiendrez-vous un gros rabais.

Pluton en Sagittaire dans votre deuxième signe et le septième du Gémeaux correspond à l'amoureux, un amoureux plutôt fortuné, celui que vous gâtez ou qui vous gâte, tout dépend des planètes que vous avez dans le ciel. Quoi qu'il en soit, il s'agit d'un échange financier entre vous et l'autre, d'un partage qui sera sans doute équitable au cours de la prochaine année.

Le Nœud Nord en Taureau dans le douzième signe de votre ascendant et septième du Scorpion laisse présager quelques malaises physiques pour votre partenaire; vous serez là pour le soigner. Il ne s'agit pas de maux graves mais de malaises; peut-être aura-t-il simplement besoin que vous lui remontiez le moral ou que vous soyez un peu plus présent à lui.

SCORPION ASCENDANT CANCER

Vous êtes né de Mars et de la Lune, action et imagination. Vous êtes un double signe d'eau; vous avez une très grande sensibilité mais vous êtes également capable de bien vous défendre dans la vie car votre Soleil se trouve dans le cinquième signe de votre ascendant, ce qui signifie que lorsque vous prenez une place, vous tenez à la garder.

Jupiter en Vierge est dans le onzième signe du Scorpion et le troisième signe du Cancer, symbolisant une belle création sur le plan artistique, plus particulièrement dans le monde des écrits, de la communication et de l'informatique. Alors, si vous travaillez dans un domaine de communications modernes, vous ferez un énorme progrès.

À compter du 26 septembre, vous serez sous l'influence de Jupiter en Balance dans le quatrième signe de votre ascendant. Il est possible que la famille vous réclame davantage pendant plusieurs mois; il est possible également qu'un parent soit malade et que vous deviez en prendre soin surtout s'il est âgé. Si vous avez des enfants, de jeunes adolescents, ils ne seront pas aussi sages, ils ne vous écouteront plus au doigt et à l'œil. En fait, les enfants grandissent et veulent s'affirmer davantage. Il faudra vous mettre à leur place pour bien comprendre cela.

Saturne dans le neuvième signe du Scorpion et sur votre ascendant également représente une force physique beaucoup plus grande et de l'aplomb. Si vous avez fait passer les autres avant vous, cette année, vous vous affirmez. Par ailleurs, il sera bon pour vous d'aller de l'avant avec ces projets sur lesquels vous avez travaillé depuis quelques années. C'est comme si on ne pouvait plus vous dire non; votre magnétisme devient plus fort, plus grand, plus large.

Uranus dans le cinquième signe du Scorpion et le neuvième signe du Cancer symbolise des voyages, ceux que vous faites en imagination et qui vous permettent de créer. Si vous faites de la musique, de la peinture, vous serez extraordinairement bien inspiré. Que vous pratiquiez un art pour gagner votre vie ou tout simplement par intérêt, par loisir, il vous fera prendre un nouvel envol, c'est comme s'il vous permettait de vous redécouvrir vous-même.

Neptune en Verseau dans le quatrième signe du Scorpion et le huitième du Cancer vous enjoint de bien prendre soin de votre santé, de manger à des heures plus régulières et de devenir plus sélectif lorsqu'on vient vous visiter: n'ouvrez pas la porte à tout le monde.

Pluton en Sagittaire dans le deuxième signe du vôtre et sixième signe de votre ascendant présage que vous ne manquerez nullement de travail et que vous serez fort occupé. Ces gens qui veulent s'introduire dans votre vie vous nuiraient, vous retarderaient et comme tout va bien dans le secteur professionnel, que vous allez exactement là où vous voulez, ne vous laissez pas déranger.

Le Nœud Nord en Taureau est dans le septième signe du vôtre et onzième signe de votre ascendant. Si vous êtes célibataire, seul, sans amour, voilà que vous faites une rencontre à un moment très étonnant, au milieu d'une foule, en allant faire votre épicerie ou en prenant le métro.

SCORPION ASCENDANT LION

Jupiter en Vierge est dans le onzième signe du Scorpion et le deuxième signe du Lion. L'argent vous intéresse à tel point que vous pourriez en faire une obsession au cours de la prochaine année. Lorsque vous voulez de l'argent, c'est parce que vous avez toujours un projet nouveau à monter. Mais, au fond de vous, sommeille toujours cette espèce d'insécurité en raison peut-être de mauvais placements faits ces dernières années et vous savez bien qu'il est temps d'être un peu plus attentif à vos transactions. Par ailleurs, rassurez-vous, Jupiter en Vierge vous est très bénéfique pour vous remettre sur les rails si vous avez perdu de l'argent précédemment.

À partir du 26 septembre, Jupiter est en Balance pendant les douze prochains mois, dans le troisième signe de votre ascendant, ce qui rend votre imagination très fertile. Cette position est aussi excellente sur le plan des communications, des voyages, des déplacements et la vente. Alors, si vous avez un produit à vendre, un service à promouvoir, vous ferez d'énormes profits surtout à compter du 26 septembre.

Saturne dans le neuvième signe du vôtre, en Cancer, et le onzième du Lion vous informe que vous devrez donner de l'attention à votre famille, sinon vous risquez d'avoir quelques petits malentendus avec votre amoureux et peut-être même avec vos enfants car vous serez souvent parti. Voyez-y. Il est possible aussi que vous ayez des difficultés avec votre santé parce que vous donnez trop de temps à votre travail; vous devenez extrêmement stressé et tendu. Saturne vous conseille de vous accorder des moments de relaxation, de détente, car vous manquerez de sommeil au cours de la prochaine année. Dormez au moins vos huit heures par jour.

Uranus est dans le cinquième signe du Scorpion et dans le huitième signe du Lion. Voici un autre avis de bien prendre soin de votre santé car vous vous créerez différents petits bobos en travaillant trop. Si vous avez des enfants en âge de prendre leur envol, vous aurez du mal à les voir partir; il faudra vous y faire pourtant. Par contre, si vous avez des tout-petits, surveillez-les étroitement lorsque vous irez faire des baignades avec eux; le danger les guette.

Neptune dans le quatrième signe du vôtre et le septième du Lion symbolise que votre partenaire aimerait bien que vous soyez à la maison plus souvent. Dans ce ciel se trouve pourtant un énorme aspect où l'amoureux fait tout ce qu'il peut pour attirer votre attention. Il est à souhaiter que vous soyez assez sage pour le remarquer.

Pluton en Sagittaire dans le deuxième signe du vôtre et cinquième signe du Lion symbolise qu'un de vos enfants pourrait vous faire dépenser plus qu'à l'accoutumée à cause d'études ou de vêtements griffés. Ou vous laisserez-vous prendre à son jeu ou vous lui conseillerez de se trouver un petit travail pour s'offrir lui-même ce dont il a besoin. Il y a parmi vous des Scorpion ascendant Lion trop sévères, qui exigent beaucoup de leurs enfants et d'autres qui sont tellement protecteurs qu'ils font tout pour leurs enfants. Qui êtes-vous? Tout dépend des planètes qui sont dans votre ciel natal et vous seul pouvez répondre à cette question.

Le Nœud Nord est en Scorpion dans le septième signe du vôtre et le dixième du Lion. Ainsi positionné, il rappelle cette lutte pour le pouvoir, cette ascension de carrière que vous faites cette année, cet énorme travail que vous produirez. Si vous créez une entreprise, si vous ouvrez un commerce, il se peut que vous ayez un associé. Soyez très prudent, prenez au préalable toutes les informations dont vous avez besoin sur cet éventuel associé, assurez-vous qu'il a de l'expérience, ou s'il est un débutant, qu'il a le sens de la continuité. Parce qu'en tant que Scorpion ascendant Lion, il arrive d'être déçu par ses associés. Alors, ne vous fiez surtout pas aux apparences et faites donc signer un contrat en bonne et due forme; un notaire pourra s'assurer de sa validité. Ne laissez rien au hasard.

SCORPION ASCENDANT VIERGE

Vous êtes né de Mars et de Mercure, vous êtes un fonceur et vous avez la bougeotte. Sous votre signe et ascendant, on ne passe pas inaperçu, surtout cette année, puisque Jupiter en Vierge sera sur votre ascendant. Si vous faites un travail de création, vous serez reconnu pour votre travail, vous obtiendrez des médailles, des trophées et vous ferez beaucoup plus d'argent. Si vous travaillez dans le domaine des communications, vous ferez un bond vers l'avant. Vous avez une énorme capacité de travail, vous êtes quasi infatigable.

À compter du 26 septembre, Jupiter est en Balance. Cette fois, il faudra relaxer un peu plus, sauf que vous continuerez à travailler puisque tout est en place pour un travail bien fait et très rémunérateur. Mais il faudra faire attention à des placements que vous pourriez faire à partir du 26 septembre, et ce, pendant les douze prochains mois. Si vous vous associez à quelqu'un, assurez-vous qu'il sera digne et honnête car Jupiter en Balance suggère un brin de méfiance.

Saturne en Cancer dans le neuvième signe du vôtre et le onzième de la Vierge symbolise que vous ferez sans doute plusieurs voyages pour votre travail, surtout s'il s'agit du domaine des communications. Si vous dirigez du personnel, il est possible que vous alliez étudier afin d'en faire profiter ceux qui sont sous vos ordres. Saturne en Cancer, c'est également de nouveaux amis qui entreront dans votre vie. Des gens qui, souvent, viendront de l'étranger, qui vous aideront également à obtenir plus parce qu'ils seront influents.

Le hasard fera bien les choses à plusieurs reprises au cours de la prochaine année, surtout quand Uranus sera en Poissons dans le cinquième signe du vôtre et septième de votre ascendant. Cela symbolise l'amour et la possibilité qu'on vous fasse une proposition de mariage. Le ciel vous suggère de ne pas accepter car, sous Uranus dans un septième signe, cela symbolise trop souvent que l'union battra de l'aile dans quelques années. Uranus n'est pas un symbole de garantie de durée. Alors, il vaut mieux vivre en union libre que de se marier, surtout au cours de la prochaine année.

Neptune en Verseau dans le quatrième signe du vôtre et sixième signe de la Vierge rappelle encore une fois le monde du travail. Un monde de travail bien rempli parce que très souvent vous en rapporterez à la maison afin de terminer des dossiers. Vous semblerez tout à fait infatigable, mais attention la digestion peut devenir difficile au fil des mois. Nourrissez-vous sainement, c'est très important pour préserver cette belle énergie avec laquelle vous êtes né.

Pluton est en Sagittaire, deuxième signe du vôtre et quatrième de votre ascendant, voici que vous n'êtes pas souvent à la maison et si vous avez des enfants, ils vous rappelleront de temps en temps que vous leur manquez énormément. Préservez ce précieux contact entre vous et les vôtres. Si ce n'était pas le cas, on vous bouderait longtemps.

Le Nœud Nord en Taureau est dans le septième signe du vôtre et le neuvième signe de la Vierge. Cela symbolise très souvent, si vous êtes célibataire, seul depuis très longtemps, que vous rencontrerez un amoureux qui sera d'origine étrangère. Il y aura ce lien intéressant avec cette personne, un échange de culture. Mais cet aspect, encore une fois, vous invite à ne pas vous marier trop vite.

SCORPION ASCENDANT BALANCE

Vous êtes né de Mars et de Vénus dans un signe d'air. Vous êtes Vénus la diplomate et, en 2004, Jupiter en Vierge jusqu'au 25 septembre laisse présager qu'il y aura autour de vous quelques petits conflits entre des amis, dans la famille ou au travail. Vous devrez rester au dehors de cela et vous contenter d'être un observateur, à moins que vous n'ayez à intervenir physiquement pour séparer des gens qui se tirent les cheveux. En tant qu'ascendant Balance, cela vous blessera énormément de constater qu'on se dispute et cela pourrait vous créer un grand stress et quelques irritations cutanées.

À compter du 26 septembre, Jupiter est dans le douzième signe du vôtre mais, cette fois, sur votre ascendant. Voilà que ces querelles vont s'estomper. En fait, c'est vous qui serez à l'origine de la paix puisque Jupiter en Balance va s'allier à Vénus de votre ascendant, signe d'air et de paix. Également, vous prendrez une place beaucoup plus grande sur le plan professionnel. Durant les neuf premiers mois de 2004, vous ferez un travail plutôt en coulisse et, tout d'un coup, à compter du 26 septembre, vous commencerez à émerger. Vous manifesterez votre talent, vous ferez une démonstration de votre pouvoir.

Saturne en Cancer se trouve dans le dixième signe de votre ascendant et le neuvième du Scorpion, position extraordinairement puissante de sagesse et de force; c'est l'ascension dans la carrière. De plus, aurez-vous au cours de la prochaine année une plus grande implication sociale. Certains d'entre vous feront même du bénévolat pour être plus proches des gens, comme s'ils sentaient le besoin d'être utiles au monde.

Autre aspect qui durera très longtemps dans le ciel, c'est Uranus en Poissons; il se trouve dans le cinquième signe du vôtre et le sixième de la Balance. Il s'agit du monde du travail, celui qui est constant, acharné, mais où la créativité est très puissante et très présente. Le travail ne sera jamais routinier; il s'agit plutôt de création.

Neptune dans le quatrième signe du vôtre et le cinquième signe de votre ascendant confirme le monde de créativité qui vous habite au-dedans et au-dehors également. Donc, vous êtes très réceptif, et cette réceptivité vous permet de transformer les choses d'une manière parfois fantaisiste. Cet aspect de Neptune convient très bien à tous ceux qui œuvrent dans le domaine cinématographique, de la comédie et de la chanson.

Pluton en Sagittaire dans le deuxième signe du vôtre et le troisième signe de la Balance, c'est la curiosité intellectuelle perpétuelle qui vous conduit à aller toujours plus loin, toujours plus haut. Vous êtes également très observateur, rien ne vous échappe. Cette position concerne l'argent que l'on gagne par le travail, un travail généralement intellectuel. Présentement, si vous songez à un retour aux études, vous devriez le faire le plus rapidement possible car vous apprenez à une vitesse phénoménale.

Le Nœud Nord en Taureau dans le septième signe du vôtre et le huitième signe de votre ascendant donne ici un autre son de cloche concernant les relations tendues dans la maison et autour de vous. Il est possible également qu'il y ait des tensions entre votre amoureux et vous. Donc, il faudra calmer tout cela et c'est le plus sage qui commence; il faudra bien que ce soit vous car vous avez l'ascendant Balance qui dit: «Je suis la diplomatie» et comme Jupiter se retrouve sur votre ascendant, il dit: «Je suis la sagesse». Donc, vous êtes sagesse et diplomatie pour calmer les aspects un peu moins tendres qui flottent dans votre ciel de 2004.

SCORPION ASCENDANT SCORPION

Vous êtes de pure race, vous êtes quelqu'un de très déterminé. On croirait lorsque vous êtes jeune, qu'on peut vous ballotter, qu'on peut vous faire faire à peu près n'importe quoi, mais non, plus vous vieillissez, plus votre ascendant devient ferme sans pour autant être ce guerrier que trop d'astrologues vous donnent comme symbole. En fait, le Scorpion ascendant Scorpion est un être extraordinairement sociable; vous avez besoin d'être entouré des gens pour vous équilibrer.

Jupiter est en Vierge jusqu'au 25 septembre dans vos onzièmes signes et ainsi positionné, il symbolise justement ce grand désir d'être avec et parmi les autres, une entrée sur le marché du travail si vous êtes étudiant. Pour certains d'entre vous, ce sera un choix de carrière définitif après bien des hésitations. Pour d'autres, il s'agira de suivre des cours de perfectionnement afin de se donner une chance d'aller plus haut et plus loin dans le domaine où ils sont impliqués.

À compter du 26 septembre, Jupiter est en Balance dans le douzième signe du Scorpion. Cette position laisse sous-entendre que des petits problèmes sentimentaux pourraient survenir et qu'il faudra régler l'un après l'autre. Mais il est aussi possible que votre partenaire ait des problèmes physiques et vous serez là pour le soigner. Jupiter en Balance vous donnera d'énormes intuitions, des pressentiments; vous ferez des rêves prémonitoires comme si vous pouviez connaître votre destin à l'avance et savoir exactement quoi en faire.

Saturne en Cancer dans le neuvième signe du Scorpion fait de vous un devin ou presque, mais aussi quelqu'un qui devient très sage ou qui l'est déjà et qui possède l'art de pacifier les gens autour de lui. Saturne ainsi positionné vous donne énormément de chance sur le plan professionnel. Si vous poursuivez un but dans votre vie, si vous avez tracé un chemin, c'est comme si les obstacles allaient s'écarter les uns après les autres.

Uranus en Poissons dans le cinquième signe du Scorpion est un gros symbole de créativité, créativité qui sera puissante non seulement en 2004 mais également pour bien des années à venir. Mais cet aspect d'Uranus vous avise de ne pas trop dépenser car vous aurez envie de changer votre garde-robe, vos meubles, et cela pourrait vous coûter très cher.

Neptune en Verseau dans le quatrième signe du Scorpion symbolise la famille, une famille dont il faut lentement se détacher pour pouvoir suivre son propre chemin. Peut-être faites-vous partie de ceux qui protègent les uns et les autres, en somme, quel que soit votre rôle, vous l'avez toujours pris au sérieux et Neptune vous suggère tranquillement de laisser les autres faire leur choix sans que vous ayez à intervenir. De toute manière, sous l'influence de Saturne, vous apprenez de plus en plus à n'intervenir que si on vous le demande et Neptune dans le quatrième signe du vôtre poursuit dans cette veine.

Pluton, dans le deuxième signe du Scorpion et le symbole du Sagittaire, représente l'argent. De l'argent, vous n'en manquerez pas même si de temps à autre vous faites un petit peu d'angoisse; vous pourriez même être chanceux au jeu et ce sera surtout à partir du 26 septembre.

Le Nœud Nord en Taureau dans le septième signe du vôtre et de votre ascendant attire l'amour. Si vous êtes seul, si vous avez vécu une rupture, vous ferez une rencontre hors de l'ordinaire. C'est comme si vous rencontriez l'âme sœur, cette personne qui pourrait changer le cours de votre vie. Il y en aura parmi vous qui vivront des ruptures et, fort heureusement, vu la position des planètes en bon aspect avec votre signe, celles-ci seront moins cuisantes qu'elles ne l'auraient été l'an dernier.

SCORPION ASCENDANT SAGITTAIRE

Vous êtes régi par Mars et votre ascendant, par Jupiter. En fait, vous êtes chanceux. Peut-être vous arrive-t-il de vous plaindre; bien sûr, tout le monde le fait. Malgré vos plaintes et vos complaintes, la vie est généralement bonne pour vous, elle vous sauve toujours du pire. Il y a toujours cet instant magique qui fait que tout se remet en marche, en place.

Vous êtes sous l'influence de Jupiter en Vierge jusqu'au 25 septembre qui se trouve dans le dixième signe de votre ascendant. Il est possible que vous ayez une promotion, surtout si vous travaillez dans le domaine des communications modernes, du transport. Si vous œuvrez dans le domaine de la recherche, vous aurez à la fois une intuition hors de l'ordinaire pour découvrir un produit ou la manière d'offrir un nouveau service.

À compter du 26 septembre, Jupiter est en Balance dans le douzième signe du Scorpion et le onzième signe du Sagittaire, une très bonne position pour gagner à la loterie. Même si vous n'y croyez pas beaucoup, je vous suggère d'acheter des billets à compter du 26 septembre, une fois par semaine. Jupiter laisse supposer que votre conjoint peut avoir des petits problèmes de santé et vous serez là pour le soigner, car, sous votre signe et ascendant, vous ne prenez pas la fuite.

Saturne en Cancer dans le neuvième signe du vôtre et le huitième signe du Sagittaire symbolise la possibilité qu'une personne âgée soit malade, ou alors il s'agira d'une mort soudaine, possiblement un collègue de travail. En fait, cela vous servira d'avis qu'il faudrait prendre soin de vous-même pour vivre plus longtemps. N'écoutez surtout pas toutes les recettes miracles qu'on pourrait vous offrir. Vous êtes extrêmement perceptif en ce qui concerne votre corps, vous savez très bien ce dont il a besoin pour se nourrir, alors écoutez-le.

Uranus en Poissons dans le cinquième signe du vôtre et quatrième signe de votre ascendant secoue un petit peu tout ce qui se passe dans la maison. En fait, pour certains il s'agira de changer les meubles, la couleur des murs, etc.; parfois il s'agira de vendre pour acheter plus petit ou plus grand, tout dépend où vous en êtes dans la vie. Certains d'entre vous, jeunes et amoureux, verront leur désir d'avoir un enfant devenir réalité.

Neptune en Verseau dans le quatrième signe de votre ascendant dit que s'il y a une discussion au sujet de la conception d'un enfant, elle sera de bien courte durée car vous vous entendrez sur le sujet. Mais certains d'entre vous iront aussi vers l'adoption et ce sera un choix facile à faire.

Pluton dans le deuxième signe du vôtre et sur votre ascendant ne vous fait pas perdre d'argent; vous êtes plutôt chanceux sur le plan de vos finances et même des placements que vous avez faits il y a longtemps. Ces derniers vous rapportent maintenant et certains d'entre vous qui ont atteint l'âge de la retraite songeront peut-être à la prendre prématurément.

Le Nœud Nord en Taureau dans le septième signe du vôtre et le sixième signe de votre ascendant rappelle que le partenaire avec lequel vous vivez pourrait avoir quelques petits malaises et vous serez là pour lui tenir la main et en prendre soin. Si vous êtes célibataire, seul, sans amour, vous pourriez rencontrer l'amour dans votre lieu de travail ou, du moins, aux alentours de celui-ci.

SCORPION ASCENDANT CAPRICORNE

Vous êtes né de Mars et de Saturne, vous êtes le plus grand prévoyant des Scorpion. Vous voulez tout voir, tout savoir à l'avance, vous planifiez tout et vous organisez tout, sauf que la vie est toujours pleine de surprises. Par ailleurs, on vous en réserve quelques-unes au cours de la prochaine année sous l'influence de Jupiter en Vierge. Alors que vous pensiez poursuivre confortablement un travail, une carrière, voilà qu'un changement vous est offert ou peut-être devrez-vous partir dans une autre ville pour obtenir la promotion que vous attendiez. Vous prendrez cette décision très rapidement au cours des neuf premiers mois de l'année.

À compter du 26 septembre, vous serez sous l'influence de Jupiter en Balance dans le dixième signe de votre ascendant. Certains commenceront une nouvelle carrière et d'autres retourneront aux études afin de suivre un cours de formation ou de perfectionnement ou d'acquérir de nouvelles connaissances afin de «performer» davantage.

Saturne est en Cancer dans le neuvième signe du vôtre et septième signe de votre ascendant. Il est possible que votre conjoint ou vous partiez vers l'étranger pour le travail; vous aurez aussi à réfléchir rapidement à ce départ.

Uranus en Poissons dans le cinquième signe du vôtre et troisième signe du Capricorne indique beaucoup de discussions souvent à propos de l'éducation des enfants. Attention que ces discussions ne dégénèrent pas en disputes car le risque est bien présent.

Neptune en Verseau dans le quatrième signe du vôtre et le deuxième du Capricorne vous fait souvent craindre de manquer d'argent. Attention, certains d'entre vous en font même une obsession et deviennent économes à outrance. Alors, ne craignez rien, c'est tout le contraire cette année, vous ferez encore de l'argent. De toute manière, vous demeurez un économe, aussi vous ne manquerez jamais de rien puisque vous planifiez tout à l'avance.

Pluton est en Sagittaire dans le douzième signe de votre ascendant et correspond à votre insécurité sur le plan financier jusqu'en 2008. Craindrez-vous d'être pauvre jusqu'à ce moment-là ou ferez-vous un peu plus confiance à la vie? Alors, retroussez-vous les manches et travaillez pour faire plus d'argent puisque vous avez tellement peur d'en manquer! La décision vous revient.

Le Nœud Nord en Taureau est dans le septième signe du vôtre et le cinquième signe de votre ascendant. Il correspond encore une fois aux enfants. Certains d'entre vous ayant une petite famille décideront peut-être d'en avoir un autre, mais ce sera au bout de plusieurs discussions. Quoi qu'il en soit, vous serez sans doute assez convaincant pour que l'autre consente à votre désir de paternité ou de maternité.

SCORPION ASCENDANT VERSEAU

Vous êtes né de Mars et d'Uranus et votre plus grande peur est bien l'ennui. Par ailleurs, avec Mars et Uranus comme maîtres, il est rare que cela vous arrive, vous avez toujours une idée nouvelle, un projet. Vous n'arrêtez à peu près jamais. L'esprit est fertile et vous êtes riche d'idées.

Jupiter en Vierge dans le onzième signe du vôtre et le huitième signe de votre ascendant présage d'énormes changements sur le plan du travail principalement dans le domaine des communications. En tant que Scorpion ascendant Verseau, c'est plus fort que vous, il vous faut communiquer avec le reste du monde. Généralement, toutes les nouvelles technologies ont un immense intérêt pour vous. Au cours des neuf premiers mois de l'année, vous vivrez d'importants changements sur le plan de ces technologies, et il peut y avoir un retour à un ancien métier que vous aviez cessé de pratiquer. Il y a également un aspect de justice. Si on vous a trompé, trahi, menti, si on vous a emprunté de l'argent et qu'on ne vous a pas remboursé, voilà que justice sera faite et vous en serez fort heureux.

Par ailleurs, cet aspect de justice se poursuit le 26 septembre sous l'influence de Jupiter en Balance dans le neuvième signe de votre ascendant. Tout ce qui vous appartient vous revient. Il est possible qu'on n'ait pas toujours été honnête avec vous et, cette fois, on rend à César ce qui appartient à César.

Saturne dans le neuvième signe du Scorpion et le sixième signe du Verseau symbolise une importante somme de travail à abattre, un travail qui vous oblige à des déplacements vers l'étranger. Si vous avez pris de l'expérience dans votre domaine professionnel, vous êtes beaucoup plus détendu dans votre travail que vous ne l'étiez autrefois; ainsi, vous préservez davantage votre énergie et votre santé.

Uranus en Poissons dans le cinquième signe du vôtre et le deuxième signe du Verseau est un autre symbole de l'argent, celui qui entre dans vos poches. Si vous avez subi des pertes, vous allez les récupérer par des moyens très créateurs. Vous êtes souvent un inventeur sous ce signe et ascendant. Vous fabriquez votre vie à partir de zéro, vous avez une force inouïe, une imagination extraordinaire à moins d'avoir été épouvantablement brimé dans votre enfance. Mais, en général, vous réussissez à vous détacher de vos racines.

Par ailleurs, si vous êtes encore plutôt jeune, Neptune en Verseau dans le quatrième signe du vôtre et sur votre ascendant symbolise que vous aspirez à vous détacher de vos racines, à vous distinguer de toute votre famille, comme si vous ne vouliez ressembler à personne. Par contre, Neptune en Verseau vous donne parfois quelques petites sautes d'humeur. Faites-leur attention car elles vous minent ainsi que votre entourage.

Pluton en Sagittaire dans le deuxième signe du vôtre et le onzième signe du Verseau rappelle que l'argent est de retour grâce à un travail assez surprenant. Le monde des hasards existe aussi beaucoup sous votre signe et ascendant en 2004. Peut-être gagnerez-vous à la loterie?

Il y a également le Nœud Nord en Taureau dans le septième signe du Scorpion et quatrième signe du Verseau; il concerne l'amour et la famille. Donc, si vous êtes jeune, amoureux, sans enfant, sans doute vous mettrez-vous d'accord pour avoir un premier enfant. Si vous en avez déjà, peut-être serait-ce un deuxième ou même un troisième. Si vous êtes seul depuis très longtemps, l'amour vous sera présenté par un membre de votre famille. Alors, allez aux fêtes quand on vous invite.

SCORPION ASCENDANT POISSONS

Vous êtes un double signe d'eau, vous êtes né de Mars et de Neptune. Mars se défend alors que Neptune consent. Ce mélange intéressant fait de vous un être ultrasensible, un peu sur la défensive. En fait, les apparences sont telles que peut-être donnerez-vous l'impression de mordre comme un requin mais vous n'en ferez rien puisqu'en tant que double signe d'eau, vous êtes plutôt un dauphin.

Jupiter en Vierge se retrouve dans le septième signe de votre ascendant jusqu'au 25 septembre. Il y aura de longues discussions avec l'amoureux au sujet de votre travail et de tout ce que vous faites. En réalité, l'autre voudra en savoir plus sur vous; c'est comme si vous passiez à l'inspection au cours de la prochaine année ou alors on aura des doutes sur vous, on aura peur que vous partiez, que vous ayez quelqu'un d'autre dans votre vie. Il faut dire que sous l'influence de Jupiter en Vierge, vous aurez un petit brin d'originalité, vous aurez envie de changer bien des choses autour de vous, de mener une vie un peu différente, de changer vos habitudes et le partenaire en sera fort étonné. Mais vous aurez l'art de le rassurer surtout si vous êtes amoureux de lui.

Jupiter passe en Balance le 26 septembre, il est alors dans le douzième signe du Scorpion et le huitième signe du Poissons. Si vous n'avez pas rassuré votre partenaire et que vous fassiez partie des doubles signes d'eau très flirts, sous cet aspect, il se pourrait que vous alliez voir dans le jardin du voisin et que vous ayez une aventure pouvant mettre votre union en péril. La décision vous revient.

Saturne est en Cancer dans le neuvième signe du Scorpion et le cinquième signe du Poissons. Il parle d'amour et d'attirance; en fait, votre magnétisme sera extraordinairement puissant au cours de la prochaine année et vous plairez tout de suite à quelqu'un. Étant aussi magnétique, vous êtes aussi très vulnérable et vous succomberez à un flirt. Si vous êtes célibataire et seul, vous pourriez découvrir le grand amour.

Uranus est en Poissons sur votre ascendant et vous donne une grande originalité. Vous ne voulez rien faire comme les autres, vous pensez différemment et vous vous distinguez. Si vous travaillez dans un domaine artistique, vous prendrez beaucoup de place; vous vous distinguerez, vous ferez même parler de vous. Sur le plan social, vous défendrez ce à quoi vous croyez et c'est généralement plus des idées des partis politiques.

Neptune, qui est en Maison IV du Scorpion et également dans le douzième signe du Poissons puisqu'il est en Verseau, vous suggère d'être plus attentif à vos enfants. Si vous en avez, ceux-ci pourraient bien s'éloigner de vous surtout si vous avez des conflits avec le partenaire. Soyez donc plus présent à votre petite famille, surtout s'ils sont jeunes ou même adolescents. N'attendez pas qu'ils fassent des bêtises pour attirer votre attention. Pluton est en Sagittaire dans le deuxième signe du vôtre et le dixième signe de votre ascendant. Il symbolise la lutte pour l'ascension de la carrière, une lutte que vous menez d'une façon plus décontractée que jamais vous ne l'avez fait auparavant. Il y aura aussi une lutte non pas pour le pouvoir mais pour un idéal parce que sous votre signe et ascendant, on se bat pour ses idéaux et non pas uniquement pour régner ou pour dominer. Votre implication sociale sera encore plus grande au cours de la prochaine année.

Le Nœud Nord en Taureau est dans le septième signe du vôtre et le troisième de votre ascendant. Il symbolise de nombreuses discussions avec votre partenaire, surtout s'il y a des tensions entre vous deux. Si vous avez décidé de vous séparer, ces discussions vous permettront de vous diriger vers une séparation plus douce. Par ailleurs, vous ne serez pas trop belliqueux, vous avez grandi et vous êtes devenu beaucoup plus sage que vous ne l'étiez. Si vous êtes jeune, étudiant ou finissant, si vous n'avez pas encore d'amoureux dans votre vie, vous pourriez rencontrer le grand amour au cours de vos études.

◖ JANVIER 2004 ◗

Mars, la planète qui régit votre signe, est en Bélier dans le sixième signe du vôtre et a énormément d'importance en termes d'action. Il présage une somme énorme de travail à abattre ainsi que l'énergie nécessaire pour aller jusqu'au bout de tout ce que vous entreprendrez ce mois-ci.

Jupiter en Vierge, bien positionné par rapport à vos désirs, à ce que vous souhaitez faire, représente le monde du travail. Toutefois, il n'est pas le symbole par excellence d'un gain à la loterie. Vénus en Verseau jusqu'au 14 est dans le quatrième signe du vôtre symbolisant que plusieurs membres de la famille et des amis viendront vous voir et vous agrandirez ainsi votre cercle amical. Par ailleurs, vous aurez davantage d'invitations qu'en décembre 2003; c'est comme si vous vous retourniez vers le monde.

Mercure est en Sagittaire jusqu'au 14 et vous donne de l'intuition, de la logique et un très bon instinct lors de vos décisions. À partir du 15, Mercure est en Capricorne, une position extraordinairement réfléchie qui vous donnera une grande concentration lors de vos décisions; rien ne sera laissé au hasard. Vous aurez également l'appui de Vénus en Poissons à compter du 15 dans le cinquième signe du vôtre; cette position vous donne énormément de sagesse et de perspicacité lors de situations qui pourraient s'avérer ambiguës; vous saurez toujours quoi faire, c'est comme si vous aviez un sixième sens pour vous diriger.

Dans l'ensemble, ce mois est assez extraordinaire puisqu'il vous permet un premier développement de vos affaires. Si vous faites partie de ceux qui cherchent un emploi, vous aurez énormément de facilité à en trouver un, il vous suffit de demander et vous recevrez, particulièrement à partir du 15 janvier.

Sur le plan sentimental, les doux sentiments seront au programme surtout avec Vénus en Poissons à compter du 15. Si vous êtes seul, célibataire, une rencontre aura lieu tout doucement, très gentiment et plus particulièrement entre le 15 et le 22. Un coup de cœur absolument extraordinaire vous attend.

Votre santé s'améliore aussi sous l'influence de Mars en Bélier. En réalité, vous n'écoutez plus vos petits bobos. Vous êtes bien décidé à ne pas les laisser ruiner votre vie. Certains d'entre vous commenceront à faire de l'exercice, ce qu'ils n'avaient plus fait depuis très longtemps. Votre énergie à la fois physique et mentale est tellement puissante. Vous retrouverez enfin votre équilibre.

Sur le plan familial, il y aura une très belle relation avec les vôtres. Il est possible que certains d'entre vous ne voient plus la parenté pour diverses raisons, une querelle, et voilà qu'à la suite d'un appel, on s'explique ou alors on s'écrit. Vous sortirez davantage; vous aurez d'ailleurs plus d'énergie et vous ressentez fort bien que vous n'êtes pas fait pour vous isoler. En effet, le Scorpion, un grand orgueilleux, quand il est malade, se retire, se cache, se terre dans son coin et lorsque sa santé revient, il retrouve aussi le goût du monde et partage avec celui-ci.

⸺❦ FÉVRIER 2004 ❧⸺

La vie n'étant pas un paradis, elle a quand même quelques petites contraintes à vous offrir ici et là. Mars entre en Taureau le 4 et sera là tout au long du mois. Étant en face de votre signe, vous aurez tendance à vous relâcher par moments, à paresser quelque peu. Vous vous rendrez vite compte qu'en vous arrêtant, en vous immobilisant, vous y perdrez beaucoup en énergie physique et mentale; votre moral pourrait en prendre un dur coup. Alors, quels que soient les événements qui se produisent, surtout ne rentrez pas en vous-même, cela ne convient plus. Retrouvez votre énergie au milieu des gens, comme si le fait d'être avec les autres vous obligeait à oublier vos petites douleurs. Toutefois, si vous faites du sport, soyez très prudent. Mars en Taureau peut être aussi une imprudence dans les sports; étant donné que vous voulez vous dépasser, vous pourriez faire une chute et vous blesser à un genou ou à une cheville. En fait, le gros bon sens vous suggère de vous maintenir en équilibre, ce que vous avez appris à acquérir si difficilement.

Sur le plan du travail, vous serez tout simplement débordé parce que Jupiter en Vierge jusqu'à la fin de septembre ne vous laissera pas tomber. Il apportera avec lui une somme de travail extraordinairement payante en plus. Il est vrai qu'au cours de ce mois, il y aura quelques petits chahuts dans votre milieu de travail, des collègues qui ne s'entendent pas, qui se disputent, surtout entre le 1er et le 7. Après cela, le calme reviendra, il ne sera pas parfait. Si vous n'avez pas à vous mêler des problèmes des autres, de grâce, restez au dehors, vous sauvegarderez ainsi votre propre paix. De toute manière, vous avez encore beaucoup à faire. Vous êtes très créateur, et cette créativité ne doit pas se perdre dans l'éparpillement, en vous occupant des uns et des autres et, surtout, en voulant sauvegarder la paix. Ceux qui vous entourent sont des adultes devant s'occuper de leurs affaires.

Si vous êtes parent, peut-être serez-vous un peu plus sévère. Il est suggéré de bien regarder, de bien réfléchir avant de donner des ordres à un de vos enfants parce qu'il pourrait se rebiffer; Mars en Taureau en est un bon indice. Quant à votre vie sociale, elle sera beaucoup plus calme. Les sorties seront plus limitées, mais les endroits où vous serez reçu seront très agréables.

Du côté sentimental, méfiez-vous des querelles; à partir du 9, Vénus entre en Bélier et Vénus occupe une position bizarre par rapport à vous sur le zodiaque. En effet, Vénus est en exil en Bélier et c'est comme si, tout à coup, vous ne saviez plus si oui ou non vous êtes encore en amour avec votre conjoint. Il ne faut rien faire de coup de tête pendant cette période de doute passager. Durant cette période, Vénus en Bélier vous suggère de réfléchir afin d'éviter une rupture surtout si vous êtes toujours grandement amoureux de l'autre. Si vous êtes célibataire, cette position vous permettra de rencontrer quelqu'un dans votre milieu de travail ou autour et celui-ci sera ou beaucoup plus jeune ou plus âgé que vous et vous fascinera. Qu'importe la différence d'âge, si l'amour s'éveille, c'est ça l'important.

✍ MARS 2004 ✍

Mars poursuit sa marche en Taureau jusqu'au 21 et plus il avance dans ce signe, soit entre le 14 et le 21, plus il devient agressif. Mars se choque rapidement et puisque vous êtes vous-même régi par cette planète, vous pourriez succomber plus facilement à la provocation des autres et vous mettre en colère pour un oui ou pour un non. Vous pouvez vous éviter cela tout simplement en réfléchissant mais également en usant de votre logique. Méditez un peu si vous sentez la moutarde vous monter au nez et ainsi vous éviterez de piquer une colère. Car lorsqu'un Scorpion se fâche, les gens n'oublient pas facilement.

À compter du 6, Vénus en Taureau se trouve en face de votre signe; c'est l'amour qui vient vers vous ou cet amour que vous repoussez, dont vous ne voulez plus avoir de nouvelles, quelqu'un avec qui vous avez rompu et que pourtant vous aimez. Laissez donc la porte ouverte et si on veut vous parler, acceptez d'avoir une conversation surtout si vous pensez que l'amour peut renaître. N'oubliez pas qu'il est possible que vous ayez donné toute la place à des détails inutiles et vu l'autre comme un monstre plutôt qu'un amoureux. Il vous arrive de dramatiser, cela fait partie de votre signe, mais Vénus en Taureau vous invite à ne pas le faire. Si vous faites partie de ces Scorpion qui vivent des tensions dans leur vie de couple depuis longtemps, si vous n'avez pas eu le courage de rompre parce que vous êtes un signe fixe, alors cette position de Vénus est un espoir de retrouver cet amour qui fut brisé. Si la porte s'ouvre, laissez l'autre entrer et ayez une conversation douce et sage et peut-être, cette fois, serez-vous mieux à même de comprendre quelles furent vos motivations et les siennes au moment de la grosse querelle.

Vous serez toujours appuyé par Jupiter en Vierge pour prendre des décisions sages au cours de l'année. Cette planète est bien positionnée par rapport à vous; c'est presque un maître de travail. Aussi vous ne chômerez pas, à moins que vous ne refusiez de travailler. Mais si vous avez vraiment envie de trouver un emploi parce que vous êtes en chômage, il vous suffira de quelques démarches pour en trouver. Certains d'entre vous pourraient même accepter un second emploi afin d'arrondir leurs fins de mois et de payer leurs dettes.

À partir du 13, Mercure entre en Bélier et est étrangement appuyé de Pluton en Sagittaire, signe de feu. Ce trigone entre Mercure en Bélier et Pluton en Sagittaire, c'est de l'énergie créatrice qui vous donne à la fois une vivacité et une vitesse d'action. Vous aurez un très bon flair par rapport à l'argent et si jamais vous faites des placements importants, attendez après le 22 alors que Mars entrera en Gémeaux dans le huitième signe du vôtre. Celui-ci vous rendra davantage prudent.

Votre vie sociale reprendra plus sérieusement avec Mars en Gémeaux, soit à compter du 22. Vous aurez le goût de sortir, d'aller au cinéma, de voir des spectacles, afin de rattraper le temps perdu, à cause des dépenses des fêtes qu'il fallait bien payer.

⊰⊙ AVRIL 2004 ⊙⊱

C'est un mois où vous bougerez énormément. Vous êtes sous l'influence de Mars en Gémeaux dans le huitième signe du vôtre ainsi que de Vénus en Gémeaux à compter du 4. Cela symbolise le milieu professionnel. Certains d'entre vous auront un choix de carrière à faire; on leur proposera soit un autre poste dans l'entreprise, soit d'aller travailler dans une autre ville, soit de faire un voyage afin de représenter l'entreprise à l'étranger. Il s'agit d'un énorme défi. Si vous faites partie de ceux qui sont fraîchement sortis de l'école, si vous cherchez de l'emploi, vous ne mettrez pas beaucoup de temps à en trouver. Peut-être trouverez-vous même deux emplois parce que tout semble venir en double vers vous ce mois-ci.

Mais les nouvelles ne sont pas parfaites. Sur le plan de la santé, un de vos proches pourrait se sentir très mal et ce sera à vous de le soigner parce que, de toute manière, vous ne laissez jamais tomber ceux que vous aimez. Vous êtes un signe fixe, d'eau et extrêmement sensible; vous avez le sens du dévouement.

Saturne est en Cancer et maintient l'ordre familial puisque cette planète fait un très bon aspect à Uranus en Poissons. Si vous êtes jeune, amoureux et que vous n'avez pas encore d'enfant, il en sera sérieusement question. Un grand bonheur suivra. Si vous vous préparez à faire l'achat d'une propriété, vous trouverez exactement ce que vous cherchez et si vous vendez la vôtre, la vente sera très rapide et vous aurez le prix que vous demandez.

⊰⊙ MAI 2004 ⊙⊱

Mars est en Gémeaux jusqu'au 7, dans le huitième signe du vôtre. Il s'agit d'une organisation ou d'une réorganisation souvent très rapide, mais également une très belle énergie physique que vous avez. Attention, lorsque vous faites du sport, cet aspect est un indice d'imprudence, plus particulièrement la course à pied, le ski et le patin.

Sur le plan du travail, vous serez encore une fois très en demande, chanceux. Certains obtiendront une promotion et cet aspect est plus marqué à partir du 8 puisqu'à ce moment-là Saturne et Mars sont en Cancer dans le neuvième signe du vôtre. Ces positions sont également un autre indice d'une possibilité de voyage à l'étranger afin de représenter les intérêts de l'entreprise. Si vous avez une petite compagnie, on vous proposera une association. Vous devrez discuter longuement, ne rien accepter sur un coup de tête. Il ne faut pas perdre de vue que Jupiter en Vierge est directement en face d'Uranus en Poissons. Si vous signez une entente, faites tout vérifier par un avocat ou un notaire, car Jupiter face à Uranus, s'il peut vous faire faire fortune, peut aussi vous occasionner une perte d'argent. Si vous êtes un artiste, vous vous féliciterez puisque vous créerez une œuvre hors de l'ordinaire, vous serez très bien inspiré tout au long du mois.

Il faudra surtout faire attention à votre estomac, vous avez tendance à oublier de manger à des heures régulières. Vous êtes tellement préoccupé par le travail, votre vie sociale et votre famille. En fait, vous vous préoccupez de tout. Alors c'est la santé qui s'abîme lentement, vous vous épuisez. Et si vous vous épuisez, c'est parce que vous ne mangez pas régulièrement et suffisamment. Alors, assurez-vous de maintenir votre équilibre alimentaire pour pouvoir continuer sur votre lancée.

◖ JUIN 2004 ◗

Mars est encore en Cancer jusqu'au 23 et Saturne, en Cancer. Ces deux planètes sont dans le neuvième signe du vôtre, une position excellente pour un Scorpion. C'est par ailleurs les grandes idées, les grands envols et, en même temps, beaucoup de sagesse. Vous appliquez des principes de paix et d'harmonie autour de vous. C'est aussi le respect des règles sans devenir pour autant trop strict, trop rigide, particulièrement avec votre famille, vos enfants. N'oublions pas que 2004 vous donne énormément d'intuition et de pressentiment; utilisez-les à bon escient.

Vénus poursuit sa route en Gémeaux dans le huitième signe du vôtre et symbolise qu'un amour peut être découvert ou que vous n'attendiez vraiment pas. Attention, cet amour pourrait n'être qu'un flirt, surtout si vous avez déjà quelqu'un dans votre vie. Bizarrement, ce mois-ci, ce sont les gens vivant en couple qui se font flirter et ce flirt pourrait conduire à une aventure pouvant peut-être détruire le couple. Alors, ne succombez pas trop rapidement au beau sourire d'un grand charmeur ou d'une grande charmeuse. Vous pourriez le regretter.

À la fin du mois, à compter du 24, Mars est en Lion dans le dixième signe du vôtre. Il symbolise la lutte pour la carrière, pour le sommet. Mais attention, cette lutte est un peu trop agressive; modérez vos emportements, vos emballements. Vous qui étiez resté si doux jusqu'à présent, vous pourriez avoir des accès de colère soudaine. Par ailleurs, il s'agit aussi de prendre des vacances et vous vous apercevez qu'il faudra peut-être les repousser puisque le travail se fait généreux avec vous et vous permet d'augmenter vos capitaux. Mars en Lion est tout de même magnétique, puissant et extrêmement favorable pour les Scorpion œuvrant dans le monde artistique. Si vous avez une œuvre à présenter, quelle qu'elle soit, vous aurez de l'audace et aussi probablement un coup de chance.

Le Nœud Nord poursuit sa route dans le signe du Taureau et symbolise de conserver et d'entretenir la flamme amoureuse. Si l'amour n'est pas dans votre vie, il ne se trouve pas très loin de vous en ce moment. Mais faites attention, certains d'entre vous pourraient avoir deux amours ce mois-ci et occasionner des désagréments de taille. Ne dit-on pas que lorsqu'on court deux lièvres à la fois, on les perd tous les deux? À vous de décider.

⚬ JUILLET 2004 ⚬

Mars est en Lion jusqu'à la fin du mois et fait de bons aspects à Pluton en Sagittaire qui se trouve dans le deuxième signe du vôtre, symbole d'argent. C'est encore une fois la lutte pour l'ascension pour la carrière et également la réussite, en ce sens que vous faites beaucoup plus d'argent que vous n'en faisiez mais ce n'est pas en restant assis chez vous, c'est en travaillant.

Par ailleurs, il est fort possible que vous repoussiez vos vacances parce que le travail se présente en double. Beaucoup de Scorpion se refusent pendant longtemps à prendre des vacances et peut-être êtes-vous de ceux-là. Il y a donc parmi vous des Scorpion qui, plutôt que de travailler, partiront vers un lieu de villégiature afin de se reposer ou de se remettre en pleine forme parce qu'ils ont le goût de l'aventure, le goût de sortir du quotidien. L'amour peut être là et, à ce moment-là, ça ressemblera à un voyage de noces. Vous avez besoin de vous retrouver avec l'autre et vous passez à l'action.

Sur le plan du travail, il est bien certain que vous ne manquerez de rien. Je vous l'ai déjà dit: bien que de nombreux Scorpion partent en voyage, c'est tout juste s'ils n'emportent pas du travail dans leurs valises. De grâce, laissez-le à la maison. Ceux qui ne partent pas et qui seront au travail auront quand même une vie sociale très intéressante: de nombreuses invitations à des sorties que vous ferez avec des amis, des parents: visiter des galeries d'art, voir des films, etc. Vous vous intéresserez à la peinture et il est possible que certains d'entre vous fassent pour la première fois de leur vie l'achat d'une toile d'un artiste. Il est possible aussi que certains d'entre vous prennent la décision de retourner aux études sous peu. Mais en attendant, en ce mois de juillet, vous réfléchirez dans quelle direction exactement vous poursuivrez ces études, achèverez un cours ou ferez une formation afin d'obtenir un meilleur emploi.

⊚ AOÛT 2004 ⊚

Mars poursuit sa marche en Lion jusqu'au 9 et sera sur ses derniers degrés entre le 4 et le 9; ces derniers sont extrêmement colériques en ce sens que vous pourriez être témoin de la colère de quelqu'un ou vous-même pourriez entrer dans cette colère. Alors, évitez les argumentations, surtout s'il s'agit d'un patron.

Mercure est en Vierge jusqu'au 25. Durant cette période, Mercure agit d'une façon extraordinaire car il est une très belle source d'inspiration et d'organisation dans le milieu du travail, puisque la Vierge symbolise le travail, mais aussi votre santé. Si vous avez commis quelques abus dernièrement, si vous avez triché un régime, si vous n'avez pas assez dormi, vous reprenez votre rythme pour remettre la pendule à l'heure.

Certains d'entre vous décideront de faire un énorme ménage dans leur maison. Ils vont se débarrasser du vieux pour faire de la place pour du neuf. Étant donné que vous avez fait de l'argent au cours des mois précédents et que vous en avez mis de côté, sans doute êtes-vous prêt à vous offrir un endroit où vous pourrez inviter vos amis, comme vous aimez le faire. Ne commencez pas vos travaux avant le 11, car à compter de cette date Mars entrera en Vierge et vous fera acheter des articles en rabais. Vous serez bon pour les négociations durant cette période; vous pourrez empocher quelques bénéfices. Si vous êtes jeune toutefois, si vous débutez en affaires, il vous est suggéré d'être extrêmement prudent car juste en face de Mars en Vierge, vous guette Uranus en Poissons. La période du 9 au 21 suggère aux gens d'affaires nouvellement venus de ne pas aller trop vite avant de signer un contrat, une entente, d'embaucher quelqu'un; informez-vous sur les personnes qui feront partie de votre équipe. C'est une mesure de prudence nécessaire.

Quant à votre maison, veuillez la verrouiller quand vous partez, n'oubliez pas non plus vos clés à l'intérieur; il en va de même avec votre voiture. Vous êtes tellement préoccupé qu'il peut arriver à certains d'entre vous de ne plus savoir où vous l'avez garée lorsque, par exemple, vous allez au centre-ville. Patience avec Mars en Vierge faisant opposition à Uranus en Poissons: il vous rend impatient pour des détails. Il vaut mieux sourire que de se fâcher pour une peccadille.

◖◗ SEPTEMBRE 2004 ◖◗

Mars est en Vierge jusqu'au 26; il ne fait pas opposition à Uranus, car les degrés de celui-ci sont au début du signe et les degrés de Mars sont sur les deuxième et troisième décans de Mars en Vierge. Cette position de Mars est excellente par rapport à tous les secteurs de l'emploi. C'est une période extraordinaire pour solidifier tout ce que vous avez bâti depuis le début de l'année et, en même temps, pour assurer vos arrières et préparer ce qui vient devant. Mars et Jupiter en Vierge sont extrêmement favorables pour tous ceux qui œuvrent dans les domaines de la technologie et des communications. Les ouvertures seront de plus en plus nombreuses et les offres aussi, surtout si vous y avez une expérience certaine. Si vous êtes frais émoulu de l'université et avez en main un diplôme en sciences médicales ou en communication, les portes s'ouvrent toutes grandes pour vous accueillir. Si vous aviez fait une demande à l'université dans un secteur contingenté, la porte s'ouvre à vous.

Sur le plan sentimental, à compter du 7, vous êtes moins présent à l'amoureux, le travail prenant beaucoup de place. Et si on vous fait une demande, vous vous fâcherez parce que l'autre ne s'apercevra pas dans quelle situation vous vous trouvez. Votre amoureux ne veut que satisfaire ses besoins et nullement satisfaire les vôtres. Faites attention, vous aurez tendance à le considérer comme quelqu'un d'égoïste. Mais peut-être n'est-ce pas vrai? Ayez donc une bonne conversation avec l'autre.

Si vous rencontrez quelqu'un, il y a un aspect voulant que vous pourriez vous illusionner, vous tromper. Ce sera une belle personne ayant un pouvoir d'attraction, mais cela n'est pas suffisant pour construire une vie à deux. Alors, attention aux coups de charme qu'on vous fera.

Pluton continue sa marche en Sagittaire dans le deuxième signe du vôtre, excellent encore une fois pour les finances et les jeux de hasard, particulièrement entre le 19 et le 25. Achetez des billets de loterie à ce moment-là.

⪻ OCTOBRE 2004 ⪼

Nous entrons maintenant dans un autre rythme de vie pour vous, puisque Jupiter s'installe en Balance dans le douzième signe du vôtre; il est beaucoup plus tranquille sans être dénué complètement d'action. En fait, vous serez plus discret mais extraordinairement travaillant. C'est comme si vous prépariez un nouveau projet ou que vous mettiez en marche un projet sur lequel vous avez travaillé ou vous avez obtenu finalement les fonds. Jupiter en Balance est également très favorable pour qu'on vous fasse justice, ainsi que pour l'artiste, le créateur et celui qui veut devenir sage. En effet, sur votre route, se place-ront des gens qui vous donneront des enseignements de sagesse; ce sont des règles très simples. Ils auront le mot pour vous faire comprendre que vous êtes sur la bonne voie ou qu'il faudrait peut-être en prendre une autre.

Jupiter en Balance met aussi un fort accent sur l'amour. Positionné ainsi dans le douzième signe du vôtre, il laisse pré-sager que certains Scorpion pourraient bien tomber amoureux de quelqu'un qui est déjà marié; si vous faites cela, vous entrez dans une zone trouble. Aurez-vous la capacité de la vivre pen-dant les douze prochains mois? Il y a parmi vous des gens qui sont seuls, célibataires, et Jupiter en Balance ne vous abandon-nera pas. Une personne viendra vers vous calmement, au point où vous vous demanderez si elle est bien vivante. Mais écoutez-la, ne la repoussez pas trop vite.

Côté travail, tout se poursuit très bien, surtout sous Vénus en Vierge, à partir du 4. Si vous êtes à contrat, vous en signerez un nouveau et à très long terme. Quant à votre vie familiale, vous n'y êtes que peu présent en ce mois et vous manquez à vos enfants, surtout s'ils sont petits. Et puis, n'avez-vous pas des enfants qui sont prêts à quitter le nid familial? Cela vous inquiète en tant que Scorpion, vous êtes protecteur. Mais pro-téger quand on n'a plus besoin de votre protection, ça devient de l'abus. Alors, laissez-les filer et faites-leur confiance. Ne leur avez-vous pas transmis votre grande force ainsi que la capacité de se débrouiller?

Mercure est en Scorpion à compter du 16. Il viendra, à un moment ou à un autre, toucher votre Soleil, ce qui vous rendra peut-être un petit peu plus nerveux, et dire des mots qui parfois pourraient dépasser votre pensée. Sans aller trop loin tout de même, parce que vous êtes apaisé par Mars et Jupiter en Balance. Alors, restez gentil comme vous l'avez été depuis plusieurs mois et laissez tomber vos vieilles querelles. Vous avez une mémoire phénoménale et lorsque vous croisez quelqu'un qui vous a fait mal, il vous arrive de lui retourner l'ascenseur.

◄◙ NOVEMBRE 2004 ◙►

Mars est en Balance jusqu'au 11; Jupiter y est toujours ainsi que Vénus jusqu'au 22. Ces planètes dans le signe de la Balance sont très modératrices. Elles vous permettent de garder votre calme au milieu de quelques petites tempêtes qui se produisent en cette période. Vous serez entouré de gens qui vous demanderont plus que vous ne pouvez donner. Vous aurez du mal à dire non et lorsque cela arrivera, il est possible que vous répondiez sèchement; évitez cela. Un non peut être dit fermement sans que vous ayez à froncer les yeux.

De petits conflits familiaux peuvent survenir entre le 1er et le 10, surtout au sujet d'une personne âgée et malade, mais aussi à propos d'un héritage. Cette période ne sera pas facile, même très désagréable s'il y avait un débat. Alors, que faire? S'il s'agit d'un héritage, tout dépend de la somme. Mais si vous n'héritiez que de guenilles ou de petites choses, cela vaut-il vraiment le coup de vous battre? Continuez votre vie comme vous la viviez avant.

L'amour est présent, fort, et quand vous aimez, vous le démontrez avec beaucoup de puissance. Mais attention de ne pas devenir jaloux, surtout du 23 novembre au 16 décembre. Vous n'avez aucune raison de l'être mais peut-être imaginez-vous le pire à ce moment-là. Si vous êtes célibataire, vous rencontrerez quelqu'un de magnifique, de très beau et probablement un signe d'eau tel un Cancer, un Poissons ou un Scorpion. Si vous rencontrez un autre Scorpion, l'union peut être extraordinaire si vous avez un minimum de quatre ans de différence et préférablement sept années.

Vous êtes un petit peu plus autoritaire avec vos enfants. Encouragez-les sans toutefois faire trop de pression sur eux, sinon ils se rebifferont. Il est important que vous ayez une vie sociale ce mois-ci car vous aurez tendance à vous retirer dans votre coquille. Le Nœud Nord poursuit sa route en Taureau, sa route achève par ailleurs, et c'est toujours l'indice d'un plus dans votre vie. D'autres éléments s'y ajouteront: travail, amour, succès, santé. Mercure est en Sagittaire à compter du 5 et Pluton dans le deuxième signe du vôtre vous font deviner tous les gens qui vous entourent; vous êtes perceptif, intuitif et logique. Vous utiliserez ces atouts pour vos affaires et pour régler vos petits comptes personnels. Alors, soyez souple, doux, bon, aimable. Magasinez aussi avec parcimonie car vous aurez tendance, surtout vers la fin du mois, à dépenser énormément.

⊸ DÉCEMBRE 2004 ⊶

Mars est en Scorpion jusqu'au 25 et va tourner autour de votre soleil durant cette période. Il vous donne une grosse énergie ou c'est tout le contraire, vous restez paralysé, vous ne bougez plus, vous décidez de ne plus être en action, de vous reposer; en fait, un repos dans l'immobilité ne vous convient pas du tout. Pour vous, le repos se trouve dans l'action cette année. Vous vous ressourcez avec les autres; il vous faut sortir. D'ailleurs, Mercure et Pluton en Sagittaire tout au long du mois ainsi que Vénus qui rejoint le Sagittaire à compter du 17 constituent une grande invitation au plaisir.

À compter du 26, Mars sera en Sagittaire, ce qui symbolise le voyage, petit ou grand selon vos moyens. Les plus chanceux iront se mettre les pieds à l'eau chaude. La majorité restera ici à regarder les autres partir mais, en même temps, s'offrira de petites vacances bien méritées, des loisirs plus agréables que le mois précédent.

Vous vous occupez beaucoup des autres, cela fait partie de votre nature mais il est temps de vous occuper de vous et de relaxer davantage. Votre famille vous fait de grands signes, elle a besoin de vous, alors profitez-en pour vous rapprocher de vos proches, avoir des discussions avec eux et peut-être bien rattraper le temps perdu avec de la parenté que vous ne voyez plus très souvent parce que vous êtes trop occupé. Sortez également de votre quotidien, de votre routine, mêlez-vous d'affaires sociales et si vous ne savez pas quoi faire, allez donc faire du bénévolat; vous rendriez service à beaucoup de gens. Avec votre énergie, vous seriez capable de guérir les malades ou du moins de les aider à se remettre sur pied beaucoup plus rapidement. Vous avez une énergie extraordinaire depuis le début de l'année et elle va se prolonger, à condition de ne pas vous isoler.

Vous avez entrepris de longues démarches sur le plan du travail, vous avez fait beaucoup de progrès, et vous serez prêt à rebondir, plus grand et plus fort, lorsque Jupiter sera en Scorpion en 2006.

SAGITTAIRE

23 novembre au 21 décembre

À MA BELLE-FILLE, NATHALIE LEMIEUX. JE LA REMERCIE DE PRENDRE UN SI GRAND SOIN DE MON PETIT-FILS MIKAËL.

SOUS L'INFLUENCE DE JUPITER

Vous êtes sous l'influence de Jupiter en Vierge jusqu'au 25 septembre. Jupiter est le grand justicier et régit également votre signe. Ainsi positionné dans la Vierge dans le dixième signe du vôtre, il est en chute mais symbolise plutôt une lutte pour votre carrière. En fait, vous vous taillez une nouvelle place au soleil. Vous aurez sans doute une promotion sous Jupiter en Vierge, ce que vous espérez obtenir depuis longtemps, mais elle vous amènera à de nombreux changements personnels. Vous aurez peut-être un peu de mal à vous y retrouver.

Jupiter ainsi positionné correspond également à un grand mouvement familial, en ce sens que certains d'entre vous pourront déménager, d'autres acheter leur première propriété et d'autres encore faire des rénovations sur leur maison. En fait, il y aura un mouvement constant, ne croyez surtout pas vous reposer au cours de 2004; Jupiter en Vierge qui régit le travail vous plongera dans un renouveau complet. Vous vous mêlerez également d'affaires sociales; vos implications seront beaucoup plus grandes. D'ailleurs, quelques personnes vous jalouseront parce que vous prenez beaucoup trop de place. Quand on naît Sagittaire, on ne naît pas pour être invisible, mais pour être et paraître.

Si vous travaillez dans le domaine des communications, il faudra constamment vous assurer de vos sources afin de ne jamais donner une information qui serait incomplète et qui, par la suite, vous mettrait dans l'embarras. Personne n'est parfait et tout le monde peut commettre des erreurs; vous n'en êtes pas exempt. Sauf qu'en 2004, durant neuf mois, l'erreur peut être plus difficile à réparer qu'elle ne l'aura jamais été auparavant.

Jupiter en Vierge dérange, désorganise; en fait, les compétiteurs sont à vos portes. Alors, vous devrez jouer du coude au cours de la prochaine année pour préserver votre place au soleil ou vous en taillez une. Si vous êtes fraîchement sorti de l'université, vous ferez sans doute partie de ceux qui se battront pour obtenir un meilleur salaire, pour être payé selon votre juste valeur. La lutte ne sera pas gagnée instantanément, il faudra vous armer de patience. Mais un Sagittaire a suffisamment de patience, de ténacité pour aller jusqu'au bout de son entreprise; après tout, vous êtes mi-homme, mi-cheval, vous ne perdez pas la tête, vous pouvez ruer et courir très fort vers votre idéal. Malheureusement, sous Jupiter en Vierge, des gens ne penseront pas comme vous, alors il faudra accepter toutes ces différences.

Jupiter sera en Balance dès le 26 septembre et vous commencerez à récolter tout ce que vous aurez semé autour de vous pendant les neuf premiers mois de l'année. Le succès vous attend dans le milieu professionnel. Vous aurez remis de l'ordre dans votre maison, votre famille, votre conjoint. Vous ferez taire les mauvais souvenirs une fois pour toutes. Vous aurez beaucoup de travail et du bonheur à profusion sous Jupiter en Vierge et en Balance.

SATURNE EN CANCER

Saturne en Cancer est dans le huitième signe du vôtre, ce qui représente une transformation profonde de l'être. Cela touche l'âme, le cœur et souvent le corps. Toutes ces transformations se manifesteront d'une manière ou d'une autre car vous êtes un Sagittaire, un être généralement expressif, dynamique. Saturne ainsi positionné, c'est comme la mort à une vieille vie et la renaissance à une nouvelle. Si vous vous accrochez à vos vieilles croyances, à vos vieilles habitudes, vous serez plutôt triste.

Pour certains d'entre vous, Saturne en Cancer correspondra à un déracinement en ce sens que vous désirez partir à l'étranger ou ce sera l'entreprise pour laquelle vous travaillez qui vous demandera d'aller faire un long séjour à l'étranger ou même de vous y installer avec votre famille. Vous aurez un choix important à faire et ce n'est pas toujours facile mais dites-vous que vous êtes bien guidé; suivez votre idéal.

Saturne en Cancer ainsi positionné dans le huitième signe du vôtre est souvent présage d'un décès survenant dans la famille. Il peut s'agir d'un parent âgé et malade tout comme d'une jeune personne, ce qui vous fera réfléchir. Quelle est donc votre mission? Que vous reste-t-il à faire pour l'achever ou la commencer?

Saturne en Cancer vous avise également de prendre soin de votre propre santé. Vous aurez quelques petites alertes ici et là, il est vrai que vous travaillerez énormément et vous ne prendrez pas toujours le temps de vous occuper de vous. Vous étoufferez les signaux que vous lancera votre corps, mais il insistera. N'attendez pas d'être obligé d'aller à l'urgence pour vous faire soigner. Dès les premiers signes d'un mal qui perdure, prière d'aller consulter votre médecin.

URANUS EN POISSONS

Uranus est en Poissons jusqu'en 2011 dans le quatrième signe du vôtre. Il signifie la désorganisation de la maison, mais aussi la difficulté à y mettre de l'ordre. Votre porte sera grande ouverte et, ainsi, vous vous retrouverez souvent à nourrir beaucoup de gens et à prendre soin des enfants des autres. Le Poissons étant le symbole de celui qui ne peut supporter de voir souffrir les autres, vous verrez à ceux qui sont dans le besoin. Il peut s'agir d'enfants mais aussi de malades; vous ferez preuve d'une grande bonté.

Jusqu'au 25 septembre, vous êtes sous l'influence de Jupiter en Vierge et Uranus en Poissons se trouve en face de Jupiter. Donc, pendant les neuf premiers mois de l'année, vous serez porté à dépenser plus qu'il ne le faut et peut-être à donner à des gens qui ne méritent pas de recevoir quoi que ce soit. Ou vous faites partie de ceux qui s'achètent constamment quelque chose pour combler un vide. Si vous agissez ainsi, vous ne ferez aucune économie. Uranus en Poissons vous avise de demander à votre meilleur ami de tenir vos comptes, de vous aider à faire votre budget; vous vous éviterez peut-être des pertes.

Uranus en Poissons correspond chez certains d'entre vous à une transformation rapide de carrière. Vous serez sans doute dans un état de panique parce que vous ne saurez pas exactement où cela vous entraînera. Il suffira de prendre un recul de quelques heures et de faire confiance à votre intuition et vous saurez s'il faut dire oui ou non à l'offre.

Uranus en Poissons ainsi positionné vous avise ici encore de prendre bien soin de votre santé, surtout ce que vous mangez si vous allez dans des pays exotiques. Quant à votre maison, il faudra surveiller le sous-sol car de l'eau pourrait s'y infiltrer. Vérifiez votre tuyauterie régulièrement pour vous éviter des catastrophes.

Uranus en Poissons concerne, chez certains d'entre vous, la garde des enfants. Si vous êtes une femme et que vous ayez la garde de vos enfants, il est possible qu'on la conteste et qu'on veuille vous la retirer. Bien sûr, vous vous débattrez, mais ce sera une dure lutte et les enfants risquent d'être pénalisés. Uranus en Poissons peut également présager qu'un de vos enfants ait de mauvaises relations et subisse une influence négative, surtout s'il approche l'adolescence. Dites-lui de recevoir ses amis à la maison, vous saurez parfaitement ce qu'il fait, comment il se comporte et vous pourrez vous faire une idée plus juste de ses copains.

Uranus en Poissons, c'est peut-être une surprise aussi: celle de devenir parent. Avis aux intéressés.

PLUTON EN SAGITTAIRE

Pluton poursuit sa marche en Sagittaire jusqu'en 2008 et vous donne une très grande énergie. Pluton, c'est la conscience sociale à laquelle vous êtes lié, c'est à la fois la mort à une vie et la renaissance à une autre qui ne se fait jamais rapidement lors du passage de cette planète. N'allez pas croire qu'il s'agit là d'un effet néfaste, bien au contraire, puisque vous faites peau neuve. Il y a certaines périodes plus difficiles que d'autres, mais Pluton représente toujours la force qui vient avec une épreuve. En fait, on ne peut rien contre vous avec Pluton dans votre signe. On peut vous déranger, vous désorganiser, mais on ne peut pas vous abattre: vous êtes fort.

NŒUD NORD EN TAUREAU

Vous êtes sous l'influence du Nœud Nord en Taureau dans le sixième signe du vôtre; il rappelle le travail dans lequel vous serez impliqué. En fait, vous serez débordé de travail toute l'année, parce que d'abord vous aimez travailler, vous aimez aussi vous rendre utile et prendre votre place au soleil, et le Nœud Nord en Taureau en est une belle invitation.

C'est également un appel à la créativité; certains d'entre vous possèdent des talents, un art, un don; si vous ne l'avez pas encore découvert, sous l'influence du Nœud Nord en Taureau, il deviendra bien évident et vous ne résisterez pas à le développer. Il est également présage de l'amour dans un milieu de travail ou scolaire; il a un lien avec la culture, l'art et le travail. C'est comme si vous regardiez tous deux dans la même direction.

SAGITTAIRE ASCENDANT BÉLIER

Sous l'influence de Jupiter en Vierge jusqu'au 25 septembre, il sera sérieusement question d'un retour aux études, de parfaire une formation, et cette fois, vous êtes bien décidé à aller jusqu'au bout.

À compter du 26 septembre, Jupiter entre en Balance dans le onzième signe du vôtre et le septième signe de votre ascendant, ce qui laisse présager une rencontre amoureuse fort intéressante. Celle-ci sera provoquée probablement par un ami qui vous présentera une connaissance dont vous tomberez amoureux. Il n'est pas recommandé d'aller trop rapidement vers le mariage; prenez l'année pour bien le connaître.

Saturne est en Cancer dans le huitième signe du vôtre et le quatrième signe de votre ascendant. Si vous vivez dans une famille reconstituée, il est possible qu'il y ait des discussions ardues avec vos ex-conjoints au sujet des enfants.

Uranus est en Poissons dans le quatrième signe du vôtre et le douzième signe de votre ascendant. Si vous n'entreprenez aucune discussion avec vos enfants et qu'il y a un trouble familial que vous essayez de leur cacher, ils vous le démontreront en faisant des mauvais coups. En réalité, ils seront d'humeur maussade, tristes, et ils essaieront d'avoir une explication. Et s'ils sont en âge de comprendre ce qui ne va pas entre vous et votre partenaire, il faut leur expliquer. S'ils sont petits, il faudra leur donner beaucoup plus d'affection et d'attention qu'à l'accoutumée. En fait, tout le processus familial est dans un état de renouveau; si votre couple va très bien, il y aura tout de même des petites questions à vous poser. Attention aussi à la maison. Si vous faites l'achat d'une propriété, veuillez la faire inspecter de la cave au grenier afin de n'avoir aucune mauvaise surprise lorsque vous y emménagerez.

Neptune en Verseau dans le troisième signe du vôtre et le onzième signe de votre ascendant symbolise votre grand désir d'avoir continuellement des amis autour de vous, de voir des gens nouveaux. Dès que vous ressentez le besoin de sortir, allez voir vos amis, discutez avec eux; vous reviendrez avec des idées nouvelles et peut-être un petit peu plus reposé que vous ne l'étiez avant de partir. Vous avez toujours besoin d'activités extérieures à la maison; cela fait partie de votre nature. En tant que Sagittaire ascendant Bélier, il est bon que vous vous amusiez de temps en temps.

Pluton en Sagittaire dans le neuvième signe de votre ascendant vous fait désirer partir en voyage. Mais peut-être ne le pouvez-vous pas ou le pouvez-vous. Quoi qu'il en soit, Pluton, c'est aussi un appel vers la sagesse, vers la réflexion. Une réflexion sur votre vie tout entière, vos principes, vos valeurs et vos croyances.

Le Nœud Nord en Taureau se retrouve dans le sixième signe du vôtre et le deuxième signe de votre ascendant. Il confirme que vous serez très occupé au travail au cours de la prochaine année. Si vous êtes dans la vente, vous ferez des profits au-delà de ce que vous espériez. En fait, quel que soit votre métier, vous aurez sans doute une augmentation de salaire.

SAGITTAIRE ASCENDANT TAUREAU

Jupiter est en Vierge dans le dixième signe du vôtre et cinquième signe du Taureau, une position planétaire extraordinairement créative. En fait, si vous travaillez dans un domaine créatif, vous apporterez un renouveau ou du nouveau tout au long de l'année. L'ascendant Taureau a toujours besoin de créer, d'inventer, d'innover; en fait, il a besoin de manifester quelque chose de beau, par exemple refaire sa maison pour que ce soit plus beau ou s'habiller avec des vêtements ultra-sophistiqués. Par ailleurs, si vous faites partie des ascendants Taureau invisibles, vous recelez beaucoup de mélancolie, de tristesse et peut-être même de déprime. En principe, l'année 2004 vous éveille à nouveau à vous-même et vous permet d'aller de l'avant, de développer un talent que vous possédez déjà ou d'entreprendre des études.

Saturne qui est en Cancer dans le huitième signe du vôtre et le troisième signe du Taureau vous donne des idées plutôt originales et parfois même révolutionnaires, que vous réussirez à faire accepter. En effet, votre ascendant Taureau vous permet de garder une attitude très aimable avec les gens avec lesquels vous discutez même lorsque vous rencontrez de l'opposition.

Uranus en Poissons dans le quatrième signe du vôtre et le onzième signe du Taureau symbolise que de nouveaux amis entreront chez vous et ceux-ci pourraient avoir des postes influents et vous permettre d'aller là où vous voulez aller.

Neptune en Verseau dans le troisième signe du vôtre et le dixième signe de votre ascendant représente l'aspiration à une grande carrière. Mais une toute petite partie de ce gigantesque idéal sera accompli au cours de cette année, car vous faites des rêves quasi impossibles à réaliser.

Le Nœud Nord en Taureau dans le sixième signe du vôtre et sur votre ascendant symbolise encore une fois la consécration au travail. C'est à peine si vous verrez votre famille; vous consacrerez votre temps entre vos amis et vos connaissances influentes. En fait, vous pourriez même choquer la famille. Si vous avez un amoureux, vous lui manquerez beaucoup au cours de l'année. Il faudra certainement lui consacrer un peu de temps si vous désirez préserver votre vie de couple longtemps.

SAGITTAIRE ASCENDANT GÉMEAUX

Vous êtes le communicateur-né, vous êtes né de Jupiter et de Mercure, vous n'avez donc pas la langue dans votre poche, bien au contraire. Vous adorez la controverse, l'obstination, l'argumentation; vous désirez toujours prouver que vous avez raison. Vous êtes sous l'influence de Jupiter en Vierge jusqu'au 25 septembre dans le dixième signe du vôtre et le quatrième de votre ascendant. Il sera plus difficile d'avoir raison en tout temps sous cet aspect. Il vous faudra réfléchir plus longuement lorsque vous ferez des affirmations, particulièrement dans le domaine du travail. À la maison, avec votre partenaire, votre famille, vous aurez tendance à critiquer et vous pourriez être fort déplaisant. Il est dans votre intérêt d'être bien sage, de tourner votre langue sept fois avant de parler, surtout s'il s'agit de faire des remontrances à des proches. Par ailleurs, sous Jupiter en Vierge, vous vous sentirez l'obligation de conseiller. Mais vous a-t-on demandé un conseil? Peut-être ne vous a-t-on posé qu'une simple question. Aussi, il vaudrait mieux attendre qu'on vous adresse la parole avant de donner votre avis.

À compter du 26 septembre, vous serez sous l'influence de Jupiter en Balance dans le onzième signe du vôtre et le cinquième signe de l'ascendant. Sans doute serez-vous beaucoup plus calme; par ailleurs, vous entrez dans une zone plus chanceuse dans tous les secteurs de votre vie. Vos désirs seront presque des ordres, c'est extraordinaire que les choses se passent soudainement ainsi. Si vous êtes célibataire, il y a possibilité d'une rencontre inhabituelle. Cette personne aura certainement un talent artistique; elle vous épatera par son originalité, sa vivacité d'esprit et sa sensibilité.

Saturne en Cancer dans le deuxième signe de votre ascendant et huitième du Sagittaire vous avise de ne pas faire de dépenses inconsidérées. Vérifiez bien votre budget dès que vous faites un achat, surtout s'il s'agit d'un investissement à long terme qui nécessiterait plusieurs mois de paiements.

Uranus en Poissons dans le quatrième signe du vôtre et le dixième signe de votre ascendant représente encore une fois la famille, vos relations familiales qui risquent d'être houleuses. À certains moments, vous donnerez priorité à la famille tandis qu'à d'autres, vous donnerez priorité à votre travail; c'est comme s'il vous était extrêmement difficile de vivre les deux à la fois. Il vous faudra trouver un équilibre et avoir de longues conversations avec vos enfants, surtout s'ils sont adolescents. Ils n'acceptent plus vos recommandations comme ils le faisaient quand ils étaient petits. Il est important d'être parfaitement honnête avec eux quoi qu'il se passe dans la maison. S'il y a des tensions, nul besoin de leur cacher, ils auront tout compris. Cet aspect n'est pas qu'imparfait; il vous dit seulement que vous pouvez atteindre une harmonie familiale, à condition d'être réfléchi en tout temps et d'avoir un œil juste sur les gens qui vous entourent et non pas les regarder comme vous voudriez qu'ils soient.

Neptune est en Verseau dans le troisième signe du vôtre et le neuvième signe du Gémeaux. Bien sûr, vous êtes intellectuel, curieux. Si votre travail vous oblige à voyager, à vous déplacer fréquemment, je vous conseille la prudence. Ne partez jamais si votre voiture est en désordre, s'il y a un problème mécanique. Il en va de même à la maison si vous travaillez avec des outils tranchants. Neptune en Verseau, c'est également un pas de plus vers la sagesse, quand il y a réflexion. Car rien n'arrive si vous vous contentez de spontanéité. Un bon conseil sous Neptune en Verseau: soyez sage et un peu plus méditatif, car c'est un aspect qui vous fait bouger dans tous les sens. Mais de temps à autre, arrêtez-vous et méditez.

Pluton est en Sagittaire sur votre soleil ou, du moins, tout près ainsi que dans le septième signe du vôtre. Voici encore une fois le rappel à la vie de couple. Alors si vous avez quelqu'un dans votre vie, si vous êtes amoureux, il mérite de l'attention. Il est vrai que vous êtes très préoccupé par vous-même, par votre passé, par la vie elle-même et la vôtre. D'où venez-vous? Y a-t-il une réponse que vous devriez trouver présentement? Pourquoi la vie ne serait-elle pas tout simplement d'être aux côtés de votre amoureux? Si vous êtes célibataire, Pluton donne un grand signal d'amour, d'amour partagé à condition que vous vous préoccupiez des besoins de l'autre et non pas uniquement des vôtres.

Le Nœud Nord en Taureau se trouve dans le sixième signe du vôtre, symbole de travail mais également de services à autrui, ceux qu'on rend gratuitement. Parce qu'il y a un temps où il faut rendre à César ce qui appartient à César et donner à ces gens qui, par le passé, vous ont fait des fleurs ou des faveurs. Le Nœud Nord est aussi dans le douzième signe de votre ascendant, ce qui signifie qu'il faut faire attention à votre santé. Lorsque les choses iront mal, vous aurez tendance à vous empiffrer, à trop manger ou au contraire, si vous manquez d'appétit, vous ne mangerez pas suffisamment et ainsi vous manquerez d'éléments essentiels. Donc, soyez très attentif à votre alimentation. Faites attention de ne pas trop prendre de médicaments, car vous pourriez subir des désagréments.

SAGITTAIRE ASCENDANT CANCER

Vous êtes né de Jupiter et de la Lune. Ne vous arrive-t-il pas de prendre vos désirs pour des réalités? de vouloir immédiatement ce que vous désirez? Attention, vous avez tendance à dicter la conduite de vos proches, surtout si vous savez que vous êtes aimé. Vous avez un charme fou mais vous en abusez de temps à autre. Voici qu'au cours de l'année 2004, sous l'influence de Jupiter en Vierge jusqu'au 25 septembre, il sera plus difficile d'en abuser parce qu'on entamera de longues discussions avec vous pour vous faire comprendre que vous n'avez pas toujours raison et que vos désirs, vos besoins ne peuvent pas tous être satisfaits. Un bon point pour Jupiter en Vierge, il sera fortement question d'un retour aux études pour un grand nombre d'entre vous pour parfaire une formation ou parce qu'on vous a offert une promotion. Par ailleurs, vous avez un esprit pratique, vous êtes organisé et comme Jupiter en Vierge est le troisième signe du Cancer, vous usez de quelques stratégies quand il s'agit de commerce, de transactions, de négociations. Vous êtes fort habile, fort intelligent, bien inspiré quand il s'agit d'encaisser le magot. Il est rare que vous soyez pauvre sous votre signe et ascendant. En général, vous vous sortez très bien de tous les pépins quels qu'ils soient.

Jupiter passe en Balance le 26 septembre dans le onzième signe du vôtre et le quatrième signe de votre ascendant. Il signifie que votre maison risque d'être remplie d'amis. Mais sont-ils tous des amis en réalité? Il est possible que certains ne soient que des connaissances; ils sont là pour vous soutirer quelque chose. Il est également possible que des membres de la famille viennent vers vous afin d'obtenir des conseils. Attention, ce que vous suggérerez ne sera peut-être pas toujours approprié à leurs besoins, il est très difficile de se mettre à la place des autres. Sous Jupiter en Balance, vous ne serez pas très présent à votre amoureux, non plus qu'à vos enfants, parce que votre travail vous fait voyager fréquemment.

Saturne est en Cancer sur votre ascendant dans le huitième signe du vôtre. Il est possible que vous ayez un héritage familial, héritage d'une personne que vous connaissiez à peine. Ou alors, si vous avez des parents très âgés et malades, il est possible que vous leur rendiez visite à l'hôpital fréquemment ou même qu'il y ait décès dans la famille. Saturne vous donne une grande assurance, à tel point que vous vous prendrez pour le chef de famille. Mais vous a-t-on donné vraiment ce rôle? Il serait plutôt préférable de vous abstenir de diriger tout le monde. Saturne ainsi positionné crée quelques difficultés sur le plan physique, particulièrement liées à la colonne vertébrale et à la digestion. L'estomac sera beaucoup plus fragile; aussi faudra-t-il éviter les gras et principalement les sucres. Si vous avez des maux de dos, sous l'effet du stress, ils pourraient s'accentuer. Il n'y a pas mille recettes pour y remédier: des exercices pour renforcer votre musculature et un régime pour protéger l'ossature.

Uranus en Poissons dans le quatrième signe du vôtre et neuvième signe du Cancer concerne la fuite: on se sauve de la maison, on prend ses aises, on se repose mais on essaie également de régler les problèmes familiaux. Est-ce vraiment nécessaire? Si vous vivez dans une famille reconstituée, il est possible que quelques difficultés surgissent concernant la garde partagée. Il faudra être bien sage pour entamer de longues discussions à ce sujet. Si vous vendez votre maison, vous devrez déménager très rapidement car la vente sera rapide et le profit fort intéressant. Mais si vous faites l'achat d'une propriété, attention aux coups de foudre qui pourraient vous coûter cher. Le mieux serait de vous faire accompagner.

Neptune en Verseau dans le troisième signe du vôtre et le huitième signe de votre ascendant vous avise de ne pas écouter les ragots au travail. Allez à la source, sinon cela pourrait vous créer un tas d'ennuis. Attention, la compétition est féroce dans votre milieu de travail.

Pluton en Sagittaire est important pour vous puisqu'il est proche de votre Soleil dans votre signe et le sixième signe de votre ascendant. Ceci vient confirmer le monde du travail, un travail acharné où vous devrez asseoir votre autorité et, du même coup, respecter autrui. Ne soyez jamais agressif en 2004, car vous serez le perdant. Vous pourriez souffrir moralement et y perdre matériellement. Donc, faites de grandes respirations, un brin de méditation et dormez le soir. Il est important d'être reposé le matin lorsque vous allez au travail afin de ne jamais perdre le nord. Car sous votre signe et ascendant, plusieurs parmi vous se mettent en colère trop rapidement.

Vous êtes également sous l'influence du Nœud Nord en Taureau dans le sixième signe du vôtre et le onzième signe de votre ascendant qui vient confirmer le monde des études en vue d'avoir une meilleure position ou pour obtenir l'emploi rêvé. Cet aspect vous avise de faire très attention à votre santé, surtout si vous avez des problèmes circulatoires. Vous avez besoin d'exercice, il n'y a pas que l'intellect qui doit bouger mais également votre corps. Alors, aux moindres engourdissements, rendez visite à votre médecin afin de passer un examen médical, de vous assurer que tout va bien et, s'il y a lieu, de corriger la situation.

SAGITTAIRE ASCENDANT LION

Vous êtes un double signe de feu, né de Jupiter et du Soleil. Où que vous passiez, votre magnétisme détonne. Par ailleurs, vous êtes un être lumineux. Il est très rare, sous votre signe et ascendant, de trouver des gens méchants, c'est une impossibilité. Au contraire, Sagittaire ascendant Lion est le missionnaire, celui qui est bon pour autrui, l'être donnant, le protecteur. Si vous ne pouvez vous identifier à cette description, il faudra réviser vos paramètres, il y a eu erreur. Certains d'entre vous ont eu une enfance difficile mais, une fois adulte, il n'est plus nécessaire de faire preuve d'agressivité. Alors, si vous aviez un comportement déplaisant envers autrui et que vous désiriez toujours être le premier partout, dites-vous qu'il est important d'analyser ce qui a pu se passer quand vous étiez petit, et particulièrement vers votre 18ᵉ anniversaire car c'est là que tout s'est déclenché.

Jupiter est en Vierge jusqu'au 25 septembre dans le deuxième signe de votre ascendant et le dixième du vôtre. Il s'agit d'une nouvelle carrière ou d'un ajout à ce que vous faites présentement et, naturellement, cela veut dire beaucoup plus d'argent que vous n'en gagniez il y a deux ans. Pour certains d'entre vous, ce sera une promotion. Si vous êtes tout frais sorti de l'université, dès que vous ferez une demande d'emploi, vous l'obtiendrez, et même plus. Il vous suffit d'être là pour qu'on vous aime et comprenne; on ressent toute votre brillance intellectuelle mais également votre capacité à composer avec autrui, à être bon envers lui. Seule l'exception fait la règle.

Jupiter est en Balance à compter du 26 septembre dans le onzième signe du vôtre et le troisième signe du Lion. Il s'agit là d'un aspect intellectuel absolument magnifique, une vivacité d'esprit. En fait, vous comprendrez les problèmes humains très rapidement. Si vous travaillez à des projets reliés au monde des communications, soyez assuré que vous obtiendrez un meilleur poste. Si votre travail vous amène à voyager, vous ferez souvent vos valises et, à chaque retour, vous pourrez additionner des profits supplémentaires, ce qui vous permettra de vous offrir du luxe.

Vous êtes également sous l'influence de Saturne en Cancer dans le huitième signe du vôtre et le douzième signe du Lion. Cet aspect est ce qu'il y a de moins beau dans votre thème au cours de 2004, puisqu'il s'agit d'un décès surprenant, par exemple un ami qui semblait en bonne santé et qui, soudain, vous annonce qu'il a un mal incurable. Saturne en Cancer, c'est aussi un monde de réflexion sur la qualité de votre vie, de celle de votre entourage et de l'importance de chaque minute qui passe. Vous êtes un double signe de feu; le feu, c'est le courage de vivre malgré les obstacles, de les traverser. Bien que la douleur puisse être à un certain moment intolérable, vous trouverez toujours cette lumière qui vous permet de voir l'issue. Cette position de Saturne en Cancer laisse présager un héritage surprise s'il s'agit du décès d'un parent qu'on ne connaît que très peu.

Uranus est en Poissons dans le quatrième signe du vôtre et le huitième signe du Lion, ce qui vient ici confirmer la mort. Mais cet aspect symbolise que, parmi les gens de votre famille, peut-être y aura-t-il un partage entre frères, sœurs, oncles, tantes, etc., et qu'il se fera dans la paix grâce à vous.

Sous Neptune en Verseau, vous avez l'appui de votre partenaire, peu importe les problèmes qui se présenteront. Celui-ci aura de nombreuses suggestions, d'une justesse extraordinaire. Écoutez-le. Ou alors est-ce vous qui inspirerez votre partenaire?

Pluton est en Sagittaire; il tourne autour de votre Soleil et se trouve dans le cinquième signe de votre ascendant. Ce cinquième signe symbolise vos enfants qui vous épateront grâce à un talent très particulier. Alors soyez attentif à eux, observez-les et si l'un d'eux manifestait un intérêt pour la musique, le dessin, la peinture, donnez-lui la chance de développer encore plus ce talent.

Sous l'influence du Nœud Nord en Taureau dans le sixième signe du vôtre et le dixième signe du Lion, il se peut qu'un de vos enfants vous demande de travailler dans votre entreprise. Par ailleurs, faites attention à votre santé, vous aurez besoin de relaxer car l'action ne manquera pas. Également, si vous pratiquez un sport, ne prenez aucun risque. Si vous faites des réparations sur votre maison, soyez extrêmement prudent avec les outils que vous utiliserez.

SAGITTAIRE ASCENDANT VIERGE

Vous êtes né de Jupiter et de Mercure. Ne vous arrive-t-il pas de compliquer la vie, de voir dans un simple fait une longue histoire, un drame, un roman? Mais il n'est pas impossible non plus que vous ayez vécu des événements fort difficiles. En tant qu'ascendant Vierge, vous rendez service à autrui si facilement que certaines personnes abuseront de vous. Il arrive également que vous en preniez trop sur vos épaules, ce qui vous amène à vivre de la souffrance sur le plan moral; cette année, vous réfléchirez à tout cela.

Jupiter est en Vierge jusqu'au 25 septembre dans le dixième signe du vôtre et sur votre ascendant. C'est comme si vous retrouviez une force extraordinaire. Si vous êtes jeune ou que vous êtes déjà une personne résistante, vous aurez à peine besoin de dormir ou presque mais si vous avez été malade, vous récupérez à une folle allure. Par ailleurs, vous modifierez instinctivement votre alimentation de manière à ne pas prendre de poids, ce qui est courant sous votre signe et ascendant, ou en prendre si vous souffrez de maigreur; tout ceci s'équilibre. Il en va de même en ce qui concerne votre profession; vous pouvez sans doute compter sur une promotion au cours des prochains mois. Mais il y aura des jaloux autour de vous; faites comme s'ils n'existaient pas et ils finiront par disparaître. Vous ferez sans doute des voyages. Vous aurez un grand besoin de retourner aux sources, comme si vous aviez besoin de ce rappel pour mieux poursuivre votre chemin car depuis au moins quatre ans, les difficultés se sont accumulées et voilà qu'elles disparaîtront.

À compter du 26 septembre, sous l'influence de Jupiter en Balance, qui sera là durant les douze prochains mois, vous ferez encore plus d'argent. Si vous avez un projet que vous avez développé en 2003, il vous rapportera beaucoup plus d'argent que vous ne l'aviez prévu, particulièrement si vous travaillez dans le domaine des communications ou créatif.

Saturne est en Cancer dans le huitième signe du vôtre et le onzième signe de la Vierge, ce qui laisse présager la maladie d'un proche mais peut-être le départ d'un membre de la famille. Il faudra vous en séparer, probablement pas pour toujours. Il y a également la possibilité qu'un parent décède.

Uranus est en Poissons dans le quatrième signe du vôtre et le septième signe de votre ascendant. Si vous êtes seul depuis longtemps, si vous avez opté pour le célibat parce que vous avez été trop déçu sur le plan sentimental, voilà que vous changerez d'avis. Étrangement, ce sera un membre de votre famille qui vous présentera le grand amour. La peur vous fera sans doute reculer, mais on fera votre conquête, on sera charmant avec vous; cette personne aura un intérêt très semblable au vôtre.

Neptune en Verseau vient ici confirmer la conversation en milieu de travail qui semble au départ banale mais qui, finalement, déclenche l'amour. Vous résisterez, mais pas fortement devant la qualité et l'intelligence de cette personne. Cet aspect représente un monde de travail qui s'ouvre à vous, celui des communications. Si ce travail vous fait voyager, attendez-vous à faire vos valises de nombreuses fois. Neptune en Verseau concerne les conversations téléphoniques, par affaires mais aussi sentimentales si vous êtes seul.

Vous êtes naturellement sous l'influence de Pluton en Sagittaire qui tourne autour de votre Soleil et qui se trouve dans le quatrième signe de votre ascendant. Alors si vous êtes amoureux, jeune et que vous n'avez pas encore d'enfant, il sera sérieusement question d'en avoir un premier et pour d'autres, un deuxième et même un troisième. La vie étant imparfaite, quelques-uns se sépareront au cours de la prochaine année; il faudra vous assurer de ne pas vous quereller devant les enfants. Par ailleurs, même s'il y a eu séparation ou si vous êtes sur le point de vous séparer, il peut y avoir un miracle, une réconciliation grâce à la médiation familiale. Osez, mettez votre orgueil de côté.

Le Nœud Nord en Taureau dans le neuvième signe du vôtre et le neuvième signe de la Vierge vient ici renforcer l'idée des voyages, voyages par affaires mais également parce que le nouvel amoureux que vous avez rencontré habite une autre ville. Si vous vivez dans une famille reconstituée, il y aura de nouvelles ententes; tout se passera bien, il ne faut pas vous inquiéter à ce sujet.

SAGITTAIRE ASCENDANT BALANCE

Vous êtes né de Jupiter et de Vénus, quel beau duo! En fait, vous avez l'intelligence, l'instinct, l'intuition alliés au charme de Vénus; et ce charme n'est pas dénué de raison. Sagittaire ascendant Balance, n'êtes-vous pas un artiste? Si vous en êtes un, sans doute réussirez-vous à vous tailler une place au soleil. Si vous êtes dans le monde des affaires, vous ferez de même. Cet ascendant Balance a aussi un sens de justice absolument incroyable. D'abord, le Sagittaire symbolise le juge et la Balance, l'avocat. À vous seul, vous êtes la Cour au grand complet. Vous avez un appétit certain pour la justice. À moins que vous n'utilisiez la justice à vos fins personnelles; sous votre signe et ascendant, vous en avez le pouvoir.

Vous êtes sous l'influence de Jupiter en Vierge dans le douzième signe de votre ascendant jusqu'au 25 septembre. Si vous appartenez à la catégorie de ceux qui abusent de la confiance d'autrui, vous paierez la facture tant sur le plan matériel que sur le plan de la santé. Si vous êtes l'honnête Sagittaire ascendant Balance, il est possible que vous vous acharniez à sauver une personne qui est dans l'embarras, qui vit une situation difficile. Attention, on pourrait du même coup drainer votre énergie. Par contre, en ce qui concerne votre propre plan de carrière, il semble que tout aille plutôt bien. Quelques petits détours ici et là, mais rien de dramatique. En fait, il n'en tient qu'à vous de voir jusqu'où vous pouvez aller.

Jupiter est en Balance sur votre ascendant et dans le onzième signe du vôtre à compter du 26 septembre, et ce, pendant les douze prochains mois. Cette position est absolument extraordinaire pour reprendre le contrôle de votre vie si vous l'avez perdu bien sûr et également pour que justice soit faite. Si vous aviez tendance à prendre du poids, attention, comme les choses iront très bien avec Jupiter en Balance, vous pourriez manger plus qu'à l'accoutumée.

Saturne est en Cancer dans le huitième signe du vôtre et le dixième signe de la Balance. Il s'agit ici d'une sorte de confirmation sur le plan de la carrière. Il est important de vous occuper de vos affaires car vous aurez tendance à laisser les autres s'y immiscer. De grâce, ne signez pas un chèque en blanc car on pourrait se servir grassement. Sous cet aspect, il est possible que vous remplaciez un grand patron et ce sera pour vous une chose surprenante: jamais vous ne vous attendiez à occuper un tel poste. Mais vous avez l'étoffe pour accomplir votre mission jusqu'au bout.

Uranus est en Poissons dans le quatrième signe du vôtre et le sixième signe de votre ascendant. Voici que cet aspect confirme encore une fois le monde du travail, le travail en double, en fait. Bienvenue, l'argent! Par contre, cela signifie aussi qu'il faut vous occuper de votre famille, et particulièrement de vos enfants s'ils sont en bas âge.

Sous l'influence de Neptune en Verseau, même si vous êtes extrêmement occupé, il sera question d'avoir un autre enfant, ou encore d'en avoir un sans qu'il ait été planifié.

Pluton est en Sagittaire, autour de votre Soleil, dans le troisième signe de votre ascendant. Vous ne cesserez d'explorer, d'étudier, d'analyser, de vous questionner; si vous travaillez dans le domaine des communications, vous serez tout simplement génial. Vous serez persuasif, convaincant. Si vous êtes dans la vente de produits et services, vous vendrez deux fois plus que jamais vous ne l'aviez fait. Lorsque nous arriverons au 26 septembre, Jupiter sera en Balance et sur votre ascendant, ce qui vous donnera une force inouïe dans tous les domaines que vous entreprendrez et également, pour certains, la chance sera aussi très présente.

Le Nœud Nord est en Taureau dans le sixième signe du vôtre et le huitième signe de la Balance: quelle étrange position! Il symbolise des transformations au travail, souvent radicales. Si vous êtes étudiant, il est possible que vous décidiez de changer de domaine; vous ferez le bon choix car vous êtes extraordinairement, magnifiquement intuitif.

SAGITTAIRE ASCENDANT SCORPION

Vous êtes né de Jupiter et de Mars, une association extrêmement dynamique, mais il vous arrive de temps à autre de vous éparpiller. Mars veut tout faire, le Sagittaire veut tout découvrir. Alors, que faire? Il est nécessaire que vous soyez concentré lorsque vous poursuivez un but. Sinon, vous risquez d'en atteindre plusieurs mais aucun ne sera satisfaisant si vous n'allez pas jusqu'au bout.

Jupiter est en Vierge dans le dixième signe du vôtre et le onzième du Scorpion, signifiant que votre maison sera ouverte à tous. Mais attention, ces gens peuvent vous nuire, vous empêcher d'aller au bout de vos petites et grandes entreprises, plus particulièrement si vous travaillez de la maison. Jupiter ainsi positionné symbolise aussi les enfants des autres. De nature accueillant, si vous avez des enfants, non seulement aurez-vous les vôtres à la maison mais également ceux des autres. Il est possible qu'une querelle familiale éclate chez le voisin; comme vous connaîtrez une de ces personnes, vous serez tenté d'y aller pour faire la paix. De grâce, restez au dehors de ceci. Sous Jupiter en Vierge, vous serez nombreux à entreprendre une nouvelle carrière qui vous demandera plusieurs déplacements.

À compter du 26 septembre, Jupiter entre en Balance dans le onzième signe du Sagittaire et le douzième signe du Scorpion. Cet aspect vous invite d'abord à faire très attention à votre santé. Reposez-vous, ne vous laissez pas envahir par des gens qui pourraient gruger votre belle énergie. Jupiter en Balance, c'est également l'ennemi caché, les envieux. Si vous travaillez pour une grosse entreprise, n'allez surtout pas raconter vos histoires personnelles aux uns et aux autres; on pourrait s'en servir contre vous, tout simplement parce qu'on est jaloux, on veut votre place. En ce qui concerne le travail, vous en aurez beaucoup cette année et il ne sera pas toujours satisfaisant. Attention que ces frustrations viennent envenimer votre relation de couple.

Saturne est en Cancer dans le huitième signe du vôtre et le neuvième signe du Scorpion; il vient à votre rescousse dans les moments de tension. Sous cet aspect, il y aura des moments où vous aurez envie de fuir à l'autre bout du monde tant vous serez épuisé non pas physiquement mais surtout moralement. Comme si les pressions que vous subissiez étaient beaucoup plus grandes que ce que vous pouvez supporter.

Uranus en Poissons dans le quatrième signe du vôtre et le cinquième signe du Scorpion a un rapport avec les enfants encore une fois. Si vous êtes jeune, amoureux et que vous n'avez pas d'enfant, il sera question de fonder une famille. Par ailleurs, Uranus symbolise une désorganisation dans votre foyer. C'est comme si vous n'arriviez jamais à tout mettre à l'ordre parce que vous avez sans cesse des gens autour de vous. Laissez tomber ces quelques personnes qui ne sont là finalement que pour vous vampiriser.

Neptune en Verseau dans le troisième signe du vôtre et le quatrième signe du Scorpion symbolise le travail fait à la maison, le monde des communications. Il est fort possible que l'entreprise qui vous emploie vous demande de travailler de chez vous. Par ailleurs, vos propres parents tenteront d'influencer votre jugement par rapport au travail, à l'éducation de vos enfants, de grâce ne vous laissez pas faire.

Pluton en Sagittaire est autour de votre Soleil dans le deuxième signe de votre ascendant. Il symbolise l'argent qu'il faudra économiser; il vous dit aussi d'éviter les dépenses pour lesquelles vous devrez faire des paiements à long terme. Si vous décidez d'acheter une voiture, ne choisissez pas celle qui coûterait le plus cher. Ce n'est pas le moment, il vaut mieux attendre la présence de Jupiter en Balance, à compter du 26 septembre, pour faire ce genre d'achat. Il en va de même des rénovations que vous pourriez faire dans la maison.

Le Nœud Nord en Taureau est dans le sixième signe du vôtre et le septième signe de votre ascendant, signifiant que de nombreux changements sont déjà en cours pour votre partenaire. Il est possible que ces transformations désorganisent votre vie mais aussi celle de vos enfants. Il faudra tout faire pour éviter les arguments inutiles.

SAGITTAIRE ASCENDANT SAGITTAIRE

Jupiter est en Vierge jusqu'au 25 septembre dans le dixième signe du double Sagittaire symbolisant que la carrière prend ici toute son importance. Il est possible que vous obteniez une promotion ou que vous changiez d'emploi et si vous êtes sans travail, vous en obtiendrez un très rapidement. Si vous faites un travail routinier, Jupiter en Vierge vous déconcentrera; il sera bien important pour tout travail qui requiert de la minutie de ne pas être dérangé par les gens autour de vous. Cet aspect concerne également le chef de famille. Il est possible que vous abusiez de votre autorité et que vous disiez à ceux qui vous entourent et même à ceux qui n'ont pas de conseil à recevoir de vous, quoi faire. Attention, il y a des gens qui pourraient se fâcher ou alors vous claquer la porte au nez!

Jupiter est en Balance à compter du 26 septembre dans le onzième signe du vôtre. Cette position est beaucoup plus favorable que la précédente en ce sens que l'ascension que vous avez entreprise précédemment vous prédispose à en obtenir une autre; cette fois, tout ira beaucoup plus vite. Si vous travaillez dans le domaine des communications ou en informatique, vous serez débordé de travail. Si vous êtes dans le domaine de la recherche, vous pourriez faire une découverte ou innover. Sous l'influence de Jupiter en Balance, vous serez appuyé par des gens en haut lieu, vous bénéficiez de l'appui de gens influents et si vous désirez obtenir un poste quelconque, on se fera un plaisir de vous rendre ce service.

Saturne en Cancer dans le huitième signe du Sagittaire symbolise malheureusement la mort. Il s'agit là très souvent d'une mort psychique, en ce sens que vous mourez à de vieilles valeurs et de vieilles croyances qui n'ont plus leur raison d'être. Vous repartez sur des bases nouvelles, principalement en ce qui concerne votre vie personnelle et familiale. S'il y a eu conflit dans la famille, vous déciderez de vous en séparer, du moins pendant quelques mois, le temps que les choses se replacent.

Uranus dans le quatrième signe du vôtre vous fera désirer déménager. Certains Sagittaire déménageront à l'étranger, dans une autre ville, pour poursuivre leur travail. D'autres Sagittaire voyageront énormément entre la maison et leur lieu de travail. Par ailleurs, vous aurez envie de changer les meubles de place et même de procéder à d'importantes rénovations dans la maison. Attention à votre sous-sol, Uranus dans le quatrième signe du vôtre prédispose à de petites inondations ou à une tuyauterie défectueuse.

Neptune dans le troisième signe du vôtre vous donnera le goût d'étudier, de lire, de bouquiner; vous n'aurez jamais autant lu qu'en 2004 par besoin d'être informé mais également par distraction. Neptune est aussi présage d'une querelle entre frères et sœurs, soit pour une banalité, soit pour l'argent.

Pluton est en Sagittaire sur votre Maison I et votre Soleil, ce qui vous donne énormément de pouvoir ou alors une énorme soif de pouvoir. Le pouvoir peut être destructeur, en ce sens que si vous vous mettez à commander les gens autour de vous, ils s'écarteront et vous abandonneront. Cet aspect est une invitation à plonger au cœur de vous-même et à faire le point sur votre passé et votre présent afin d'avoir un meilleur avenir.

Le Nœud Nord en Taureau est dans le sixième signe du Sagittaire; il concerne votre santé. Il faudra faire très attention à ce que vous mangez. Votre estomac ne digérera pas tout ce que vous absorberez. Vous pourriez même développer des allergies, temporaires tout de même; elles sont dues en grande partie à votre nervosité et à tous ces événements qui risquent de vous perturber. Au fond, l'année 2004 symbolise d'énormes transformations sur les plans du travail, personnel et sentimental. Ouvrez l'œil: une belle personne peut se présenter à vous.

SAGITTAIRE ASCENDANT CAPRICORNE

Vous êtes né de Jupiter et de Saturne par votre ascendant, et ces deux planètes sont parfois en contradiction l'une avec l'autre. Jupiter a de grands élans, de grands idéaux; il voit haut et loin. Tandis que Saturne qui régit le Capricorne, votre ascendant, a des restrictions; il est prudent, regarde où il se met les pieds. Lorsque ces deux planètes sont bien dosées dans un thème natal, il va de soi que l'idéal est atteint grâce à la ténacité et au sens de la continuité de Saturne qui régit le Capricorne. Mais il y a parfois des ascendants Capricorne qui, plutôt que de vivre leur signe du Sagittaire, restent sur place, figés par Saturne.

Jupiter en Vierge se trouve dans le neuvième signe de votre ascendant; ainsi positionné, il devrait vous donner un bel élan. Si, en 2003, vous avez travaillé sur un projet, projet qui vous a demandé d'énormes sacrifices et du temps, cet aspect vous est très bénéfique puisqu'il vous permet d'atteindre votre objectif. Vous pourriez même obtenir deux fois plus que ce que vous attendiez. Rien n'arrive sans effort, c'est la loi de la vie, mais sous cette influence, la chance est présente. Elle n'a jamais été aussi proche de vous que maintenant.

Jupiter entre en Balance dans le onzième signe du Sagittaire et le dixième du Capricorne. Cette position planétaire a parfois comme effet de vous donner de l'autorité mais également d'en abuser. Malgré tout, continuez d'être ce que vous êtes en toute humilité et en toute simplicité, poursuivez votre objectif. De toute manière, vous naviguez au milieu du succès que vous avez mérité, ne laissez pas vos humeurs gâcher votre vie et celle d'autrui.

Saturne est en Cancer dans le huitième signe du vôtre et le septième de votre ascendant; il vous parle de votre relation sentimentale que vous avez peut-être négligée ou que vous aurez tendance à négliger au cours de l'année tant vous serez préoccupé par vos affaires matérielles. Ne laissez pas l'argent s'immiscer entre vous et votre partenaire, accordez-lui de l'attention. L'équilibre de la vie, ce n'est pas uniquement réussir socialement, mais aussi réussir intimement.

Uranus est en Poissons dans le quatrième signe du vôtre et le troisième signe de votre ascendant. Vous ne manquerez pas d'idées, au contraire vous êtes même très rapide, logique et imaginatif. En parlant avec votre entourage, vous trouverez plus facilement le filon manquant vous permettant de terminer une œuvre ou de clore un dossier.

Neptune en Verseau dans le troisième signe du Sagittaire et le deuxième signe du Capricorne vous invite à ne pas prêter d'argent à qui que ce soit, vous risqueriez de ne pas le revoir. Il est possible qu'un frère ou une sœur ait besoin de votre aide, davantage morale que matérielle. Dans ce cas, essayez donc de lui donner du temps, de l'affection, de l'attention. Après tout, dans la vie, frères et sœurs sont irremplaçables.

Pluton en Sagittaire sur et autour de votre Soleil, ainsi que dans le douzième signe de votre ascendant, vous invite à une réflexion sur vous-même, vos valeurs et vos croyances qui n'ont plus leur place dans votre vie. Cet aspect vous invite également à prendre bien soin de votre santé. Vous vous donnez tellement au travail que vous oubliez de vous reposer. Détendez-vous, détachez-vous de tout ce qui s'est passé pendant la journée et demandez au ciel de bien vous inspirer pour le lendemain.

Le Nœud Nord est en Maison VI de votre signe et dans le cinquième signe de votre ascendant. Il parle de vos enfants qui ont un énorme besoin de votre affection. Aussi, ne soyez pas trop autoritaire, surtout s'ils ont l'âge de vous répondre. Ils préfèrent sans doute une conversation avec vous. Si vous êtes jeune, seul, sans amour, 2004 vous donne rendez-vous avec l'amour. Vous le rencontrerez sur le lieu du travail ou du moins aux alentours, dans les transports publics ou dans un restaurant. Soyez ouvert, souple et réceptif.

SAGITTAIRE ASCENDANT VERSEAU

Vous êtes né de Jupiter et d'Uranus, vous êtes original, un excellent communicateur et un grand voyageur. Jupiter en Vierge est dans le huitième signe de votre ascendant et le dixième signe du vôtre, ce qui indique un changement important sur le plan professionnel. Il peut être aussi un énorme défi. Si vous travaillez au même endroit depuis longtemps, peut-être aurez-vous l'idée de créer votre propre compagnie. Il s'agira d'abord d'aller chercher du financement, ce que vous n'aurez aucun mal à faire et, en cours de route, il est bien possible que vous trouviez un associé. En ce qui le concerne, soyez extrêmement prudent principalement entre le 1er janvier et le 25 septembre car Uranus sera en Poissons. Ne vous fiez pas au premier venu, vérifiez ses antécédents, son honnêteté.

Si vous choisissez bien votre associé, lorsque Jupiter sera en Balance dans le onzième signe du vôtre et neuvième de votre ascendant, à compter du 26 septembre et pendant les douze prochains mois, cela vous sera extraordinairement bénéfique. C'est la promesse d'un énorme progrès après avoir beaucoup travaillé. Sans doute voyagerez-vous sous cette influence; des voyages qui conduiront les uns à l'autre bout du monde, d'autres sur la route, allant d'un client à un autre. Jupiter en Balance, c'est aussi la chance à l'état pur. Il vous est suggéré d'acheter régulièrement des billets de loterie à compter du 26 septembre.

Saturne est en Cancer dans le huitième signe du vôtre et le sixième signe du Verseau, ce qui symbolise que toute votre énergie sera concentrée sur le travail; il vous sera même difficile d'en sortir. En fait, comme vous avez décidé de relever un défi, vous y mettrez toute votre énergie. Mais il y a un danger à cela:

vous pourriez avoir quelques petits malaises, comme des grippes à répétition, des maux de gorge, des maux d'estomac, des ulcères.

Uranus est en Poissons dans le quatrième signe du vôtre et le deuxième de votre ascendant; il s'agit d'un autre symbole d'argent, de la chance au jeu et, surtout, au travail. Si vous faites partie de ceux qui ont l'intention de s'acheter une maison, vous trouverez une très bonne occasion; et si vous vendez, vous aurez votre prix. Aussi, le déménagement risque de se faire très rapidement. Soyez-en avisé.

Neptune en Verseau sur votre ascendant vous fait faire de grands rêves ayant presque toujours un rapport avec le monde de la communication. D'ailleurs, c'est à partir d'un rêve que l'on bâtit quelque chose de gigantesque. Si vous êtes un inventeur, vous créerez votre invention, vous trouverez même les moyens financiers pour qu'il prenne forme et voie le jour ainsi que l'entreprise qui le mettra en marché. Une grosse somme d'argent vous attend.

Pluton en Sagittaire se retrouve sur et autour de votre Soleil, ainsi que dans le onzième signe de votre ascendant. Il rappelle ici la nécessité de continuer à communiquer avec vos amis; surtout, ne les perdez pas de vue, ils sont importants dans votre vie. Lorsque vous avez eu besoin d'eux, ils étaient là pour vous et il est possible qu'ils aient besoin de vous cette année. Appelez-les de temps à autre.

Le Nœud Nord en Taureau est dans le sixième signe du Sagittaire et le quatrième signe du Verseau. Cette position concerne votre santé dont il faut prendre soin; nourrissez-vous bien pour éviter les petits bobos, mais prenez soin également de votre famille. Si vous avez des enfants et que vous les négligez, vos chérubins seront moins sages. En fait, peut-être est-ce le seul moyen qu'ils ont trouvé d'attirer votre attention. Par ailleurs, si vous n'avez pas encore d'enfant, sans doute en sera-t-il sérieusement question cette année. Attendez que Jupiter entre en Balance, soit le 26 septembre, avant de consentir à devenir papa ou maman.

SAGITTAIRE ASCENDANT POISSONS

Vous êtes né de Jupiter et de Neptune, difficile d'être méchant avec un tel signe et un tel ascendant. Au fond, vous êtes né missionnaire et si vous refusez d'être en mission sur cette terre, sans doute vous éparpillez-vous dans mille et un métiers, sans doute perdez-vous beaucoup de temps et êtes-vous continuellement insatisfait.

Jupiter est en Vierge jusqu'au 25 septembre dans le septième signe de votre ascendant; il concerne votre relation sentimentale et votre carrière. Cette position est un indice où il pourrait y avoir une longue discussion avec votre amoureux au sujet du temps exagéré que vous accordez à votre travail. Si votre vie de couple vous importe, donnez du temps aussi à l'amoureux. Il est possible qu'on vous propose un nouveau défi de carrière. Avant de l'accepter, pourquoi ne pas en discuter avec l'amoureux surtout si vous êtes ensemble depuis très longtemps. Si certains d'entre vous sont malheureux en amour, ils devront prendre la décision de se séparer. Une séparation n'a jamais rien de drôle, c'est même plutôt triste, mais vous y procéderez avec délicatesse et diplomatie. Si vous vous retrouviez seul, vous ne le resteriez pas très longtemps. Ouvrez l'œil.

À compter du 26 septembre, vous êtes sous l'influence de Jupiter en Balance dans le onzième signe du Sagittaire et le huitième du Poissons. Méfiez-vous de vos dépenses, de vos coups de cœur qui vous porteront à renouveler votre garde-robe, les meubles, la décoration; cela risque de faire un trou dans votre budget. Si vous êtes en affaires, il faudra vérifier vos comptes, ne vous fiez pas uniquement à votre associé et si vous avez un comptable, il serait tout de même approprié de revoir les chiffres. Une erreur peut se glisser et vous mettre dans l'embarras.

Saturne est en Cancer dans le cinquième signe du Poissons symbolisant ici vos enfants. Si vous vivez un divorce, vos enfants l'accepteront difficilement, que vous le vouliez ou non. Pourtant, certains vous approuveront s'ils ont été les témoins de votre souffrance. Dans cette situation, vous devrez redoubler d'affection, d'attention envers eux et les assurer qu'ils ont toujours une place dans votre cœur.

Uranus en Poissons se trouve dans le quatrième signe du vôtre et sur votre ascendant. La Maison IV est le symbole de la maison. Si vous êtes heureux en ménage, vos enfants vous réclameront quand même davantage; ils ont besoin de votre attention, de votre affection. Si l'un de vos enfants vous révèle un talent ou un don particulier, il sera capital que vous lui portiez une attention particulière et que vous lui permettiez de le développer davantage. Il y aura également désordre dans votre maison parce que vous manquez de temps et que vous avez constamment de la visite. En fait, l'ascendant Poissons a souvent besoin de voir tout ce qui traîne autour de lui, comme si ça le rassurait sur ce qu'il est, sur ce qu'il possède; en même temps, ceux qui traînent l'agacent. Il y a ici un très gros conflit car Jupiter qui régit votre signe préfère l'ordre tandis que le Poissons s'en moque un peu. Uranus en Poissons symbolise aussi qu'il y aura sans doute des réparations à faire sur la propriété en relation avec la tuyauterie ou le toit. Soyez attentif aux petites gouttes d'eau qui tombent ici et là et faites réparer le tout sans attendre.

Neptune est en Verseau dans le troisième signe du vôtre et dans le douzième signe du Poissons. Il vous dit de ne pas écouter les ragots, que ce soit dans votre milieu de travail ou dans votre famille. Attention, vos frères et sœurs vous diront quoi faire dans telle et telle situation. Avez-vous vraiment besoin d'entendre parler de tout cela? Vous savez fort bien quoi faire et comment vous débrouiller avec vos problèmes personnels. Sur le plan professionnel, il ne faudra pas confier vos secrets à des collègues qui peuvent être jaloux et s'en servir contre vous.

Pluton est en Sagittaire autour de votre Soleil et dans le dixième signe de votre ascendant, ce qui symbolise que vous avez envie de faire quelque chose de nouveau, de plus exaltant: modification de plan de carrière, études. Il peut s'agir aussi d'une promotion qui arrivera si rapidement que vous en serez éberlué. Si les choses extérieures se produisent à vive allure, intérieurement, il en va autrement car Pluton représente la plongée au cœur de soi, la grande réflexion sur le but de sa vie. Au cours des mois, vous trouverez des réponses à vos questions.

Le Nœud Nord en Taureau dans le sixième signe du vôtre et le troisième de votre ascendant signifie encore une fois le monde des communications... mensongères. Chaque fois que vous aurez des messages et, surtout, si vous occupez un poste élevé, vérifiez vos sources. Il est possible qu'on vous induise en erreur tout simplement pour vous nuire. Sans doute voyagerez-vous à quelques reprises au cours de l'année; qu'importe votre moyen de transport, il y a danger d'un accident. Aussi, il est possible qu'on vole votre maison; soyez bien protégé, bien assuré, sinon cela risque de vous coûter cher.

◖ JANVIER 2004 ◗

Sous votre signe, Jupiter, tout comme les autres planètes qui filent ce mois-ci, revêt une grande importance. Mars est en Bélier et vous donne une énorme énergie d'action. Si vous avez des projets, le temps est venu de vous mettre en marche. Par ailleurs, si vous avez eu des malaises physiques, vous guérissez très vite sous l'influence de Mars en Bélier qui fait une bonne réception à Pluton en Sagittaire.

Vous êtes sous l'influence de Jupiter en Vierge, symbole du travail, dans le dixième signe du vôtre; celui-ci fait un très bon aspect à Mercure en Capricorne à compter du 15 particulièrement: vous réaliserez de nombreux projets. Puis, il y a Vénus en Poissons à compter du 15; cela concerne vos amours. Attention, si on vous fait des reproches, peut-être les aurez-vous mérités: vous travaillez trop, vous annulez vos rendez-vous avec votre amoureux. Certains d'entre vous auront l'œil vif, comme si c'était beaucoup plus vert dans le jardin du voisin et peut-être auront-ils un flirt. Celui-ci pourrait être regrettable si votre union est heureuse. Vous pouvez plonger dans l'aventure ou refuser, le dernier mot vous appartient. Si vous êtes célibataire, vous ferez plusieurs rencontres, mais vous n'arriverez à faire aucun choix. Si vous avez une aventure, de grâce protégez-vous contre les MTS. Prendre un tel risque serait plutôt jouer de malchance car certains aspects indiquent que vous n'êtes pas protégé de ce côté.

Vous aurez une vie sociale très occupée; elle tournera principalement autour du travail; vous poursuivez un objectif, vous avez décidé de l'atteindre et vous procédez ainsi. Il est à souhaiter que, de temps à autre, vos dîners ou vos repas du soir se fassent en compagnie de votre amoureux.

◖ FÉVRIER 2004 ◗

Les responsabilités s'accumulent, principalement à partir du 4 lorsque Mars entre en Taureau dans le sixième signe du vôtre. Si vous avez un poste en vue, si vous êtes patron, vous aurez à régler quelques petits problèmes avec des collègues ou vous calmerez quelques collègues qui se querellent. Vous userez de beaucoup de diplomatie pour modérer leurs emportements. En fait, le mois de février, très souvent plus calme dans le monde des affaires, ne l'est vraiment pas pour vous; cela augmentera vos profits. Jupiter en Vierge fait un très bon aspect à Mars en Taureau, symbolisant double travail, doubles profits, déplacements, voyages, mais également nouveaux collaborateurs. Si vous n'avez pas d'emploi, vous trouverez très facilement; dès le 9, des réponses pourraient très bien vous arriver. Si vous travaillez manuellement, il est de première importance de vérifier tout outillage avant de vous en servir, principalement du 26 au 29, car il y a un aspect dur concernant le danger d'accident.

La vie familiale s'améliore; vous réussissez à rester en contact avec vos proches, à les voir et même à leur donner des attentions assez particulières même si vous travaillez beaucoup. Votre temps est limité mais d'une grande qualité.

Sur le plan de la santé, il faudra faire attention car vous aurez une très bonne fourchette au cours du mois. Mars en Taureau, Saturne en Cancer et Jupiter en Vierge donnent bon appétit; alors, si vous avez tendance à prendre du poids, ce qui arrive fréquemment aux Sagittaire, vous n'aimerez pas beaucoup les kilos superflus, surtout lorsque le printemps arrivera. Par ailleurs, protégez votre foie puisqu'il risque d'être engorgé. Il en va de même de vos reins: buvez de l'eau, limitez le café, le thé et autres boissons excitantes si vous voulez rester en parfaite santé.

◖◖ MARS 2004 ◗◗

Entre le 1er et le 12, il risque d'y avoir quelques petites querelles dans votre famille et si vous n'êtes pas directement impliqué, de grâce, restez au-dehors de cela, laissez les grandes personnes se débrouiller entre elles et trouver leurs solutions. Il est possible qu'un de vos enfants ait énormément besoin de vous, de vos conseils. Il n'a peut-être pas la manière de le demander mais, en tant que parent, vous devriez le deviner. Utilisez la douceur et faites des suggestions, n'usez pas de votre autorité face à un enfant troublé et désorienté. Si un de vos enfants a de mauvaises fréquentations, vous le saurez; il faudra avoir une longue conversation et expliquer ce qu'il en serait s'il fréquentait un petit bandit. Si vous avez de tout petits enfants, attention les rhumes les guettent; ils auront besoin de beaucoup de tendresse, d'affection, de chaleur.

Qu'en est-il de l'amour sous ce ciel de mars? Vénus entre en Taureau le 6 et se trouve dans le sixième signe du vôtre. Ainsi positionné, il est un indice très fort que vous pourriez faire une rencontre dans votre milieu de travail, ou encore dans un restaurant, à la sortie d'une salle de spectacle ou de cinéma, en fait, tout endroit représentant l'art, la beauté, la gourmandise. Si vous vivez en couple, Vénus en Taureau pourrait déclencher une querelle sur un détail tel que l'ordre dans la maison ou la décoration. Faites dévier la conversation si vous sentez la moutarde vous monter au nez.

Quant à votre santé, faites attention aux maux de gorge et d'oreilles; mettez votre tuque quand il fait froid, protégez bien votre tête.

◖ AVRIL 2004 ◗

Avril vous invite à être extrêmement prudent lors de vos déplacements en voiture puisque Mars est en Gémeaux; s'ajoute à cela Vénus en Gémeaux à compter du 4. Toutes ces planètes ont des contre-indications face à Pluton en Sagittaire et Uranus qui est en Poissons. Ne prenez jamais la route si vous êtes fatigué, si vous êtes dans la lune, trop nerveux, si vous prenez des médicaments car un accident est vite arrivé. Il ne s'agit pas de drame ou de mortalité, mais d'un accrochage.

En ce qui concerne le travail, sans doute serez-vous plusieurs fois contrarié. L'entreprise pour laquelle vous travaillez fera de nombreux changements, d'horaire ou de poste, ce qui ne vous fera pas plaisir, contrarie vos plans ou vous insécurise. Même si vous êtes sous l'influence de Jupiter en Vierge, symbole positif du travail, vous aurez peur que votre emploi soit menacé. Ne vous élancez pas dans des tâches supplémentaires, surtout si vous vous savez protégé par cet aspect; cela ne ferait que vous épuiser.

Entre le 4 et le 13, il est important de vous protéger contre le vol, peu importe le lieu. Soyez un petit peu plus attentif à vos effets personnels durant ces jours.

En ce qui concerne votre famille, il est possible qu'un parent soit malade et que vous soyez la seule personne désignée pour en prendre soin. Malgré tout votre travail, vos occupations, vos obligations de toutes sortes, vous ne pourrez refuser de rendre service à ce parent que vous affectionnez.

Votre bon cœur l'emporte mais dites-vous que tout cela vous sera rendu un jour. On reçoit ce qu'on donne, ni plus ni moins.

Vous aurez un petit côté absolument génial durant les deux dernières semaines du mois concernant un travail qui demande de la créativité. Si vous êtes un artiste ou si vous êtes en affaires, cherchant une solution originale à un problème étrange ou très inhabituel, vous la trouverez car vous êtes un signe de feu symbolisant l'intuition.

⟪ MAI 2004 ⟫

Vous êtes sous l'influence de Mars en Gémeaux qui se trouve sur ses derniers degrés jusqu'au 7; cette position de Mars est plutôt agressive surtout qu'elle se trouve face à votre signe et au dernier décan du Sagittaire. Certaines personnes seront malignes et vous aurez l'impression qu'elles se font un plaisir de vous faire fâcher. N'entrez pas dans leur jeu, éloignez-vous rapidement parce que si vous tombiez dans le panneau, vous pourriez déclencher une guerre sans fin.

À compter du 8, Mars en Cancer vous oblige à porter encore plus d'attention à votre famille. Saturne se trouve aussi dans ce signe et le huitième du vôtre, et Jupiter poursuit sa marche en Vierge. L'association de ces planètes symbolise les soins à donner à une personne, à un parent malade, qui a besoin de secours, d'aide. Vous serez là pour l'aider. Naturellement, le fait de lui donner de votre temps vous obligera à scinder vos journées de travail et à reprendre vos tâches durant la soirée.

Le mois n'annonce aucun repos, vous serez même très fatigué lorsque vous arriverez à la fin de mai. Afin de préserver le maximum d'énergie, mangez très sainement, ne vous nourrissez pas d'aliments vides d'énergie. Faites un tour à l'épicerie afin de vous acheter des aliments sains.

Votre vie sociale sera plutôt limitée au cours de ce mois à moins que vous n'ayez décidé de vous isoler et de ne vous préoccuper de personne. Certains Sagittaire agiront ainsi, en raison de Saturne en Cancer et Mars qui s'y trouve à compter du 8. En fait, ils seront égoïstes et n'éprouveront pas de plaisir au cours de leurs sorties; les rencontres, bien qu'elles soient surprenantes, risquent d'avoir des conséquences en ce sens que vous n'attirerez pas les bonnes personnes parce que vous vous sauvez de ceux qui ont besoin de vous. Donc, si vous ne pensez qu'à vous-même, si vous ne travaillez que pour vous-même, si la planète ne respire que pour vous, malheureusement, vous devrez payer une facture que vous n'attendiez pas. Ce sont les malheurs, petits et grands, qui vous serviront d'avertissement.

◖◕ JUIN 2004 ◔◗

La santé est le thème principal de ce mois-ci. Si vous êtes une femme et si vous n'avez pas eu d'examen gynécologique, il serait sans doute temps de voir votre médecin à ce sujet, surtout si vous avez quelques malaises qui sont autant de signaux d'avertissement. Saturne en Cancer et Mars filant en Cancer ont tendance à créer des problèmes physiques et à les accentuer. Quant aux hommes, l'aspect le plus dur concerne la circulation sanguine et s'ils font de l'embonpoint, sans doute est-il nécessaire de se mettre au régime.

En tant que parent, les vacances approchent, donc il faut organiser l'horaire des enfants et parfois trouver une gardienne. Ce mois-ci, vous aurez quelques difficultés à trouver quelqu'un qui vous remplacera auprès d'eux. Mais ne vous découragez pas, les vacances ne sont pas arrivées et vous devrez attendre à la toute fin du mois pour trouver les personnes qui prendront soin de vos tout petits pendant que vous vaquerez à vos occupations.

Très bon mois sur le plan des affaires. Ces projets sur lesquels vous avez travaillé depuis le début de l'année ou peut-être même depuis plusieurs années vous rapporteront maintenant, beaucoup plus que vous ne l'imaginiez. Bien sûr, il s'agit de négocier, mais vous avez tous les atouts en main; d'abord, vous êtes travaillant, ensuite vous êtes très réfléchi et astucieux. Certains d'entre vous ayant quitté le travail ou pris leur retraite retourneront sur le marché du travail, ce qui fera leur bonheur parce qu'un Sagittaire retraité ne sait plus quoi faire à moins de n'avoir développé entre-temps divers intérêts. Si vous êtes étudiant et si vous cherchez de l'emploi, vous aurez beaucoup de facilité à en trouver, il vous suffira de demander; ne vous inquiétez pas, vous ferez de l'argent pendant la belle saison.

Mais qu'en est-il de l'amour? Vénus est en Gémeaux faisant face à votre signe et des aspects durs à Uranus. S'il y avait eu des querelles avec votre amoureux, vous n'êtes pas encore prêt à les régler et peut-être vaut-il mieux vous éloigner, prendre congé l'un de l'autre, ne serait-ce que pour réfléchir. Si vous faites partie de ces gens dont la vie amoureuse est devenue routinière, il est temps d'en changer. Pourquoi ne pas proposer un petit voyage, une activité commune? N'attendez pas le drame avant d'agir. Il y a dans ce ciel de juin des difficultés sur le plan relationnel et pour ne pas les accentuer, il faut converser et non pas argumenter.

◖◉ JUILLET 2004 ◉◗

En général, c'est un mois de vacances pour la majorité des gens mais pour vous, il sera question de travailler. Vous êtes né de Jupiter, Jupiter est une planète dix fois plus grosse que le Soleil, vous avez donc besoin d'irradier et même de régner, d'occuper beaucoup de place dans votre communauté. Vous êtes présentement sous l'influence de Mars en Lion, de Pluton en Sagittaire, de Mercure en Lion entre le 5 et 25. Ces planètes en signes de feu, très importantes pour vous, symbolisent ce besoin de faire partie de la communauté. Certains d'entre vous décideront de faire du bénévolat, de donner de leur temps aux malades ou aux gens dans le besoin. Il est possible aussi que vous vous occupiez plus assidûment de membres de votre famille. Certains d'entre vous sont d'habiles travailleurs, et durant ce mois, ils auront le goût de construire quelque chose. Sous les influences actuelles, ces bâtisseurs auront des idées très originales afin de transformer des meubles et même quelques pièces dans leur maison ou leur appartement. Mars en Lion, en principe, donne beaucoup de joie au cœur du Sagittaire mais également beaucoup de force physique. En tant que Sagittaire, si le travail n'est pas un plaisir pour vous, vous devez être très malheureux car Jupiter est une planète joyeuse, qui va vers l'avant, ce qui signifie bâtir.

Sur le plan sentimental, rien n'est encore réglé, car Vénus est toujours en Gémeaux et face à Pluton en Sagittaire. Il y a eu sans doute des discussions mais elles ont tourné en rond; malheureusement, cela risque de se poursuivre tout au long de ce mois. Mais peut-être êtes-vous entêté, peut-être ne voulez-vous pas combler les besoins, les désirs de votre partenaire alors qu'ils sont simples. Sous ce ciel et ces planètes, vous avez tendance à vous préoccuper de vous-même plutôt que du bonheur de l'autre. Réfléchissez bien à tout cela.

En tant que parent de grands enfants, il est possible que l'un d'eux ait besoin de votre aide, de votre appui financier. S'il vous a emprunté de l'argent et qu'il ne vous a rien remis, mettez les cartes sur table afin d'obtenir un remboursement si telle était l'entente. Certains parents Sagittaire sont très généreux et n'exigent aucun remboursement; attention, certains enfants abusent aussi, alors soyez très attentif à cette situation. Si vous avez des adolescents qui ne savent pas dans quel domaine s'orienter ou qui n'ont pas trouvé d'emploi, bref, qui ne font rien en ce mois de juillet, peut-être devrez-vous avoir un œil sur eux et sur leurs amis. Il y a un danger d'avoir de mauvaises fréquentations et de subir des influences négatives. Alors, n'hésitez pas à avoir une conversation avec eux. Quant aux petits, ils ont besoin de votre surveillance principalement quand ils se trouvent près des cours d'eau. Ne les laissez pas seuls, car vous êtes sous l'influence d'Uranus en Poissons, quatrième signe du vôtre, et de Saturne en Cancer, huitième signe du vôtre; ces positions indiquent un danger de noyade pour les petits. À vous de les protéger.

⋘ AOÛT 2004 ⋙

Mercure est en Vierge jusqu'au 25 et fait face à Uranus en Poissons dans le quatrième signe du vôtre; Mercure est dans le dixième signe du vôtre et concerne directement votre milieu de travail. Ces planètes étant face à face, cela crée de nombreux petits mensonges non seulement dans votre milieu de travail, mais également dans votre vie familiale. Sur le plan professionnel, vérifiez bien vos sources, principalement ces nouveaux collègues qui sont embauchés et qui ont besoin de faire leurs preuves. Ils vous envient. Soyez à l'affût des petits menteurs, des petits voleurs, si vous êtes à votre compte. Si vous possédez un commerce, faites installer de toute urgence un système d'alarme si vous n'en avez pas. Lorsque vous quittez la maison, verrouillez bien les serrures.

Quant à l'ensemble de votre carrière, elle se porte plutôt bien. Vous travaillez beaucoup; nombreux sont les Sagittaire à ne pas avoir eu de vacances repos. Vous continuerez d'ailleurs sur cette lancée durant tout le mois. Vous faites de l'argent, vous doublez vos profits, alors pourquoi partir en vacances quand tout va bien?

Quant à l'amour, s'il y a eu éloignement ou séparation d'avec votre amoureux, il y a rapprochement à compter du 14, car il est possible d'avoir une conversation sensée et beaucoup plus calme avec celui-ci.

Pour ce qui est de votre santé, il faudra faire attention à la fraîcheur des aliments que vous mangez parce qu'il y a plusieurs planètes en Vierge qui ont tendance à donner des maux de ventre. Si vous partez en voyage, cet avis devra être scrupuleusement suivi. Si vous avez quelques brûlures d'estomac, peut-être devriez-vous demander conseil à un naturopathe afin de vous débarrasser assez rapidement de ce problème.

⧼ SEPTEMBRE 2004 ⧽

Si vous avez entrepris un traitement pour vous soigner de maux physiques d'origine psychosomatique, poursuivez-le. En tant que Sagittaire, il vous arrive fréquemment de vouloir vous soigner vous-même et vous n'êtes ni médecin ni naturopathe, alors consultez et soyez à l'écoute de ce qu'on vous dit.

Nous sommes tous de retour au travail et, naturellement, les patrons font pression sur nous tous, et plus particulièrement sur vous. Puisque vous vivez avec Jupiter et Mars en Vierge jusqu'au 26, on vous pousse dans le dos constamment, on vous demande de produire toujours plus vite. Si c'est le cas, peut-être est-il temps de faire respecter vos droits. Si vous faites partie de ceux qui ont bâti une entreprise et qui y ont travaillé sans relâche depuis le début de l'année, les résultats se feront sentir et seront très bons. Alors pourquoi ne pas vous calmer? Il faut dire que les planètes, même si elles sont à distance de nous, ont un effet sur l'organisme, tout comme la Lune joue avec nos humeurs. Reposez-vous et mangez lentement et sainement, c'est important pour vous.

Voici le retour de l'amour, puisque Vénus entre en Lion à compter du 7, ce qui vous permet de réparer les pots cassés, de retrouver la passion initiale. C'est aussi le renouveau sentimental et sous cet aspect, il est possible que l'amoureux et vous décidiez de prendre la fuite ne serait-ce qu'une fin de semaine afin de vous parler en tête-à-tête. Vénus en Lion éveille à nouveau votre passion. En tant que célibataire, cet aspect vous permet de faire une rencontre. Votre magnétisme est triplé et vous attirez une belle personne, probablement une étrangère ayant une sensibilité artistique. Sous Vénus en Lion, l'attraction peut être spontanée mais parce qu'elle se produit dans un signe fixe, le Lion, elle peut devenir rapidement un amour durable.

◄◙ OCTOBRE 2004 ◙►

Le vent a tourné, la vie a changé et changera de plus en plus rapidement. Vous êtes maintenant sous l'influence de Jupiter en Balance, de Mars en Balance et de Mercure en Balance jusqu'au 15. Ces planètes se retrouvent dans le onzième signe du vôtre et sont semblables à un détonateur... joyeux. Disons plutôt qu'il s'agit là d'un feu d'artifice où les promesses, les désirs, la chance, les heureux hasards se présenteront à vous. Il faudrait vraiment que vous ayez un esprit négatif pour que rien n'arrive et que vous viviez négativement cette position de Jupiter. En effet, cette planète vous est très bénéfique et vous donne du génie. Vous saurez vous faire aimer de chacun. Si vous avez vécu quelques conflits et que vous vous êtes fait quelques ennemis au cours des mois précédents, ils s'évanouiront dans la nature et ne réapparaîtront plus.

Par ailleurs, Jupiter en Balance fait justice, vous rend justice. Alors, si on vous a trompé, trahi, triché, menti, vous saurez tout et il y aura réparation. Rien n'étant parfait, tout ira quand même au travail. Sur le plan de la vie sociale, vous sortirez davantage; votre santé s'améliorera vivement si vous avez été malade; l'amour est là ou apparaît. Le côté négatif: il s'agira d'un parent âgé malade. Vers la fin du mois, lorsque le Soleil entrera en Scorpion, la maladie peut devenir plus grave. Il est possible aussi que ce parent soit déprimé; vous devrez l'encourager, l'aider à voir plus clair. Mais il y a aussi l'inévitable mort, surtout si ce parent est malade depuis déjà plusieurs années.

◄◙ NOVEMBRE 2004 ◙►

À compter du 5, Mercure et Pluton sont dans le Sagittaire. À compter du 18, ces planètes seront de plus en plus liées et feront une conjonction dans votre signe. Plusieurs significations se rattachent à la position de ces planètes. L'une dit que vous êtes parfaitement honnête en tout temps et en tout lieu et que vous êtes prêt à prendre la défense de ceux qu'on accuse injustement. L'autre dit que certains d'entre vous ont tendance à abuser de leur pouvoir, de leur magnétisme, de leur capacité à exprimer leurs émotions et leurs idées, et cela peut devenir de la manipulation envers autrui. Mais vous faites partie des bonnes gens et sous la poussée de Pluton et de Mercure en Sagittaire, vous accomplirez des prodiges afin d'aider ceux qui vous entourent et peut-être bien de sauver un ami ou un membre de votre famille d'une situation complexe.

Pluton et Mercure dans votre signe font de vous un centre d'attraction, positif ou négatif, selon votre bon vouloir. Il serait sage de réfléchir aux conséquences de vos actes si vous avez l'intention de manipuler, d'abuser, de tromper, de tricher, de voler. N'oubliez jamais le retour du pendule, d'autant qu'entre le 1er et le 11, Mars en Balance réclame justice à tout prix.

Si vous travaillez dans les communications, ce domaine vous est maintenant extraordinairement profitable à la fois sur les plans personnel et professionnel. Si votre travail vous oblige à voyager, vous obtiendrez un énorme succès, quelle que soit la démarche.

Sur le plan sentimental, Vénus en Balance présage une ère de paix, d'amour. Puisque nous approchons de Noël, vous aurez envie d'offrir le bout du monde à ceux que vous aimez. Mais c'est impossible de tout donner; on peut donner de soi, de son temps, de son attention. Fort heureusement, avec l'entrée de Mars en Scorpion le 12, vous retrouverez une meilleure mesure par rapport à vos dépenses. Vous y songerez deux fois avant de faire un achat.

Cette position de Mars en Scorpion exerce un effet négatif sur Neptune en Verseau du 24 jusqu'à la fin du mois. Cet aspect symbolise que des secrets seront révélés. Si vous avez quelque chose à cacher, vous serez dénoncé; si on vous avait caché une vérité, vous la connaîtrez.

Vos enfants réclament une attention qui dépasse peut-être ce que vous pouvez donner en temps et en patience. Dosez bien le tout. Si vous avez délaissé vos grands, ayez avec eux une bonne conversation.

Quant à l'amour, à compter du 23, Vénus entre en Scorpion et a tendance à vous rendre plus silencieux quant à vos sentiments envers l'autre. Dans ce ciel, l'aspect flirt est puissant; si vous êtes marié ou que vous vivez en couple, même si tout va bien, il y a danger que vous succombiez à une attraction. Il n'en tient qu'à vous de raisonner la situation afin de ne pas créer une brouille entre l'amoureux et vous. Si vous êtes célibataire, tout le mois est favorable à une rencontre. Une rencontre qui sort de l'ordinaire, puisque vous aurez tendance à attirer une personne équilibrée, ayant une belle sensibilité artistique, compréhensive et tolérante. À partir du 23, sous Vénus en Scorpion, le célibataire attire vers lui des gens beaucoup plus mystérieux, des gens qu'il faut deviner. Cela ne signifie pas qu'il faille s'en détourner, mais vous devrez vous fier à votre intuition.

Il me faut revenir au Nœud Nord en Taureau dans le sixième signe du vôtre; il concerne à la fois votre travail et votre économie d'énergie. Au milieu de toutes vos activités, prenez du repos, faites-vous masser si vous avez mal au dos. En même temps, le Nœud Nord en Taureau vous suggère de bien vous alimenter. Vous paraissez toujours en forme mais à l'intérieur de vous vous ressentez une fatigue. Pourquoi ne suivez-vous pas un cours de yoga, de taï chi.

Étant sous l'influence d'Uranus en Poissons, il est très important que vous fassiez réparer tout ce qui brise dans la maison, sinon le problème s'aggravera. Cette position concerne l'eau. Si vous êtes propriétaire, vérifiez de temps à autre votre tuyauterie afin d'éviter tout dégât.

◖ DÉCEMBRE 2004 ◗

Nous voici maintenant au dernier mois de l'année. Vous êtes sous l'influence de Mars en Scorpion jusqu'au 25, Jupiter est toujours en Balance, Saturne poursuit sa marche en Cancer et Vénus est en Scorpion jusqu'au 17. Si on additionne toutes ces planètes, principalement Vénus et Mars, elles risquent de vous faire retomber dans des querelles d'amoureux. Alors si vous tenez à votre paix, ménagez vos paroles, ne dites pas tout ce que vous pensez. Si vous êtes constructif dans vos remarques, vous répandrez l'harmonie autour de vous. Si vous avez fait une rencontre récemment, que vous pensiez être amoureux, pendant les 15 premiers jours du mois principalement, vous vous questionnerez à nouveau à ce sujet. Peut-être aurez-vous même la sensation de vous être trompé. Mais ne rompez donc pas l'union trop rapidement. Il est possible que le doute et la peur vous fassent simplement reculer pour mieux rebondir.

Il y a parmi vous de grands consommateurs. Jusqu'au 16, vous serez porté à acheter sans arrêt, surtout des petits objets dont vous vous lasserez très rapidement. Réfléchissez deux fois plutôt qu'une avant de dépenser. Est-ce vraiment nécessaire? En avez-vous besoin? Est-ce pour vous? Voulez-vous faire un petit cadeau à quelqu'un que vous connaissez à peine? Sous votre signe, il y a aussi de grands économes, on les appelle les pingres. Ceux-ci refuseront même les invitations à des fêtes afin de ne pas apporter le petit cadeau d'usage. Ces gens risquent de se retrouver bien seuls durant la période des fêtes.

À l'approche de Noël, il y aura moins de Sagittaire qui fêteront, les planètes sont un peu dures dans le ciel et vous isolent à cause d'événements qui perturbent votre horaire. Peut-être vous faudra-t-il prendre soin d'un proche, de vos enfants qui ont la grippe, tout comme il est possible que vous ayez un déclin d'énergie physique. Vous êtes sur les derniers degrés du Nœud Nord en Taureau puisque le Nœud Nord entre en Bélier à compter du 27 dans le cinquième signe du vôtre. Cette position du Nœud Nord vous donnera beau jeu sur le plan sentimental et vous apportera beaucoup de chance dans tout ce que vous entreprendrez. Il est possible qu'à compter du 26 vous décidiez que vous avez le cœur à la fête car Mars sera en Sagittaire et vous donnera un nouvel élan.

Il faut toutefois faire attention avec Mars en Sagittaire du 26 au 31 décembre qui fait un aspect dur à Uranus en Poissons. Lors de vos déplacements, soyez extrêmement prudent parce que cet aspect comporte un accident. Si vous êtes dans la lune, si vous roulez trop vite, vous aurez un accrochage ou un billet pour vitesse excessive, etc. À compter du 17, Vénus entre dans votre signe et vous donne un élan de liberté, liberté qu'on peut prendre à deux afin, par exemple, de voyager. Si vous êtes célibataire, il se peut que vous ayez deux flirts et vous ne saurez pas à qui donner votre cœur. 2004 se termine sous la Lune en Vierge et 2005 commence sous la Lune en Vierge aussi; cet aspect vous suggère de ne pas accepter les invitations chez les gens que vous n'aimez pas vraiment, car il y aura de l'entêtement dans l'air. Il vaut mieux terminer l'année avec les membres de votre famille, vos enfant, les gens que vous aimez profondément. Vous commencerez ainsi la prochaine année sur un bon pied.

CAPRICORNE

22 décembre au 19 janvier

---◦---

---◦---

Nous entrons dans la sphère des trois derniers signes du zodiaque et ce ne sont pas les moindres, puisqu'ils sont en fait les plus difficiles à décrire. Alors, chers Capricorne, qui êtes-vous? Pour qui travaillez-vous? Pour le bien ou pour le mal? Connaissez-vous véritablement votre mission? Par ailleurs, de nombreux Capricorne souffrent d'un complexe d'infériorité ou ils ont une idée exagérée de leur importance.

SOUS L'INFLUENCE DE JUPITER

Jupiter est en Vierge jusqu'au 25 septembre, dans le neuvième signe du vôtre. Il symbolise l'aspiration à la sagesse. Mais celle-ci, qu'on trouve ici dans un signe de terre (la Vierge), n'est-elle pas trop liée au monde de la matière dont il faut vous détacher, ne plus lui donner l'importance que vous lui donniez? Vous êtes débrouillard, vous ne manquez jamais de nourriture et vous avez un toit au-dessus de votre tête, à moins que vous n'ayez sombré dans le pire du Capricorne, la tristesse, la mélancolie et peut-être bien le monde de la maladie mentale.

Jupiter en Vierge exerce un aspect bénéfique sur votre signe puisqu'il s'agit là d'un aspect de trigone; celui-ci entre votre Soleil et Jupiter vous porte à être un grand défenseur, un justicier qui ne prend aucun détour pour défendre les droits des autres. Lorsque vous croyez à un idéal, lorsque vous pensez que certaines personnes sont lésées, vous êtes là, prêt à tout pour leur éviter des problèmes et les sortir du pétrin. Et sous Jupiter en Vierge, vous y réussissez.

Cet aspect sera aussi le retour aux études pour bon nombre d'entre vous, ou alors vous terminerez des cours que vous avez déjà commencés. Certains iront travailler à l'étranger, d'autres feront des voyages liés à la recherche quand ce n'est pas à la recherche du Graal, cette pierre philosophale qui vous fera comprendre pourquoi suis-je, qui suis-je, où vais-je, quel est le secret de ce monde. À ces Capricorne, une mise en garde: attention aux faux maîtres, aux faux gourous, principalement entre le 1er janvier et le 25 septembre alors qu'Uranus est en Poissons face à Jupiter en Vierge. La promesse d'un nirvana ou d'un paradis sur terre pourrait bien ne pas être tenue et vous coûter tout ce que vous possédez.

De nombreux Capricorne s'impliqueront socialement en ce sens qu'ils feront du bénévolat ou participeront à la vie politique afin de changer des règles, d'améliorer le sort humain.

Jupiter en Vierge représente pour vous une étape de maturation très importante. Si vous n'avez pas d'enfant et que vous êtes célibataire, cet aspect vous fera découvrir l'échange de beaux sentiments. En quelques mois, vous découvrirez la personne idéale qui vous suggérera de devenir père ou mère. Quelques Capricorne vivront dans une famille reconstituée et devront régler des problèmes d'horaire avec leur ex-conjoint. De nombreuses discussions sont à l'horizon. Faites preuve de diplomatie et tout devrait bien aller.

Certains Capricorne ne pensent qu'à l'argent et économisent sans arrêt, jusqu'à se priver même de tous les petits plaisirs. En fait, vous êtes né de Saturne qui pense à l'avenir; mais vous le voyez sombrement, dans la peur du manque. Les plus fortunés des Capricorne feront de nombreux investissements, mais la prudence est de mise. Jupiter en Vierge vous est bénéfique dans ce domaine; par contre, vous avez en face Uranus en Poissons dans le troisième signe du vôtre. Même s'il ne fait pas une opposition directe à Jupiter en Vierge, il vous invite à regarder où vous mettez les pieds car il est possible que vous soyez mal dirigé quant à vos placements. Si vous investissez dans une entreprise, de grâce, informez-vous à son sujet. Les grands matérialistes de ce signe qui ne pensent qu'à eux-mêmes risquent malheureusement d'être trompés, volés, trichés; s'ils travaillent au noir afin de payer moins d'impôts, ils seront pris la main dans le sac.

Le pire des Capricorne sera celui qui abandonnera sa famille parce qu'il ne veut plus accepter les responsabilités qui lui incombent. Mais cette fuite est-elle une fuite vers le bonheur ou un poids?

SATURNE EN CANCER

Tout au long de l'année, Saturne est en Cancer dans le septième signe du vôtre et a tout de même plusieurs significations. Il symbolise tout d'abord vos devoirs familiaux ainsi que votre engagement sentimental. Mais, dans tout cela, il y a un désir de fuite parce que la charge est trop lourde pour vous: vous prenez soin de tout un chacun! Osez demander de l'aide.

Sous l'influence de Saturne en Cancer, le grand jugement, certains d'entre vous n'échapperont pas au divorce, à la séparation. Ils n'en peuvent plus, ils sont épuisés et, là, ils ont tranché la question: ces gens à qui ils ont donné leur vie n'en valent plus la peine. Ils s'en iront tristement, en emportant tous leurs souvenirs. Il est impossible sous votre signe de vous départir de vos bagages ni de tout ce qui encombre votre mémoire, car elle est puissante.

URANUS EN POISSONS

Uranus est en Poissons dans le troisième signe du vôtre. Il se trouve dans le monde des idées, un monde lié à Mercure. Cette planète qui serait symboliquement liée à Uranus vous donne du génie dans le monde des affaires parce que les idées se multiplieront à une vitesse folle. Mais attention, certaines d'entre elles ne seront pas de vous puisque ce troisième signe symbolise aussi ce qui vient des autres. Si vous commettez un vol d'idée, vu Jupiter en Vierge face à Uranus en Poissons, vous serez pris la main dans le sac et vous le paierez très cher.

Si vous avez des frères et sœurs, il est possible qu'il y ait des conflits. L'un d'eux voudra se séparer de vous, s'éloigner ou, selon votre thème, peut-être est-ce vous qui vous éloignerez de la famille jusqu'à l'autre bout du monde. Sous Uranus en Poissons, il est très facile de déclencher une querelle; il suffit d'aller puiser dans les souvenirs d'enfance et, à partir de là, on peut trouver un tas de fautes commises par un frère ou une sœur et qui ont eu des répercussions sur votre vie. Réfléchissez aux conséquences de cette séparation avec un frère ou une sœur; peut-être que la bêtise commise vous a rendu un très grand service, car rien n'arrive pour rien.

Uranus est en Poissons jusqu'en 2011; il favorise extraordinairement les artistes, les créateurs. Les musiciens seront les premiers récompensés; viendront ensuite les chanteurs, les acteurs, les cinéastes. Certains d'entre vous marqueront même une époque. Sous Uranus en Poissons, si vous êtes en affaires, il est possible que vous preniez de l'expansion et que vous deviez embaucher des gens. Soyez prudent lors du choix de vos futurs employés et prenez des références. Assurez-vous qu'aucun n'a de dossier judiciaire.

NEPTUNE EN VERSEAU

Neptune est en Verseau dans le deuxième signe du vôtre et représente l'argent, que vous devez considérer comme quelque chose d'illusoire. Il est vrai que l'argent vous permet de payer vos comptes, de vous nourrir, de vous loger, de payer des études à vos enfants, de vous offrir des luxes, des voyages, mais si vous faites partie de ces Capricorne ayant développé une grande obsession face à l'argent, vous êtes de tristes personnes, des êtres très malheureux.

Bizarrement, vous jouerez à la loterie plus souvent dans l'espoir de gagner une grosse somme. Il y a risque de déception de ce côté-là, mais il y a pire encore: si Neptune est vécu d'une façon matérialiste, il est possible qu'il vous enfonce dans la déprime qui vous isolera des autres. Et cette solitude est remplie de peurs, d'angoisses et d'anxiété qu'il faudra probablement faire soigner.

PLUTON EN SAGITTAIRE

Pluton est en Sagittaire jusqu'en 2008, il se trouve dans le douzième signe du vôtre. Ainsi positionné, il vous fait réfléchir à ce que vous êtes, à ce que vous faites et à tout ce que les gens vous font vivre autour de vous. Les réponses ne viennent pas spontanément, elles se présentent au fur et à mesure des événements et dès qu'il est nécessaire que vous en ayez une.

Pluton en Sagittaire a deux effets. D'abord, il permet de développer en vous la spiritualité, ce qui ne veut pas dire se mettre à genoux et prier simplement, sans rien faire. La spiritualité, c'est d'être auprès des vôtres, car telle est votre première mission sur cette planète. Puis, il y a les Capricorne qui vivent mal Pluton en Sagittaire. Ceux-là se perdent dans des idées folles et se croient initiés, se prennent souvent pour des dieux, croyant posséder des pouvoirs quelconques, alors qu'ils ne possèdent qu'une illusion.

NŒUD NORD EN TAUREAU

Le Nœud Nord en Taureau est là jusqu'à la fin de décembre dans le cinquième signe du vôtre, une position assez extraordinaire puisqu'il vient à la rescousse de l'ensemble de votre vie, si vous voulez bien écouter les messages qui viennent du dedans. Tout d'abord, il est un appel vers la famille, vers les enfants. Si vous êtes marié, heureux en amour, si vous n'avez pas d'enfant, sans doute en aurez-vous un premier; sinon, ce sera un deuxième ou un troisième, qui sait. Il est aussi question d'enfant prodige; si vous en êtes le parent, soyez-lui présent et faites-lui développer cet art qui n'appartient qu'à lui seul.

Le Nœud Nord en Taureau chatouille votre âme; il vous signifie d'être bon, en tout temps, en tous lieux, avec tout le monde. C'est un mouvement d'évolution qui ne repassera qu'en 2022; il faut donc saisir l'occasion. Le Nœud Nord est positif par rapport à votre signe, il est la voie sans piège; s'il y en a un, c'est que vous l'aurez créé vous-même mais vous pouvez le déjouer.

Le Nœud Nord en Taureau, c'est aussi la découverte du grand amour après parfois l'avoir refusé pendant bien des années, car de nombreux Capricorne se disent que l'amour c'est pour les autres et non pas pour eux. Nombreux aussi sont ceux qui croient que l'amour n'est qu'un devoir qui exclut le plaisir, alors qu'il est un ensemble de choses: le plaisir, la tendresse, l'affection, l'obligation, l'engagement. Voici qu'en 2004 on vous offre de saisir cette totalité, de guérir de tous vos maux. N'oubliez pas que le Nœud Nord est en Taureau jusqu'à la fin de décembre. Vous avez tout ce temps pour soigner votre mal-être. Si vous ne le faites pas, vous devrez attendre 2022.

CAPRICORNE ASCENDANT BÉLIER

Vous êtes né de Saturne et de Mars; il s'agit là de guerre et paix, ou guerre ou paix. Sous votre signe et ascendant, vous êtes généralement très ambitieux mais vous avez tendance à prendre un raccourci. L'ascendant Bélier régi par Mars veut aller très vite, mais le Capricorne sait qu'il faut du temps. Il y a donc ici une contradiction entre votre signe et votre ascendant. Le Capricorne est un vieux sage alors que le Bélier est un enfant du zodiaque, toujours pressé, toujours à la découverte de la nouveauté, toujours en état d'expérimentation. Le Bélier est un aventurier alors que le Capricorne est celui qui a déjà vécu de nombreuses aventures.

Sur le plan karmique, vous avez beaucoup vécu en tant que Capricorne ascendant Bélier. Votre Soleil étant dans le dixième signe du vôtre, il est peut-être temps de transmettre vos connaissances à la fois à la famille et dans votre milieu professionnel.

Jupiter est en Vierge jusqu'au 25 septembre dans le sixième signe de votre ascendant. Il symbolise ici le monde du travail; peut-être s'agit-il d'un recommencement sur le plan professionnel ou d'un emploi où vous devrez accepter d'humbles tâches et servir ceux qui vous entourent après avoir eu un poste où vous étiez en vue. Les temps changent, le monde de l'entreprise est plus difficile et il faut faire des compromis en 2004.

Certains d'entre vous sont restés au sommet, demeurent des patrons, des chefs d'entreprise, mais au cours de 2004, vous devrez être beaucoup plus clément envers vos employés quand ils commettent des erreurs. Si vous étiez un dur, vous en paieriez la facture. Ne perdez pas de vue que Jupiter qui est en Vierge doit vous conduire cette année sur le chemin de la sagesse et celui-ci est parfois tortueux; mais ces détours qu'il vous oblige à prendre valent le coup pour votre paix d'esprit et pour la paix d'autrui.

À compter du 26 septembre, Jupiter est en Balance dans le septième signe de votre ascendant; il concerne plus particulièrement votre relation de couple. Si vous travaillez sans arrêt parce que vous ne voulez pas être à la maison, il est possible que votre partenaire n'en soit pas très heureux et vous fasse quelques reproches. Mais pour certains célibataires, il y aura une rencontre dans leur milieu de travail.

Sous l'influence de Saturne en Cancer, il est possible que si vous ne donnez de temps ni à l'amoureux ni à vos enfants, vous alliez au-devant de graves disputes. Également, il y a possibilité de déménager parce que la maison est maintenant trop petite. Prudence, achetez avant le 25 septembre, période où vous serez beaucoup plus chanceux dans ce domaine. Sous cette influence, ce sont vos enfants, si vous en avez bien sûr, qui choisiront le nouveau lieu où ils voudront habiter; ce lieu est indiqué par un cours d'eau.

Uranus est en Poissons dans le troisième signe du vôtre, mais le douzième du Bélier vous avise d'être extrêmement prudent lors de vos déplacements en voiture. Prudence également si vous travaillez avec de l'outillage dans une usine, mais aussi dans la cuisine. Uranus en Poissons symbolise aussi qu'il est possible qu'une de vos idées soit volée, ou qu'un secret que vous teniez caché de tous soit révélé. Il y a aussi certains d'entre vous qui agiront mal; si vous êtes un voleur, vous serez pris la main dans le sac et vous encourrez un tas de problèmes.

Neptune est en Verseau dans le deuxième signe du vôtre et le onzième signe du Bélier. Si vous subtilisiez quelques objets à des amis, vous les perdriez. Il est aussi question d'objets volés à des entreprises afin de faire des économies de bouts de chandelle ou de défier les caméras de surveillance. Malheureusement, vous ne réussirez pas, il est écrit dans ce ciel que rien ne reste caché. Par contre, avant d'être victime d'un vol, il serait bon de vous protéger. Ayez un système d'alarme et, avant de quitter la maison, verrouillez bien les portes. Par ailleurs, il y a la possibilité d'un gain à la loterie ou en jouant aux cartes.

Pluton en Sagittaire dans le neuvième signe de votre ascendant vous donne le goût de prendre la fuite. Cette planète est aussi le douzième signe du Capricorne. Si vous prenez la fuite, est-ce pour aller étudier, suivre des cours de sagesse? Ou encore, avez-vous décidé de grimper l'Himalaya et de trouver le guide pouvant vous indiquer la meilleure marche à suivre? Vous avez le choix. La fuite peut se passer à l'intérieur de soi aussi, en ce sens qu'on cesse de communiquer avec les autres, on se replie sur soi, mais cela n'est pas une bonne idée.

Vous êtes également sous l'influence du Nœud Nord en Taureau dans le deuxième signe du Bélier; il renforce ici l'idée de l'argent: l'argent dont on a besoin, l'argent dont on croit avoir besoin, l'argent dont a peur de manquer. Le Nœud Nord en Taureau est dans le cinquième signe du vôtre et vous signale qu'il y a de l'amour en vue. Pour ceux qui aiment l'argent, il peut se présenter sous les traits de quelqu'un possédant un joli compte en banque. Vous êtes le dixième signe du zodiaque et tout est à double tranchant. Vous pouvez être bon, vous pouvez être méchant. Vous pouvez être généreux, vous pouvez être profiteur. Sous l'influence du Nœud Nord en Taureau, certains d'entre vous ne s'attacheront à une personne que parce que celle-ci est fortunée. Attention, si vous ne soignez que vos intérêts sans tenir compte de votre âme et du bien-être de l'autre, ce qui suivra après le passage du Nœud Nord en Taureau risque de ne pas être très joli.

CAPRICORNE ASCENDANT TAUREAU

Vous êtes né de Saturne et de Vénus: Saturne le rigide et Vénus la tendre, la diplomate, la gentille, la bonne, la généreuse. En général, sous votre signe et ascendant, double signe de terre, vous prenez vos responsabilités à cœur et vous avez le sens de la continuité. Saturne voit loin et Vénus vit dans l'instant présent.

Vous êtes sous l'influence de Jupiter en Vierge jusqu'au 25 septembre qui représente fortement les enfants. Si vous en avez un, si vous êtes heureux et amoureux et que vous en désirez un deuxième ou un troisième, les dieux vous béniront mais si jamais vous n'en voulez pas, vous feriez mieux de prendre vos précautions car l'aspect fertilité est extraordinairement présent sous votre signe et ascendant. Si vous avez de grands enfants, un des vôtres vous surprendra car il fera un choix de vie qui ne concorde pas du tout avec le vôtre. Mais vous ne pourrez vous opposer à son choix puisqu'il s'agit d'un adulte qui a réfléchi à ce qu'il désirait.

À compter du 26 septembre et pour les douze mois qui suivront, vous êtes sous l'influence de Jupiter en Balance dans le dixième signe du Capricorne et le sixième signe du Taureau. Ceci est un énorme symbole de travail qui vous conduit, entre autres, à une promotion. Vous serez en pleine ascension. Mais où trouverez-vous le temps de vous occuper de votre famille?

Telle sera sans doute votre question. Ne vous étonnez pas s'ils vous boudent lorsque vous arrivez.

Saturne en Cancer est en face de votre signe; il s'agit du conjoint. Il est le troisième signe du Taureau, ce qui symbolise la critique, les discussions qui n'en finissent plus. Que ferez-vous donc? Comment concilier travail, ambition, famille, partenaire et amis? Vous aurez besoin de temps à autre de faire des pauses repos. Sous cette influence, il est également possible que votre amoureux vous annonce qu'il a obtenu un poste mieux rémunéré, ce qui l'obligera à faire des heures supplémentaires. Si vous avez des enfants, il faudra vous réorganiser. Si jamais il était question d'avoir une gardienne à la maison, il vous en coûtera plus cher à tous deux. Au fond, cette course vers le sommet pour avoir plus d'argent est-elle vraiment payante?

Sous l'influence d'Uranus en Poissons, l'entreprise vous obligera à vous déplacer plus fréquemment. Encore une fois, soyez avisé que cette situation ne plaira pas à votre amoureux. Si vous partez en vacances dans un pays exotique, n'emportez pas d'objets précieux ni de bijoux, le vol est très présent sous cet aspect.

Sous l'influence de Neptune en Verseau dans le deuxième signe du vôtre et dixième du Taureau, il est fortement question de la carrière qui est à la fois un gagne-pain et un idéal de vie. Mais attention aux excès puisque la vie comporte un tas de petites et grandes choses: un repas en famille, une sortie, la réparation de la voiture, les courses, etc. Prenez-en conscience. Il est vrai que travailler et faire de l'argent, c'est toujours intéressant mais quand on oublie le reste de la vie, on finit toujours par se pénaliser soi-même.

Pluton en Sagittaire laisse présager le décès d'un proche auquel on ne s'attend pas dans certains cas. Il y aura également un partage d'héritage pour quelques-uns d'entre vous et celui-ci ne se fera pas d'une façon juste. Il est donc possible que vous deviez, pour bon nombre d'entre vous, utiliser les services d'un avocat pour faire valoir vos droits et obtenir ce qui vous revient.

Le Nœud Nord est en Taureau sur votre ascendant, dans le cinquième signe du vôtre; il s'agit des enfants. Si vous n'en avez pas et si vous en désirez, il en sera fortement question avec votre conjoint. En fait, les enfants, c'est le bonheur de la vie, il faudra bien vous en rendre compte. Le Nœud Nord sur votre

Maison I vous avise qu'il est important de s'occuper des vôtres; ils sont votre avenir.

CAPRICORNE ASCENDANT GÉMEAUX

Vous êtes sans doute le Capricorne le plus bavard du zodiaque. Vous êtes né de Saturne et de Mercure, vous dites carrément ce que vous pensez. La diplomatie n'est pas tout à fait dans vos cordes et si vous en faites preuve, c'est que vous avez beaucoup à retirer. L'intérêt n'est jamais absent sous votre signe et ascendant. En fait, vous savez très bien vous occuper de vos affaires.

Vous êtes sous l'influence de Jupiter en Vierge jusqu'au 25 septembre et durant cette période, il y aura beaucoup de va-et-vient: travail, maison, enfants, partenaire, voyages, obligations, sorties. C'est comme si vous ne pouviez vous arrêter et, à certains moments, vous souhaiterez avoir un moteur supplémentaire pour faire ces longues journées. Vous êtes perfectionniste, vous avez à cœur de réussir haut et bien. Sous l'influence de Jupiter en Vierge, si vous ambitionnez de conquérir le marché étranger, sans doute quitterez-vous la maison, ferez-vous un long voyage pour investir à l'étranger et réussirez-vous. C'est comme si le temps était de votre côté mais ne vous attendez pas à la paix familiale dans tout cela. Il y aura de nombreuses discussions, particulièrement si vous avez des enfants. Il s'agira de la garde des plus jeunes, du temps qu'il leur est alloué, du magasinage. Si vos enfants sont grands, ne comptez pas toujours sur leur approbation; ils ne rateront pas une critique, tout simplement pour vous faire sentir que vous leur manquez.

À compter du 26 septembre, vous serez sous l'influence de Jupiter en Balance. Il s'agit d'un aspect de couronnement de carrière, un succès qui va au-delà de tout ce que vous avez pu espérer jusqu'à présent. Si vous travaillez dans le domaine des communications, vous prendrez une place beaucoup plus grande et vous pouvez vous attendre aussi à une promotion ou à des honneurs.

Vous êtes aussi sous l'influence de Saturne en Cancer dans le septième signe du vôtre et le deuxième signe du Gémeaux; il est possible que vous songiez à déménager, à acheter une propriété plus grande, surtout si vous faites de l'argent, ou tout simplement à acquérir une résidence secondaire. Cet aspect exerce un effet direct sur votre partenaire et ses biens. Il est possible que si vous gagnez le meilleur salaire des deux, il y ait une longue discussion au sujet d'argent et même que votre partenaire vous en emprunte pour investir dans une entreprise. Est-il sage de le faire? Laissez-moi en douter, certains aspects dans le ciel vous avisent de faire très attention à vos finances et si vous acceptez, assurez-vous d'avoir une garantie, une assurance afin d'être remboursé s'il y a lieu.

Uranus en Poissons se retrouve dans le troisième signe du vôtre et le dixième signe du Gémeaux, un autre aspect confirmant l'importance de votre carrière ainsi que de nombreux voyages et déplacements. Vous rencontrerez par ailleurs plus de gens influents que jamais. Vous n'avez pas la langue dans votre poche et vous savez fort bien vous faire valoir en présence de ces gens qui peuvent vous aider. Cet aspect vous avise toutefois d'être prudent lors de vos déplacements en voiture. Il peut y avoir un accrochage, ce qui peut vous causer quelques douleurs à la colonne vertébrale.

Sous l'influence de Neptune en Verseau revient ici l'idée de voyage à l'étranger, d'argent fait à l'étranger. Si vous avez des projets pouvant vous y conduire, osez puisque vous obtiendrez ce que vous voulez. Vous êtes extraordinairement chanceux, vous pourriez même l'être dans les jeux de hasard. Le monde de la loterie ouvre ses portes. C'est assez particulier dans votre cas en 2004.

Pluton en Sagittaire se retrouve dans le douzième signe du vôtre et le septième de votre ascendant, ce qui renforce ici l'idée du prêt que vous pourriez consentir à un partenaire qui voudrait investir dans une affaire. Alors, redoublez de prudence car Pluton réaffirme la difficulté de Saturne. Même si vous en gagnez beaucoup plus qu'à l'accoutumée, pourquoi en perdre?

Voici aussi que sous l'aspect du Nœud Nord en Taureau, vos enfants ne seront sans doute pas très heureux de toutes vos occupations. Il se peut même que certains d'entre eux, en âge de faire quelques petites bêtises, vous déçoivent. En fait, on attire votre attention, on a besoin de vous. Si vos enfants sont adultes, il est possible qu'ils aient besoin cette fois de votre argent. Allez-vous leur en prêter? Allez-vous leur en donner? Est-il vraiment nécessaire de le faire? Attention à vos investissements, qu'il s'agisse de prêt, de don ou d'une nouvelle entreprise que vous ne connaissez pas entièrement.

CAPRICORNE ASCENDANT CANCER

Vous êtes né avec l'opposé de votre signe, c'est-à-dire de Saturne et de la Lune. Saturne voit loin, a des projets à long terme tandis que la Lune vit au jour le jour et est très mouvante. En fait, vous êtes un double signe cardinal, vous n'arrêtez pas de bouger. Mais il vous arrive de commettre quelques imprudences. On dit que lorsqu'on naît avec l'opposé de son signe, on ne devient prudent que vers la quarantaine et que c'est à partir de là qu'on se soucie vraiment de ses intérêts. Sous votre signe et ascendant, l'autre, qu'il soit l'amoureux, le partenaire en affaires, prend toute son importance. Vous ne vivez que pour les autres et par les autres.

Vous êtes sous l'influence de Jupiter en Vierge jusqu'au 25 septembre dans le neuvième signe du Capricorne et le troisième du Cancer, signifiant de nombreux voyages et la rencontre de beaucoup d'étrangers. Il faudra tout de même faire bien attention à votre santé, vous aurez tendance à exagérer. Jupiter en Vierge semble vous donner tous les droits, particulièrement à tricher votre régime. En fait, tout est tellement bon et tout est à essayer. Mais votre foie le supportera bien mal. L'aspect intellectuel est ici fortement représenté. En fait, tout ce qui concerne les papiers de loi tout autant que les papiers personnels, les lettres, la correspondance, aura une importance capitale au cours de 2004. Alors, si on vous écrit, lisez la lettre et si on vous demande une réponse, répondez. Il en va de même pour le téléphone, retournez vos appels car vous pourriez rater une très bonne occasion d'affaires. Sans doute doublerez-vous vos profits au cours de l'année, surtout si vous êtes en commerce, ou alors vous prendrez de l'expansion et en achèterez un autre. Vous avez un talent de vendeur sous Jupiter en Vierge et si vous avez besoin de financement pour lancer une nouvelle entreprise, vous réussirez à convaincre votre banquier. Attention, si vous êtes un joueur, vous serez porté à aller au-delà de ce que la chance vous permet de gagner et, finalement, elle pourrait vous abandonner.

À compter du 26 septembre, vous êtes sous l'influence de Jupiter en Balance dans le dixième signe du vôtre et le quatrième signe de votre ascendant; il symbolise la maison, là où il y aura de nombreuses discussions. Si vous travaillez de la maison, si vous collaborez avec votre partenaire, vous n'aurez jamais été aussi proches l'un de l'autre et il peut s'ensuivre quelques disputes en raison de la trop grande proximité. Alors, il faudra vous évader chacun de votre côté pour mieux respirer.

Saturne en Cancer sur votre ascendant renforce tout ce que Jupiter présage en ce qui concerne l'association avec l'amoureux. Si vous êtes célibataire et que vous vivez seul depuis très longtemps, une rencontre aura lieu avec une personne assez spéciale. Quelqu'un qui aura apparemment de l'autorité mais ne vous fiez pas aux apparences: ce n'est que pour camoufler sa grande sensibilité.

Uranus est en Poissons dans le troisième signe du vôtre et le neuvième signe du Cancer; cet aspect dit que vous êtes chanceux et renforce l'idée des voyages à l'étranger. Il s'agira aussi pour certains d'entre vous d'un retour aux études, d'un cours de formation ou d'apprendre un nouveau métier. Il y a chez vous une soif de connaissances mais également un désir d'être plus sage qu'auparavant.

Rien n'étant parfait, Neptune en Verseau dans le huitième signe de votre ascendant laisse présager la mort d'un proche âgé et malade ou celle d'un ami que vous pensiez invincible. Quand la grande faucheuse passe, elle nous fait tous réfléchir. Qu'est-ce qu'on fait donc de sa vie? À qui est-on utile? Pourquoi vit-on? Ce sont des questions que vous vous poserez en 2004.

Pluton en Sagittaire dans le sixième signe de votre ascendant confirme que vous ne manquerez pas de travail, bien au contraire. Il est possible que certains d'entre vous aient deux emplois dont l'un que vous pourriez effectuer au noir. Attention, l'aspect de la découverte de l'argent fait illégalement est fort présent dans votre thème au cours de 2004; alors, ne trichez pas.

Vous êtes aussi sous l'influence du Nœud Nord en Taureau dans le onzième signe de votre ascendant; il symbolise les enfants des autres. Si vous avez des enfants, ouvrez votre porte car leurs amis viendront chez vous plus souvent. Au cours de la prochaine année, vous ferez de nombreuses fêtes car vous aimez être entouré de cette jeunesse.

CAPRICORNE ASCENDANT LION

Vous êtes né de Saturne et du Soleil, vous avez un immense besoin d'être présent dans votre communauté et votre famille. Vous adorez jouer le rôle de chef de famille, d'entreprise, qu'importe, où que vous soyez, où que vous vous trouviez, vous avez tendance à vous imposer en patron. Ce qui peut plaire aux uns, mais déplaire aux autres aussi.

Sous Jupiter en Vierge, vous prenez énormément d'assurance jusqu'au 25 septembre particulièrement. Par ailleurs, vous ferez beaucoup plus d'argent qu'à l'accoutumée, vous pourriez même être chanceux dans les jeux de hasard. De nombreux déplacements, une possibilité de déménagement ou l'achat d'une première propriété peuvent se produire.

À partir du 26 septembre, Jupiter se retrouvera dans le dixième signe du vôtre et le troisième signe du Lion. Si vous avez commis quelques petites tromperies financières, si vous avez trompé le fisc, cela pourrait vous rattraper et vous seriez obligé de rembourser ce que vous devez et même de payer une amende. Alors, il vous est fortement recommandé de rester droit en tout temps avec vos finances. Si vous êtes en commerce, de grâce, ne cachez rien, ne mettez pas de l'argent dans vos poches, vous risquez d'être surpris par des contrôleurs. Alors, soyez honnête en tout temps et prudent. Cet aspect vous permettra de faire de très bonnes affaires et de prendre de l'expansion.

Vous êtes sous l'influence de Saturne en Cancer dans le douzième signe de votre ascendant; il laisse présager des problèmes familiaux, si vous n'êtes pas prudent avec vos affaires, vos associés. Il existe une triste possibilité d'être trompé ou de tromper vous-même votre partenaire; tout dépend des planètes dans votre thème natal personnel. Par ailleurs, certains d'entre vous devront soigner leur partenaire qui ne se sent pas bien; soyez assez intuitif pour deviner quel est son problème.

Sous l'influence d'Uranus en Poissons, d'abord vous aurez d'excellentes idées, des idées de transformations. Mais allez-y progressivement surtout s'il s'agit d'une entreprise et que vous ayez décidé de prendre de l'expansion. Il serait d'ailleurs sage de demander conseil à des gens d'expérience.

Neptune en Verseau dans le septième signe de votre ascendant et le deuxième signe du Capricorne est particulièrement puissant s'il y a une rupture entre l'amoureux et vous. Si vous vivez une séparation, l'argent sera un sujet de discussions interminables et difficiles. Toutefois, si tout va bien dans votre vie de couple, l'amoureux pourrait gagner une jolie somme d'argent qui vous fera plaisir à vous aussi.

Pluton qui est en Sagittaire est dans le douzième signe du vôtre et le cinquième signe de votre ascendant; il y restera jusqu'en 2008. Cette position concerne votre progéniture. Si un de vos enfants a un problème psychologique, vous avez intérêt à consulter un psychologue avant qu'il prenne d'énormes proportions. En tant que parent, il est toujours facile de nier le mal-être d'un enfant parce que le voir souffrir c'est comme si on avait échoué.

Le Nœud Nord en Taureau dans le cinquième signe du vôtre et le dixième de votre ascendant vous rappelle qu'il faut mettre de l'ordre dans la famille et, surtout, vous occuper de vos enfants quand ceux-ci manifestent des problèmes de comportement. Cet aspect symbolise le succès particulier d'un de vos enfants.

CAPRICORNE ASCENDANT VIERGE

Vous êtes né de Saturne et de Mercure et il semble que le monde soit trop étroit pour vous. Vous avez un vif désir de l'explorer afin de constater que nous sommes tous liés les uns aux autres. Vous faites certainement partie de ceux qui marchent pour la paix dans le monde, contre les OGM, contre la robotisation, et quoi d'autre.

Jupiter en Vierge sur votre ascendant jusqu'au 25 septembre vous fait prendre une place beaucoup plus grande dans votre communauté. Jupiter sur votre Maison I fait de vous quelqu'un de très populaire. Si vous êtes à la recherche d'un travail, vous en trouverez un et si vous avez déjà un emploi, sans doute obtiendrez-vous une meilleure position.

À compter du 26, sous l'influence de Jupiter en Balance située dans le deuxième signe de votre ascendant, votre ascension se poursuit mais vous vous déplacerez moins. Par contre, vous ferez beaucoup plus d'argent. Si vous restez à la maison, vous verrez à ce que le budget soit bien équilibré. Si vous vivez dans une famille monoparentale, vous verrez à ce que personne ne manque de rien, qu'il n'y ait aucun gaspillage.

Saturne est en Cancer dans le septième signe du vôtre et le onzième signe de votre ascendant. Cette position fait en sorte que votre partenaire pourrait avoir de nouveaux amis qui ne vous plairont pas tous. Vous devrez faire des compromis. Si vous êtes célibataire, il est grandement possible qu'un ami vous présente votre future perle rare.

Uranus en Poissons dans le troisième signe du vôtre vous donne des idées absolument géniales et renforce ici l'idée du nouvel amoureux. Cet amoureux qu'on rencontre à travers un échange d'idées, dans un groupe de personnes.

Neptune en Verseau dans le deuxième signe du vôtre et le sixième signe de votre ascendant confirme ici le secteur professionnel. Vous êtes d'abord et avant tout un très grand communicateur. Vous vous exprimez clairement, vos idées sont avant-gardistes et vous savez les faire valoir, ce qui vous permettra de faire plus d'argent. Si vous avez un talent d'écrivain, vous aurez davantage de contrats qui vous mèneront à l'étranger.

Pluton en Sagittaire dans le douzième signe du vôtre et le quatrième de votre ascendant laisse croire que vous n'êtes pas souvent à la maison et qu'il y a du désordre. Mais cet aspect vous avise également de bien vous protéger contre le vol, il pourrait y avoir une intrusion par effraction. Si vous n'avez pas de système d'alarme, le temps est venu de vous en procurer un et si vous n'avez pas d'assurances ou qu'elles n'étaient pas en ordre ou insuffisantes pour protéger vos biens, il faudrait les réviser. Également, vérifiez la tuyauterie et le système électrique. Un problème pourrait surgir.

Le Nœud Nord en Taureau dans le neuvième signe de votre ascendant confirme ici la présence de l'étranger, soit pour des voyages, soit pour le travail. Si vous êtes dans l'impossibilité d'avoir un enfant, il se peut que vous optiez pour l'adoption.

CAPRICORNE ASCENDANT BALANCE

Vous êtes un double signe cardinal; vous êtes né de Saturne, signe de terre, et de Vénus, signe d'air. La raison est omniprésente en tout temps. Vous avez le sens de la planification. Vous avez un côté à la fois autoritaire et angélique; il est difficile de vous refuser ce que vous demandez.

Jupiter en Vierge dans le neuvième signe du vôtre et le douzième signe de la Balance sème le doute quant à certaines de vos convictions par rapport à la famille, à vos croyances, à vos valeurs. Aussi, cet aspect vient vous aider à alléger le poids que vous prenez constamment sur vos épaules. Si vous refusez de vous départir de souvenirs, de bagages qui sont devenus excessifs, malheureusement, plutôt que d'opérer un aspect positif, Jupiter en Vierge risque de vous plonger dans un moment de dépression profonde. Pour ceux qui font commerce avec l'étranger, vous devrez vérifier toutes vos transactions, principalement entre le 1er janvier et le 25 septembre, car il pourrait y avoir des obstacles, des empêchements et même quelques troubles lors des négociations. Quoi qu'il advienne, vous ne vous laisserez pas abattre, votre double signe cardinal est extraordinairement combatif.

À compter du 26 septembre, Jupiter entre en Balance pour les douze prochains mois; il se trouve aussi sur votre Maison I, votre ascendant. La lutte que vous aurez menée précédemment vous rapportera énormément. Vous pourrez à nouveau reprendre le contrôle total de vos affaires. Les problèmes qui s'étaient manifestés disparaîtront comme par enchantement. Il restera tout de même un doute sérieux quant à l'organisation familiale surtout si certains problèmes et des mésententes ont surgi avec votre partenaire.

Saturne en Cancer dans le septième signe du vôtre et le dixième signe de la Balance renforce ici la position de Jupiter en Balance, en ce sens qu'il vous est fortement conseillé de régler toute mésentente avec l'amoureux car certains pourraient avoir des flirts qui détruiraient leur union. Si vous travaillez avec votre partenaire dans une entreprise commune, quelques membres de votre famille pourraient se mêler de vos finances; ne laissez pas envahir vos plates-bandes, cela ne les concerne pas.

Uranus en Poissons dans le sixième signe de votre ascendant renforce l'idée du travail. Il faudra également que vos papiers soient tous en ordre, car il y a une possibilité de vérification. Sinon, vous pourriez le payer très cher.

Neptune dans le deuxième signe du vôtre et cinquième signe de la Balance parle ici de vos enfants qui grandissent et qui coûtent cher: vêtements à la mode, éducation, livres et peut-être bien cours parascolaires. Mais un de vos enfants peut manifester un talent spécial et, naturellement, il faudra débourser davantage; il mérite que vous lui permettiez de suivre des leçons quels que soient les coûts.

Sous Pluton en Sagittaire dans le troisième signe de votre ascendant, vous serez très curieux intellectuellement. Vous aurez grand besoin de vous évader par des lectures portant sur la psychologie ou la spiritualité. Mais attention, en ce qui concerne l'aspect spirituel, certains d'entre vous pourraient être happés par une secte, convaincus par un gourou ou un maître quelconque. Si vous avez l'habitude de consulter – voyant, diseuse de bonne aventure –, regardez à qui vous avez affaire.

Autre aspect confirmant votre curiosité sur le plan de l'invisible, il s'agit du Nœud Nord en Taureau dans le huitième signe de votre ascendant. Vous aurez davantage besoin d'être confirmé dans votre avenir: qu'est-ce qui m'arrive? Qu'est-ce que je veux devenir? Encore une fois, attention aux charlatans. Ne soyez pas dupe. Si vous avez envie de connaître l'avenir, voyez donc un bon astrologue.

CAPRICORNE ASCENDANT SCORPION

Vous êtes né de Saturne, de Mars et de Pluton. Vous n'êtes pas banal. Vous cherchez toujours le pour, le contre, le vrai, le faux, l'invisible a beaucoup d'attrait pour vous. En 2004, sous l'influence de Jupiter en Vierge jusqu'au 25 septembre, vous serez encore plus fasciné que jamais car ce symbole de Mercure vous portera à chercher davantage: qui suis-je? Qu'est-ce que cela? Il est possible que certains d'entre vous, plus fortunés que d'autres, puissent voyager afin de partir à la recherche des mystères de la vie. Sous votre signe et ascendant, vous êtes concerné non seulement par vous-même, mais également par vos proches et votre communauté. Vous serez nombreux à vous impliquer davantage sur le plan social afin d'aider les plus démunis, et plus particulièrement les enfants. Jupiter en Vierge porte chance sur le plan professionnel; quoi que vous fassiez, le travail continue et progresse. Si vous travaillez dans le domaine informatique, vous ferez un énorme progrès et sans doute devrez-vous vous adapter à une nouvelle technologie.

À compter du 26 septembre, sous l'influence de Jupiter en Balance, vous pouvez vous attendre à une promotion; attention, vous aurez quelques ennemis, des jaloux. De grâce, ne tenez pas compte de ces gens qui vous envient, laissez-les parler.

Saturne en Cancer dans le septième signe du vôtre et le neuvième du Scorpion symbolise, pour le célibataire, une rencontre avec une personne d'origine étrangère ou alors il est possible qu'il y ait un mariage en bonne et due forme. Non pas à cause des avantages sur le plan fiscal mais parce que vous avez décidé d'être là, avec l'autre, pour la vie, pour toujours.

Uranus en Poissons dans le cinquième signe de votre ascendant symbolise la créativité. Si vous avez un talent d'écrivain ou si vous êtes un chercheur, il y a toutes les chances du monde que vous vous mettiez à l'œuvre et qu'on publie soit vos écrits ou vos découvertes. Si vous êtes musicien, chanteur, acteur, vous aurez beaucoup plus de contrats et vous serez beaucoup plus populaire qu'auparavant.

Sous l'influence de Neptune en Verseau, la famille vous manque. Soit que vous êtes absent en raison du travail, soit que vous négligez vos proches pour vous adonner à toutes sortes d'œuvres. Il ne faudra pas s'étonner quand les reproches pleuvront. Mais pour éviter ce genre de situation, allouez du temps à ceux que vous aimez.

Pluton en Sagittaire dans le deuxième signe du Scorpion et le douzième du Capricorne symbolise l'argent, celui que vous pourriez gagner par un jeu de hasard mais également les économies que vous utiliserez pour transformer l'intérieur de votre maison.

Le Nœud Nord en Taureau dans le septième signe de votre ascendant renforce ici l'idée de l'amour, celui du coup de foudre. Le mois de mai se prête très bien à une telle rencontre.

CAPRICORNE ASCENDANT SAGITTAIRE

Vous êtes né de Saturne et de Jupiter. Qui est plus travaillant que vous? Qui donc aurait plus d'ambition que vous n'en avez? Votre Soleil est dans le deuxième signe de votre ascendant; vous avez le sens des responsabilités, vous êtes organisé, un grand idéaliste de par votre ascendant et un esprit fort pratique.

Jupiter est en Vierge jusqu'au 25 septembre dans le neuvième signe du vôtre et le dixième de votre ascendant, ce qui symbolise que vous abattrez une quantité de travail inouïe. Il serait difficile de vous dépasser. Vous manquerez même d'heures de sommeil tant vous serez occupé. Il est possible qu'un travail fait dans le passé soit maintenant plus rémunérateur qu'il ne l'a été à l'époque. Par ailleurs, si vous avez cumulé une vaste expérience de travail, elle vous permettra d'occuper un poste haut placé.

À compter du 26 septembre, Jupiter entre en Balance dans le dixième signe du vôtre et onzième signe de votre ascendant, ce qui vient accentuer le monde des voyages ou des grands déplacements pour votre travail. Vous pourriez ainsi accroître vos revenus. Sous cet aspect, si vous avez négligé de remplir vos déclarations d'impôts correctement ou si vous avez oublié de rembourser des sommes d'argent, vous éprouverez de grandes difficultés avec les gouvernements; il faudra y voir prestement avant que votre situation financière s'envenime. Au cours de 2004, il faudra faire très attention à ces nouveaux amis qui viendront se greffer à vous. Ces gens-là pourraient vous soutirer des faveurs et des bénéfices qu'ils n'ont nullement mérités et, éventuellement, vous nuire.

Saturne en Cancer dans le septième signe du vôtre et le huitième signe du Sagittaire symbolise des difficultés dans le couple, surtout si vous travaillez trop. Votre partenaire a besoin de vous, de vos attentions et sans doute a-t-il quelques reproches à vous faire. Voilà que le temps est venu de vous expliquer avec l'autre. Autres possibilités: l'amoureux pourrait être très malade et vous devrez en prendre soin, ou un parent âgé et malade pourrait décéder.

Uranus en Poissons dans le troisième signe du vôtre et le quatrième de votre ascendant symbolise encore une fois l'argumentation dans la famille, que ce soit avec le partenaire ou les membres de votre famille, surtout s'il s'agit de prendre soin d'un parent malade. Il y a aussi risque d'une dispute entre frères et sœurs pour des peccadilles, des petites sommes d'argent non remboursées. Alors, qui reviendra le plus rapidement à la raison? Sans doute est-ce à vous de rappeler chacun à l'ordre.

Neptune en Verseau dans le deuxième signe du vôtre et le troisième de votre ascendant parle encore une fois de travail, de déplacements qui rapportent de l'argent mais également de ces petites querelles qui peuvent avoir lieu entre frères et sœurs au sujet d'argent. Si vous avez l'intention d'acheter une propriété avec un frère, une sœur, le moment est mal choisi. Il vaut mieux vous débrouiller seul, du moins pour cette année.

Pluton en Sagittaire sur votre ascendant vous invite à vous affirmer, à avoir confiance en vous, en votre flair, en vos intuitions, en votre instinct. Ne laissez pas la logique et la raison vous mentir. Soyez donc attentif à cette perception qu'on peut qualifier d'ultra-sensorielle; elle est là, en vous, omniprésente.

Le Nœud Nord en Taureau dans le sixième signe de votre ascendant vous parle de rendre service à autrui, sans être payé. Mais peut-être l'avez-vous fait très souvent et il est temps d'être enfin payé en argent sonnant. Vous savez, un beau sourire n'apporte pas de la nourriture sur la table...

CAPRICORNE ASCENDANT CAPRICORNE

Vous êtes une véritable énigme; vous êtes né Saturne sur Saturne. Souvent, vous êtes compliqué ou vous vous compliquez la vie. En fait, pour vous, il est quasi impossible qu'une idée soit simple; elle recèle sûrement quelques complications et complexités qu'il faut expliquer. En réalité, vous êtes quelqu'un de très soupçonneux, et vos soupçons sont parfois inutiles. Sous votre signe et ascendant, il y a souvent un manque de confiance dans le genre humain ou alors une sur-confiance car vous êtes excessif.

Sous Jupiter en Vierge jusqu'au 25 septembre, certains se consacreront à leurs études et y mettront les bouchées doubles afin de terminer plus rapidement. Vous réussirez, mais attention à l'épuisement qui vous guette. Cet aspect a une représentation symbolique très spéciale. Si vous êtes seul, divorcé ou veuf depuis longtemps, il est possible qu'il y ait mariage cette année.

À compter du 26 septembre, Jupiter est en Balance pour les douze mois qui suivent. Si vous prenez votre retraite, avez-vous choisi une activité? En tant que Capricorne ascendant Capricorne, double signe cardinal, vous avez besoin de bouger pour rester en santé. Peut-être faites-vous partie de ceux qui terminent des études et qui commencent une carrière. Vous serez fort chanceux en 2004 puisque vous trouverez selon vos compétences et vous serez même mieux payé que ce que vous anticipiez. Lorsque le 26 septembre sonnera, sous l'influence de Jupiter en Balance, il est déjà possible que vous obteniez une promotion.

Sous l'influence de Saturne en Cancer, il est fortement question de fonder une famille. Par ailleurs, pour certains, il s'agira plutôt d'une séparation. Une rupture n'est jamais simple surtout quand il y a des enfants, et ce, quel que soit leur âge et particulièrement quand on a épousé un conjoint exigeant. Il y aura une énorme lutte à mener afin de garder les biens qui vous appartiennent.

Uranus en Poissons dans le troisième signe du vôtre vous portera à prendre la fuite, surtout s'il s'agit de problèmes sentimentaux. Est-ce vraiment une bonne solution? Il y a parmi vous des artistes qui, sous cet aspect, seront inspirés. Il est possible que cette fois leur talent soit reconnu et rapporte plus d'argent. Le succès vous attend.

Neptune en Verseau renforce le plan artistique dont il a été question précédemment. Mais il symbolise aussi une perte d'argent pour ceux qui vivent une séparation. Certains baisseront les bras, tandis que d'autres se battront très fort.

Pluton est en Sagittaire dans le douzième signe du vôtre jusqu'en 2008. Les grandes questions existentielles continuent de traverser votre esprit; vous cherchez votre raison d'être à l'autre bout du monde ou dans la magie. Attention, la magie existe-t-elle vraiment sous votre signe et ascendant? Il faut faire attention, sous cet aspect, des gens peuvent vous promettre de vous libérer de vos problèmes, ne vous y fiez pas. D'ailleurs, vous trouverez vous-même les réponses à vos grandes questions au fil du temps. Soyez attentif à vos intuitions, à certains signes aussi qui sont des avertissements de ce qui vient vers vous.

Le Nœud Nord est en Taureau dans le cinquième signe du vôtre. Il s'agit ici des grandes aspirations, des grands idéaux. Mais si vous êtes plus âgé, il est possible que vous ayez abandonné vos rêves. Mais attention, cet aspect va les éveiller à nouveau. Ce sera plus fort que vous, ne résistez pas au désir de réaliser ce brin de folie que vous n'avez pu réaliser adolescent. Ceux qui désirent un enfant pourraient être rapidement comblés cette année.

CAPRICORNE ASCENDANT VERSEAU

Vous êtes né de Saturne et d'Uranus; Saturne veut conserver la tradition alors qu'Uranus veut la nouveauté, la modernité. Vous êtes pris dans un conflit avec vous-même. Votre Soleil se retrouve dans le douzième signe de votre ascendant et certains d'entre vous s'immobilisent plutôt que d'être en action. En fait, ils ont toujours l'idée d'avancer, de bouger mais ils n'agissent pas.

Cette année, Jupiter en Vierge vous bouscule, vous n'avez donc plus le choix. Si jamais vous avez résisté à ces changements que vous vouliez faire, la vie vous oblige à agir, à bouger. Il s'agira souvent d'une transformation sur les plans de la carrière et de la famille. L'aspect déménagement s'y trouve, mais il est possible qu'un décès soit à l'origine de toutes ces transformations. Nous évoluons tous, vous également.

À compter du 26 septembre, Jupiter en Balance est dans le neuvième signe de votre ascendant. Vous serez fier de ce qui aura été précédemment accompli et cela vous portera chance. Sous cet aspect, si vous n'avez pas pris de vacances depuis très longtemps, vous déciderez d'en prendre et de voir comment ça se passe ailleurs dans le monde, probablement en octobre. Si jamais vous ne partez pas à l'étranger, c'est que vous transformerez votre maison de manière à avoir la sensation de vivre ailleurs.

Sous l'influence de Saturne en Cancer, si vous êtes célibataire, il y a toutes les chances du monde que vous rencontriez dans votre milieu de travail l'amour. Il ne serait pas étonnant qu'avant que l'année se termine, votre partenaire obtienne un autre emploi. Si c'est le cas, vous serez quand même ensemble.

Uranus en Poissons dans le deuxième signe de votre ascendant vous donne énormément de chance dans les jeux de hasard; cette chance est plus puissante, plus grosse, si vous prenez des billets avec vos collègues de travail ou un membre de votre famille.

Neptune en Verseau sur votre Maison I, sur votre ascendant en fait, vous rend un petit peu nerveux et parfois vous donne quelques irritations cutanées. Il s'agit de regarder la vie et l'avenir dans son ensemble, joyeusement et non pas sombrement. Si de nouveaux développements sont arrivés dans votre vie, essayez de voir le meilleur et non le pire. Neptune est la représentation symbolique de l'océan. Il y a le soleil qui darde ses rayons sur l'eau et les dessous de l'océan. Que regardez-vous?

Pluton en Sagittaire dans le onzième signe de votre ascendant symbolise que vous vous ferez de nouveaux amis. Certains ne seront que de passage. Aussi, ne vous attachez pas trop à eux; ils ne sont là que pour vous signifier un fait simple dans votre vie ou pour vous rappeler à l'ordre. Regardez bien à qui vous avez affaire au cours de la prochaine année.

Le Nœud Nord en Taureau dans le quatrième signe de votre ascendant et le cinquième signe du Capricorne rappelle ici le monde des enfants, les petits comme les grands. S'ils sont grands, ils seront plus exigeants. Ils auront besoin de vous, peut-être même de votre argent. Soyez quand même très attentif à ce que vous leur donnez. Peut-être ne méritent-ils pas autant ou peut-être en méritent-ils plus. C'est à vous de juger. Quant aux tout petits, ils auront besoin de surveillance près des cours d'eau et sur le trottoir. Ne les quittez pas de l'œil, les voitures passent très vite dans nos rues et les jeunes n'ont pas conscience du danger. Protégez-les.

CAPRICORNE ASCENDANT POISSONS

Vous êtes né de Saturne et de Neptune; vous remportez la palme de la générosité, à moins que votre thème ne révèle de très mauvais aspects. Jusqu'au 25 septembre, vous êtes sous l'influence de Jupiter en Vierge; il signifie remariage, si vous êtes divorcé ou veuf depuis longtemps. La rencontre se fera grâce à une activité agréable. Quant au travail, il est de bon augure, en ce sens que tout se poursuit comme vous l'avez commencé. Vous êtes même chanceux et si vous êtes en affaires, à votre compte, il est possible que vous preniez un associé. Naturellement, vous prendrez des références auparavant et, par ailleurs, c'est la chose à faire. Dans le cas contraire, à compter du 26 septembre, lorsque Jupiter sera en Balance, vous pourriez subir des pertes. Certains d'entre vous obtiendront une promotion, ils seront très surpris, ils ne s'attendaient pas à cette promotion et ne la désiraient même pas. Mais devant l'insistance de l'administration, ils finiront par accepter. Sans doute pas la première fois mais au bout de quelques mois, ils occuperont un siège plus élevé dans la hiérarchie de l'entreprise qui est en cours.

Saturne en Cancer dans le septième signe du vôtre et le cinquième signe de votre ascendant renforce l'idée de l'amour: l'amour passion, l'amour fou. Si vous êtes jeune, vous désirerez sûrement fonder une famille. Cet aspect y est propice. Il y a parmi vous des gens qui rencontreront un artiste. Vous serez fasciné par son art et vous l'encouragerez; celui-ci s'attachera rapidement à vous.

Uranus en Poissons sur votre ascendant vous donne un magnétisme extraordinairement puissant. Où que vous alliez, quoi que vous fassiez, on vous remarque, il est impossible de passer inaperçu. Si vous êtes un artiste, surtout dans les domaines du cinéma et du vidéo, vous aurez une belle notoriété. Il est même possible que vous receviez un trophée, des honneurs.

La réussite est agréable, mais il arrive qu'on ne se fasse pas que des amis. Certaines personnes sont là pour vous soutirer faveurs, bénéfices. Ne soyez pas dupe, c'est si facile avec un ascendant Poissons. Par ailleurs, il serait prudent de vous protéger contre le vol si vous possédez une propriété cossue.

Pluton en Sagittaire parle encore d'ennemis dans le domaine professionnel, tout simplement parce qu'ils vous envient, vous jalousent. Il ne faut pas s'en préoccuper, ils ne sont là que de passage et pour vous démontrer que, sur cette planète, il y a des gens malintentionnés.

Le Nœud Nord en Taureau dans le cinquième signe du vôtre vous dit que vous avez des bons amis et qu'il faut les préserver. Le Nœud Nord en Taureau dans le troisième signe de votre ascendant, jusqu'à la fin de décembre, est un symbole de cogitation, de création, d'idées nouvelles; le succès vous appartient ainsi que l'amour. Ne laissez personne détruire tout cela. Naturellement, quand on possède beaucoup, les parasites sont là et viennent vous vampiriser; soyez aux aguets car vous méritez de tout garder en 2004.

◖ JANVIER 2004 ◗

Sous l'influence de Mars en Bélier, vous serez constamment pressé; même quand il n'y aura aucune urgence, vous aurez l'impression qu'il faut faire vite. Vous êtes également sous l'influence de Saturne en Cancer face à votre signe, c'est comme si vous aviez la sensation que vous pourriez manquer une occasion. Tout cela vient de votre imagination, et principalement de votre anxiété, de votre peur de manquer d'argent. Sous Mars en Bélier dans le quatrième signe du vôtre, c'est comme s'il vous fallait travailler comme un petit démon afin de pourvoir aux besoins de la famille, même si vos coffres sont pleins. Attention, vous risquez de vous épuiser. Un mal de dos sera le premier signal d'un état de santé précaire.

Il est possible que, sans que personne s'en rende compte, vous soyez plutôt déprimé, principalement entre le 1er et le 14 alors que Mercure et Pluton sont en Sagittaire dans le douzième signe du vôtre. Ces planètes vous feront réfléchir sérieusement à votre avenir, mais vous ne réussirez pas à vous fixer un objectif clair.

À compter du 15, vous irez vers une vie sociale un peu plus occupée sous Vénus et Uranus en Poissons. Vous sortirez non seulement pour rencontrer des gens reliés à votre travail, mais aussi pour vous détendre. Faites attention à ces amis qui tournent autour de vous, principalement entre le 15 et le 21; ils pourraient vous emprunter de l'argent. Ne le faites pas, vous risquez d'attendre des mois ou ne plus jamais le revoir.

◖ FÉVRIER 2004 ◗

Vous vous sentirez beaucoup mieux, plus décontracté, moins stressé puisque à compter du 4, Mars entre en Taureau et fait un aspect d'équilibre avec votre signe; il vous permet alors de voir plus clairement où vous en êtes, ce que vous faites et vous ramène parfaitement bien les deux pieds sur terre. L'éparpillement que vous avez vécu le mois dernier vous a sans doute fait passer à côté d'excellentes occasions, mais il n'en sera pas de même ce mois-ci.

Vous avez l'appui de Jupiter en Vierge dans le neuvième signe du vôtre, ce qui vous fait prendre les bouchées doubles mais d'une manière beaucoup plus détendue. En fait, vous vous entourerez de personnes en qui vous pourrez avoir confiance.

Vous serez extraordinairement travaillant et vous ferez des heures supplémentaires; toutefois vous préserverez votre énergie. Puisque vous êtes détendu, vous digérerez mieux, votre circulation sanguine sera meilleure.

Sur votre vie sentimentale plane une ombre. S'il y a déjà des tensions dans votre couple et que celles-ci ne se règlent pas, à compter du 9, elles risquent de s'accentuer. Qui sera le plus sage? Votre conjoint ou vous? Vous êtes un signe cardinal et vous réagissez rapidement dès qu'on vous provoque.

Saturne en Cancer concerne vos enfants et, à compter du 9, ils seront témoins de votre querelle et cela les affectera énormément; par exemple, ils pourront être moins attentifs à l'école car ils seront inquiets pour leurs parents. Ne méritent-ils pas la paix entre l'amoureux et vous?

Entre le 13 et le 18, vous serez chanceux dans les jeux de hasard et plus encore si vous prenez des billets avec un collègue ou un groupe de travail. Alors, il vous est suggéré de participer à un tirage.

⊲⊙ MARS 2004 ⊙⊳

Si vous êtes seul depuis très longtemps, entre le 1er et le 21, vous pourriez faire une rencontre hors de l'ordinaire dans votre milieu de travail ou dans un magasin. Attardez-vous parce que ces regards qui seront échangés provoqueront une attraction spontanée. Si vous avez vécu une querelle d'amoureux, si votre couple vit des tensions, entre le 1er et le 12, il y a possibilité d'une conversation entre adultes seulement; de grâce, ne mêlez pas vos enfants à tout cela. Il y aura possibilité de paix, ne la ratez pas. Mais si vous faites partie de ces gens qui refusent la paix parce que Saturne s'est durci dans son signe de terre, à compter du 13, plutôt que d'en arriver à un arrangement, la séparation sera finale.

Vénus en Gémeaux à partir du 4, même s'il représente la fertilité par rapport à votre signe, n'est pas nécessairement ce qu'on appelle le romantisme. Alors, vous oublierez les bougies, les cadeaux, les fleurs, ces petites choses qui font que l'autre est heureux. Le romantisme peut prendre bien des formes; il faudrait y en ajouter une petite dose en ce mois parce que la douceur est bien plus agréable qu'une relation basée sur le respect et la raison.

Si vos enfants font des études universitaires, il est possible que certains d'entre eux vous demandent d'aller terminer leurs études à l'étranger. Il faudra y réfléchir sérieusement. Pourquoi pas les échanges étudiants?

◖ AVRIL 2004 ◗

Jupiter en Vierge en bon aspect à Saturne en Cancer est un bon indice d'acharnement au travail. Par ailleurs, vous apprendrez que l'entreprise qui emploie vos services va bientôt modifier son organisation et réduire son budget. Vous n'avez cependant pas à vous inquiéter, vous préserverez votre titre, votre salaire mais sans doute devrez-vous produire plus rapidement. Étant donné le nombre d'heures supplémentaires que vous ferez, votre amoureux se plaindra d'être délaissé surtout s'il se retrouve constamment seul avec les enfants qui, à leur tour, deviendront de plus en plus difficiles, capricieux et tapageurs parce que vous leur manquez!

Mars est en Gémeaux dans le sixième signe du vôtre tout au long du mois et, à compter du 3, Vénus se trouve aussi en Gémeaux. Ces planètes sont semblables à une poussée dans le dos, vous aurez la sensation de n'en faire jamais assez. Il sera alors important de vous accorder des temps de repos ici et là même s'ils ne sont que de courte durée.

Si vous faites partie de ces gens qui ont pris leur retraite ou si vous êtes sur le point de prendre une telle décision, n'êtes-vous pas troublé? L'inertie ne convient pas à un Capricorne. Vous êtes un signe de terre, un bâtisseur et lorsque vous vieillissez, vous êtes le professeur, le sage, celui qui donne l'exemple par l'action. Si vous êtes à la retraite, vitement vous trouverez un travail pour être et vivre parmi les autres. Si vous êtes sur le point de la prendre, faites un plan de travail afin de rester utile aux autres maintenant et pour toujours.

Si vous êtes célibataire, l'amour vous guette du coin de l'œil. Il vous fera signe dans un endroit «officiel». Serez-vous à la bibliothèque embarrassé par votre choix de lecture? Dans un magasin où il vous faut acheter une pièce de métal, de bois ou autre parce que vous avez une réparation à faire? Dans un hôpital où vous faites du bénévolat? Au garage alors que vous attendez qu'on remette votre voiture en ordre?

Je ne peux passer sous silence qu'un problème familial peut survenir ou ne pas être résolu parce que vous n'avez pas encore trouvé de solution. Par ailleurs, un parent ne cesse de demander votre aide et vous culpabilise dès que vous n'êtes pas disponible! Sans doute excuserez-vous son inconscience... mais attention, il peut vous manipuler.

À compter du 13, sous l'influence de Mercure en Bélier, il vous est suggéré de vous éloigner de ces gens qui s'obstinent et critiquent, car ils bouffent votre énergie et vous mettent dans des états négatifs.

Si vous aimez bien jouer aux jeux de hasard, achetez quelques billets de loterie, la chance est de votre côté, surtout les jours de Lune en Bélier et en Vierge. Consultez le tableau à la fin de l'ouvrage pour connaître les dates exactes.

⊸⊜ MAI 2004 ⊜⊷

Si vous avez négligé de remplir vos déclarations de revenus, si vous avez omis des détails, si vous avez essayé de supprimer quelques dépenses, le gouvernement vous envoie des avertissements, surtout à compter du 8, parce que Saturne et Mars sont alors opposés à votre signe ou, du moins, en face, si l'opposition n'est pas directe au début. Certains parmi vous auront quelques surprises, tel un remboursement d'impôt beaucoup plus grand que ce à quoi ils s'attendaient. Vous êtes rares dans cette situation mais sous l'influence de Jupiter en Vierge, l'aspect chance est présent et il est lié à la justice. Donc, si on vous doit de l'argent, vous serez remboursé. Il est possible aussi que vous obteniez un contrat à long terme mirobolant qui vous permettra de bien vivre pendant plusieurs années.

Les choses ne se déroulent pas d'une manière ordinaire ce mois-ci, et plus particulièrement jusqu'au 20 pendant que le Soleil est en Taureau. Celui-ci est dans le cinquième signe du vôtre et augmente toutes vos chances dans les divers secteurs de votre vie. Mais il fait aussi payer les dettes des malhonnêtes. Alors, si vous avez été un Capricorne extraordinairement «correct», vous récolterez tout ce que vous avez semé et plus encore, puisque la chance vous accompagne.

Si vous vivez dans une famille reconstituée, il sera question de garde d'enfants pendant les vacances scolaires. La tension engendrée par ces discussions pourra atteindre vos jeunes enfants et cela se traduira par des problèmes cutanés, une allergie soudaine ou des problèmes respiratoires. Demandez-vous si vous ne faites pas subir trop de stress à vos enfants. Si vous avez de grands enfants, ceux-ci peuvent vous dire ce qu'ils pensent de la situation et vous donnent une leçon de sagesse.

◖◗ JUIN 2004 ◖◗

Si vous possédez un commerce, si vous avez un poste clé ou même si vous êtes employé, vous êtes généralement très dévoué et travaillez très fort. Ce mois-ci, il est possible que votre partenaire trouve que vous exagérez, vous êtes plus souvent à l'extérieur de la maison qu'avec lui. S'il y a déjà eu des conflits à ce sujet précédemment, cela risque de s'envenimer, plus particulièrement entre le 15 et le 23. Pour la paix, au nom de l'amour, de la protection de la famille, tentez de trouver l'équilibre. Heureusement, à compter du 24, sous l'influence de Mars en Lion, vous songerez à des vacances. Mais peut-être faudra-t-il qu'il y ait eu mots et maux pour que vous compreniez l'importance de vous détendre en famille.

Mais peut-être avez-vous oublié l'amour? Si vous êtes célibataire, vous aussi donnez tout votre temps à votre travail comme si vous ne pouviez vous définir autrement. Que faites-vous des beaux sentiments? Quel est donc le plaisir de vivre, le plaisir du partage, l'avez-vous oublié ou n'existe-t-il pas dans votre vie? Il est temps de penser à nouveau à l'amour parce que les êtres humains ont besoin de partage, d'un échange sentimental, et point besoin d'être marié pour ce faire. Cela peut commencer par une amitié; en laissant faire le temps, les beaux sentiments peuvent se développer sous votre signe. Le temps joue en votre faveur. En effet, on peut vivre vieux sous votre signe. Chers célibataires, l'amour va se présenter, surtout ne le loupez pas.

Pour ce qui est de votre santé, entre le 13 et le 19, Vénus fait un aspect dur à Pluton. Cela touche particulièrement votre gorge; si vous travaillez avec des produits chimiques ou à l'air climatisé, il est possible que durant ces jours vous soyez beaucoup plus sensible à ce genre d'environnement. Prenez quelques suppléments alimentaires, ainsi vous vous éviterez le désagrément d'une fièvre, d'un mal de gorge, d'un mal d'oreille.

ᑭ JUILLET 2004 ᕽ

Il est ici fort question de la santé des gens ayant déjà des problèmes cardiaques ou avec leur circulation sanguine; en fait, tout ce qui touche le cœur est sujet à des récidives, particulièrement pour ces Capricorne qui ne font pas attention à eux et qui se croient immortels ou presque. Mars est en Lion dans le huitième signe du mois et cette position peut soit accélérer le pouls cardiaque, soit le réduire, tout dépend de votre système sanguin. Il est possible aussi que vous fassiez quelques petites folies, quelques exagérations, en ce sens que si vous soulevez des objets lourds, puisque nous sommes en période de déménagement, cela pourrait vous nuire considérablement. Si votre médecin vous a donné des instructions, suivez-les.

Poursuivons au sujet de la santé parce que la jeunesse ne fait pas non plus attention à ce qu'elle consomme. Attention aux aliments mal cuits ou défraîchis! Il est possible que votre digestion soit entravée sérieusement et que vous ayez même des problèmes intestinaux après avoir absorbé des produits périmés. Vérifiez la date sur tout ce que vous mangez; c'est plus prudent.

En tant que parent, vos plus petits auront grandement besoin de votre attention et seront plus actifs qu'à l'accoutumée. Si vous avez de grands enfants, un aspect très dur dans le ciel vous signale de mettre un couvre-feu, c'est-à-dire qu'ils doivent entrer à l'heure où vous l'aurez décidé. Un danger les guette s'ils devaient fréquenter des lieux peu sûrs. Informez-vous. Si un de vos enfants était un consommateur de drogues et que vous ne le sachiez pas encore, vous l'apprendrez et il sera urgent que vous l'aidiez à surmonter ce problème.

Si vous faites des achats pour la maison, il est possible que votre partenaire et vous ne soyez pas d'accord sur les coûts. Peut-être serez-vous trop économe et embaucherez-vous des ouvriers qui risquent de ne vous offrir aucune garantie; écoutez alors les conseils de l'amoureux. Si, au contraire, vous êtes un rare Capricorne dépensier, là encore il faut écouter votre partenaire qui trouve que vous exagérez. Il est possible que des gens usent et abusent de votre argent.

ᑭ AOÛT 2004 ᕽ

Vous voilà dans un mois de grande réorganisation sur le plan des affaires familiales. Si vous possédez un commerce, il est possible que vous songiez à en acquérir un autre avec un membre de votre famille. Les discussions iront bon train. Il vous est conseillé de ne prendre aucune décision hâtive, mais de bien réfléchir. Il y a dans le ciel des aspects extraordinaires vous permettant de faire énormément d'argent, mais il y en a d'autres qui disent que, par imprudence, par manque de vigilance, vous perdriez de l'argent. C'est pourquoi il est important d'inspecter, d'analyser avant d'acquérir une nouvelle entreprise.

S'il était question de changer d'emploi, demandez-vous si cela vaut le coup. Aurez-vous autant d'avantages sociaux que présentement? Mais peut-être êtes-vous malheureux avec certains collègues; ne hâtez aucune décision à ce sujet. Si vous faites partie de ceux qui font commerce avec l'étranger, ce mois est absolument fantastique puisque vous ferez de meilleures affaires qu'auparavant. Par ailleurs, il est fort possible que vous deviez partir à plusieurs reprises au cours de ce mois pour veiller à vos intérêts. Dans l'ensemble, ce mois est très chanceux sur le plan financier, à moins que vous ne soyez imprudent. Il n'en tient qu'à vous. Par ailleurs, il y a également la chance au jeu. Permettez-vous l'ajout d'un billet à ceux que vous achetez habituellement.

À partir du 8, Vénus entre en Cancer en face de votre signe ainsi que de Saturne. Si vous êtes célibataire, vous pourriez vous retrouver en face d'une personne fascinante mais avec laquelle vous aurez une grande différence d'âge. C'est l'amour, c'est l'attraction spontanée entre vous et l'autre. Il y a ceux qui, surtout vers la fin du mois, pourront se séparer après avoir vécu longtemps avec une autre personne. L'aspect n'est pas au divorce officiel, mais à une forme d'éloignement, pour faire le point. Si vous êtes sage, si vous savez vous parler l'un à l'autre gentiment, analyser la situation, vous pourrez peut-être renouer mais sur des bases différentes.

୧୧ SEPTEMBRE 2004 ୨୨

Dans ce ciel, plusieurs planètes sont très favorables à tout ce que vous entreprenez: Jupiter en Vierge jusqu'au 25, Mars en Vierge jusqu'au 26 et Mercure en Vierge entre le 11 et le 28, toutes dans le neuvième signe du vôtre. D'abord, elles vous donnent la sagesse, ensuite énormément d'intuition. Vous voyez clair dans ce que vous faites, vos décisions sont à la fois logiques et instinctives. Même si vous ne croyez pas au monde invisible, chers Capricorne, il est là pour vous protéger et vous permettre d'avancer sur les plans matériel, intellectuel et personnel.

Par ailleurs, il s'agit là d'un boum financier, principalement si vous êtes à votre compte. En tant qu'employé, vous pourriez obtenir la promotion dont vous rêvez depuis très longtemps. Il y aura bien quelques petits jaloux autour de vous, mais grâce à Saturne en Cancer en face de votre signe, cela ne vous préoccupera pas. De nombreux *baby-boomers* décideront d'entreprendre une nouvelle carrière, d'autres s'impliqueront beaucoup plus dans leur communauté.

À compter du 7, Vénus entre en Lion et, lentement, fera une opposition à Neptune en Verseau. Attention, que vous soyez marié ou célibataire, une rencontre pourrait n'être qu'une illusion de l'amour. Il y a danger de troubler la paix familiale par un flirt en ce mois; c'est à vous d'en décider. Il est possible aussi que si vous possédez de l'argent, on vous coure après pour votre fortune.

La santé est toujours à surveiller pour ceux qui ont des problèmes de circulation sanguine, ce qui est fréquent sous votre signe car le huitième du vôtre représente le Lion, donc le cœur. Il faut l'entretenir! Il y a parfois des gens qui veulent tellement rester en forme qu'ils consomment une montagne de suppléments alimentaires, ce qui peut occasionner divers problèmes. Si vous faites partie de ceux-là, voyez donc un naturopathe qui pourrait mieux vous orienter.

◖ OCTOBRE 2004 ◗

Nous changeons maintenant de rythme, puisque nous sommes sous l'influence de Jupiter en Balance, symbole de justice, dans le dixième signe du vôtre qui est un stimulant à votre ambition. Mais il faut faire attention, puisque Jupiter en Balance fait un aspect dur à votre signe. Ne dit-on pas que l'ambition tue son maître? Alors, si vous êtes un grand ambitieux et que, de temps à autre, vous trichiez avec quelques règles pour passer devant, il faudra revoir tout cela parce que la loi interviendra à la moindre faute.

Si vous avez beaucoup travaillé, Jupiter en Balance vous permet d'atteindre un nouveau sommet où il vous sera donné l'occasion de tricher; ne le faites pas car vous seriez le perdant.

De plus, cette position faisant un aspect dur à votre Soleil, cela pourrait vous faire désirer quitter un emploi que vous occupez depuis longtemps même si vous y avez du succès. C'est simplement que l'ennui et la routine sont là, vous ne les supportez plus. Mais ne prenez aucune décision hâtive en ce sens, surtout si vous approchez de la retraite. Par contre, si vous êtes un nouvel arrivant sur le marché du travail, vous occuperez un poste plus élevé que vos compétences ne le permettent. Il vous est donc recommandé, pour préserver ce poste, de suivre des cours afin d'être toujours à la hauteur. En effet, Jupiter en Balance est à deux tranchants; il donne beaucoup mais il peut faire perdre beaucoup à ceux qui trichent ou qui ne méritent pas ce que l'on donne. Pour accentuer la position de Jupiter en Balance, il y a aussi Mars en Balance, qui grossit cinq fois ce que vous avez lu précédemment. Un conseil: soyez correct en tout temps, en tous lieux.

Il nous faut revenir à Jupiter en Balance dans le dixième signe du vôtre qui concerne aussi votre famille. Si vous n'avez pas réglé une querelle avec le partenaire et qu'elle s'est envenimée, cette position fera éclater votre couple. Si vous êtes sur le point de vous marier, puisque vous serez quand même nombreux à éviter la rupture, il est très important d'aller voir un notaire et de mettre tous les papiers en ordre de manière que chacun ait ce qu'il lui revient si, un jour, il y avait une séparation. Jupiter en Balance n'est pas tout à fait tendre envers vous si vous n'intervenez pas auprès de vos enfants qui font des gaffes. La loi elle-même pourrait s'en mêler.

⬱ NOVEMBRE 2004 ⬱

Nous sommes à l'avant-dernier mois de l'année, vous avez parcouru un long chemin. Il y a eu beaucoup de succès, des chances que vous avez saisies, et voilà que les cycles se transforment. Pour préserver vos acquis, vous devez être beaucoup plus prudent que vous ne l'étiez jusqu'à la fin du mois de septembre car Jupiter en Balance surveille le moindre faux pas. Cette surveillance vient de vos compétiteurs ainsi que des collègues qui vous envient. Par ailleurs, soyez extrêmement prudent quand vous devrez signer des papiers, un contrat; faites-les vérifier deux fois plutôt qu'une. Assurez-vous que tout est à l'ordre, n'attendez pas qu'il y ait un problème pour réagir.

Si vous faites partie de ces gens qui ont fait l'acquisition d'une entreprise au début ou à mi-chemin de 2004, vous serez beaucoup plus stressé car vous ne suffirez pas à la demande. Sachez que vous devrez procéder à un congédiement car il y a autour de vous un petit voleur. Certains se verront offrir de travailler à la maison; pour les uns, ce sera un sentiment de liberté et, pour les autres, ce sera un sentiment d'isolement. Réfléchissez bien avant de donner votre réponse.

Au cours de ce mois, il est possible qu'un parent soit malade et, naturellement, vous serez à son chevet, surtout si vous êtes ce Capricorne responsable et protecteur. Par ailleurs, si vos parents ne s'entendent pas très bien mais vivent toujours ensemble parce qu'ils désiraient rester une famille unie, vous prendrez conscience que l'on vous a joué un vilain tour. Évidemment, vous serez déçu de l'attitude de vos parents et peut-être leur direz-vous carrément ce que vous pensez de ce long mensonge. Ne vous attendez pas à ce qu'on vous regarde avec des yeux doux mais vous permettrez à vos parents de se parler enfin franchement.

◖ DÉCEMBRE 2004 ◗

Avez-vous vraiment envie de magasiner en ce mois de décembre? Il semble que certaines planètes suggèrent que vous n'avez pas vraiment l'intention de dépenser de l'argent à gauche et à droite parce que vous trouvez les fêtes trop commerciales. D'ailleurs, vous serez beaucoup plus raisonnable que les autres années quant aux cadeaux que vous offrirez à vos enfants ou à vos petits-enfants. Vous réalisez que le cadeau, c'est la vie elle-même, et non pas des poupées, des camions, etc. Le cadeau, c'est votre présence, la réunion en famille, le plaisir qu'on partagera les uns avec les autres. Vous inviterez la famille et vos amis à la maison. Vous fêterez Noël et le début de la prochaine année dans l'harmonie et non pas dans la guerre.

Il n'y a malheureusement pas que des événements heureux à annoncer au fil des planètes qui courent dans votre ciel. Il y a possibilité qu'un membre de votre famille ou un ami décède subitement. Les planètes sont très froides à ce sujet. Si vous connaissez quelqu'un qui fasse de la course, qui aille trop vite en voiture, en motoneige, en ski, avisez-le car il y a danger, surtout entre le 1er et le 16 décembre.

Au cours de ce mois, il y a les invitations à des fêtes. Si votre partenaire et vous n'étiez pas d'accord pour vous y rendre, les discussions risquent d'être fort longues. Qui pliera? Il est possible que personne ne plie et que vous décidiez de vous entourer de gens que vous aimez.

Vous travaillerez beaucoup au cours de ce mois, mais vous aurez droit à vos jours de congé habituels et peut-être en prendrez-vous un ou deux supplémentaires pour vous détendre et parce que vous jugez que vous les méritez.

Cette année ne sera pas un Noël comme les autres; bien des gens se sentiront isolés, comme si la peur s'était installée. Et puis, trop de gens ont faim autour de nous et les organismes de bienfaisance ne suffiront pas à la demande. Par contre, les bénévoles seront très dévoués et feront parler d'eux. Si vous faites partie de ces bénévoles – le Capricorne étant le père protecteur –, vous prendrez une grande place dans votre communauté. Vous serez très généreux et réussirez à amasser des fonds afin de procurer aux gens que vous protégez un maximum de confort, d'agrément et, surtout, de plaisir.

Noël 2004 vous invite à vous transformer, à rajeunir. Aujourd'hui, nous ne voyons que le pire de chacun alors que le meilleur existe, a toujours existé en chacun de nous. En tant que sage Capricorne, ouvrez le bal et montrez à ceux qui vous entourent ce qu'il y a de mieux, de plus beau en chaque être. Vous avez cette force, cette capacité de promouvoir la bonté.

VERSEAU

20 janvier au 18 février

---◁◦▷---

À MES AMIS, CES FASCINANTS URANIENS, GUY LACHANCE, MARIO PÉPIN, ET À JULIE SÉGUIN.

---◁◦▷---

SOUS L'INFLUENCE DE JUPITER

Il me faut immédiatement vous aviser que, durant les neuf premiers mois de l'année, ce ne sera peut-être pas de tout repos. Alors, dès que vous lirez ces lignes, apprêtez-vous à bien manger, à faire de l'exercice, à prendre le grand air et accordez-vous des moments de relaxation. Vous serez sous l'influence de Jupiter en Vierge jusqu'au 25 septembre dans le huitième signe du vôtre, ce qui symbolise le monde des transformations dans leur globalité, en ce sens que toute votre vie s'en trouvera transformée.

Jupiter en Vierge ainsi positionné a un symbole plutonien. Comme vous êtes un uranien, en associant Uranus et Pluton, vous êtes semblable à une explosion, à une véritable bombe. En fait, vous changerez vos valeurs, vos croyances, votre façon de vivre. Certains d'entre vous, qui ne sont pas heureux dans leur vie de couple, décideront après mûre réflexion qu'il est temps de se séparer et d'autres, qui sont seuls depuis des années, rencontreront une personne hors de l'ordinaire, puis partiront vivre ensemble. Si vous êtes jeune, si vous n'avez pas encore d'enfant, il est possible que vous fondiez une famille.

Quant à l'argent, Jupiter en Vierge vous met en garde contre des placements hâtifs. Il vous faut réfléchir avant d'investir ou de transformer vos investissements. Prenez des informations, consultez des professionnels surtout si vous possédez de grosses sommes. Il est important de préserver ce que vous avez gagné pendant toute votre vie. Ne croyez pas celui qui vous dit qu'il transformera votre argent en or. Ne soyez pas naïf. Si Jupiter en Vierge peut apporter la fortune à certains d'entre vous, il peut aussi la faire perdre à d'autres. Cet avertissement est extrêmement sérieux.

La Vierge est également un signe qui représente le monde du travail. Si vous êtes au même emploi depuis de nombreuses années et que vous vous ennuyez, il est possible que vous décidiez d'en trouver un autre. Vous êtes un signe réfléchi, beaucoup plus qu'on ne le croit, et vous ferez de nombreuses démarches avant de changer d'emploi. Vous obtiendrez, selon vos désirs, selon vos compétences, avec un salaire qui convient au nombre d'années, à l'expérience que vous possédez. Certains entrent sur le marché du travail après des études universitaires, vous serez chanceux si telle est votre situation. Vous obtiendrez le travail rêvé, l'emploi rêvé, le métier que vous vouliez exercer et immédiatement, vous ferez de l'argent. Puisqu'il en est encore ici, vous aurez des chances de gagner à la loterie. De grâce, n'allez pas distribuer cet argent à gauche, à droite. Étant donné votre richesse soudaine, certains d'entre vous auront beaucoup plus d'amis qu'ils ne le pensaient. Alors, ne soyez pas dupe; si vous êtes un heureux gagnant, voyez à distribuer une part de vos biens, si vous le désirez, à qui le mérite et à qui en fera aussi un bon usage.

D'ici le 25 septembre, Jupiter en Vierge annonce également des décès ou, du moins, un décès dans la famille. Il peut s'agir d'une personne âgée et malade, d'un parent peut-être dont vous hériterez car Jupiter, positionné dans le huitième signe du vôtre, est un symbole d'héritage; celui-ci peut arriver au moment où vous aviez besoin d'argent et, surtout, vous ne vous y attendiez pas le moindre du monde. La mort vous fera réfléchir à ce que vous faites de votre temps, à celui que vous donnez aux autres.

Il est question de santé également. Quelques problèmes pourraient survenir si vous avez des allergies ou des intolérances alimentaires. La région intestinale est particulièrement touchée pour quelques-uns d'entre vous. Par ailleurs, vous avez pour la plupart une grande force physique. Quant aux grands nerveux de votre signe, il faudra dormir davantage; c'est le message de Jupiter en Vierge.

Puis viendra Jupiter en Balance à compter du 26 septembre dans le neuvième signe du vôtre et représente les coups de chance. Après une foule de changements, de transformations qui auront paru radicaux aux yeux de certains de vos proches ou amis, vous aurez un coup de chance, vous récolterez ce que vous aurez semé. Attention, si, sous Jupiter en Vierge, vous vous êtes fait des ennemis, sous Jupiter en Balance, symbole de la justice, il vous faudra réparer les torts que vous aurez causés à des gens et payer votre dette. Si, toutefois, vous avez donné le maximum de vous-même, si vous vous êtes dévoué envers autrui, vous récolterez en double et même en triple. Si vous appartenez à la catégorie des Verseau humanistes, Jupiter en Balance vous récompense et, cette fois, c'est vous qui recevez. Si vous appartenez à ceux qui ne pensent qu'à l'argent, qu'à leurs biens, qu'à leur sécurité, sous l'influence de Jupiter en Balance, vous devrez vous détacher de certaines choses et être généreux. Vous vous rendrez compte que vous n'avez rien perdu et que vous avez gagné l'amitié de quelqu'un.

Sous Jupiter en Balance, il est possible qu'un grand nombre d'entre vous voyagent. Si votre travail vous oblige à des déplacements, vous partirez beaucoup plus souvent à compter du 26 septembre. Si vous êtes de ceux qui participent à des concours voyages, vous pourriez en gagner plus d'un parce que tout peut se produire en double.

S'il y a parmi vous des célibataires, Jupiter en Balance renouvelle sa promesse d'un grand amour. En fait, il dit aussi aux gens qui vivent en union libre depuis longtemps qu'il est possible que ceux-ci décident d'officialiser leur union à compter du 26 septembre. Il est question de grandes fiançailles durant les prochaines fêtes de Noël. Si vous avez des enfants qui sont encore aux études, l'un d'eux pourrait manifester le désir d'aller étudier à l'étranger et si vous avez les moyens de lui offrir cette possibilité, vous le ferez; sinon votre enfant trouvera lui-même l'argent nécessaire. Certains seront surpris lorsqu'ils s'apercevront qu'un de leurs enfants a un talent artistique et le manifeste; vous serez très fier de lui.

SATURNE EN CANCER

Saturne se retrouve dans le sixième signe du vôtre et symbolise le monde du travail; le Cancer représente votre maison et les changements que vous ferez à l'intérieur comme à l'extérieur.

Quant à la famille, il est possible que vous ayez quelques reproches de la part de vos enfants si vous travaillez tout le temps. Ils vous réclament de l'affection, de l'attention. Saturne en Cancer parle également de votre santé et vous avise encore une fois de vous nourrir convenablement. Certains parmi vous manifesteront contre les OGM (les organismes génétiquement modifiés) et feront leur marque; on parlera d'eux. Quelle que soit l'œuvre que vous entrepreniez, quelle que soit la lutte que vous meniez, on vous écoutera. Si vous faites partie de ceux qui recueilleront des fonds afin de financer une œuvre visant à aider les démunis, là encore vous réussirez à obtenir de l'argent et bien plus que vous ne pouviez l'imaginer.

Une mise en garde s'impose sous ce Saturne dans le sixième signe du vôtre. Il vous met en garde contre de l'argent malhonnête. Si vous aviez l'intention de tricher, de voler, de subtiliser à d'autres ce qui ne vous appartient pas, vous seriez pris la main dans le sac. Il est vrai que cet aspect n'annonce pas une énorme punition, c'est simplement un avertissement de rester parfaitement honnête. Alors, mettez tous vos papiers à l'ordre et, surtout, ne jouez pas avec l'impôt.

URANUS EN POISSONS

Uranus en Poissons se retrouve dans le deuxième signe du vôtre jusqu'en l'an 2011; il représente l'argent qu'on peut gagner à la loterie, en travaillant. Vous pouvez le gagner de bien des manières, mais si vous vous avisiez de le faire malhonnêtement, vous serez sévèrement puni. L'avis ici est extrêmement sérieux et tient jusqu'en 2011.

Naturellement, la majorité des Verseau sont honnêtes, alors, quand il est question d'argent, ne soyez pas naïf. En effet, Uranus en Poissons dans le deuxième signe du vôtre symbolise qu'on pourrait vous voler, tout dépend de votre ascendant. Assurez-vous d'avoir un système d'alarme adéquat à la maison. On pourrait vous voler également dans la rue. Gardez votre sac à main, votre mallette près de vous. Il en va de même de paquets que vous pourriez déposer juste à côté de vous. Soyez extrêmement prudent à ce sujet.

Uranus en Poissons renforce ici l'aspect humaniste chez bon nombre d'entre vous, en ce sens que vous ne pourrez résister à l'envie de sauver le monde. S'il est vrai que vous ne sauverez pas le monde, vous aiderez votre communauté afin qu'elle soit mieux protégée dans l'avenir et qu'elle se prémunisse contre bien des maux.

Uranus est aussi le symbole des enfants des autres et, ainsi positionné, si vous aviez l'intention d'adopter un enfant, il sera question de deux petits chérubins car Uranus dans le signe du Poissons symbolise «double».

NEPTUNE EN VERSEAU

Neptune est encore en Verseau et y demeure jusqu'en 2011. Cette planète fait rêver, mais vous avez aussi l'art de faire rêver les autres. Elle a comme principale fonction de vous enseigner à vivre dans l'instant présent. En tant que Verseau, vous êtes un avant-gardiste et, souvent, un inventeur, un innovateur; par contre, on n'accepte pas toujours vos idées nouvelles du premier coup. Ce n'est souvent que vingt ans plus tard qu'on se rend compte que vous aviez raison. Neptune vous dit de vivre ici et maintenant et non pas pour le futur. Ce qui n'est pas facile puisque, dans notre société, les politiques gouvernementales nous insécurisent, la violence augmente. Cette planète vous dit de vous protéger, de préserver votre esprit de survie mais qu'il ne faut pas en faire une obsession.

PLUTON EN SAGITTAIRE

Pluton en Sagittaire se trouve dans le onzième signe du vôtre. Cette planète vous permet d'aller et venir et de prendre parfois des décisions un peu trop spontanées ou de prendre tout au sérieux, surtout en 2004 où Pluton sillonne principalement le troisième décan du Sagittaire, représenté par Saturne, un décan qui freine. Si on associe Saturne et Pluton, peut-être prendrez-vous les choses un peu trop au sérieux? Alors que le monde du Sagittaire au fond vous dit de vivre librement, de ne pas vous enfermer dans de fausses croyances ni de donner foi à un monde illusoire.

Pluton est en Sagittaire depuis déjà quelques années et vous lance ce message de détachement, ce qu'on n'apprend pas du jour au lendemain. Cette planète a le don de vous rattacher à la vie elle-même et c'est à cela qu'il faut croire.

NŒUD NORD EN TAUREAU

Jusqu'à la fin de décembre 2004, le Nœud Nord est en Taureau dans le quatrième signe du vôtre; il symbolise plus particulièrement les petits enfants. Si vous êtes parent, il vaudra mieux les protéger, vous attarder à leurs besoins; ils ont besoin de toute votre attention. Il est possible qu'un de vos enfants tombe malade, ait des problèmes physiques tout simplement pour que vous soyez auprès de lui.

Le Nœud Nord en Taureau symbolise également votre maison. Si vous n'êtes pas encore propriétaire, vous songerez sérieusement à faire l'acquisition d'une propriété. D'autres vendront la leur et déménageront pour aller vivre dans une plus petite maison ou une plus grande, tout dépend de leurs désirs et de leurs besoins.

Le Nœud Nord se trouve dans une zone lunaire qui symbolise l'imaginaire. Si vous êtes un artiste, vous serez grandement inspiré au cours de la prochaine année mais vous êtes aussi avisé de ne pas vous laisser déranger, désorganiser par des parasites: il y en aura plusieurs autour de vous. Quant aux Verseau évoluant dans le monde des affaires, le Nœud Nord en Taureau symbolise la possibilité d'une autre acquisition mais, en même temps, il vous avertit d'être extrêmement prudent avant de signer une entente ou de faire un achat, principalement s'il s'agit de vous unir à un membre de votre famille. Voyez un notaire afin que tout soit clair et net afin qu'il n'y ait pas la moindre querelle d'argent et du partage des profits dans l'avenir.

VERSEAU ASCENDANT BÉLIER

Cette année, il y aura transformation, changement d'emploi probablement dès le début de l'année; les résultats les plus positifs devraient vous parvenir vers le mois de mai. À compter du 26 septembre, Jupiter en Balance se trouve dans le neuvième signe du vôtre et le septième de votre ascendant. Si vous exploitez un commerce en compagnie d'un associé, il faudra refaire des papiers légaux, vérifier les premières ententes puisqu'il risque d'y avoir de petites querelles. Cet aspect comporte également une expansion et il est probable que ce soit justement cette expansion qui soit le sujet de la mésentente. Il faudra de la sagesse, de la diplomatie, du tact, un avocat peut-être qui vienne à votre rescousse pour régler le tout. Si vous êtes un étudiant frais émoulu de l'université, à compter du 26 septembre, vous obtiendrez l'emploi idéal correspondant à vos compétences.

Saturne en Cancer dans le sixième signe du vôtre concerne à la fois le travail et la famille. Vous travaillerez énormément, vous serez peu présent et il n'est pas impossible que votre partenaire se plaigne sérieusement de vos absences, et plus particulièrement si vous avez de jeunes enfants. Vous pouvez vous attendre à des crises de leur part, cela constitue une alerte vous signifiant de leur consacrer un peu plus de loisirs. Si vous vivez dans une famille reconstituée, il y aura quelques désagréments et de nombreuses discussions au sujet de la garde des enfants et, là encore, il faudra en arriver à une entente pour éviter les conflits.

Sous votre signe et ascendant, on est souvent préoccupé par l'argent; certains en font même une obsession. Quand il n'y a pas d'argent ou quand il n'y en a pas assez, vous vous sentez presque malade, vous en faites une question de bonheur. En réalité, le bonheur ne tient nullement à votre compte de banque sauf si, bien sûr, vous n'avez pas de quoi nourrir votre famille.

Vous êtes sous l'influence d'Uranus en Poissons dans le deuxième signe du vôtre et le douzième signe de votre ascendant. Si vous perdez votre emploi, vous en retrouverez un autre, sans doute pas aussi payant que celui que vous aviez mais vous aurez au moins ce dont vous avez besoin pour vous nourrir et payer vos comptes. Certains d'entre vous devront faire preuve d'humilité durant les mois de mars et avril parce que ce sera plus difficile sur le plan du travail. Dites-vous bien qu'il n'y a pas de sot métier.

Neptune en Verseau dans le onzième signe de votre ascendant donne beaucoup de place à vos amis qui trop souvent vous disent quoi faire, vous dirigent même. Attention, leur influence n'est pas toujours bonne et certains d'entre eux pourraient vous faire de très mauvaises suggestions. Vous avez toujours pris vos décisions, pourquoi en serait-il autrement aujourd'hui? Soyez prudent. Vous pouvez toujours écouter ce qu'ils vous disent, mais vous n'êtes pas obligé d'observer toutes leurs suggestions car certaines ne vous conviennent nullement.

Pluton est en Sagittaire dans le neuvième signe de votre ascendant et le onzième signe du vôtre. Cet aspect est quand même très bien puisqu'il s'agit là d'un mouvement de loterie. Alors, achetez des billets, il n'est pas impossible que vous puissiez gagner un lot; l'histoire ne dit pas malheureusement s'il s'agit d'un petit ou d'un gros montant.

Sous l'influence du Nœud Nord en Taureau dans le quatrième signe du vôtre et le deuxième de votre ascendant, il est question d'argent, de dépenses obligatoires pour vos enfants. Certains ont un talent particulier mais il leur faut suivre des cours parascolaires et des coûts y sont reliés. Certains parents se sacrifieront tandis que d'autres refuseront carrément à leurs enfants cette possibilité de développer un don ou un talent. Si vous vivez dans une famille reconstituée, il risque d'y avoir des problèmes d'argent liés à la pension alimentaire. Si vous avez de grands enfants, il est possible que l'un d'eux vous emprunte de l'argent qu'il ne pourra vous rembourser très rapidement puisqu'il s'agit de pourvoir au bien de la famille. Soyez donc extrêmement prudent lors de cette transaction.

VERSEAU ASCENDANT TAUREAU

Vous êtes un double signe fixe, vous êtes né d'Uranus, signe d'air, et de Vénus, signe de terre. Il y a petite confusion entre ces deux planètes en ce sens que vous rêvez d'un amour idéal extraordinaire mais aussi terre à terre. Vous êtes pris dans ce dilemme que vous réglerez lentement, au fil des ans qui passeront, car la sagesse vient toujours à celui qui réfléchit.

Jupiter est en Vierge jusqu'au 25 septembre et se trouve dans le cinquième signe de votre ascendant; il symbolise la surprise que pourrait vous procurer la venue d'un enfant. Si vous êtes amoureux et sans enfant et que vous en désirez un, votre vœu sera comblé. Cet aspect est également extraordinairement créatif si vous avez un talent artistique ou si vous travaillez dans un domaine connexe, vous obtiendrez un contrat qui dépassera vos attentes et sera également fort bien payé.

À compter du 26 septembre, vous serez sous l'influence de Jupiter en Balance qui garantit beaucoup de travail. Peu importe votre domaine, vous produirez en double et, naturellement, les profits suivront.

Saturne en Cancer se trouve dans le sixième signe du vôtre et le troisième du Taureau; ces deux maisons astrologiques relèvent de Mercure et sont des symboles de nombreuses discussions liées au commerce, à vos affaires. Si vous êtes en contact direct avec le public, vous aurez un succès fou et vous vous ferez des relations extraordinaires qui vous permettront souvent d'obtenir beaucoup plus de bénéfices ou des faveurs spéciales.

Uranus en Poissons dans le onzième signe de votre ascendant et le deuxième signe du vôtre concerne vos amis ou plutôt des connaissances vous permettant de faire de meilleures affaires. En effet, au cours de 2004, il s'agira principalement d'argent, de commerce, d'entreprise, d'expansion de votre monde professionnel. Si vous êtes un joueur, si vous aimez jouer, il vous est suggéré d'acheter des billets avec des amis.

Puis il y a Neptune en Verseau dans le dixième signe de votre ascendant. C'est comme si un rêve pouvait enfin se réaliser en 2004. Ou peut-être êtes-vous frais émoulu de l'université? Vous obtiendrez un emploi idéal, rêvé. Vous êtes fort chanceux, et plus spécialement durant le mois de février.

Pluton en Sagittaire se trouve dans le huitième signe de votre ascendant. Si vous avez des parents âgés et malades, il est possible qu'il y ait décès. Il peut aussi s'agir de la mort d'une personne plus jeune et il faudra aussi accepter; cela vous fera réfléchir sérieusement à ce que vous faites de votre vie. Quant à vous, il vous est formellement interdit de faire de la vitesse au volant. Il y a un aspect d'accident en ce qui vous concerne et n'attendez pas que la leçon vous soit donnée par un ami qui décède par imprudence.

Le Nœud Nord se trouve en Maison IV de votre signe et sur votre ascendant puisqu'il est en Taureau. Cet aspect vous donne énormément de force, de puissance et une capacité de régénération. Si vous avez été malade et que divers malaises traînent depuis trop longtemps, tout disparaîtra si vous suivez un meilleur régime alimentaire ou une thérapie afin d'être mieux dans votre peau.

VERSEAU ASCENDANT GÉMEAUX

Sous l'influence de Jupiter en Vierge, il sera question de la famille et de quelques petits problèmes à régler reliés à l'argent ou à la santé. Il y a dans le ciel remboursement d'une dette commise envers la famille. Si on veut vous emprunter une somme d'argent et que vous ne soyez pas riche, refusez, à moins que vous ne fassiez exceptionnellement partie des fortunés de ce monde. Il vaut mieux donner de votre temps que de donner de l'argent.

À compter du 26 septembre, Jupiter entre en Balance. Quel soulagement, puisque tous les problèmes qui auront eu lieu au cours des mois précédents disparaîtront comme par magie! C'est comme si la chance était aux alentours de toute la famille. Mais il y a aussi la chance dans les jeux de hasard. Donc, chaque fois que la Lune passera en Verseau, en Gémeaux ou en Balance, je vous suggère d'acheter des billets de loterie. Consultez le tableau à la fin du livre. Vous travaillerez beaucoup en 2004 et l'argent rentrera dans les coffres. Je vous suggère de l'investir dans l'immobilier. Par ailleurs, attention, si vous prêtez de l'argent, il se peut que vous ne soyez pas remboursé trop rapidement.

Uranus en Poissons dans le deuxième signe du vôtre et le dixième signe de votre ascendant concerne le domaine de la construction. Si vous achetez des maisons que vous rénovez ou que vous faites rénover à bons frais, vous pourriez en peu de temps faire un profit fort intéressant. Sur le plan du travail, vous obtiendrez une promotion méritée ou une augmentation de salaire. Vous serez quand même très chanceux à la loterie cette année.

Neptune en Verseau dans le neuvième signe de votre ascendant indique qu'un rêve lié à l'argent pourrait se réaliser. Mais il est possible que cette planète vous fasse gagner un voyage ou même deux voyages de luxe à l'étranger.

L'aspect le plus complexe concerne sans doute votre vie sentimentale, et Pluton en Sagittaire dans le septième signe de votre ascendant et le onzième signe du vôtre vous avise que certains d'entre vous flirteront le partenaire d'un de leurs amis, mais finalement on vous fera le coup et on vous prendra votre amoureux parce que vous l'avez négligé. Donc, il sera important de vous occuper de la personne avec qui vous vivez et que vous aimez; ayez des loisirs ensemble, sortez plus souvent, organisez-vous des soirées romantiques. La routine tend à séparer ceux qui sont unis; si vous en êtes rendu là, réagissez immédiatement, n'attendez pas que le pire se produise.

Voici que le Nœud Nord en Taureau vient confirmer le danger qui plane sur votre relation sentimentale. Donc, si vous ne faites pas attention à l'autre, il y a risque qu'il y ait séparation ou, du moins, une querelle entre l'amoureux et vous. C'est à éviter car elle troublerait vos enfants, petits ou grands.

VERSEAU ASCENDANT CANCER

Jupiter en Vierge jusqu'au 25 septembre dans le troisième signe de votre ascendant et le huitième signe du vôtre vous dit de surveiller vos paroles toute l'année. Il y a certains mots qu'on ne doit pas dire, des critiques qu'il vaut mieux taire et, surtout, il faut s'abstenir de tout placotage. En effet, sous votre signe et ascendant, cela pourrait jouer contre vous et nuirait considérablement à votre travail et à votre famille. Modérez vos emportements dès que vous vous sentez contrarié, car vous pourriez conduire la famille à un état de tension. Un autre avertissement s'impose ici: protégez bien vos doigts, car il y a risque de brûlures, de coupures. Soyez très prudent lorsque vous manipulez des objets tranchants, des outils et même lorsque vous faites la cuisine.

À compter du 26 septembre, vous êtes sous l'influence de Jupiter en Balance. Si vous avez engagé une guerre familiale, il faut tout réparer. Certains d'entre vous auront envie de fuir les obligations, les responsabilités parce que tout est devenu beaucoup trop lourd pour eux. Il n'est point besoin de quitter la famille. Pourquoi ne décideriez-vous pas de prendre des vacances afin d'être seul. Alors parlez-en à votre partenaire. Il est presque certain qu'il consentira à votre départ pour vous retrouver sain de corps et d'esprit à votre retour. À travers tous ces dédales familiaux, vous ne manquerez pas de travail, au contraire, il prend une place prépondérante. Certains obtiendront un poste plus en vue, plus rémunérateur, plus exigeant et les obligeant à faire plus d'heures ou, tout simplement, vous déciderez de faire plus d'heures parce que vous fuyez la famille. Mais est-ce vraiment la bonne solution? Il faudra y réfléchir parce que votre partenaire pourrait penser que vous êtes devenu égocentrique, égoïste; cela pourrait envenimer vos rapports avec lui. Par ailleurs, si votre travail vous permet de voyager, vous partirez beaucoup plus souvent et vous doublerez vos ventes.

Uranus en Poissons vous permettra peut-être bien de gagner à la loterie. Alors, même si sous votre signe et ascendant, on croit très peu aux jeux de hasard, pourquoi ne pas acheter, cette année, un petit billet par semaine!

Neptune est dans votre signe et le huitième signe de votre ascendant. C'est lui qui vous pousse à tant de transformations dans votre vie. Pourtant, la vie réserve parfois des surprises et il est possible que vous ne puissiez accomplir tout ce que vous désirez. Prenez donc conscience de ce qui peut être changé et de ce qui ne doit pas changer. La vie n'est pas parfaite, il faudra bien vous en rendre compte.

Pluton en Sagittaire confirme les changements au travail: les voyages, les déplacements, les promotions, de nouvelles rencontres, des amis différents.

Le Nœud Nord en Taureau dans le quatrième signe du vôtre et le onzième signe du Cancer vous avise que des amis pourraient mal vous conseiller au sujet de votre famille. Personne n'a le droit ni ne peut vous dire quoi faire ni ce qu'il adviendra si vous décidez de fuir vos obligations et vos responsabilités. Vous êtes le maître de votre vie, et il y a longtemps que vous savez cela.

VERSEAU ASCENDANT LION

Vous êtes né avec l'opposé de votre signe et, pendant longtemps, vous avez joué contre vos intérêts. En fait, vous donnez beaucoup parce que votre besoin d'être aimé est immensément grand et vous vous imaginez que pour recevoir de l'affection, de l'attention, de la tendresse, il faut tout donner de vous ou presque. Mais le temps a passé et vous réalisez que vous aviez tout faux et, en 2004, vous voyez clairement où vous en êtes.

Sous l'influence de Jupiter en Vierge pendant les neuf premiers mois de cette année, vous ferez de l'argent, le travail ne manquera pas. Il y aura de nombreux changements à l'intérieur de l'entreprise mais vous n'êtes pas directement touché; au contraire, à chaque transformation, vous en retirerez un bénéfice supplémentaire ou une faveur ou une promotion.

À compter du 26 septembre, Jupiter entre en Balance, une très bonne position par rapport à votre signe et votre ascendant. Si vous avez un talent artistique, vous le développerez davantage et on pourrait même exporter vos œuvres. Si vous êtes déjà un artiste – vous êtes nombreux nés sous votre signe et ascendant –, vous obtiendrez un succès qui dépassera vos espoirs. Si vous êtes en affaires, et principalement si vous faites commerce avec l'étranger, vous connaîtrez une expansion et vous en retirerez de plus grands bénéfices.

Vous êtes aussi sous l'influence de Saturne en Cancer qui vous met en garde contre des gens avec lesquels vous travaillez. Vous êtes confiant, vous pensez que les gens sont tous bons, tous gentils, tous honnêtes. Malheureusement, la réalité n'est pas ainsi et il vous est fortement suggéré de vous méfier des commères, ces gens qui tentent d'influencer votre jugement et qui font douter de vous. De grâce, ne vous laissez pas manipuler par eux; ils vous envient, vous jalousent. Ne les laissez pas faire, protégez-vous.

Uranus en Poissons dans le huitième signe de votre ascendant vous suggère de vous protéger des gens malhonnêtes. Certaines personnes aimeraient bien avoir votre argent, ne leur donnez pas. Mais cet aspect vous dit aussi de bien protéger votre maison, de verrouiller les portes lorsque vous quittez. Si vous possédez des biens de grande valeur, de grâce, ayez un système d'alarme adéquat qui vous protégera en tout temps. Étrangement, cette année, on surveillera vos allées et venues; prévenez les désagréments surtout de la fin d'avril jusqu'à la fin de mai et de la fin d'octobre jusqu'à la fin de novembre.

Neptune sur votre Soleil et dans le septième signe de votre ascendant symbolise l'amour. Êtes-vous en amour? Êtes-vous marié? Êtes-vous seul? Si vous êtes célibataire, vous rencontrerez quelqu'un de fort intéressant, mais attention on pourrait vous faire rêver ou s'intéresser à vous seulement pour votre pécule. Vous êtes très vulnérable et plus vulnérable encore si vous êtes quelqu'un de fortuné. Mais il n'est pas impossible non plus que vous rencontriez le grand amour. De grâce, ne vous mariez pas tout de suite; ne pouvez-vous pas attendre 2005?

Pluton en Sagittaire dans le cinquième signe de votre ascendant et le onzième signe du vôtre concerne vos enfants et ceux des autres. Si vos enfants sont pré-adolescents ou adolescents, surveillez leurs fréquentations; certains de leurs amis pourraient les entraîner sur une mauvaise pente. Mais il y a dans tout cela un très bon aspect. Si un de vos enfants a un talent musical ou théâtral et qu'il a envie de former un groupe, donnez-lui la chance de le faire et ouvrez-lui votre porte. Vous verrez, il aura beaucoup de succès. Cela donnera des résultats extraordinairement positifs dès la fin de juillet.

Le Nœud Nord en Taureau vient confirmer que vos enfants ou des enfants ont de l'ambition, du talent, du cœur au ventre, des désirs. Ils vous surprendront et vous en serez tellement fier. Par ailleurs, si vous n'avez pas encore d'enfant et que vous en désirez un, votre vœu sera sans doute comblé, particulièrement durant les mois de juillet et de décembre.

VERSEAU ASCENDANT VIERGE

Jusqu'au 25 septembre, Jupiter est sur votre ascendant. Quel bonheur! Vous prendrez beaucoup de place parce qu'il représente l'expansion, la progression mais également la joie de vivre. Jupiter en Vierge a un autre symbole, celui du travail. Dans votre milieu de travail, il est fort possible que vous obteniez une promotion. Par ailleurs, sous votre signe et ascendant, on est généralement ambitieux et très travaillant, on ne lésine jamais sur les heures. Sous cette influence, ce que vous aurez fait précédemment vous donnera une très grande satisfaction, tant personnelle que financière. Il faudrait vraiment que vous ayez été malhonnête pour y perdre. Si vous avez triché, si vous avez menti, si vous avez volé, si vous avez été méchant envers des gens, Jupiter, symbole de la justice, vous obligera à payer la facture et celle-ci sera très élevée.

À compter du 26 septembre, Jupiter est en Balance, en principe il devrait vous être extraordinairement favorable. Mais si vous avez une dette sociale, personnelle, professionnelle à payer, sous cette influence, la dette grossira et la loi interviendra. Toutefois, Jupiter en Balance est extraordinaire pour ceux qui auront été bons puisqu'il est comme le père Noël: il vous donnera ce qui vous appartient et beaucoup plus encore. Il est même possible que vous héritiez, que vous gagniez à la loterie, en fait, la chance est présente dans tous les secteurs de votre vie; des miracles se produiront.

Vous êtes aussi sous l'influence de Saturne en Cancer dans le sixième signe du vôtre et le onzième signe de la Vierge, symbolisant les amis dans le milieu de travail. Bien sûr, il y a ceux qui vous envient, qui aimeraient bien prendre votre place, mais vous vous en éloignerez, vous aurez un flair assez particulier pour déceler ceux qui mentent et ceux qui disent la vérité.

Uranus en Poissons se trouve dans le deuxième signe du vôtre et le septième de votre ascendant. Il s'agit là d'un aspect sentimental qui touche particulièrement le mois de mars. Si des conflits ont eu lieu et perduré, il est possible que vous preniez la décision de vous séparer. Mais l'aspect divorce n'est pas officiel; il pourrait y avoir une entente.

Neptune en Verseau s'adresse principalement aux gens qui travaillent dans le domaine des communications: vous aurez un énorme succès et énormément de travail. Par ailleurs, ceux qui sont dans le domaine public obtiendront eux aussi un grand succès et seront très utiles aux gens qu'ils croiseront chaque jour. Ces derniers leur rendront d'énormes services ou leur feront des cadeaux qui dépasseront leur imagination.

Pluton dans le quatrième signe de votre ascendant n'est pas très sage concernant la famille de vos amis. Alors, si des querelles ont lieu, de grâce, ne vous en mêlez pas car vous seriez coincé dans des situations où il faudrait prendre parti, alors que ce n'est pas votre rôle. Mais si vous prenez une décision à leur place, attention, vous deviendriez éventuellement le grand responsable, si elle s'avérait mauvaise.

Le Nœud Nord en Taureau dans le quatrième signe du vôtre a un symbole très particulier. Si vous êtes chef d'une famille monoparentale, vous déciderez de partir en voyage d'exploration avec vos enfants ou encore en voyage d'agrément s'ils sont tout petits. C'est cette année que vous permettez à vos enfants de découvrir que le monde est fait aussi de fantaisies.

VERSEAU ASCENDANT BALANCE

Vous êtes un double signe d'air. Comment vous arrêter? En fait, vous avez le désir de tout savoir, de tout apprendre, de tout connaître. Mais il est aussi très difficile de vous connaître, vous vous révélez très peu à autrui. Et lorsqu'il s'agit de régler des problèmes d'organisation, en tant que double signe d'air, vous êtes extraordinairement efficace. Puisque vous êtes ascendant Balance, vous êtes à la recherche de l'amour, mais un amour parfait, extraordinaire. N'est-ce pas là un rêve si grand que vous ne l'avez pas encore atteint? Si vous avez un partenaire correspondant à vos désirs intérieurs, vous faites assurément partie des exceptions.

Jupiter en Vierge se trouve dans le deuxième signe de votre ascendant et le huitième signe du vôtre. Il s'agit là uniquement de questions d'argent, et ce, pendant les neuf premiers mois de l'année, souvent liées à des études. Vous obtiendrez cet argent d'un membre de votre famille car vous êtes extraordinairement persuasif, mais il est aussi possible que vous ayez un héritage à la suite du décès d'un parent. Certains d'entre vous feront également des emprunts afin d'acheter une propriété. Il serait plus sage d'attendre après le 26 septembre, sinon vous risquez de faire un mauvais achat.

Jupiter en Balance dans le neuvième signe du vôtre et sur votre ascendant est extrêmement bénéfique. Il vous ouvre l'œil à votre réalité financière mais également à toutes les réalités de la vie. C'est comme si, cette fois, tout était clair. Il faudra avoir passé par l'épreuve de Jupiter en Vierge pour comprendre certains fonctionnements de la vie, car les neuf premiers mois de l'année ne seront pas vraiment du gâteau.

Saturne en Cancer dans le sixième signe du vôtre et le dixième signe de la Balance a un lien direct avec vos parents, principalement votre père qui vient à votre rescousse quand vous avez des problèmes. Mais cet aspect du père est aussi lié à une santé défaillante. Il faudra donc que vous en preniez soin. De toute manière, n'est-ce pas là une façon de le remercier de l'attention qu'il vous a donnée? Cet aspect peut aussi représenter la maladie d'un de vos enfants, surtout s'il a déjà été malade. Pendant les mois d'avril, de mai et de juin, il pourrait y avoir aggravation de la maladie, puis récupération. Ne vous en faites pas.

Uranus en Poissons dans le sixième signe de votre ascendant concerne non seulement la santé de vos parents, d'un de vos enfants mais également la vôtre puisque vous serez beaucoup plus nerveux. Si vous vous dévouez sans cesse, il est possible que vous soyez extrêmement fatigué. Pour préserver un maximum d'énergie, il faudra vous nourrir sainement et, pour certains d'entre vous, changer leur alimentation. En effet, au cours de cette année, vous serez nombreux à développer des allergies alimentaires.

Neptune en Verseau sur votre Soleil et dans le cinquième signe de votre ascendant vient ici confirmer toute l'attention que vous aurez à donner à vos enfants. Si vous appartenez à ces jeunes amoureux et que vous désirez fonder une famille, votre vœu sera exaucé. À certains moments, Neptune sur votre Soleil vous plongera dans des états de déprime passagère; pour y remédier rapidement, le mieux serait de voir vos amis ou quelqu'un qui vous a toujours bien conseillé.

Pluton en Sagittaire dans le troisième signe de votre ascendant confirme l'aspect études. Donc, si vous êtes étudiant, vous serez très occupé par vos études et par l'argent qu'il faut pour étudier. Il est possible que certains d'entre vous contestent les augmentations des frais de scolarité, des coûts du logement; ils prendront une place prépondérante et feront preuve de leadership.

Le Nœud Nord en Taureau se trouve dans le quatrième signe du vôtre et le huitième signe de votre ascendant. Il concerne non seulement les enfants, mais aussi les membres de votre famille. Il faut bien écrire la vérité: il y aura décès ou maladie grave pour un ou même plus d'un des vôtres. Ou vous serez là, ou vous vous sauverez car vous aurez peur du spectre de la mort. Mais la mort c'est aussi une renaissance, n'avez-vous pas au fond cette conviction?

VERSEAU ASCENDANT SCORPION

Vous êtes un double signe fixe, vous êtes né d'Uranus et de Pluton. Donc, il n'y a rien à votre épreuve. Vous relevez les grands défis. De toute manière, vous n'aspirez nullement à une vie ordinaire, ce n'est pas pour vous, ça ne vous convient pas. Et si vous vous contentiez de vivre dans la peur de votre ascendant, la vie vous obligerait à en sortir et à vous battre afin de gagner quelques galons.

En 2004, vous pouvez vous attendre à de très beaux dénouements à la suite de toutes les démarches que vous aurez entreprises depuis quelques années. Vous obtiendrez votre place au soleil, surtout si vous travaillez dans le domaine des communications et si vous avez affaire au public, ce qui est fréquent sous votre signe et ascendant. Si vous êtes dans la vente, vous ferez énormément d'argent et beaucoup plus que tout ce que vous pouvez attendre. Vous serez doublement créatif, d'autant plus que vous avez déjà une imagination débordante. Imaginez ce que cela donnera!

Vous serez un héros, sans doute sauverez-vous la vie de quelqu'un et en serez-vous fier. Cela peut survenir dès la fin de septembre. Rares sont les gens qui accomplissent un tel fait et pourtant, au moment où l'événement se produira, vous aurez le bon réflexe.

Sous votre signe et ascendant, vous êtes souvent préoccupé par le sort des enfants de ce monde et certains parmi vous fonderont une œuvre humanitaire et s'occuperont d'eux. Ils réussiront malgré les difficultés financières et sociales. Si vous avez un emploi dans une entreprise et que tout soit stable, ne vous attendez pas à la routine au cours de la prochaine année. Vous serez nommé à diverses tâches et, par ailleurs, vous vous amuserez car vous rencontrerez des gens différents qui vous ouvriront la porte à d'autres possibilités. Bien sûr, vous vous donnerez le temps d'y réfléchir et peut-être bien ferez-vous le saut.

Si votre travail vous permet de voyager, sous l'influence de Saturne en Cancer, vous serez constamment sur la route ou alors vous irez à l'étranger représenter les intérêts de l'entreprise, et ce, dès le début de l'année. Par ailleurs, si vous êtes un négociateur, vous rapporterez à la compagnie pour laquelle vous travaillez de gros profits et en remerciement, on vous offrira une promotion ou d'énormes bénéfices. Si vous entrez sur le marché du travail, vous serez chanceux dès le départ car vous obtiendrez un emploi convenant à la formation que vous aurez obtenue.

Uranus se trouve dans le cinquième signe de votre ascendant. S'il parle d'amour, il parle aussi d'argent, de budget entre votre partenaire et vous, que vous soyez ensemble ou séparé, et a un lien direct avec les enfants. Si vous n'avez pas d'enfant, il sera tout de même question de partage d'argent, peut-être l'autre se sent-il floué ou peut-être est-ce vous qui avez l'impression de trop payer. Ce ne sera pas facile de régler ce problème financier surtout si vous n'avez pas signé des papiers chez le notaire. Si le travail va bien, l'amour, lui, est en difficulté. Il n'y a pas de séparation officielle dès le début de l'année; cela pourrait survenir plus tard. Donc, si vous voulez vous éviter une séparation, il vaut mieux régler tous les problèmes dès le début de l'année, et plus particulièrement durant les neuf premiers mois de 2004. Si vous êtes seul et que vous attendez le grand amour, croyez-y, il arrive à grands pas. Au cours de la même année, il pourrait fort bien être question de fonder une famille.

Pluton en Sagittaire vous rappelle qu'il faut faire attention à vos finances, et plus particulièrement si vous êtes en couple et que les choses ne vont plus tellement bien. Vous aurez également des amis emprunteurs. On sait que vous êtes généreux, alors ne soyez pas dupe et dites-leur d'être conséquents, de prendre leurs responsabilités et, surtout, de régler leurs problèmes eux-mêmes. Sous votre signe et ascendant, il y a une autre confirmation de l'amour et d'un enfant.

Le Nœud Nord en Taureau vient accentuer l'aspect de la découverte du grand amour, un amour qui sera sain, beau. Si vous appartenez à la génération des *baby-boomers* et que vous êtes seul vous aussi, vous rencontrerez quelqu'un avec qui partager plusieurs autres années.

VERSEAU ASCENDANT SAGITTAIRE

Vous êtes un symbole de communication, il est même difficile pour vous de rester seul. Vous êtes né d'Uranus et de Jupiter et, pour vous, le monde est toujours trop étroit et il y a toujours quelqu'un de nouveau à connaître; en fait, tout vous intéresse. Naturellement dans cette société, il nous faut nous spécialiser dans un domaine et cela vous est pénible parce que vous êtes attiré par différents sujets et avez l'intelligence d'exercer plusieurs professions.

D'ici le 25 septembre, sous l'influence de Jupiter en Vierge, vous pouvez vous attendre à un grand changement sur le plan professionnel; il s'agit à la fois d'un progrès et d'un défi. Cela ne viendra pas sans obstacles, la réussite vous appartiendra après de multiples efforts. Certains feront un retour aux études durant quelques mois pour parfaire une formation. Si vous faites partie des étudiants frais émoulus de l'université, si vous êtes à la recherche d'un emploi, vous trouverez très rapidement, selon vos compétences, et obtiendrez le salaire qui vous est dû.

À compter du 26 septembre, vous serez sous l'influence de Jupiter en Balance, ce qui vous rend davantage justice et qui permettra à des voyageurs de se déplacer encore plus fréquemment. Que vous représentiez une entreprise à l'étranger, que vous soyez dans l'importation ou l'exportation, vous serez obligé d'aller dans un autre pays et si vous êtes vendeur et que vous sillonniez nos routes, vous serez constamment en déplacement. Naturellement, un avis s'impose: prudence au volant. En effet, sous votre signe et ascendant, vous êtes souvent pressé. Certains d'entre vous désireront apprendre à faire voler leur propre avion ou du parachutisme, tout ce qui représente l'air aura un intérêt encore plus particulier qu'auparavant. Certains d'entre vous se mettront à étudier l'astronomie ou parfois l'astrologie, d'abord par curiosité intellectuelle, puis pour trouver des réponses à vos questions.

Saturne en Cancer dans le sixième signe du vôtre et le huitième signe du Sagittaire concerne votre travail: la continuité, mais aussi les transformations qui seront parfois radicales et, pour quelques-uns d'entre vous, les associations financières et commerciales avec un parent. Il faudra, s'il en est question, veiller à ce que les papiers, les ententes soient faites en bonne et due forme chez un notaire.

Sous l'influence d'Uranus en Poissons, deuxième signe du vôtre et quatrième du Sagittaire, il est fortement question de votre famille qui a besoin de votre attention, d'argent si vos enfants grandissent. S'ils atteignent l'adolescence, ils auront des demandes parfois au-delà de ce que votre budget vous permet de leur donner. Peut-être devrez-vous leur enseigner à gagner de l'argent de poche afin qu'ils prennent leurs responsabilités. Vous serez un excellent professeur pour vos enfants qui, par ailleurs, seront plus proches de vous que jamais ils ne l'ont été auparavant.

Neptune en Verseau dans le troisième signe de votre ascendant symbolise la curiosité intellectuelle, le goût de la lecture; vous serez à la recherche de réponses à vos questions, ayant rapport avec le travail, votre existence, le soi, le moi, l'âme, l'esprit. De toute manière, cet intérêt dure depuis déjà de nombreuses années et se poursuit de plus belle. Il sera également question d'amour et peut-être votre partenaire vous reprochera-t-il de vous occuper un peu trop de vous-même. Ces petits reproches sont en fait des avertissements soulignant l'importance qu'il a dans votre vie; prenez-en bonne note.

Pluton en Sagittaire sur votre ascendant vous donne énormément de force pour vous relever d'épreuves que certains ont vécues il y a quelques années mais qui laissent toujours une trace dans l'âme, une douleur, une tristesse; au fil des mois, vous vous départirez de ces souvenirs. Ils ne s'effaceront pas totalement mais ils deviendront de plus en plus flous; vous ferez place à l'avenir. Cet aspect présage encore des voyages, cette fois, dans des endroits dangereux mais, fort heureusement, vous êtes sous un signe de grande protection avec l'ascendant Sagittaire. Où que vous alliez, c'est comme si l'ennemi n'avait pas d'emprise sur vous. À moins que votre thème natal ne révèle d'énormes difficultés, ce qui est l'exception sous votre signe et ascendant.

Sous l'influence du Nœud Nord en Taureau, vous viendrez en aide émotionnellement et financièrement à l'un de vos enfants qui a perdu son emploi. Vous ne pourrez vous empêcher d'être le protecteur des vôtres, de ceux que vous aimez.

VERSEAU ASCENDANT CAPRICORNE

Sous cet ascendant, vous avez tendance à dramatiser, à voir le pire et, surtout, vous voulez tout prévoir. Par contre, Uranus qui régit votre signe aime bien prendre des risques, alors que pour votre ascendant, c'est tout le contraire; il y a un conflit à l'intérieur de vous-même.

Sous l'influence de Jupiter en Vierge dans le neuvième signe de votre ascendant, vous pouvez vous compter parmi les chanceux. En 2003, rien n'a été simple et, cette fois, vous sortez du chaos dans lequel vous avez sans doute vécu mais également de ces peurs que souvent vous vous êtes inventées. Sous votre signe, le travail est une priorité, de toute manière, il vous permet de gagner votre vie mais également de protéger votre avenir et celui de vos enfants. Il faut dire qu'en général vous êtes un parent généralement sévère mais, avec l'âge, vous vous attendrissez. Certains d'entre vous voyageront d'ici le 25 septembre dans des pays éprouvés par des conflits afin de prouver que vous êtes non pas invincible mais que la vie appartient à l'aventurier.

À compter du 26 septembre, vous êtes sous l'influence de Jupiter en Balance dans le dixième signe de votre ascendant. Il sera important à partir de ce moment-là de maintenir vos papiers en ordre; si vous êtes propriétaire d'une entreprise, faites faire votre comptabilité par des experts, car il y a risque de problèmes si on trouvait une erreur. Les plus audacieux exploiteront une compagnie ayant des liens avec l'étranger, plus particulièrement s'ils ont des amis ou de la parenté à l'étranger. D'ailleurs, c'est le moment pour le débutant de faire ses premiers pas dans le monde du travail; il sera plutôt chanceux et verra très clairement où il va, où sont ses intérêts.

Saturne en Cancer laisse présager que si vous avez un amoureux, celui-ci ne sera pas d'accord avec vos nouveaux projets. Donc, vous avez intérêt à en discuter avec lui avec beaucoup de diplomatie. Il sera aussi question fortement de budget, de partage des biens; parlez-en longuement et, surtout, calmement pour vous éviter à tous deux de vivre des tensions supplémentaires.

Uranus est en Poissons jusqu'en 2011. Cela signifie que si vous entreprenez une affaire, dites-vous qu'elle n'est pas prête de se terminer, bien au contraire. Il y aura de nombreux développements et, d'ici le 25 septembre, il faudra surveiller constamment l'aspect financier, ne pas dépenser inutilement et plutôt chercher les économies sans toutefois minimiser le service à la clientèle ou la qualité du produit. Sinon, plutôt que de progresser, vous vous assurez de gros problèmes et des clients voudront se faire rembourser. Vous ferez de l'argent, à la condition de bien suivre ce que j'ai écrit précédemment.

Neptune dans le deuxième signe du vôtre confirme encore ici que l'argent joue un rôle important au cours de la prochaine année; c'est comme si vous ne cherchiez qu'à faire des économies. Attention, certains d'entre vous pourraient devenir pingres, ce qui déplaira sans doute à votre entourage qui vit normalement. En fait, vous vous inquiétez pour rien. Depuis que vous êtes jeune, vous faites preuve de prudence, ce qui vous protège du pire. Lorsque vous faites d'énormes dépenses, c'est parce que vous savez qu'il vous reste des économies.

Pluton en Sagittaire vous avise de faire attention à votre santé, et plus particulièrement si vous avez des problèmes de circulation sanguine. Par ailleurs, ne devez-vous pas changer votre régime alimentaire? Votre médecin ne vous a-t-il pas donné quelques conseils à ce sujet? Si vous n'avez pas passé d'examen médical et que vous avez des malaises, il serait temps de demander à votre médecin de voir à tout cela afin d'être rassuré ou d'être soigné.

Le Nœud Nord en Taureau dans le cinquième signe de votre ascendant et quatrième du vôtre représente vos enfants. Si vous êtes jeune et que vous n'avez pas encore d'enfant, vous fonderez une famille, ce qui rendra vos proches très heureux. Si vous êtes célibataire, vous découvrirez soudainement l'amour et il est même possible qu'un joli poupon naisse de cette rencontre. Par ailleurs, vous embellirez votre maison. Bien sûr, certaines rénovations seront nécessaires mais, dans l'ensemble, il s'agit de transformer votre propriété pour qu'elle soit plus belle, à la fois à l'intérieur et à l'extérieur.

VERSEAU ASCENDANT VERSEAU

Vous êtes sous l'influence de Jupiter en Vierge dans le huitième du vôtre jusqu'au 25 septembre; cela présage d'énormes transformations dans tous les secteurs de votre vie. Vous n'aurez plus les mêmes valeurs ni les mêmes croyances et, surtout, vous chasserez de votre vie des gens qui vous ont nui plus qu'ils vous ont été utiles; vous préserverez les vrais car sous les présents aspects, il est possible que vous vous sentiez bien seul après avoir fait ce tri. Ne vous en faites pas, vous ferez de nouvelles connaissances au hasard de la vie et aussi à votre travail. Sur le plan professionnel, vous êtes en pleine progression. Si vous méritez une augmentation de salaire, un meilleur poste, vous l'obtiendrez.

À compter du 26 septembre, sous l'influence de Jupiter en Balance, on vous rend justice en ce sens que vous récupérez ce qu'on vous doit. Toutefois, si vous avez pris à autrui ce qui ne vous avait jamais appartenu, vous devrez rembourser. Si vous êtes jeune et n'avez pas d'enfant, peut-être songerez-vous à adopter un de ces bébés abandonnés à l'autre bout du monde; vous ferez preuve d'une très grande générosité. Vous aurez le sentiment qu'il vous faut être utile non seulement à votre famille, mais aussi à toute la planète. Vous participerez certainement à des mouvements de paix, de réorganisation d'entreprise. En fait, vous serez partout où il y a nécessité de remettre de l'ordre afin que chacun ait la part du gâteau qui lui revient. Pour être perdant en 2004, il faudrait que vous soyez né ambitieux, malhonnête et «mal luné».

Saturne en Cancer dans le sixième signe du Verseau symbolise des heures supplémentaires, des employés qu'on remplace ou un poste mieux rémunéré qu'on obtient à la suite du départ d'un collègue. Mais c'est aussi le service à autrui. Si vous faites partie des humanistes, de ceux qui croient en une justice mondiale, en fait, si vous faites partie des idéalistes, vous agirez et donnerez de votre temps à des gens qui souffrent dans les hôpitaux, à des démunis.

Uranus en Poissons dans votre deuxième signe vous dit que vous pourriez être chanceux à la loterie; pourquoi pas vous! Disons que l'aspect chance est plus présent entre le 1er janvier et le 25 septembre, mais il se répercute dans d'autres domaines du travail. Si vous faites l'acquisition d'une propriété, vous l'aurez à bon prix; si vous vendez, vous obtiendrez un énorme profit. Mais Uranus en Poissons, puisque vous êtes un signe pur, symbolise aussi un monde où il faut payer ses dettes lorsqu'on n'a pas été honnête. Par ailleurs, si vous avez tendance à «trafiquer» les chiffres, vous serez surveillé et peut-être serez-vous obligé de payer une amende.

Neptune en Verseau sur votre signe et ascendant fait de vous quelqu'un de très magnétique. Si vous appartenez aux idéalistes de cette planète, en tant que double signe uranien, vous ferez partie des sauveurs de l'humanité. Il sera impossible pour vous de ne rien faire; vous bougerez très vite. Même si vous ne recherchez aucun honneur, il est possible que vous receviez une reconnaissance publique pour une œuvre spéciale que vous aurez accomplie. Rien n'étant parfait, Neptune avise ceux qui souffrent d'une mauvaise circulation sanguine d'aller voir leur médecin régulièrement.

Pluton en Sagittaire dans votre onzième signe vous avise de surveiller votre état de santé. N'allez pas au-delà de vos limites et lorsque vous sentirez qu'il est nécessaire de vous reposer, accordez-vous du temps. Si vous travaillez dans le domaine des communications, Pluton fait de vous un inventeur ou un innova-teur. Si vous êtes dans le domaine de la recherche, vous ferez une découverte hors de l'ordinaire. Vous serez nombreux à lutter contre la pollution et les entreprises qui détruisent notre planète.

Le Nœud Nord en Taureau dans vos quatrièmes signes uraniens symbolise qu'il y a risque que vous négligiez vos pro-ches parce que vous êtes trop occupé à sauver le monde. Cet aspect vous rappelle que votre famille et votre entourage ont aussi besoin de votre présence. Ainsi, lorsqu'on vous invite, ne refusez pas. Il sera dans votre intérêt d'être auprès d'eux parce qu'un jour, il est possible que vous ayez besoin d'eux, et ils seront là pour vous.

VERSEAU ASCENDANT POISSONS

Vous êtes né d'Uranus et de Neptune: Uranus aime les grandes transformations et est très démonstratif tandis que Neptune, qui régit votre ascendant, l'est beaucoup moins. En fait, l'ascendant Poissons a tendance à vouloir passer inaperçu, il est souvent timide. Votre Soleil est généralement situé dans le douzième signe de votre ascendant; il arrive que vous soyez souvent victime des circonstances. Il y a en vous une naïveté et une bonté dont on peut facilement abuser. Que de changements en 2004! Il y a sur cette planète de bonnes personnes, mais certaines ne sont pas fiables. Durant les neuf premiers mois de l'année, vous sortirez de votre vie ces gens qui ont profité de vous et qui ne vous ont jamais rien donné. Vous ferez cela doucement, gentiment.

Si votre union n'est pas très heureuse depuis de nombreuses années, vous déciderez d'une séparation car vous avez aussi opté pour le bonheur et non plus la douleur de vivre. C'est un grand changement pour vous que de prendre définitivement votre vie à la fois professionnelle et personnelle en main. Que de clarté dans votre esprit! Il est sûr que la séparation ne se fera pas sans quelques remous, ne vous attendez pas au paradis, mais vous réussirez à régler ce problème de manière à ne pas tout perdre, à ne pas tout donner. Sans doute aurez-vous besoin de l'aide d'un avocat. Par ailleurs, si vous êtes seul depuis de nombreuses années, vous croiserez l'amour au moment où vous vous y attendez le moins, probablement au mois de mars car il constitue un tournant dans votre vie. Si vous vivez dans une famille reconstituée, bien des explications sont en cours avec votre ex-conjoint et celui de votre partenaire au sujet de la garde des enfants de chacun.

Saturne en Cancer dans le cinquième signe de votre ascendant et le sixième signe du vôtre vous indique que si un de vos enfants est malade, vous serez là pour le soigner. Cet aspect renforce l'idée selon laquelle vous aurez besoin d'un médiateur pour régler la garde des enfants. Il est possible que vos enfants, eux-mêmes adultes, se mêlent de votre histoire d'amour; de grâce, laissez-les au dehors de tout ceci, dites-leur que vous êtes responsable et que vous prenez vos propres décisions. Par ailleurs, vous prendrez davantage soin de votre santé, vous changerez votre régime alimentaire, certains perdront du poids, d'autres trouveront le produit ou le régime leur permettant de se refaire une réserve de graisse.

Uranus en Poissons sur votre ascendant symbolise qu'il est temps pour bon nombre d'entre vous de vous réaffirmer face à votre vie, à vous-même et également de prendre soin de vos finances. Si jamais vous faites des placements, demandez conseil à des experts. Ne prêtez pas non plus votre argent à des gens qui ne remboursent pas car vous risquez effectivement de ne plus le revoir. Uranus en Poissons, même s'il vous donne une grande force, un fort magnétisme, vous avise de ne pas dilapider vos biens.

Neptune en Verseau dans le douzième signe de votre ascendant vous dit de ne jamais être naïf par rapport à ces gens qui vous disent quoi faire. Vous vous affirmerez au cours de l'année mais il y aura certains moments où vous serez porté à flancher, à donner raison à l'autre, puisqu'il vous apporte mille et une bonnes explications. Mais il n'en sera rien. Vous êtes un être extraordinairement intuitif; fiez-vous à vous et non pas aux autres pour diriger votre vie et vos finances.

Sous l'influence de Pluton en Sagittaire, si vous êtes sur le point de prendre votre retraite ou êtes déjà à la retraite, il est possible que vous retourniez au travail temporairement; il y a chez vous un énorme besoin de vous rapprocher du monde, d'être avec et parmi celui-ci. Ne résistez pas à l'appel. Si vous êtes jeune, vous pouvez vous attendre à une promotion fort intéressante et originale.

Sous l'influence du Nœud Nord en Taureau, que de transformations dans votre maison! Il s'agit surtout d'apporter des changements mineurs qui auront un effet extraordinaire sur la propriété. Si vous vivez en appartement, il est à souhaiter que votre bail soit signé en bonne et due forme, que vous ayez de bons propriétaires et de bons voisins, car l'année 2004 est propice aux déménagements subits. Toutefois, si vous avez une propriété à vendre, cela se fera très vite; il en ira de même si vous en cherchez une autre.

◖◖ JANVIER 2004 ◗◗

Il est dans votre intérêt de prendre les décisions les plus importantes, qu'elles soient financières ou sentimentales, durant les
quinze premiers jours de ce mois car il y a dans le ciel de très
bons aspects; vous serez bien inspiré. Bien sûr, nous devons
tous payer nos dépenses des fêtes; à compter du 15, sous l'influence de Vénus et d'Uranus en Poissons, vous surveillerez les
ventes et vous achèterez encore davantage! Il est dans votre
intérêt de faire preuve de modération, ce qui sera difficile à faire
dans certains cas. Surveillez bien vos achats, surtout ceux que
vous considérez comme des aubaines; il est possible qu'ils
soient de qualité médiocre.

Certains d'entre vous mettront leur propriété à vendre; ce
mois-ci, tout ira très vite. Si vous vendez, les acheteurs se préci-
piteront à votre porte et la négociation se fera plus rapidement
que vous ne pouvez l'imaginer, principalement durant la dernière semaine du mois.

Nous le savons tous, le mois de janvier manque un peu de
soleil et ceux qui ne prennent jamais l'air ou si peu risquent de
voir leur santé défaillir. Attention à votre système immunitaire,
vous pourriez attraper une grosse grippe et être obligé de vous
aliter pendant plus d'une journée et, ainsi, vous absenter du travail. Ceux qui ont besoin de décompresser auront intérêt à aller
au cinéma plus souvent car cela les distraira de leur quotidien.

L'amour n'est pas en souffrance, il y a au contraire autour
de vous bien des gens qui vous regardent si vous êtes un célibataire. Ne faites-vous pas fuir quelques belles et bonnes personnes à cause de votre indépendance et de votre méfiance?
Attention, votre attitude est telle que vous vous retrouvez seul.
En général, vous plaisez ce mois-ci. Vous traversez le passage
de Vénus en Verseau, puis Vénus en Poissons qui vous donne un
énorme magnétisme. Que vous viviez en union ou non, il y aura
toujours quelqu'un pour vous faire un clin d'œil, vous flirter, qui
entrera en conversation avec vous et qui sera intéressé à mieux
vous connaître. En fait, l'aventure vous sourit. Alors si vous
faites partie des fidèles, il faudra résister et si vous faites partie
des infidèles, les occasions ne manqueront pas. Et, de grâce,
protégez-vous des MTS.

⪩ FÉVRIER 2004 ⪨

Mars en Taureau à compter du 4 dans le quatrième signe du vôtre fera un bon aspect à Saturne en Cancer et à Uranus en Poissons: vous serez sans doute un petit peu plus pantouflard. Il y aura chez certains la nécessité de dormir davantage. Si vous êtes célibataire, vous ne résisterez toutefois pas à l'envie de sortir; il serait bon d'accepter les invitations des membres de votre famille ou de vos amis. Il est d'ailleurs possible qu'au cours d'une de ces petites réceptions vous fassiez la rencontre d'une personne avec laquelle vous aurez de nombreuses affinités. Voilà que commencera une relation sentimentale, et vous ne précipiterez rien. Mars en Taureau vous ralentit, vous rend extrêmement prudent.

La majorité d'entre vous accorderont une grande place au travail. Bien que vous soyez fatigué, vous donnez votre plein rendement parce que vous avez des devoirs et des obligations à remplir. En tant que Verseau, si vous êtes capable de travailler modérément, faites-le. D'abord, vous avez besoin de récupérer vos énergies physiques, mentales, psychiques et de vous remettre d'événements difficiles (séparation, perte d'emploi, difficultés avec les enfants) qui ont pu avoir lieu en 2003.

Si vous recherchez votre père ou votre mère biologique, ou toute autre personne, il est possible qu'à la fin du mois vous ayez une première bonne nouvelle à ce sujet.

Si vous faites partie de ceux qui consomment des drogues, qu'elles soient douces ou dures, soyez plus attentif à vous-même ce mois-ci car vous pourriez dépasser la dose et vous retrouver à l'hôpital sérieusement intoxiqué. Lorsque vous irez chercher vos médicaments à la pharmacie, assurez-vous qu'on vous a remis les bons produits, une erreur peut se glisser. Aussi, votre organisme, et plus particulièrement votre système digestif, étant beaucoup plus fragile, plus vulnérable qu'à l'accoutumée, évitez les nouveaux médicaments. Bien que l'empoisonnement soit passager, c'est toujours assez désagréable.

Du 21 jusqu'à la fin du mois, si vous avez de tout jeunes enfants, le Nœud Nord en Taureau fait un aspect dur à Neptune dans votre signe. Il vous est donc conseillé de leur porter une attention toute spéciale. Ne les laissez pas jouer à des jeux dangereux, ne les laissez pas seuls, sans surveillance. Et si vous avez des adolescents dont le comportement a changé, le moment est venu d'en discuter avant que la situation s'aggrave. Il vous faudra du courage, de la diplomatie, du tact et, surtout, beaucoup d'amour envers eux.

⊲© MARS 2004 ©⊳

Les planètes bougent dans le ciel, tout va très vite maintenant. Ce que vous avez entrepris depuis le début de l'année donnera des résultats très positifs à compter du 22 alors que Mars entre dans le Gémeaux. Entre le 14 et le 21, méfiez-vous de votre propre colère. Mars, sur les derniers degrés du Taureau, a tendance à vous provoquer; un mot, une banalité, vous faites un drame et une colère principalement à vos proches. Lorsque vous sentirez «la moutarde vous monter au nez», de grâce, parlez-vous, calmez-vous, une colère serait inutile, inappropriée et pourrait laisser un très mauvais souvenir à ceux qui la subiraient.

Si vous n'êtes pas heureux dans votre vie de couple et que cela dure depuis bien des années, vous repenserez de nouveau à une séparation à compter du 6. Vous vous poserez des questions, vous examinerez quelle perspective de vie vous auriez en vous séparant de l'autre. Nombreux serez-vous à demander conseil à un avocat ou l'aide d'un médiateur afin de voir ce qui ne va pas avec votre partenaire. Si vous préférez mener une double vie, attention, votre aventure sera découverte par votre partenaire. La question sentimentale sera très sérieuse au cours de ce mois et il sera important de régler tout conflit afin d'éviter la guerre.

Il y a parmi vous des Verseau qui ont besoin d'argent et nombreux parmi ceux-là auront un deuxième emploi; ils l'obtiendront à compter du 21. Il s'agira de vente ou de services offerts dans une entreprise. Ce qui sera au départ un emploi à temps partiel pourrait dans les mois à venir prendre une autre avenue vers le mois d'octobre puisque vous y ferez de très bons revenus. Soyez patient. Si vous appartenez à la catégorie des voyageurs, vous préparerez votre départ parce que vous avez besoin de détente. En réalité, votre vie tourne autour des amours et du travail.

Quant à votre santé, si vous avez tendance aux allergies, celles-ci pourraient faire leur réapparition à compter du 22 lorsque Mars fera un aspect dur à Uranus. Donc, si vous avez été intolérant à certains aliments dans le passé et que vous les consommez de nouveau, il est possible que le malaise resurgisse; alors abstenez-vous-en. Prenez garde à prendre froid car Uranus en Poissons, faisant un aspect dur à Mars en Gémeaux, vous avise que vos bronches sont aussi à risque. Les rhumes, les sinusites, c'est bien désagréable à subir.

◖ AVRIL 2004 ◗

Voilà un mois où vous n'arrêterez pas une minute et où vous n'aurez pas une minute à perdre. De toute manière, si vous êtes bien reposé, si vous avez pris soin de votre santé, il n'y a aucun risque. C'est comme si vous redécouvriez le plaisir de vivre de nouveau. Vous ferez tout au long du mois des rencontres, peu importe l'endroit où vous vous trouverez. Peut-être bien que certaines d'entre elles vous permettront de dénicher un nouvel emploi.

Rien n'étant parfait, il n'y aura pas que des gens heureux en avril. Si vous faites partie des ces Verseau dépensiers qui succombent rapidement aux attraits d'un bel objet, vous pourriez vous retrouver en difficulté financière non pas dans l'immédiat mais dans quelques mois qui suivraient l'achat. Aussi, il est important, surtout à compter du 4, de ne prendre aucun risque quant à vos placements, aux transactions, aux achats sans garantie.

Il y a parmi vous des Verseau qui trichent, qui mentent et qui volent. Attention, si vous en faites partie, vous serez pris la main dans le sac car Jupiter le grand justicier fait quelques aspects durs à votre signe et symbolise que vous êtes surveillé. Bien sûr, nous sommes dans la période des déclarations de revenus, ne l'oublions pas. Alors, remplissez vos papiers comme il se doit, n'essayez pas de jouer avec les chiffres; que vous soyez riche ou pauvre, soyez en règle avec les gouvernements et la loi, ainsi tout ira pour le mieux.

Si vous avez des enfants qui ont l'âge de conduire votre voiture, un petit conseil: ne leur prêtez pas votre automobile, le risque d'accident est plus élevé au cours du mois d'avril. Si vous avez l'intention d'acheter une voiture, il serait plus sage d'attendre le mois de mai car vous pourriez tomber sur un citron.

Quant à l'amour, le célibataire est plus populaire que jamais. Deux jolis cœurs à conquérir en même temps, deux jolis cœurs qui s'offrent, qui sera donc l'élu? Vous ne le saurez pas maintenant. Aussi, ne choisissez pas, attendez, donnez-vous le temps, fréquentez-vous.

◖ MAI 2004 ◗

À partir du 8, Mars entre en Cancer et Saturne se trouve dans le sixième signe du vôtre; il s'agit de problèmes familiaux à régler. Si une personne est âgée et malade dans votre famille, vous en prendrez soin, vous vous dévouerez pour elle. Si vous avez vous-même des malaises, vous aurez de l'aide; on vous la proposera parce qu'on vous apprécie et parce qu'on vous remercie pour ce que vous avez déjà fait pour autrui.

Il y a un aspect très chanceux concernant le secteur professionnel. Donc, si vous faites partie de ceux qui ont le désir de changer d'emploi, si vous faites des démarches, vous aurez de bonnes nouvelles dès le début du mois. Si vous êtes un étudiant à la recherche d'un travail d'été, vous trouverez très rapidement un emploi ayant un lien direct avec vos études; il fera office de stage.

Vous déborderez encore d'énergie, principalement durant les seize premiers jours: c'est comme si vous aviez tout à faire. Si vous faites votre ménage du printemps, vous ne cesserez de changer les meubles de place, de dépoussiérer; vous choisirez de nouvelles couleurs pour vos murs, vous magasinerez pour des meubles, etc. Par la suite, Mercure entre en Taureau et aura tendance à vous faire soudainement douter de vous et de vos goûts.

Mercure en Taureau fait un aspect très difficile à Neptune, et plus particulièrement entre le 26 et le 30. Durant ces journées, il est possible que vous ressentiez une déprime due à une fatigue physique. Si vous vivez seul et que votre solitude vous pèse, vous n'avez qu'à vous rendre dans des lieux publics, aller voir une exposition, aller écouter un concert, il y a chez nous de nombreuses activités culturelles qui ne coûtent presque rien et qui vous permettent d'être en relation avec les autres. Il faut profiter de ces occasions; vous ferez de nouvelles connaissances et échapperez ainsi à votre isolement.

Le Verseau est quelqu'un de très débrouillard. Si vous avez une nature artistique, que ce soit la musique, la peinture, la couture, vous serez extraordinairement inspiré au cours de mai et vous produirez aussi à vive allure. Vous n'aurez même aucune hésitation: ce que vous penserez la nuit, vous l'exécuterez le lendemain. Si vous vendez votre art, vous ferez des revenus supplémentaires. Si vous avez l'intention d'être reconnu par votre art, il y a toutes les chances du monde que cela arrive.

◄◙ JUIN 2004 ◙►

Ce mois sera presque entièrement consacré aux enfants. Les vacances approchent, il faut leur trouver des loisirs, une gardienne. Certains de vos enfants manifestent des désirs qu'ils n'avaient pas l'an dernier: camp spécialisé, échange d'étudiants, etc. Mais voilà, le moment de prendre une décision officielle est arrivé. Par ailleurs, on demande votre opinion et votre permission. En tant que Verseau, vous refusez rarement à vos enfants l'occasion de découvrir ce qui se passe ailleurs. Vous êtes protecteur, sauf que vous savez très bien que les voyages forment la jeunesse.

Pour la majorité d'entre vous, ce n'est pas maintenant le temps de prendre de grandes vacances, vous êtes beaucoup trop occupé. Par ailleurs, dans votre secteur professionnel, vous remplacez souvent les absents, des gens qui prennent plaisir à vivre le printemps. Comme vous avez le sens du devoir, vous êtes là et vous prenez la relève. De toute manière, le fait de faire des heures supplémentaires vous permet d'augmenter vos revenus afin de payer vos dettes et de vous offrir du luxe.

À compter du 20, vous êtes beaucoup plus chanceux qu'à l'accoutumée dans les jeux de hasard; il vous est conseillé d'acheter des billets. Vous pouvez les prendre seul ou avec un membre de votre famille, qu'importe, il y a possibilité d'un gain intéressant.

À la fin du mois, il est possible qu'un de vos grands enfants vous emprunte de l'argent afin de l'investir dans une entreprise. Si vous en avez les moyens et que vous connaissez le sérieux de votre enfant, vous consentirez à un prêt en bonne et due forme.

À compter du 24, lors de vos déplacements, soyez plus prudent car Mars est en Lion et fait face à votre signe; cet aspect vous dit que vous pourriez aller beaucoup trop vite ou être distrait sur la route. Alors, ne prenez jamais la route lorsque vous êtes fatigué, conduisez avec un esprit reposé.

Si vous avez des problèmes de dos, malheureusement à compter du 20, sous l'influence de Saturne et de Mercure, les tensions dorsales seront beaucoup plus fortes à cause de votre grande nervosité. Mais certains d'entre vous ont aussi des problèmes digestifs et peut-être bien un ulcère qu'ils négligent de soigner; il est dans votre intérêt d'y voir avant de souffrir le martyre.

⟪ JUILLET 2004 ⟫

Mars est en Lion fait face à votre signe, puis Mercure est en Lion entre le 5 et le 25, ce qui suppose que certains problèmes de déménagement ou à la suite d'un déménagement peuvent survenir tels qu'un malentendu à la signature d'un bail. Mais vous vous défendrez contre cet état de chose.

Pour bien des gens, c'est un mois où on prend ses vacances mais, sous l'influence de Jupiter en Vierge et de Saturne en Cancer, il est possible que vous passiez par-dessus elles parce que vous serez trop occupé par le travail, les obligations, de nouvelles responsabilités. Ces vacances seront remises à plus tard, probablement au mois d'octobre. Il y a aussi parmi vous des gens qui n'ont pas les moyens d'aller bien loin puisque la vie coûte cher. Vous choisirez une destination pas très loin de chez vous et organiserez ainsi des loisirs et des activités simples mais agréables avec vos enfants.

S'il y a eu des tensions dans votre vie de couple et que vous avez réussi à en discuter, vous arriverez à une conciliation et même à la réconciliation. Dorénavant, la vie à deux sera basée sur des valeurs nouvelles et chacun fera des compromis, ce qu'il ne faisait pas auparavant. Mais il y en a d'autres qui ne sont pas arrivés à une entente et, cette fois, le moment est venu de divorcer. Si vous êtes parent, il est important d'en parler à vos adolescents. Ne faites pas de mystère, ne faites pas comme s'ils ne comprenaient pas. Ils ont tout ressenti, tout saisi, ils ont même vu des scènes entre votre partenaire et vous et il faut leur expliquer maintenant la situation. Ainsi, sous l'effet du Nœud Nord en Taureau, le trouble émotionnel qui pourrait surgir chez vos enfants sera moindre.

⟪ AOÛT 2004 ⟫

Mars est en Lion jusqu'au 10 et traverse ses derniers degrés sur ce signe. Plus vous approchez de chaque dernier degré de Mars, principalement entre le 7 et le 10, plus il peut y avoir des orages émotionnels qui éclatent. Donc, si vous avez l'occasion de vous mettre en colère, il vaut mieux vous parler à vous-même et si vous n'arrivez pas à la stopper, réduisez-la à des mots et non pas à des cris ou à des gestes violents.

Si vous faites partie de ceux qui croient que la maison n'a pas besoin d'être fermée à clé, détrompez-vous, les petits voleurs sont à l'œuvre principalement si vous habitez à l'extérieur de la ville. Même si vous ne possédez que des objets ordinaires, tout a de la valeur pour eux. Si vous faites partie des gens fortunés, n'oubliez pas de mettre votre système d'alarme en marche dès que vous quittez la maison et, surtout, n'oubliez pas vos clés sur la serrure. L'avis s'impose pour votre voiture.

Le travail en général va bon train, il est vrai que vous produisez beaucoup, vous déployez énormément d'énergie et cela vous rapporte beaucoup. Par ailleurs, plus le mois avance, plus il y a de chance que vous obteniez une promotion et vous serez mieux rémunéré.

À compter du 8, Vénus en Cancer et Saturne en Cancer concernent les parents ayant des filles. Si elle se révolte contre votre autorité, ne soyez pas trop étonné, peut-être lui demandez-vous trop de services ou d'être comme sa mère. Attention, il y aura des réactions. Par contre, si vous êtes le parent d'un garçon, celui-ci vous demandera de l'attention, de l'affection et de l'approbation pour ce qu'il fait et ce qu'il tente de faire du mieux qu'il peut, selon son âge.

ᙣ SEPTEMBRE 2004 ᙁ

Mars est en Vierge jusqu'au 26 et Jupiter est en Vierge jusqu'au 25. La proximité de ces deux planètes dans le huitième signe du vôtre concerne votre vie professionnelle. Il faudra faire attention de ne pas vous disputer avec des collègues qui ne sont pas aussi rapides que vous, et plus particulièrement entre le 11 et le 28 où il est possible que certains vous envient, veulent votre place. Il faudra tout simplement garder votre calme, il ne s'agit là que d'un état passager. Si vous travaillez dans le domaine des communications, sans doute devrez-vous vous ajuster à une nouvelle technologie ou même devoir suivre des cours afin d'être à la fine pointe de la nouveauté. Vous n'aurez aucun mal à vous y faire. Vous êtes, après tout, le signe du monde moderne.

Si vous aviez un choix amoureux à faire, vous êtes-vous décidé? Si vous étiez coincé entre deux amours, ne sachant plus lequel était l'élu, vous saurez encore moins quoi faire présentement. Voici que Vénus en Lion face à votre signe, du 7 septembre jusqu'au 4 octobre, sème le doute en vous. Vous pourriez même perdre vos deux flirts. Soyez-en avisé.

Si vous êtes autoritaire et que vous contrôlez toute la famille, certains de vos enfants voudront discuter de votre façon d'agir envers eux. Il n'y a rien de dur dans le ciel concernant vos relations avec vos enfants, mais des mises au point s'imposent. On voudra que vous respectiez leurs choix.

Vous vous portez bien, vous avez aussi une nature extrêmement résistante. En tant que femme, si vous avez mal aux seins ou des problèmes génitaux, il sera urgent d'aller consulter un médecin afin d'être rassurée; heureusement, ce ne sera qu'un malaise passager. Vénus étant en Lion, certaines femmes décideront de procéder à une chirurgie plastique. Quelle que soit la partie du corps à transformer, de grâce, magasinez pour un très bon médecin. Allez vers le plasticien ayant une bonne réputation et ayant réussi toutes ses opérations ou presque, la perfection étant une impossibilité.

◖ OCTOBRE 2004 ◗

Nous changeons de rythme puisque nous sommes maintenant sous l'influence de Jupiter en Balance. Mars est également en Balance, Mercure se trouve en Balance jusqu'au 15. Ces planètes sont modératrices; elles appellent au calme, à la justice également et en ce qui vous concerne, à un très beau renouveau sur le plan de la carrière et à une remontée de la chance sous toutes ses formes. Certains d'entre vous recouvreront la santé, d'autres gagneront à la loterie, d'autres encore obtiendront un emploi de rêve, gagneront un voyage, rencontreront l'amour, etc.

Le travail se poursuit en général pour la majorité d'entre vous. Si vous n'avez pas un emploi satisfaisant, le moment est venu de faire des demandes parce que vous aurez vite une réponse positive; de toute manière, vous entrez pour les douze prochains mois dans une étape extrêmement prospère pour vos affaires qui sont en cours et celles que vous désirez entreprendre. Si vous avez un commerce, il est possible qu'il prenne de l'expansion, si vous avez étudié en vue d'exercer une profession bien précise, vous trouverez exactement ce que vous désirez et selon vos compétences et obtiendrez une rémunération qui peut même être au-dessus de ce que vous espériez.

Pour certains est venu le moment de régler des affaires purement légales, pour que justice soit faite. Si on vous doit de l'argent, on vous remboursera mais si vous en devez, vous trouverez un arrangement convenable de manière que vous ne manquiez de rien et que vous puissiez rembourser votre dette. Si vous appartenez à la catégorie des Verseau autoritaires, qui aiment bien jouer les durs, il y a danger qu'à compter du 16 vous vous soyez fait des ennemis qui se manifesteront ouvertement. Ils ne laisseront plus passer vos erreurs. Entre le 16 et la fin du mois, si vous aviez raconté des mensonges, plus particulièrement dans votre milieu professionnel, ceux-ci seraient mis au jour et il est possible que, dans certains cas, vous perdiez votre emploi. Si vous avez toujours été honnête, vous n'avez absolument rien à craindre de cet aspect entre Mercure en Scorpion et Neptune en Verseau.

Il y a parmi vous des gens aux tendances dépressives; étant donné que Mercure en Scorpion fait un aspect difficile à Neptune dans votre signe, cela risque de vous enliser davantage dans votre déprime. Si vous prenez des médicaments, il est possible que vous soyez obligé de demander à votre médecin d'en changer parce qu'ils n'ont plus l'effet désiré ou même un effet contraire à ce qui est escompté. C'est entre le 21 et le 25 que l'aspect le plus dur se produit entre Mercure en Scorpion et Neptune en Verseau. Durant ces jours, vous êtes prié de rester calme et si vous êtes déprimé, ne restez pas seul. Si vous étiez tenté de subtiliser à autrui ce qui ne vous appartient pas, de grâce, abstenez-vous, vous seriez pris la main dans le sac. Si vous avez commis des irrégularités sur le plan juridique, un scandale pourra éclater.

⚜ NOVEMBRE 2004 ⚜

Il s'agit là d'un mois où on se prépare pour les fêtes; en général, vous n'aimez pas ce temps de l'année. En fait, si vous acceptez les fêtes c'est parce que vous avez dans votre thème natal un Saturne fort symbolisant que vous êtes un Verseau plus traditionnel qu'un autre. En général, au cours de ce mois, vous vous consacrerez à votre travail et vous défendrez aussi vos droits tout autant que ceux des autres. En tant que Verseau humaniste, affamé de justice, vous gagnerez votre cause parce que vous avez tout ce qu'il faut pour bien vous défendre et défendre autrui.

Par ailleurs, plusieurs planètes vous sont extraordinairement favorables. Sous chaque signe, il y a celui qui vit avec son ombre et celui qui vit avec la lumière. Donc, si vous vivez avec l'ombre de votre signe, du 12 novembre au 25 décembre, sous l'influence de Mars en Scorpion, si l'idée vous prenait de commettre un mauvais coup, vous vous feriez prendre bien rapidement; il y a même danger que vous vous frôliez à des gens plus durs et plus violents que vous. Mais peut-être est-il temps de vous réformer. Si vous en avez le désir, demandez de l'aide et vous l'obtiendrez. Sous l'influence de Mars en Scorpion, certains d'entre vous devront défendre leurs propres droits car on aura été injuste envers eux. On aura supprimé leur emploi sans raison valable alors que peu après on l'aura attribué à quelqu'un d'autre. Soyez aux aguets si une telle situation se produisait et réclamez ce qui vous appartient.

L'aspect inventif est extraordinairement présent à compter du 5; il s'agit de Mercure en Sagittaire se rapprochant de plus en plus de Pluton. Ces planètes, quasi côte à côte à certains moments, vous donneront des idées hors de l'ordinaire, du génie. Si vous faites de la recherche pharmaceutique ou médicale, vous ferez une découverte hors de l'ordinaire et obtiendrez la reconnaissance publique.

Si vous êtes célibataire, sous l'influence de Vénus en Balance jusqu'au 22, il serait étonnant que vous restiez seul; au contraire, vous serez la coqueluche, vous attirerez les regards, vous plairez immédiatement. Il n'en tient qu'à vous de signaler que vous êtes intéressé à faire la connaissance de cette personne qui, du coin de l'œil, vous charme. Si votre vie de couple se porte bien et que vous désirez avoir des enfants, votre vœu pourra être exaucé.

⊲ DÉCEMBRE 2004 ⊳

Vous êtes toujours sous l'influence de Mars en Scorpion jusqu'au 25 décembre. Cet aspect est tel que si vous faites partie des économes, vous le serez plus que jamais. Lorsque viendra le moment de la distribution des cadeaux, vous vous apercevrez que vous n'avez rien à offrir. Peut-être rougirez-vous, ce jour-là? Ou alors vous vous abstiendrez d'aller aux fêtes de famille, tout simplement parce que vous avez les mains vides.

Sur le plan professionnel, la chance est bien présente pour le travaillant. Ce mois-ci, point d'arrêt et si vous décidiez de prendre des vacances, ce ne serait certainement pas avant le 24 au soir alors que Mars entrera en Sagittaire. Ceux qui décideront de prendre des vacances le feront le 17 lors de l'entrée de

Vénus en Sagittaire. Il ne leur sera pas nécessaire d'aller à l'autre bout du monde pour se reposer; il leur suffira de s'isoler de la ville et du brouhaha quotidien. Certains d'entre vous qui avaient décidé de prendre leur retraite pourraient bien changer d'avis au début de décembre; ceux qui y seront forcés se chercheront immédiatement un autre travail. En effet, un Verseau inactif est un Verseau qui se perd, qui déprime; ce signe d'air est continuellement en mouvement.

Si l'amour s'est stabilisé dans votre vie, il faut maintenant préserver cette union. Bien sûr, il y aura toujours quelques planètes ici et là qui feront du grabuge ou troubleront la fête de l'amour, comme Vénus en Mars et en Scorpion. Il s'agira le plus souvent de querelles inutiles au sujet de visites dans la famille. Vous devrez faire des compromis de part et d'autre.

Si vous faites partie des génies de ce monde, vous continuerez à travailler très fort à un projet qui vous tient à cœur. Si vous désirez que le monde soit meilleur, plus efficace, plus rentable, vos recherches donneront des résultats et vous en parlerez aux intéressés.

Si vous faites partie des gens seuls, si vous n'avez pas de famille et très peu d'amis, de grâce, ne vous isolez pas. Allez vers des groupes d'entraide où vous pourriez vous faire des amis, faites des activités. En tant que Verseau, vous êtes un véritable ami lorsque la confiance s'établit entre vous et une autre personne. Pour la majorité d'entre vous, l'année se terminera par une très belle fête, puisque vous aurez réglé la majorité de vos problèmes et obtenu des résultats extraordinairement positifs à la suite de certaines démarches. Vous aurez progressé, vous aurez fait un pas de plus dans la direction que vous souhaitiez, vous aurez certainement réalisé un rêve ou vous en serez à son début et vous aurez toutes les raisons du monde de fêter en grand le 31 décembre.

POISSONS

19 février au 20 mars

---◁○▷---

À MARISOLEIL AUBRY, MA FILLE ADORÉE ET ADORABLE. À MES TRÈS BONNES AMIES, BÉATRIX MARIK ET CHRISTIANNE CHAYER. À LA MÉMOIRE DE DEUX POISSONS QUI ONT TRANSFORMÉ MA VIE AU BON MOMENT: AU PÈRE DE MES ENFANTS, DÉCÉDÉ PRÉMATURÉMENT À L'ÂGE DE 33 ANS, IL NOUS A LÉGUÉ UN AMOUR PUR, DÉSINTÉRESSÉ AINSI QUE LA SAGESSE D'EN VIVRE QUOTIDIENNEMENT; À ANDRÉ BLAKE, MORT À 56 ANS, UN MOIS AVANT SA MORT, IL PLANIFIAIT SON SECOND TOUR DU MONDE!

---◁○▷---

SOUS L'INFLUENCE DE JUPITER

Jusqu'au 25 septembre, vous serez sous l'influence de Jupiter en Vierge dans le septième signe du vôtre, qui fait opposition à votre Soleil. Durant cette période, il ne faudra rien décider précipitamment concernant vos biens, vos placements et, de grâce, ne dépensez pas outre mesure. Il vous faut faire quelques économies, le but étant de pouvoir vous offrir non pas des peccadilles ou des objets dont vous vous lasseriez rapidement, mais bel et bien de la qualité. En tant que Poissons, vous avez un goût exquis mais, sous cette influence, vous aurez de l'attrait pour tout ce qui vous tombera sous l'œil, vous aurez du mal à y résister.

Des gens voudront vous emprunter de l'argent. Allez-vous encore succomber à leurs belles paroles? Il y a certains mouvements planétaires qui vous rendent naïf, et Jupiter en Vierge vous fait voir les choses parfois plus belles qu'elles ne le sont et croire aussi à des promesses qui ne seront pas tenues alors que vous connaissez très bien la vérité.

Il est toujours plus difficile d'identifier un Poissons que n'importe quel autre signe. Par ailleurs, si nous regardons le contenu marin, c'est là que nous trouvons la plus grande variété d'espèces: il en est de même sous votre signe. Malgré votre ascendant, vous n'en possédez qu'un et les planètes qui tournent autour font de vous une personne unique. C'est pourquoi Jupiter en Vierge face à votre signe peut provoquer une multitude de réactions chez vous. La première va toucher particulièrement la zone sensible de l'amour. Si vous n'êtes pas heureux depuis trop longtemps dans votre vie de couple, vous opterez pour la rupture. Ceux qui sont seuls, célibataires pourraient rencontrer l'âme sœur et décider très rapidement de vivre avec elle. Mais il y a aussi parmi vous quelques Poissons qui choisiront de rester libres. Jupiter en Vierge symbolise en réalité celui qui n'appartient à personne et Jupiter, une planète dix fois plus grosse que le Soleil, adore sa liberté. Aussi, il y aura parmi vous des Poissons qui auront de nombreux flirts mais qui ne s'engageront pas; tout cela dépend de votre thème personnel. En général, en tant que Poissons, vous êtes quelqu'un de romantique à la recherche de l'amour idéal écrit en lettres lumineuses et entourées d'or. Mais ce que vous attendez de l'amour est parfois irréaliste. D'ici le 25 septembre, Jupiter en Vierge vous ramène sur la terre où vous devez voir les choses telles qu'elles sont même si vous préférez vivre un rêve plutôt qu'une réalité.

Je n'ai jamais connu de Poissons qui n'était pas fascinant parce qu'il est difficile de le saisir au premier regard; lorsque vous plongez dans les yeux d'un Poissons, ce sont plusieurs vies qu'il porte en lui, qu'il vous fait vivre, et plusieurs rêves que vous devez regarder en vous-même car ce signe a l'art de vous faire plonger au cœur de vous et de vous faire prendre conscience de qui vous êtes. Vous êtes le douzième signe du zodiaque et en ce sens vous êtes la représentation symbolique du sauveur. Sous Jupiter en Vierge, certains d'entre vous choisiront un partenaire qui vivra d'énormes difficultés émotionnelles ou financières. Le Poissons arrivera dans sa vie pour le sauver mais, en réalité, se sauvera-t-il lui-même? Peut-être se fera-t-il prendre à l'hameçon? Attention, si vous appartenez aux naïfs, vous pourriez être victime d'un manipulateur, d'un maître chanteur qui n'a aucun scrupule et qui ne se gênera nullement pour abuser de votre bonté.

Jupiter en Vierge a également un rapport avec vos finances, votre argent, vos placements. Je vous ai déjà dit qu'il vous fallait être prudent et cet avis s'impose à tous les Poissons. Toutefois, certains d'entre vous seront fortement tentés par une association mais avant de signer une entente au bas d'un contrat, de grâce, étudiez-la de A à Z et demandez l'aide d'un professionnel afin de vous éclairer sur le sujet surtout s'il s'agit d'une nouvelle entreprise. L'aventure vous appelle, mais elle pourrait vous coûter cher si vous n'êtes pas excessivement prudent. Par contre, si vous prenez une multitude de précautions, si vous êtes aguerri dans le domaine, si vous avez déjà le sens des affaires, Jupiter en Vierge pourrait vous apporter une petite fortune ou augmenter celle que vous possédez déjà. Il y aura parmi vous quelques chanceux, cet aspect pourrait même vous faire gagner à la loterie; attention, vous découvrirez soudainement que vous avez plus d'amis que vous n'en aviez auparavant. Si l'argent fait du bien, vous permet de payer des comptes, de vous offrir du luxe, il pourrait disparaître parce que vous aurez bien du mal à dire non à ceux qui joueront devant vous les misérables.

Jupiter passera en Balance le 26 septembre dans le huitième signe du vôtre, un symbole de justice. Nous avons sur cette planète des Poissons parfaitement honnêtes, qui ont été trompés, volés, à qui on a menti, qu'on a trahis; sous cette influence, justice sera faite. Les vilains disparaîtront alors de votre vie. Mais si vous appartenez à la catégorie des Poissons malhonnêtes, qui ont triché, menti, Jupiter en Balance vous obligera à payer votre dette.

Dans l'ensemble, Jupiter est très important en ce qui vous concerne car sous votre signe, il est exalté. Cette fois, durant les neuf premiers mois de l'année, cette planète sera à l'opposé, ou en exil, de votre signe; mais cet exil est aussi important que si Jupiter se retrouvait dans votre signe, en ce sens qu'il vous faut faire preuve de prudence pour préserver vos acquis ou en acquérir davantage. Il vous faudra écouter ces amis en qui vous avez grandement confiance, ces gens qui ne vous ont jamais trompé, ni trahi, ni menti car ce sont eux qui vous révéleront, à certains moments, ce qu'il faut faire et ce qu'il ne faut pas faire sur tous les plans de votre vie. Il y aura bien sûr ceux qui ne sont pas vos vrais amis – mais que vous appelez ainsi – et qui ne vous ont rien apporté de positif. Sous Jupiter en Vierge et en Balance dans le huitième signe du vôtre, vous avez l'obligation de rester lucide en tout temps, en ce sens que vous devrez être attentif à l'instant présent, à ce qui se passe réellement autour de vous et non pas à ce que vous aimeriez qu'il soit. C'est un défi que vous êtes capable de relever.

SATURNE EN CANCER

Saturne est en Cancer dans le cinquième signe du vôtre et agit comme protecteur, puisqu'il fait un aspect de trigone (ou un excellent aspect) à votre signe. En réalité, lorsque les choses seront difficiles sous Jupiter en Vierge, vous aurez un protecteur. C'est pourquoi vous devrez y être attentif car il y aura toujours quelqu'un autour de vous pour vous empêcher de tomber lorsque vous serez sur le point de faire une chute ou de commettre une erreur.

Saturne en Cancer vous parle de vos enfants et de la sécurité qu'on trouve au sein de la famille. Soit vous vous rapprocherez encore davantage de vos enfants, soit vous reverrez un parent que vous aviez perdu de vue depuis très longtemps et qui jouera un rôle favorable dans votre vie. En fait, cet aspect annonce de belles retrouvailles. S'il y avait eu une petite guerre entre des membres de la famille, Saturne en Cancer annonce une ère de paix. Si vous vivez dans une famille reconstituée et qu'il y a eu de longues discussions et même des disputes au sujet de la garde des enfants, il y aura une entente. L'harmonie familiale reviendra enfin.

URANUS EN POISSONS

Uranus en Poissons sera à proximité de votre Soleil jusqu'en 2011. Attention, cette planète vous rend beaucoup plus nerveux, pressé d'agir, voire impatient, tout dépend de la position de la Lune. Consultez à ce sujet le tableau à la fin du livre. Mais Uranus en Poissons est heureusement modéré par Saturne en Cancer.

Cet aspect d'Uranus représente de l'inspiration, une inspiration vers la nouveauté. Si vous appartenez à ces Poissons inventeurs ou avides de découvertes de toutes sortes, des idées naîtront d'un rêve et celui-ci sera réalisable. Mais ne vous attendez pas à un succès rapide ou instantané, sauf dans les domaines musical, cinématographique et de la vidéo.

Un autre phénomène peut se produire. En effet, puisque Uranus est un symbole de survoltage électrique et que vous êtes un signe d'eau, il est possible que vous provoquiez des soulève-ments. Il est à souhaiter que les gens violents de votre signe soient en très petit nombre car lorsqu'un Poissons est en colère, celle-ci est remarquable.

Uranus symbolise les enfants des autres et si vous faites partie des Poissons qui ont à cœur de sauver les enfants qui meurent de faim à l'autre bout du monde, de les soigner, ou vous mettrez sur pied une organisation visant à amasser des fonds afin de les aider, ou vous deviendrez un missionnaire.

Je vous l'ai écrit précédemment, Uranus en Poissons vous rend assez nerveux. Si vous avez une mauvaise circulation san-guine, que vos jambes enflent plus fréquemment, il sera urgent de consulter votre médecin. Si vous êtes ce Poissons ayant ten-dance à faire de l'embonpoint, sous Uranus en Poissons et Jupiter en Vierge pendant les neuf premiers mois de l'année, méfiez-vous des régimes draconiens. Attention aux charlatans, ne vous laissez pas envoûter par des chimères qui pourraient nuire considérablement à votre santé.

NEPTUNE EN VERSEAU

Neptune en Verseau dans le douzième signe du vôtre symbolise l'épreuve. Celle-ci est symboliquement représentée par des ennemis qui se font passer pour vos amis. Donc, soyez très attentif à ces gens qui disent quelque chose mais en font une autre, à ces promesses qui ne seront pas tenues, à ces conseils qu'on vous donnera. Car si vous devenez populaire dans votre milieu, votre communauté, ces personne finiront aussi par gruger votre énergie. Neptune en Verseau symbolise que vous pourriez à certains moments être épuisé à force de visites que vous n'aviez pas souhaitées, de services qu'on vous demande et auxquels vous aurez du mal à dire non.

Neptune en Verseau est une ombre à ce que pourrait faire de bon Uranus dans votre signe et Saturne en Cancer. Mais cette ombre ne disparaîtra pas d'un seul coup, elle pourrait n'avoir que très peu d'importance si vous êtes attentif à ceux qui vous entourent. De grâce, ne soyez pas naïf, il y a des menteurs autour de vous, voyez à les identifier. Si vous n'avez jamais lu le livre *Les gens du mensonge* de Scott Peck, c'est le moment de vous y mettre.

PLUTON EN SAGITTAIRE

Pluton en Sagittaire jusqu'en 2008 dans le dixième signe du vôtre concerne vos ambitions, votre désir d'accéder à plus, à plus grand, à plus gros et, effectivement, au fil du temps, vous aurez une bataille à mener qui vous conduira au succès. Mais ce succès ne vous sera accordé que s'il vous appartient. Dans le cas contraire, vous devrez le rendre.

En réalité, ce Pluton vous permet de réaliser ce qui est réalisable et non pas ce qui ne l'est pas. C'est comme si cette planète barrait la route à toute manipulation et à tout mensonge qu'on se fait à soi-même; il vous faudra trouver vous-même la porte de sortie.

Pluton représente le cœur de la vie. Si vous faites un travail qui ne vous convient pas, si vous êtes dans une voie qui n'est pas la vôtre, Pluton s'organisera pour vous ramener à votre essence même et si vous n'avez pas encore fait un choix officiel parce que vous êtes en plein questionnement, vous aurez sans doute les véritables réponses à compter du 26 septembre. S'il était une personne, Pluton vous dirait d'être patient pendant le séjour de Jupiter en Vierge car il préfère que vous mûrissiez avant de vous mener sur le bon chemin et de découvrir votre rôle ou votre mission sur la terre.

NŒUD NORD EN TAUREAU

Sous l'influence du Nœud Nord en Taureau dans le troisième signe du vôtre jusqu'à la fin de décembre 2004, vous vivrez des instants ravissants, car il vous apporte des réponses simples à des questions complexes et ce petit brin de chance lorsque vous croyez que tout vous échappe. Si vous ressentez en vous une détresse, un ami sera là ou on vous tendra la main.

Sous cette influence, l'amour est votre sauveur. Il se manifestera dès l'instant où vous lancerez un appel; il vous suffira de le demander avec votre cœur. Aussi étrange que cela puisse paraître, vous pourriez savoir où la rencontre avec le grand amour aura lieu. Mais pour savoir ces choses, il faut être à l'écoute de soi. Si vous êtes jeune et que vous n'avez pas encore d'enfant, il y aura une discussion et vous tomberez d'accord pour fonder une famille. La position du Nœud Nord n'indique pas une grossesse non désirée; si cela se produit, c'est que vous l'aurez choisie. Comme le Nœud Sud se trouve en face du Nœud Nord en Taureau et dans le Scorpion, neuvième signe du vôtre, certains d'entre vous opteront pour l'adoption et entreprendront dès cette année des démarches à ce sujet.

Le Nœud Nord en Taureau est aussi une source d'inspiration pour ceux qui se trouvent dans le domaine artistique. Si vous êtes en affaires, celles-ci prendront de l'expansion grâce à une idée tout à fait charmante.

POISSONS ASCENDANT BÉLIER

Jupiter en Vierge jusqu'au 25 septembre se trouve dans le sixième signe de votre ascendant, ce qui symbolise le secteur professionnel et le service à autrui. Certains devront non seulement rendre service aux inconnus, aux voisins, à ceux qui se placent sur leur route et qui ont besoin d'être sauvés, mais également prendre soin de leur partenaire. En ce qui concerne l'associé, le partenaire d'affaires, de longues discussions sont à prévoir sur la réorganisation de l'entreprise. Si vous êtes un employé, vous obtiendrez une promotion ou vous ferez partie de ceux à qui l'on donne de nouvelles responsabilités mais qu'on ne paie pas davantage; vous travaillerez énormément. Votre ascendant Bélier, de nature martienne, est tel que vous avez une énergie monstre, et votre Soleil, se positionnant par rapport à votre ascendant dans le douzième signe de celui-ci, vous rend craintif de perdre votre emploi et, pour le garder, vous êtes prêt à faire beaucoup plus que vos collègues et le patron le sait. Sous Jupiter en Vierge, pendant les neuf premiers mois de l'année, il est impératif que vous fassiez très attention à votre santé. Si vous suivez un régime, n'y allez pas à l'aveuglette, demandez conseil à votre médecin de famille qui connaît votre dossier et qui sait exactement ce dont vous avez besoin.

Dès le 26 septembre, Jupiter en Balance en face de votre ascendant et dans le huitième signe du vôtre concerne les transformations dans votre relation de couple. Si certaines choses ne vous plaisent plus chez l'amoureux, vous devrez lui dire de la bonne façon, surtout si vous n'avez pas l'intention de rompre. Si vous vivez des tensions dans votre relation depuis de nombreuses années, certains se résoudront à rompre; le mois d'avril y est particulièrement propice. Il y a parmi vous des gens qui sont seuls depuis très longtemps, des célibataires et des gens qui ne croyaient plus du tout à l'amour. Voilà que Jupiter en Balance amène avec lui son cortège de surprises. L'amour peut vous surprendre là où vous vous y attendiez le moins. Cela pourrait avoir lieu plus précisément à compter de la fin de septembre, mais plus encore en novembre.

Saturne en Cancer dans le quatrième signe de votre ascendant et le cinquième signe du Poissons concerne vos enfants. Il va de soi que vos enfants sont de première importance dans votre vie, à moins que vous ne soyez l'exception de votre signe, ce qui est plutôt rare. Sous cet aspect, s'il y avait une rupture entre l'amoureux et vous, vous préserveriez la paix de vos enfants, vous seriez parfaitement honnête envers eux et trouveriez les bons mots pour leur expliquer la situation. Si vous tombez follement amoureux, il est possible que dès les premiers mois de la relation il soit question d'avoir un enfant. Si vous êtes marié depuis plusieurs années et que vous n'avez pas encore d'enfant, c'est à peine si la question se pose, vous avez déjà votre réponse.

Uranus en Poissons dans le douzième signe de votre ascendant symbolise qu'il ne faudra pas écouter tous ces gens qui semblent avoir réponse à tout. Dans votre milieu de travail, méfiez-vous donc des bavards et ne racontez pas votre vie privée, elle vous appartient. Uranus en Poissons se retrouve autour de votre Soleil, et ce, jusqu'en 2011 et durant toutes ces années il agira comme un stimulant intellectuel. Il vous donnera des idées assez originales mais, de grâce, ne les donnez pas à ceux avec qui vous travaillez, particulièrement si vous êtes un artiste car on pourrait les utiliser et vous n'en retireriez rien.

Neptune en Verseau dans le douzième signe du vôtre et le onzième signe du Bélier vient confirmer à nouveau l'aspect amical. Il y a parmi les gens que vous connaissez des personnes que vous considérez comme de grands amis mais, au fond, elles n'ont jamais été là pour vous et ne le seront jamais et vous en prenez conscience cette année. Vous aurez enfin le courage de les sortir de votre vie. Cet aspect vous avise également d'être extrêmement prudent lorsque vous prenez le volant. Si vous sillonnez les routes parce que votre travail vous y oblige, ne partez jamais lorsque vous êtes extrêmement fatigué, prenez le temps de vous reposer quelques heures auparavant. Si vous n'aviez qu'un simple accrochage, vous deviendriez nerveux. Dans certains thèmes, il y a la possibilité d'avoir un accident, ce qui vous rendrait encore plus nerveux et... très longtemps.

Pluton en Sagittaire n'enlève rien à votre idéalisme. Vous aspirez à une vie magnifique, vous désirez que vos enfants soient protégés maintenant et pour toujours, vous souhaitez le bien de l'humanité, vous marchez pour la paix. Vous n'avez nullement besoin de faire de grands discours car lorsque vous donnez le bon exemple aux gens qui vous entourent, on le devient. Au cours de la prochaine année, certains feront beaucoup de bénévolat pour différents organismes, d'autres lutteront contre la pollution ou contre la répression faite envers les travailleurs les plus vulnérables. D'ailleurs, il n'est pas impossible que vous fassiez parler de vous si vous vous engagez sur une telle voie.

Le Nœud Nord en Taureau dans le deuxième signe de votre ascendant vous oblige à quelques dépenses. Certaines seront nécessaires puisqu'il s'agira de réparer votre maison, mais d'autres le seront beaucoup moins car il s'agit de décoration. Dans ce dernier cas, vous aurez des idées fantaisistes et des goûts fort dispendieux et vous pourriez vous endetter. Pensez plutôt à économiser.

POISSONS ASCENDANT TAUREAU

L'amour est au premier plan de votre vie et, surtout, durant les neuf premiers mois de 2004. Si vous êtes célibataire, libre comme l'air, il y aura un joli cœur pour voir le vôtre. Si vous êtes déjà amoureux, il sera question de vie commune. Mais il y a toujours certains thèmes particuliers qui dénotent non pas l'amour mais plutôt la guerre entre les partenaires. Si la guerre a lieu dans votre couple, elle se terminera bien avant la fin de septembre 2004. Advenant une séparation, vous ne resteriez pas seul très longtemps puisque, pour la majorité d'entre vous, l'amour mène votre vie entre 1er janvier et le 25 septembre. En fait, c'est comme si toutes vos énergies allaient dans cette direction et revenaient vers vous.

À compter du 26 septembre, Jupiter est en Balance dans le huitième signe du vôtre et le sixième signe de votre ascendant. Après l'amour vient l'énergie du travail; en fait, il s'agira d'ajouter encore plus d'efforts dans le secteur professionnel. Les changements viendront d'eux-mêmes; tout ce qu'il vous restera à faire, ce sera d'emboîter le pas et d'aller selon vos aspirations. Si vous êtes frais émoulu de l'université, vous trouverez l'emploi dont vous rêvez depuis le début de vos études. Si vous faites partie de ceux qui n'avaient pu terminer leurs études à cause de circonstances incontrôlables, vous déciderez de reprendre le collier. Si vous vous demandez ce que vous faites dans la vie, comptez sur Jupiter en Balance pour vous inspirer et vous souffler la réponse qui vous permettra de mettre en pratique vos talents.

Saturne en Cancer dans le troisième signe de votre ascendant vous avise de ne pas parler de votre vie privée, surtout à certaines personnes jalouses qui se plairaient à la transformer de manière que vous ne paraissiez pas très bien. Cet aspect a un autre symbole: les enfants. Si vous désirez adopter un enfant afin de le sauver de la misère, vous entreprendrez les démarches dès le début de l'année, avec succès. Il s'agit aussi de l'éducation des vôtres, surtout vos grands qui ont besoin de vos suggestions ou de vos encouragements. Vous travaillez beaucoup, vous êtes très occupé et préoccupé par vos problèmes personnels, mais vos jeunes ont besoin de causer avec vous, de votre présence. Voyez-y.

Uranus en Poissons dans le onzième signe de votre ascendant symbolise que vous développerez de nouvelles amitiés au cours de l'année au travail et, souvent, par la voie du hasard. Ces personnes pourraient jouer un rôle très important dans votre vie professionnelle, ou l'une d'elles pourrait vous présenter le grand amour si vous êtes un célibataire.

Neptune en Verseau dans le dixième signe du vôtre et le douzième signe du Poissons signifie que quelques-uns d'entre vous se battent très fort pour atteindre le sommet sur le plan professionnel. Vous avez besoin de vacances, de repos mais vous tenez à être reconnu pour ce que vous faites. Vous mettez les bouchées doubles, mais attention à l'épuisement. Une suggestion: faites des pauses plus fréquemment que vous n'en avez faites en 2003.

Pluton en Sagittaire dans le huitième signe du vôtre vous indique qu'un décès pourrait survenir, particulièrement au mois de novembre. Même si vous y étiez préparé, ce départ sera tout de même difficile.

Le Nœud Nord en Taureau sur votre ascendant est extraordinairement favorable puisqu'il vous donne la parole partout où vous passez. Il augmente aussi votre magnétisme, il devient impossible de passer inaperçu où que vous alliez et quoi que vous fassiez. Si vous faites partie des artistes de ce monde, vous vous distinguerez, vous serez extrêmement créateur et il est possible que vous receviez une reconnaissance publique. Sous cette influence, vous serez tenté de déménager. Est-ce vraiment nécessaire? Posez-vous la question. Avez-vous l'énergie qu'il faut pour faire vos boîtes et remuer tous ces meubles? Avez-vous l'argent nécessaire? À moins que ce ne soit absolument nécessaire, retenez-vous, contentez-vous de changer la couleur des murs, la décoration, vous aurez l'impression de vivre ailleurs.

POISSONS ASCENDANT GÉMEAUX

Vous êtes né de Neptune et de Mercure: à vous la parole. En général, vous ne mâchez pas vos mots, dès que vous avez quelque chose à dire à quelqu'un, que ce soit plaisant ou déplaisant, vous n'hésitez pas, les mots viennent d'eux-mêmes, tout simplement. Vous avez soif de vérité, de justice mais il arrive de temps à autre que, sous la pression, vous disiez des mots qui dépassent votre pensée. Vous serez sous l'influence de Jupiter en Vierge jusqu'au 25 septembre, alors faites attention à ces mots qui dépassent la pensée surtout quand vous vous adressez à un membre de votre famille. Mais il y a aussi l'amoureux, celui avec qui vous partagez votre vie, avec qui il pourrait y avoir de longues discussions. Peut-être désirez-vous déménager, tout dépend du thème de chacun. Si c'est le cas, le partenaire s'opposera, mais vous serez extrêmement convaincant et sans doute gagnerez-vous cette bataille concernant l'achat d'une nouvelle propriété. Vous serez nombreux sous votre signe et ascendant à quitter les grandes villes pour mieux vous rapprocher de la nature.

À compter du 26 septembre, vous serez sous l'influence de Jupiter en Balance dans le cinquième signe de votre ascendant; cela concerne plus particulièrement vos grands enfants. Vous aurez du mal à ne pas vous inquiéter au sujet des décisions qu'ils prennent pour leur avenir ou pour leurs propres enfants. Par ailleurs, si vous êtes un jeune couple, dites-vous que la venue d'un enfant changera toute votre vie dès qu'il prendra son premier souffle; elle sera additionnée d'un autre bonheur, très dépendant du vôtre. Vous découvrirez alors à quel point la vie est extraordinaire.

Saturne en Cancer dans le deuxième signe de votre ascendant vous est très favorable pour les affaires, surtout si vous vous associez à un parent en qui vous avez confiance. Si vous avez travaillé pendant longtemps pour une grande entreprise, vous avez accumulé beaucoup d'expérience, vous avez retiré de nombreuses leçons, vous êtes maintenant prêt à vous lancer dans cette nouvelle aventure. Bonne chance!

Uranus en Poissons dans le dixième signe de votre ascendant représente l'ascension vers le succès. Si vous avez un commerce, il est fort probable que vous en achetiez un autre. Naturellement, cette position, qui se tiendra en face de Jupiter en Vierge jusqu'au 25 septembre, vous avise d'être constamment prudent lors de vos dépenses; alors, magasinez. Uranus en Poissons, c'est aussi votre intuition et votre sens de l'analyse. Regardez bien qui veut vous vendre quelque chose; la vérité vous apparaîtra très rapidement à son sujet.

Neptune est en Verseau dans le douzième signe du Poissons et le neuvième signe du Gémeaux. Si vous faites commerce avec l'étranger, les affaires iront bon train. Ce ne sont pas les conflits qui se déroulent ici et là qui vous arrêteront. Par ailleurs, on aura besoin de ce que vous avez à offrir ou vous aurez besoin de ce qu'on a à vous vendre pour desservir la population. Il y en a parmi vous qui développeront une nouvelle philosophie de vie; c'est un aspect qui dit sagesse et justice. Non seulement défendront-ils leurs biens, leur territoire, leurs affaires, leur morale, leurs droits mais également ceux d'autrui.

Pluton en Sagittaire dans le septième signe de votre ascendant et le dixième du vôtre vous avise très sérieusement de prendre soin de l'amoureux si vous tenez à votre union parce que vous n'êtes pas présent à l'autre, trop occupé par votre carrière. Donc, en faisant attention, en vous accordant du temps, vous pourrez échapper au pire.

Le Nœud Nord en Taureau dans le douzième signe de votre ascendant et le troisième signe du Poissons signifie les doutes. Ceux-ci seront somme toute bénéfiques, puisqu'ils vous obligeront à réfléchir plus longuement à ce qui se passe, à ce qui devrait se passer, ce à quoi vous pouvez échapper. Cet aspect vous donne un sixième sens, des perceptions et des sensations auxquelles votre corps lui-même ne peut échapper. Il suffit de vous arrêter et de l'écouter de temps à autre, car il vous met en garde et vous protège. Tel est le rôle du Nœud Nord en Taureau en 2004.

POISSONS ASCENDANT CANCER

Vous êtes un double signe d'eau, que d'émotivité, de beauté et de bonté d'âme vous possédez! Lorsque vous êtes sur la défensive, c'est parce que quelqu'un est malhonnête avec vous et, encore là, vous utilisez la diplomatie lorsqu'il s'agit de régler un problème. Vous êtes patient; au fond, vous n'explosez que lorsque la situation devient périlleuse non seulement pour vous mais aussi pour ceux que vous aimez. Votre Soleil est positionné dans le neuvième signe de cet ascendant et ce neuvième signe est jupitérien et symbolise la grande justice. Si vous vous retrouvez en terrain de lutte, vous êtes le diplomate idéal et vous trouverez la solution afin de régler le problème, surtout durant les neuf premiers mois de l'année lors du passage de Jupiter en Vierge et face à Uranus en Poissons jusqu'au 25 septembre. Sous Jupiter en Vierge, d'énormes changements se produiront dans votre milieu familial, et plus particulièrement chez votre partenaire amoureux. Si vous vivez dans une famille reconstituée, il s'agira peut-être de rapatrier les enfants de l'un ou de l'autre afin de former une grande famille; il y aura un débat à ce sujet que vous gagnerez, puisque vous avez les bons arguments.

À compter du 26 septembre, vous serez sous l'influence de Jupiter en Balance qui renforce les aspects justice et famille. Si vous êtes célibataire, sans enfant, si vous n'avez pas d'amoureux, vous pourriez rencontrer soudainement, au début de 2004, la personne qui vous invitera à une vie à deux, à un beau partage. Puis, très rapidement, si vous n'avez pas d'enfants, il sera question de fonder une famille.

Saturne en Cancer renforce tout ce qui a été écrit précédemment mais il met également vos enfants et les enfants de votre partenaire, s'il y a lieu, au premier plan. Donc, de petits et grands problèmes à régler, mais tout cela se solde par un succès. Quant à votre travail, cet aspect vous met bien en évidence particulièrement si vous êtes dans le domaine créatif; vous n'aurez jamais eu autant de bonnes idées. Vous produirez à vive allure malgré vos diverses occupations, malgré votre vie sociale qui sera d'ailleurs fort occupée mais où chaque fois vous décompresserez et retrouverez ainsi de l'énergie pour mieux créer; c'est ainsi que vous vous mettrez à l'œuvre. Vous pouvez être un artiste comme une personne d'affaires, qu'importe, vous serez innovateur plus que jamais vous ne l'avez été. Certains qui travaillent pour la même entreprise depuis très longtemps pourraient obtenir une très belle promotion.

Uranus en Poissons autour de votre Soleil et dans le neuvième signe du vôtre signifie que vous serez nombreux à voyager pour représenter les intérêts de l'entreprise ou vous irez travailler dans une autre ville ou un autre pays; ou alors, vous travaillerez de chez vous. Si vous avez un talent journalistique, vous ferez votre marque, surtout en mars et à la fin de novembre où vous aurez des *scoops*. Il en est de même dans le monde de l'art; si vous êtes un artiste, vous ne passerez pas inaperçu, vous vous affirmez et cette affirmation est doublement plus forte vu que Saturne en Cancer fait un aspect de trigone entre Saturne et Uranus.

Neptune en Verseau dans le douzième signe du vôtre et le huitième de votre ascendant vient confirmer les nombreuses transformations qui se font à l'intérieur de vous. Vous retrouverez la paix et la sagesse sera à votre porte.

Pluton en Sagittaire dans le dixième signe du vôtre et le sixième de votre ascendant confirme que, sur le plan professionnel, vous travaillez énormément et il y aura une grande possibilité d'obtenir une promotion; ou encore, si vous cherchez de l'emploi convenant à vos compétences, vous aurez le salaire qui vous est dû. On ne lésinera pas à bien vous rémunérer parce qu'on sait qu'on obtiendra le meilleur de vous.

Le Nœud Nord en Taureau dans le troisième signe de votre ascendant et le onzième du Poissons signifie que vous vous ferez de nombreux nouveaux amis. En fait, il y aura des gens puissants qui se placeront souvent par hasard sur votre route et avec lesquels vous discuterez. Il s'établira avec eux des liens commerciaux très importants. Il y a dans ce ciel de très faibles aspects d'escroquerie ou de malhonnêteté de la part d'autrui. Par ailleurs, vous avez, en tant que double signe d'eau, une intuition extraordinaire qui vous sert en tout temps. Si un menteur se trouve devant vous, vous ne prendrez pas vos gants blancs pour le chasser.

POISSONS ASCENDANT LION

La légende du Poissons ascendant Lion dit que vous êtes les plus chanceux et ceux qui se défendent le mieux quand ils sont attaqués; ils savent aussi faire valoir leurs droits. Vous êtes régi par Neptune, le maître des eaux, et par le Soleil, la force qui donne la vie. S'il n'y avait pas d'eau sur la planète, nous serions tous desséchés et s'il n'y avait pas de soleil, il n'y aurait aucune vie: vous avez de grands atouts.

Vous êtes sous l'influence de Jupiter en Vierge jusqu'au 25 septembre. Il sera particulièrement question des finances de votre partenaire. Vous découvrirez qu'il faut prendre soin de l'argent de l'autre pour prendre soin du nôtre, surtout quand on vit en couple et qu'on a des enfants. Il sera question de placements dans une entreprise pour laquelle vous travaillez ou pour laquelle votre partenaire travaille. Il y aura, durant les neuf premiers mois de l'année, une longue étude à ce sujet. Si vous êtes à votre compte, il n'y a pas de doute là-dessus, l'amoureux vous aidera à régler vos papiers d'affaires. En tant que Poissons ascendant Lion, vous vous occupez presque toujours mieux des affaires des autres que des vôtres. En fait, le Poissons et le Lion sont des êtres généreux et quand ils sont associés l'un à l'autre, vous mettez l'argent en commun, vous prenez la part de chacun et vous étudiez comment chacune des personnes impliquées pourrait faire plus d'argent. Par ailleurs, au cours de 2004, vous aiderez une personne qui a une petite fortune et celle-ci voudra vous aider dans l'un de vos projets que vous mettez sur pied. Vous ne refuserez pas mais lorsque viendra le temps de discuter des conditions de ce prêt, elles seront justes pour cette personne aussi généreuse envers vous.

À compter du 26 septembre, vous êtes sous l'influence de Jupiter en Balance; cela concerne votre emploi. Il s'agira d'occuper un autre poste ou de cumuler deux postes. Attention, il est possible qu'on vous offre une promotion accompagnée de nombreux déplacements. Avez-vous vraiment envie de sillonner les routes ou d'aller par les airs représenter les intérêts de l'entreprise? Alors, la négociation aura lieu aux mois d'octobre et de novembre. Vous la verrez venir dès le milieu de 2004 et vous aurez eu le temps de vous y préparer et ainsi de trouver les mots justes parce que vous savez très bien ce que vous voulez. Si vous êtes libre comme l'air, vous n'hésiterez pas à voyager mais si vous avez des enfants et que vous tenez à eux, vous proposerez vous-même une autre solution à votre patron. Vous le ferez tant et si bien qu'il n'en sera pas offusqué, bien au contraire, il admirera votre tactique.

Saturne en Cancer se trouve dans le douzième signe du vôtre et le cinquième signe du Poissons. Si vous acceptez une promotion qui vous conduit à l'extérieur très souvent, vous manquerez considérablement à vos enfants et vous ressentirez une sorte de culpabilité difficile à supporter et qui pourrait, en certaines périodes de l'année, vous mener à des malaises physiques. Donc, si vous ne voulez pas voyager pour l'entreprise, usez de votre sens de la stratégie, proposez autre chose, elle sera acceptée. Si vous êtes dans le domaine artistique, si vous faites de la création, peut-être êtes-vous dans votre milieu. Si tel était le cas, vous continuerez sur votre lancée.

Uranus en Poissons dans le huitième signe du Lion suggère, jusqu'en 2011, d'acheter au moins un billet de loterie par semaine sous les jours de la Lune en Lion, en Poissons, en Scorpion et en Cancer. Si vous avez votre carte du ciel personnelle, il est possible d'être un petit peu plus précis à ce sujet. Cette chance s'étend également à tous les secteurs de votre vie; par un hasard magnifique, une situation vous permettra d'échapper au pire. N'est-ce pas extraordinaire que de savoir qu'aucun mal ne peut vous être fait! Vos ennemis n'auront aucune emprise sur vous et vous aurez l'occasion de les voir disparaître de votre vie, l'un après l'autre, sans que vous ayez à intervenir.

Neptune, planète qui vous régit, est dans le septième signe de votre ascendant. Vous faites de grands rêves pour le partenaire dont vous êtes amoureux et, en même temps, vous vous inquiétez beaucoup pour lui; vous le protégez comme s'il était votre enfant. Est-ce bien raisonnable d'agir ainsi? Attention, il est possible que l'amoureux vous trouve envahissant. Dès que vous ressentirez qu'il se sent oppressé parce que vous êtes constamment présent à lui, laissez-le prendre des décisions par lui-même. Après tout, il est lui aussi un adulte.

Pluton en Sagittaire dans le cinquième signe du vôtre confirme votre sens artistique qui vous conduit à un nouveau sommet en 2004. Les marches seront très faciles à monter cette année, plus faciles que vous ne l'imaginez, et plus rapidement encore à compter du 26 septembre quand Jupiter sera en Balance.

Le Nœud Nord en Taureau dans le troisième signe du vôtre et dans le dixième signe du Lion confirme votre ascension professionnelle. Lorsque vous discutez, lorsque vous faites des propositions, c'est toujours avec le sourire: on ne peut rien vous refuser. Cet aspect concerne également vos enfants et leurs choix professionnels. Ne leur dites pas quoi faire. Il est bien certain que vous serez tenté à certains moments de faire des suggestions, mais vous aurez la sagesse de vous taire, de les écouter. Vous êtes d'une grande sagesse cette année et vous l'enseignez à tous les gens qui sont autour de vous, en commençant par vos enfants.

POISSONS ASCENDANT VIERGE

Vous êtes né de Neptune, ce grand idéaliste, et de la Vierge, qui a les deux pieds sur terre. Vous avez beaucoup de grands projets. Vous êtes sous l'influence de Jupiter en Vierge jusqu'au 25 septembre, et ce, sur votre ascendant. Il vous permet de vous mettre bien en évidence. Si vous avez eu des maux physiques, ils disparaissent les uns après les autres grâce à un bon médecin ou à un naturopathe compétent. Il sera sérieusement question d'amour. Alors, si vous êtes seul depuis longtemps, célibataire, ce qui est fréquent sous votre signe et ascendant, c'est que vous êtes naïf. Au fond, vous aimez mais il vous arrive trop souvent d'aimer quelqu'un qu'il faut sauver et, avec le temps, vous réalisez qu'en amour vous n'avez pas à jouer ce rôle. Ne désespérez pas, d'ici le 25 septembre, vous rencontrerez un très bel amour.

À compter du 26 septembre, Jupiter entre en Balance et, cette fois, c'est comme s'il devenait encore plus urgent de gagner plus d'argent. Il faut dire que sous Jupiter en Vierge, vous aurez sans doute beaucoup travaillé à un projet ou pour une entreprise, vous aurez mis les bouchées doubles et voilà que cela rapporte. Cet aspect va également transformer vos valeurs familiales, matérielles et morales. Quant à l'aspect financier, il est question d'héritage ou tout simplement d'argent qui vous revient.

Saturne en Cancer dans le onzième signe de la Vierge et le cinquième du Poissons concerne vos amis qui vous donneront de sérieux conseils et qui vous protégeront. Écoutez-les, ils pourraient trouver la solution idéale à votre problème. Cette position n'est pas mauvaise concernant les jeux de hasard car elle fait un magnifique aspect à Uranus en Poissons autour de votre Soleil et dans le septième signe de votre ascendant. Il est à souhaiter que vous achetiez vos billets de loterie avec votre partenaire amoureux et, à l'occasion, car il est dit que vous ne gagnerez pas seul.

Sous l'influence de Neptune en Verseau dans le sixième signe de votre ascendant, si vous travaillez dans le domaine de l'informatique, sans doute voudrez-vous un ordinateur plus performant. Mais attention, vous pourriez vous faire rouler par un vendeur sans scrupule. Alors, soyez très sélectif lors de cet achat et faites-vous conseiller par des pros. Puisque Neptune en Verseau est aussi dans le douzième signe du vôtre, c'est comme si on pouvait abuser de votre naïveté ou de votre manque de connaissances. Si vous êtes dans la programmation informatique, vous travaillerez énormément au cours de la prochaine année, au point où il vous faudra faire examiner votre vue. Voyez-y rapidement. Il vous est conseillé aussi dans la prochaine année, dès que vous en avez les moyens, de vous faire donner de petits massages afin de relaxer votre corps et votre colonne vertébrale à cause du stress accumulé.

Pluton en Sagittaire dans le dixième signe du Poissons et le quatrième signe de la Vierge concerne votre famille. Attention, il y a des gens dans votre entourage qui vous disent quoi faire au sujet de vos enfants, ne les écoutez pas. Après tout, vous êtes le parent. Il est vrai que vous avez aussi beaucoup de travail et que vos absences sont critiquées par vos grands enfants; ils ont encore besoin de vous tout comme ils ont besoin de se détacher de vous. Il faudra donc faire la part des choses. Pour d'autres, il sera question d'un déménagement. Si jamais vous en aviez l'idée, que vous mettiez votre propriété à vendre, vous auriez votre prix. Si vous achetez une nouvelle maison, vous trouverez à bon prix.

Le Nœud Nord en Taureau dans le troisième signe du Poissons et le neuvième signe de la Vierge concerne la possibilité d'une adoption si vous ne pouvez avoir d'enfant. Ou encore, si votre enfant étudie, il vous fera part de son désir de poursuivre ses cours à l'étranger. Attention, certains d'entre vous, qui sont de très grands croyants, pourraient être happés par une secte. Mais est-il vraiment nécessaire de changer de croyance? Il faudra vous poser la question car vous pourriez vous retrouver dans de sérieuses difficultés financières. Si on vous demande beaucoup d'argent pour la rémission de vos péchés, de grâce, soyez lucide et demandez-vous si Dieu recueille de l'argent.

POISSONS ASCENDANT BALANCE

Vous êtes né de Neptune et de Vénus, difficile d'être mauvais avec un tel signe. Difficile aussi de ne pas être serviable, c'est comme s'il vous était impossible de dire non à ces personnes venant vers vous pour vous demander un service. Et pourtant, dire oui à chacun c'est courir vers l'épuisement. Il faudra faire le point cette année, plus particulièrement sous Jupiter en Vierge qui se trouve dans le douzième signe de votre ascendant. Cette position symbolise qu'il faut faire attention à votre santé. Si vous

êtes en forme, peut-être votre partenaire éprouvera-t-il des difficultés sur le plan de sa santé. Mais les problèmes peuvent être
purement émotionnels, en ce sens que vous entrerez dans une
période de doute. Durant les neuf premiers mois de l'année, ne
prenez aucune décision hâtive concernant votre vie de couple,
surtout si vous ne savez plus où vous en êtes. L'idéal serait
d'aller consulter un thérapeute, un psychologue et de lui parler
de ce que vous ressentez car sous votre signe et ascendant,
vous avez énormément de difficulté à parler de vos véritables
émotions. Vous pourriez sauver votre couple et, en même
temps, préserver la famille et vos enfants d'une séparation. Vous
êtes peut-être tout simplement las de la routine.

À compter du 26 septembre, Jupiter entre en Balance sur
votre ascendant. Si vous avez pris les moyens pour réparer une
relation à l'intérieur de laquelle vous ne vous sentiez plus bien,
cet aspect vous permet alors de reprendre le fil de la vie plus
agréablement qu'auparavant. Si vous êtes célibataire, Jupiter
en Balance fait les présentations. Vous rencontrerez l'âme sœur;
cette personne sera différente de vous, bien sûr, mais vous aurez
aussi énormément d'affinités avec elle. Vous le saurez au premier coup d'œil.

Saturne est en Cancer dans le cinquième signe du Poissons
et le dixième signe de la Balance. Il s'agit là de travail, d'ascension, de pouvoir aussi. Si vous occupez un poste de direction ou
si vous êtes un employé, on vous offrira une promotion. Mais si
vous êtes patron, vous aurez à procéder à de nombreuses transformations à l'intérieur de la compagnie et il faudra sans doute
congédier certains employés, ce que vous ne ferez pas de gaieté
de cœur.

Uranus en Poissons se trouve autour de votre Soleil ou sur
celui-ci et dans le septième signe de votre ascendant, ce qui
revient encore à l'aspect travail. En fait, jamais vous ne manquerez de travail en 2004, bien au contraire, vous prendrez sans
doute les bouchées doubles au point où vous deviendrez peut-
être nerveux, fatigué et parfois irritable. Alors, ces jour-là,
pensez à décompresser. Certains parmi vous créeront une
entreprise; ils se sentent forts, d'attaque, ils ont de l'expérience.
De grâce, si vous n'avez aucune expérience dans le monde des
affaires, demandez à un notaire de vous orienter afin de vous
protéger et de protéger les intérêts de ceux qui seront avec vous.

Si vous travaillez manuellement, dans ou autour de la maison, faites attention à vos pieds.

Neptune en Verseau dans le douzième signe du vôtre et le cinquième signe de votre ascendant symbolise le monde de la création qui peut être musicale ou théâtrale. Vous obtiendrez un très beau succès au cours des mois qui viendront, et plus particulièrement au mois d'août.

Pluton en Sagittaire dans le dixième signe du Poissons et le troisième signe de la Balance ne vous laisse pas un seul moment de répit; votre esprit est constamment occupé. Sans doute ferez-vous de l'insomnie au cours de 2004 parce que vous n'arrivez pas à décompresser, à décontracter votre système nerveux. Dès que vous vous rendrez compte que ça ne va plus, que vous ne mangez plus ou que vous mangez moins, que vous vous fâchez après tout le monde, que vous répondez trop brusquement aux uns et aux autres, il sera temps pour vous de prendre du recul.

Le Nœud Nord en Taureau est dans le troisième signe du vôtre et le huitième signe de la Balance. Certains d'entre vous recevront un héritage au cours de la prochaine année, ce qui signifie qu'il y aura décès d'un parent; ou alors, il peut signifier que vous serez au chevet d'un membre de votre famille très malade. Mais cet aspect n'est pas formel, ce peut être tout simplement une transformation psychique de votre part vers un mieux-être, car le huitième signe a plusieurs symboles.

POISSONS ASCENDANT SCORPION

Vous êtes un double signe d'eau, vous êtes né de Neptune, de Mars et de Pluton, quel mélange étrange! Vous êtes à la fois la douceur et le combat. Vous êtes très complet, très compatissant, car votre Soleil se trouve dans le cinquième signe de votre ascendant qui symbolise le respect de la vie et le don de soi. Vous n'êtes pas n'importe qui et, bien que vous soyez humble, on entend rarement parler de vos œuvres, de ce que vous faites pour les autres. Cette année, sous l'influence de Jupiter en Vierge jusqu'au 25 septembre dans le onzième signe du vôtre, vous ne passerez pas inaperçu; si vous avez des accomplissements derrière vous, si vous avez réalisé des œuvres, si vous avez aidé des gens, vous aurez une reconnaissance publique. Si vous appartenez au domaine des communications, vous reprendrez votre place que vous aviez peut-être perdue ces dernières années. C'est comme si on reconnaissait non seulement l'expérience que vous avez mais aussi l'excellence que vous possédez dans votre domaine. Ceux qui n'ont jamais donné de leur temps à autrui, qui n'ont pas aidé, décideront de faire du bénévolat. Ils iront vers ceux qui ont besoin d'aide, et plus particulièrement vers les enfants des autres. Par ailleurs, peut-être avez-vous un conjoint avec lequel vous ne pouvez avoir d'enfant; il sera sérieusement question d'adoption au cours du mois de février et la décision sera prise officiellement en octobre. Mais il y a aussi des Poissons ascendant Scorpion qui s'occupent des adolescents qui traversent des périodes troubles, des périodes de crise. Certains d'entre vous iront même travailler dans les centres de réhabilitation pour ces jeunes qui ont commis un petit délit et vous les aiderez à sortir souvent d'une enfance malheureuse qui les a guidés vers la criminalité. Tout l'honneur vous revient.

À compter du 26 septembre, Jupiter est en Balance. L'œuvre commencée sous Jupiter en Vierge se poursuivra allègrement pendant les douze prochains mois. Vous ressentirez l'urgence de sauver l'humanité au point où vous négligerez votre propre vie, vos propres intérêts et, attention, votre santé. Certains d'entre vous voyageront, iront à l'autre bout du monde parce que la paix les intéresse ainsi que la reconstruction des pays ayant vécu la guerre. Certains parmi vous ayant des amis ou des parents en mauvaise santé pourraient devoir les assister ou, du moins, être présents plus souvent auprès d'eux afin de les aider à tenir le coup. Vous serez d'un soutien extraordinaire, certains d'entre vous redonneront la vie à ceux qu'on pensait moribonds. Il y a sous votre signe et ascendant un côté magique, un côté qui croit tellement en la vie.

Saturne en Cancer dans le neuvième signe de votre ascendant confirme l'aspect des voyages spécifiques, en ce sens que vous irez sauver l'humanité à l'autre bout du monde. Mais peut-être avez-vous des enfants et qu'un des vôtres ira vivre à l'étranger. Même si vous n'êtes pas d'accord avec sa décision, n'a-t-il pas hérité de votre désir d'aider, de soigner? Saturne dans le cinquième signe du vôtre souligne l'aspect créatif; en fait, il n'y a pas de problème, vous avez toujours une solution. Vous êtes la personne-ressource dans presque toutes les circonstances de la vie en 2004.

Uranus en Poissons dans le cinquième signe du Scorpion se trouve autour de votre Soleil; il vient augmenter la force de la vie, le désir de faire la lumière là où il y a obscurité dans tous les secteurs de votre vie. Il n'y a pas chez vous de mouvement d'agressivité et lorsque vous vous fâchez, c'est avec raison. D'ailleurs, vous aurez assez d'humour pour finir par en rire et, ainsi, on absorbera votre leçon aisément et on la retiendra.

Neptune en Verseau dans le douzième signe du Poissons et le quatrième signe du Scorpion signifie qu'il y a des petits problèmes à la maison ou plutôt dans votre maison. Il faudra surveiller le sous-sol, des problèmes de tuyauterie ou d'électricité pouvant survenir. Faites réparer le tout le plus rapidement possible. Par ailleurs, peut-être un de vos enfants traverse-t-il une période difficile à cause de ses études; vous devrez alors être présent à lui, à ses besoins et, plus particulièrement, à ses besoins émotionnels.

Pluton en Sagittaire vous avise que vous ne manquerez pas d'argent au cours de la prochaine année, le travail est là. Certains d'entre vous obtiendront un poste beaucoup plus important ou si vous travaillez à un projet depuis longtemps, celui-ci se concrétisera, rapportera beaucoup et vous donnera de grandes satisfactions sur le plan personnel. Soyez patient.

Le Nœud Nord en Taureau dans le septième signe de votre ascendant vous avise de faire bien attention à vos conversations avec votre partenaire. Si vous tenez à l'amour, il faut le préserver en parlant de vos émotions et en écoutant ce que l'autre ressent. Vous serez tellement pris par votre vie sociale, par des petits problèmes familiaux, par vos bonnes œuvres, que vous oublierez votre partenaire.

POISSONS ASCENDANT SAGITTAIRE

Vous êtes né de Neptune et de Jupiter, mais vous n'êtes pas n'importe qui et vous détestez passer inaperçu. De toute manière, il est quasi impossible que vous fassiez un métier ordinaire, que vous vous contentiez de la routine. Pour vous, la vie c'est un feu roulant et s'il n'y a pas d'artifices, vous entrez dans une profonde dépression. Généralement, vous provoquez la fête. S'il n'y en a pas, vous l'inventez, vous invitez toutes sortes de gens à venir vous voir. Mais il vous arrive d'être en guerre contre l'injustice sociale. Votre signe et votre ascendant vous placent parfois dans des situations conflictuelles; c'est comme si on ne vous donnait pas ce qui vous appartenait. Il vous faudra être patient.

Sous l'influence de Jupiter en Vierge dans le dixième signe de votre ascendant jusqu'au 25 septembre, vous devrez faire valoir vos talents, vos droits et, en même temps, surveiller vos intérêts. Certaines personnes pourraient être malhonnêtes envers vous, et plus particulièrement si vous œuvrez dans le domaine de la création. Préservez donc ce qui vous appartient. Certains d'entre vous ont des emplois dans la fonction publique ou travaillent pour une multinationale; au cours de la prochaine année, vous serez souvent bousculé, troublé par les changements annoncés. Mais ne désespérez pas, vous serez le grand gagnant parce qu'il est fort possible que vous obteniez une promotion.

Jupiter en Balance à compter du 26 septembre vous est extraordinairement favorable puisqu'il confirme l'aspect travail. Que vous travailliez dans le domaine de l'informatique, que vous ayez un emploi routinier, que vous soyez un manuel, un intellectuel, vous aurez de l'emploi et vous pourrez gagner allègrement votre vie et mieux que beaucoup de gens autour de vous. Et comme vous avez le cœur sur la main et que vous ne pouvez souffrir la misère, vous porterez secours à ceux qui sont dans le besoin.

Saturne en Cancer dans le huitième signe de votre ascendant et le cinquième signe du vôtre confirme votre créativité ainsi qu'une grande transformation dans ce domaine. Mais il souligne également votre relation avec vos enfants. Si ceux-ci ont grandi, il faudra les laisser aller, cesser de leur dire quoi faire, de les protéger. Par ailleurs, il est possible qu'un de vos parents soit très malade et que vous deviez l'aider plus régulièrement durant le mois de juin. Il n'y a pas ici d'aspect de décès, et la maladie est beaucoup plus émotionnelle que physique.

Uranus en Poissons dans votre signe et le quatrième signe de votre ascendant vient confirmer l'aspect familial. Si vos enfants sont petits, ils auront besoin d'être protégés, de votre attention; au cours de l'été prochain, ne les laissez pas près d'un cours d'eau sans surveillance. On ne sait jamais, un drame pourrait se produire. Il est aussi possible que dès le début de l'année vous songiez à déménager, mais il faudra consulter les membres de votre famille avant d'en décider ainsi. Il est possible aussi qu'on s'y oppose, vous insisterez. Ferez-vous vraiment plaisir à tout le monde? Est-il nécessaire que vous déménagiez? Posez-vous donc la question. Vous avez certes besoin de changement, mais ce besoin vient de votre refus de vous enliser dans la routine. Mettez à profit votre imagination, vous en avez une quantité énorme.

Neptune en Verseau dans le troisième signe de votre ascendant concerne particulièrement la personne intellectuelle et celle qui travaille dans la vente ou les communications; elle pourra faire plus d'argent qu'à l'accoutumée. Il est possible qu'un surplus de travail vous fatigue; essayez d'être raisonnable sur ce plan.

Pluton en Sagittaire sur votre ascendant vous fait fâcher non pas contre les autres mais contre vous-même, contre votre lenteur à réagir et votre peur de foncer, d'aller de l'avant. Pourtant, cet aspect se trouve dans le dixième signe du vôtre et vous dit que lorsque vous foncez, vous réussissez. Il faut simplement parfois refaire deux fois les mêmes démarches. Au bout de la seconde, vous gagnez une médaille. Si vous avez une idée en tête, un projet auquel vous tenez, n'hésitez pas à demander deux et même trois fois s'il le faut: vous êtes convaincu et vous réussirez à persuader les gens de ce qui vous tient à cœur.

Le Nœud Nord en Taureau dans le sixième signe de votre ascendant confirme l'aspect travail en lien avec la créativité ou le public. Certains d'entre vous auront même deux emplois, car vous aurez besoin d'un petit peu plus d'argent au cours de la prochaine année pour payer certaines dettes que vous aurez contractées en 2003.

POISSONS ASCENDANT CAPRICORNE

Vous êtes sans doute sur le zodiaque le Poissons le plus sévère, le plus discipliné, le plus organisé. Avec votre ascendant Capricorne, vous avez un don particulier pour trouver des gens qui organiseront ce que vous avez pensé, réfléchi. Vous êtes fort habile non pas à manipuler autrui mais à vous faire des amis qui croient en vos idées et qui, justement, les appliqueront. Vous êtes également le moins dépensier de tous les Poissons.

Sous l'influence de Jupiter en Vierge jusqu'au 25 septembre, que de départs, de voyages surtout si votre travail s'y prête déjà, ce qui est fréquent sous votre signe et ascendant. Et cela ne plaira pas toujours à votre partenaire. Certains d'entre vous mettront sur pied une nouvelle entreprise audacieuse. Vous êtes chanceux, vous arrivez au bon moment, au bon endroit, et vous rencontrez les personnes qui vous encourageront dans ce projet. Si vous êtes frais émoulu de l'université, vous obtiendrez un emploi relié à vos études et le salaire sera très acceptable. Plutôt que d'aller travailler pour quelqu'un d'autre, certains d'entre vous créeront leur propre entreprise. Ce n'est pas l'intelligence qui fait défaut sous votre signe et ascendant; vous êtes un grand commerçant; au cours de la prochaine année, vous trouverez les fonds nécessaires et les relations adéquates vous permettant de vous lancer dans cette grande aventure.

À compter du 26 septembre, Jupiter en Balance dans le dixième signe de votre ascendant vient ici confirmer ce qui aura été fait précédemment. L'intelligence est vive et vous avez du jugement. L'ascendant Capricorne pense à long terme et le Poissons, tel qu'il est positionné par rapport à votre ascendant, est un grand audacieux. Vous serez encore fréquemment absent et ce ne sera pas sans déplaire à votre partenaire, à moins que celui-ci ne soit libre et qu'il puisse vous suivre; dans ce cas, rien n'est perdu et même tout est gagné car l'amour subsiste. Dans le cas contraire, les explications seront très longues et parfois orageuses.

Saturne en Cancer dans le septième signe de votre ascendant et le cinquième signe du vôtre vient vous parler de votre relation avec votre partenaire et vos enfants. Mais cette fois-ci, il s'agit plutôt de vos grands enfants qui auront besoin d'argent pour créer une entreprise ou alors vous leur proposerez, si vous êtes propriétaire d'une compagnie, de se joindre à celle-ci. Bien sûr, les discussions seront longues avant qu'il y ait acceptation, mais le mois d'août s'avère propice à un dénouement le plus souvent bénéfique.

Uranus en Poissons dans le troisième signe de votre ascendant tourne autour du Soleil, ce qui vient confirmer votre originalité, votre audace et également l'aspect voyages et déplacements. Vous ne serez pas souvent à la maison tout simplement parce que vous avez décidé de mener vos affaires à bien. N'y allez pas seul, amenez votre partenaire; peut-être en aura-t-il même manifesté l'intention. Écoutez-le, soyez présent à l'autre car vous serez si préoccupé par vos intérêts qu'il y a risque que vous n'entendiez pas ses messages. Si vous êtes seul, il y aura quelqu'un qui essaiera d'attirer votre attention. Le verrez-vous? Passerez-vous à côté de l'amour? Attention, ça peut vous arriver.

Neptune en Verseau dans le deuxième signe de votre ascendant concerne l'argent. Certains d'entre vous feront de l'argent, mais ne le déclareront pas à l'impôt; soyez donc prudent. Si vous avez l'intention de continuer à agir ainsi, le risque d'être pris est énorme. Si vous n'avez pas fait votre déclaration de revenues comme il se doit, Neptune en Verseau dans le douzième signe du vôtre symbolise que vous êtes surveillé. Alors, quelle que soit votre situation financière, soyez en règle avec les gouvernements et toutes les entreprises avec lesquelles vous faites affaire.

Pluton en Sagittaire dans le dixième signe du vôtre concerne vos ambitions, votre désir d'accéder à plus de pouvoir. Et puisqu'il se trouve dans le douzième signe de votre ascendant, il vous dit que vous devriez rester en coulisse car le pouvoir, la reconnaissance publique ne vous servent pas très bien par les temps qui courent. Alors s'il vous est possible de continuer de faire de l'argent, d'avoir du succès tout en étant caché, cela est préférable.

Le Nœud Nord en Taureau parle encore des grands enfants puisqu'il est dans le cinquième signe du vôtre. Si vous êtes propriétaire d'un commerce, ceux-ci décideront de créer leur propre affaire. Il est possible que vous vous y opposiez, car vous craignez le risque. Il vous faudra respecter leur choix, sinon les discussions tourneront au vinaigre.

POISSONS ASCENDANT VERSEAU

Vous êtes né de Neptune et d'Uranus, deux planètes qui semblent se contredire puisque Neptune est extraordinairement pacifique alors qu'Uranus qui régit votre ascendant est prêt à monter à l'assaut dès qu'il y a une injustice. Le Poissons choisit toujours la paix, de prendre la défense du monde, par un mouvement pacifique, tandis que le Verseau choisit de faire du bruit, de déplacer des foules. Alors, sous votre signe et ascendant, on est parfois confus, on se demande ce qu'on doit faire.

Jupiter en Vierge est dans le huitième signe de votre ascendant jusqu'au 25 septembre. Il serait étonnant que vous soyez bien tranquille au cours de la prochaine année; au contraire, il vous faut manifester, dire ce que vous pensez. Donc, s'il y a injustice autour de vous, vous remuerez les choses, vous prendrez la défense de ceux qu'on accuse injustement, qu'on maltraite, de vos intérêts également car vous n'avez plus du tout l'intention de vous laisser faire. Par ailleurs, si vous travaillez dans le domaine des finances, de gros débats auront lieu. Si vous êtes un Poissons honnête, aucun problème ne surviendra; au contraire, vous ferez de l'argent et beaucoup plus que vous ne pouvez l'imaginer. Si vous avez triché avec les chiffres, les règles, les lois, vous serez pris la main dans le sac. Qui êtes-vous, honnête ou malhonnête?

À compter du 26 septembre, sous l'influence de Jupiter en Balance, si vous faites partie de ceux qui ne font jamais mal à personne, qui, en tout temps, respectent les règles et les intérêts des autres, vous remporterez le gros lot, vous serez même plus chanceux que vous ne l'étiez durant les mois précédents. Vous prendrez de l'expansion dans votre domaine de travail.

Saturne en Cancer dans le sixième signe de votre ascendant confirme l'aspect travail. Vous ne manquerez pas de travail, bien au contraire, vous serez très en demande, surtout si vous travaillez dans le domaine de la création ou des communications. Les heures seront beaucoup plus longues; vous êtes un idéaliste et vous tenez à aller jusqu'au bout de ce que vous entreprenez.

Uranus en Poissons dans le signe de votre ascendant tourne autour de votre Soleil et confirme les aspects finances et chance. Si Uranus en Poissons vous permet de gagner à la loterie, Neptune en Verseau sur votre ascendant et dans le douzième signe du vôtre fait en sorte que vous pourriez le distribuer généreusement. Mais attention, certaines personnes se diront vos amies et c'est à peine si vous les connaissez. Les mois où vous êtes le plus chanceux sont janvier, février, mai, juillet et octobre. Achetez donc des billets régulièrement.

Pluton en Sagittaire dans le dixième signe du vôtre et le onzième signe de votre ascendant renforce les aspects finances et chance, mais il touche plus particulièrement le domaine du travail informatique. Donc, si vous œuvrez dans ce domaine, vous ferez une découverte ou alors vous réaliserez un projet hors de l'ordinaire. Si vous êtes journaliste, vous aurez un succès fou. Si vous êtes dans le domaine immobilier, alors que d'autres ont du mal à vendre des propriétés, vous ferez des profits.

Le Nœud Nord en Taureau vient confirmer l'aspect immobilier. Quel que soit le style de maison que vous vendiez, vous ferez de très bons profits. Certains parmi vous décideront de déménager après un longue discussion avec le conjoint, et trouveront une propriété à bon prix car ils sont habiles à négocier.

POISSONS ASCENDANT POISSONS

Jupiter en Vierge dans le septième signe du vôtre et de votre ascendant jusqu'au 25 septembre concerne particulièrement votre relation de couple ainsi que vos relations d'affaires. Donc, si vous êtes associé, il vous faudra être extrêmement prudent en cas de rupture afin que vous obteniez ce qui vous revient. Par contre, si vous décidez de créer une entreprise avec des collaborateurs, il est primordial de voir un notaire afin que les intérêts de chacun soient respectés. Quant à l'amour, si vous vivez une union difficile depuis plusieurs années, il est possible qu'il soit question de rupture. Si vous êtes célibataire, l'amour frappe à votre porte, c'est comme un coup de foudre.

À partir du 26 septembre, sous l'influence de Jupiter en Balance, l'amour vous transforme, donne un autre sens à votre vie. Étrangement, alors que vous êtes un signe extrêmement libre, nombreux serez-vous à vous marier au cours de 2004. Il y a aussi l'aspect voyage qui, sans être à l'autre bout du monde, marquera rapidement votre vie.

Saturne en Cancer dans le cinquième signe du vôtre et de votre ascendant vient souder l'amour quand il se produit, se manifeste. Cet amour est aussi marqué par un enfant pour ceux qui en désirent. C'est aussi un aspect extraordinairement créatif en ce qui vous concerne. Il est l'inspiration d'agir pour un projet auquel vous avez songé depuis de nombreuses années et qui vous aura demandé beaucoup de courage; ne vous en faites pas, tout ira de soi.

Uranus en Poissons représente un aspect où tout arrive dans votre vie. Malheureusement, si vous êtes né avec des aspects très durs relativement à votre santé, vous devrez y porter une attention particulière, suivre un régime et, surtout, vous calmer. Donc, à trop travailler, il est vrai qu'on finit par s'épuiser; et à trop se poser des questions, on manque de sommeil la nuit. Alors, fermez les yeux le soir et essayez de ne plus penser à ce que sera demain.

Neptune en Verseau dans le douzième signe du vôtre aura tendance à semer le doute en vous, mais de grâce, ne vous laissez pas envahir par celui-ci. C'est tout simplement un moment qui paralyse votre action et vous n'en avez nullement besoin en 2004. Il y aura toujours des personnes qui envieront votre courage, votre détermination, vos projets: mettez-les donc dehors!

Pluton en Sagittaire dans le dixième signe du vôtre et de votre ascendant représente le travail où il vous est possible d'obtenir des promotions. Mais certains d'entre vous prendront une place prépondérante dans leur communauté et se mêleront de politique sur une petite échelle: famille, communauté, ville ou village. Dites-vous que vous pouvez jouer un rôle important car chaque personne que vous influencez, c'est dix autres que vous touchez; soyez conscient de ce fait.

Le Nœud Nord en Taureau dans le troisième signe du vôtre et de votre ascendant représente les voyages généralement liés au commerce ainsi que la chance au jeu. Il signifie aussi quelques difficultés sur le plan sentimental parce que vous êtes trop pris par des projets communautaires. Alors, faites bien attention à l'autre.

JANVIER 2004

En ce qui concerne le travail, vous n'en manquerez pas; au contraire, vous serez débordé. Il est même possible qu'à compter du milieu du mois vous fassiez régulièrement des heures supplémentaires. Il n'est pas non plus exclu que certains collègues soient malheureusement congédiés et que vous vous retrouviez avec plus de responsabilités; ce sera à prendre ou à laisser. Vous accepterez parce que vous tenez à faire vivre votre famille confortablement.

Bien que vous ayez promis de limiter vos dépenses pour les fêtes, ce que vous n'avez pas fait, voilà qu'il vous faut payer les comptes. Certains d'entre vous, ayant déjà un emploi, en accepteront un second le temps de pouvoir régler leurs cartes de crédit et de renflouer leur compte de banque. À compter du 15, Mercure entre en Capricorne et est extraordinairement raisonnable; il vous dit de faire des économies pour se mettre à l'abri pour le futur. Donc, si certains d'entre vous ont pris des résolutions le 1er janvier à ce sujet, ils commenceront à les tenir maintenant.

Sur le plan sentimental, si vous avez développé une amitié amoureuse, plus le mois avance, plus cette amitié devient de l'amour. Vous découvrez qu'il vous est facile de partager avec cette autre personne et, éventuellement, vous serez appelés à vivre ensemble. Si vous êtes célibataire, c'est plutôt à compter du 15 que vous êtes le plus susceptible de faire une rencontre amoureuse qui présage une différence d'âge. Il y aura bien sûr un petit recul devant la force de cet amour mais il ne sera que de courte durée car la passion vous anime déjà l'un et l'autre.

Quant à votre famille, si elle a été divisée, il y aura une tentative de rapprochement. Cela ne veut pas dire qu'il y aura une grande proximité entre les uns et les autres, mais quelques sages conversations auront lieu qui annonceront la paix.

Si vous pratiquez un sport, soyez très prudent car vous êtes sous l'influence de Mars en Bélier qui vous rend un brin imprudent. Donc, quel que soit le sport pratiqué, particulièrement si on le fait en solitaire, il y a danger que vous puissiez vous briser un membre.

☜ FÉVRIER 2004 ☞

Vous serez beaucoup plus sage ce mois-ci. À compter du 4, Mars en Taureau a l'art de calmer le Poissons mais également la majorité des signes; l'exception fait la règle. Cet aspect vous dit de prendre votre temps et, surtout, dans votre cas, de réfléchir avant d'agir. Mars ne tient pas à commettre la moindre bêtise, principalement dans le monde des affaires qui prendront de l'expansion. Par ailleurs, vous aurez du travail à profusion, que vous soyez un employé ou à votre compte. Alors que vous pensiez devoir subir une récession économique, c'est tout le contraire qui se produit, et plus particulièrement si vous faites partie de ceux qui ont le sens de l'initiative. En général, un Poissons sait très bien naviguer dans les hauts et les bas des mouvements économiques de la société. Les planètes vous sont dans l'ensemble favorables; vous oserez, vous foncerez et vous réussirez. Si vous travaillez dans un domaine mécanique, à compter du 9, soyez un peu plus prudent; surtout, ne manipulez jamais un outil qui ne fonctionne pas bien. Si vous travaillez à l'extérieur, il faut redoubler de prudence: regardez bien où vous mettez les pieds.

Après l'amour que vous avez trouvé le mois dernier, voilà que le doute vous habite. Ce doute est-il vraiment nécessaire? N'y a-t-il pas d'autres signaux vous disant que l'amour est là pour rester? Soyez attentif, le doute, c'est simplement la peur. Est-ce la peur du partage, de perdre votre chère liberté? Vivre en couple, c'est perdre sa liberté ou n'est-ce pas plutôt d'être libre à deux? Par contre, vivre là où il n'y aurait que de constantes disputes, c'est l'enfer sur terre. Si vous en êtes là, sous l'influence de Vénus en Bélier à compter du 9, malheureusement, les mots entre votre partenaire et vous seront d'une extrême dureté. Est-ce vraiment nécessaire? Pourquoi ne pas faire la paix? À bien y songer, la plus grande des sagesses appartient aux Poissons et si vous ne la connaissez pas, il est temps de s'y mettre.

Si vous avez des enfants, vous vous rapprocherez d'eux énormément. Vous participerez à leurs activités et vous prendrez conscience aussi que leur futur dépend en grande partie de vous. Vous en profiterez pour leur faire subtilement la morale, pour corriger certains de leurs comportements. Vous ne serez pas sévère, au contraire, vous ferez simplement des suggestions pour les rassurer sur ce qu'ils sont.

Uranus en Poissons vous avise, surtout à la fin du mois, de faire bien attention aux refroidissements. Protégez vos pieds pour éviter un mal de gorge, une toux, un rhume ou même une bronchite. Il vous suffit d'être attentif à ce que vous portez; habillez-vous chaudement. Également, surveillez votre alimentation; mettez du soleil dans votre assiette avec des aliments riches en vitamines.

◖◗ MARS 2004 ◗◗

De nombreuses influences sont contradictoires ce mois-ci. Jupiter est en Vierge durant la première semaine et fait face à Mercure. Il s'agit d'éviter les menteurs ou d'être très attentif pour ne pas tomber dans le piège de ces gens persuasifs qui veulent vous vendre n'importe quoi. Certains d'entre vous en profiteront pour faire faire des rénovations dans leur maison. Il vous est conseillé de magasiner avant d'accorder tout contrat. Je vous l'ai dit, dès le début du mois, un aspect de naïveté apparaît.

Vénus est en Taureau à compter du 6; si vous êtes célibataire, vous plaisez énormément. Votre charme sera bien évident et il y aura toujours quelqu'un qui s'avancera vers vous pour vous faire la conversation; il n'en tiendra qu'à vous d'y répondre.

À la fin du mois, principalement à compter du 22, Mars en Gémeaux se trouve dans le quatrième signe du vôtre. Cet aspect concerne vos enfants qui peuvent être atteints de petites maladies qu'ils pourraient attraper à l'école. Mieux vaux prévenir que guérir; informez-vous auprès de votre pharmacien, de votre naturopathe ou encore dans Internet. Mais peut-être s'agit-il de vous? Donc, il importe de bien vous nourrir et de prendre des suppléments vitaminiques afin de vous prémunir contre toute maladie.

Votre vie sociale reprendra son envol surtout vers la fin du mois; entre-temps, vous serez occupé par les travaux dans la maison ou un parent malade. Certains d'entre vous s'inscriront à une activité sportive afin de reprendre leur forme musculaire et physique ou d'autres s'adonneront à des exercices qui soignent certains maux du corps.

◄◎ AVRIL 2004 ◎►

Durant tout le mois, Mars en Gémeaux dans le quatrième signe du vôtre fait un aspect difficile à Jupiter: c'est un avis de ne pas trop dépenser et de faire bien attention au budget familial. Il faut dire qu'il y a des impondérables, par exemple des réparations dans la maison, mais il y a aussi vos enfants qui grandissent et qui ont besoin constamment de nouveaux vêtements. Vous devrez donc sortir quelques sous de votre compte de banque ou, dans certains cas, au pire, emprunter de l'argent.

Pour ce qui est de la vie de couple, si vous vivez une sépa-ration présentement, les aspects généraux dans le ciel sont d'une extrême dureté concernant le partage des biens. Donc, si vous n'avez pas signé de papiers entre vous deux, offrez-vous les services d'un avocat. Ce qui vous appartient, vous appar-tient. Pourquoi perdre ce que vous avez gagné? Si vous êtes un jeune couple amoureux, il y a dans ce ciel un aspect extrême-ment fertile. Si tel est votre désir d'avoir un enfant, il se réalisera et si vous faites partie de ceux qui vont vers l'adoption, vos démarches iront bon train.

Ce ciel d'avril vous portera à manger très rapidement alors qu'il serait préférable de prendre votre temps afin de bien digérer les aliments; en effet, vous pourriez souffrir d'ulcères.

◄◎ MAI 2004 ◎►

Saturne en Cancer à compter du 8 et Mars en Cancer représen-tent la famille; ces planètes laissent aussi présager un malaise pour un proche âgé et malade, à moins que votre thème natal ne révèle qu'il s'agit là d'un ami. Si telle est la situation, vous serez là pour soigner, pour aider, pour préparer des repas. Si cette personne était hospitalisée, vous lui rendriez visite plus souvent que n'importe qui d'autre. Si vous avez de la difficulté avec l'un de vos enfants parce qu'il trouve que vos valeurs ne sont pas les siennes ou qu'il a de mauvaises fréquentations, pourquoi ne pas demander de l'aide?

Vénus en Gémeaux se trouve en face de Pluton en Sagit-taire; ces deux planètes font des aspects durs aux Poissons sur le plan sentimental. Malheureusement, si rien ne s'est arrangé le mois dernier et que le conflit perdure entre le partenaire et vous, il ne pourra que s'accentuer ce mois-ci. Il est aussi possible que vous rencontriez un ange, quelqu'un que vous croirez descendu du ciel, que vous aimerez instantanément; mais il s'agit d'une extrême rareté. L'aspect le plus dur concerne les couples en guerre, et celle-ci ne semble pas se terminer. Il y aura des discussions au sujet de la pension alimentaire, du partage des biens et de la garde des enfants. Chacun finit toujours par échapper à ses difficultés; il faut se donner le temps, mais surtout réfléchir avant de faire un geste. À compter du 17, les aspects les plus durs s'adouciront, mais ils ne disparaîtront pas, ce qui vous permettra d'être plus lucide dans toutes les situations difficiles.

Quant à votre travail, il semble que tout aille plutôt bien et que vous ayez tout ce qu'il vous faut, que vous soyez bien protégé. Si vous faites partie de ceux qui se cherchent un emploi, à compter du 17, vous en trouverez un qui correspond à vos compétences et vous obtiendrez le salaire que vous demandez.

✪ JUIN 2004 ✪

Vénus poursuit sa marche en Gémeaux; il est rétrograde, ce qui signifie qu'une réflexion s'impose s'il est question de séparation, plus particulièrement si vous avez des enfants. Soyez honnête envers eux et, s'ils sont petits, utilisez leur langage; si vous ne savez pas comment vous y prendre, demandez de l'aide, c'est nécessaire.

C'est une très bonne période tout de même pour le commerce. Le Nœud Nord en Taureau poursuit son chemin et fait un très bon aspect à Jupiter en Vierge, ce qui fait que vous ne manquez pas de travail, au contraire, vous êtes superbement occupé. Certains d'entre vous obtiennent une promotion ou un surplus de responsabilités. D'autres occupent un second emploi et tout va très bien parce que vous avez de l'énergie pour travailler pour deux et doubler en même temps vos revenus.

Mars en Cancer vous est bénéfique en ce sens qu'il vous rend serein face à une séparation. La lumière apparaît enfin au bout du tunnel et vous trouvez un terrain d'entente satisfaisant pour tout le monde.

Si vous faites partie de ces gens qui ont décidé d'aller vivre ensemble et que vous êtes sur le point de trouver votre appartement, il sera question d'achat de meubles. Alors, allez-y doucement avant de vous lancer dans de folles dépenses. Jupiter en Vierge, je vous l'ai dit, est une invitation à l'économie pour s'offrir éventuellement du plus beau. Toutefois, il est possible que certains d'entre vous soient obligés de faire des achats pour les enfants car ils grandissent rapidement; là encore, soyez raisonnable.

Votre vie sociale tournera autour du magasinage pour la famille ou la maison. Donc, vous sortirez très peu et vous vous imaginerez que vous ne dépensez pas. Erreur! Par ailleurs, certains d'entre vous s'adonneront à un nouvel art culinaire, principalement à compter du 20. Vous aurez une soudaine envie de cuisiner de nouveaux plats et vous aurez rapidement du succès. Généralement, un Poissons aime bien manger et son problème, c'est le régime... qu'il triche fréquemment.

⋘ JUILLET 2004 ⋙

Vous êtes sous la pulsion de Mars en Lion qui se trouve dans le sixième signe du vôtre. Comme ce sera difficile de résister aux splendeurs que la vie vous offre! Vous vous imaginerez avoir fait des économies précédemment, bien sûr vous en aurez fait quelques-unes mais il faudra continuer. Attention, sous cette influence, vous désirez acquérir ce qu'il y a de plus beau, de plus moderne pour la maison; naturellement, vous avez du goût et cela peut vous coûter une petite fortune ce mois-ci. Soyez donc plus prudent encore que vous ne l'étiez lors de vos achats personnels.

Vous pourriez vous fâcher très rapidement pour un oui ou pour un non. Attention, il y a des gens qui parlent pour ne rien dire, alors pourquoi leur donner de l'importance? Puisque vous ne pouvez rien changer, votre colère sera bien inutile. Pour accentuer la force de Mars en Lion, il y a Mercure en Lion, précisément entre le 5 et le 25. Vous voudrez dire des vérités à des gens qui n'ont pas vraiment besoin de l'entendre puisqu'ils ne comprennent rien. Vous aurez également envie de faire justice alors qu'il vaut mieux vous contenter d'observer; le temps n'est pas encore venu. Si vous tenez absolument à faire des règles et des lois, préparez-les d'abord.

Si votre partenaire semble prendre la fuite à certains moments parce qu'il a besoin de repos et qu'il vous laisse les enfants, vous ne serez pas très tendre à son retour. Pourtant, c'est un mois où chacun doit faire sa part en raison des vacances; essayez de trouver un terrain d'entente. Il est aussi possible que certains Poissons soient témoins de la séparation d'un couple qu'ils connaissent très bien. De grâce, restez au dehors des querelles, ne prenez parti ni pour l'un ni pour l'autre, vous pourriez vous tromper et, du même coup, vous brouiller avec d'autres amis qui ont un autre son de cloche que le vôtre.

⦿ AOÛT 2004 ⦿

Mercure en Vierge jusqu'au 25 vous suggère d'être encore bien sage. En fait, il s'agit d'un retour aux études pour certains d'entre vous qui ont décidé de parfaire une formation ou de terminer un cours à l'université. Mais il y a également le retour à l'école de vos enfants qui demande beaucoup de travail. Et lorsque les enfants choisissent eux-mêmes des vêtements, ils font parfois des choix qui ne sont pas les vôtres et pourtant, vous devez respecter ce qu'ils désirent. Soyez conciliant.

À compter du 8, il y a un bel aspect sentimental: Vénus en Cancer et Saturne en Cancer font une bonne réception à Jupiter et à Mars qui entre en Vierge le 11. Et puis, il ne faut pas oublier Uranus en Poissons et le Nœud Nord en Taureau. S'il y a eu des querelles de famille ou de couple, il sera tout de même possible d'avoir enfin la paix ou d'entreprendre des négociations avec les proches. S'il y a eu une rupture et qu'il est question de garde d'enfants ou de pension alimentaire, on en arrive à un terrain d'entente de part et d'autre. Si vous avez eu des problèmes de santé, toutes ces planètes vous aident à recouvrer la santé; la cicatrisation est beaucoup plus rapide qu'elle ne l'était auparavant.

Si vous êtes célibataire, Vénus en Cancer est très bénéfique et vous permet une rencontre hors de l'ordinaire. Et plus le mois avance, plus il est possible qu'une grande différence d'âge vous sépare.

L'aspect travail est très bien représenté dans le thème du mois d'août. Donc, si vous avez un emploi stable, tout se poursuit. S'il y avait eu des conflits au sein de l'entreprise, ceux-ci se résorberont et tout rentrera dans l'ordre. Si vous êtes à votre compte, vous ferez plus d'argent que vous n'en faisiez et il est possible que vous preniez de l'expansion afin de progresser plus rapidement. Si vous avez de l'expérience en affaires, vous rencontrerez les bonnes personnes, vous serez très bien guidé.

La chance dans les jeux de hasard est plus présente ce mois-ci. Si vous avez l'intention de vous acheter un petit billet, allez-y principalement la première journée de la Lune en

Poissons, la deuxième journée de la Lune en Vierge, de la Lune en Scorpion ou de la Lune en Cancer qui vous sont très favorables. Pour connaître l'emplacement de la Lune, consultez le tableau à la fin du livre.

◖◖ SEPTEMBRE 2004 ◗◗

Mars en Vierge, Jupiter en Vierge et Mercure en Vierge entre le 11 et le 28 sont face à votre signe et vous signalent, durant leur séjour, de ne rien décider à la hâte quand il s'agit d'investissements. Mais cet aspect, selon certains thèmes de naissance, comporte une chance de gagner dans les jeux de hasard, de tomber amoureux, d'obtenir un succès soudain quand on est un artiste, etc. En fait, tout peut arriver mais si vous n'êtes pas chanceux avec l'argent et que vous décidez de négocier, de transiger, de faire des placements, il vous est sérieusement conseillé de demander l'avis d'un expert. Certains parmi vous ont eu des problèmes avec la loi; quelle que soit la nature de ce problème, il sera question d'un règlement. Certains d'entre vous pourraient s'entêter à le refuser et rateront une occasion d'avoir enfin la paix juste pour quelques sous de plus; d'autres encore perdront leur cause. Je vous l'ai écrit au début de ce livre, Jupiter est un aspect de justice et la justice se fait dans tous les domaines. Quand on est quelqu'un d'honnête, la justice est favorable mais si on a commis un geste malhonnête, il faut payer la facture et en assumer les conséquences. C'est principalement ce mois-ci que se produisent ces mouvements de justice. En fait, on rend à César ce qui appartient à César et on reçoit ce qu'on nous doit.

L'aspect professionnel est tout de même très bien représenté. Si vous avez un travail stable, si vous travaillez pour une entreprise qui n'a pas mis à pied trop de gens, naturellement vous travaillerez beaucoup et gagnerez plus d'argent, ce qui, dans certains cas, vous permettra de vous offrir de petits luxes.

Si l'année s'est écoulée et que vous soyez encore célibataire, ne désespérez pas, il y a à compter du 7 un très bel aspect où vous pourriez faire une rencontre assez spéciale puisque cette personne aura un lien avec le monde artistique ou votre milieu de travail. Si vous n'avez pas réussi à faire la paix alors que votre couple vivait sous tension, il y aura séparation. Heureusement, vous aurez préservé vos enfants de toute guerre avec votre ex-conjoint. Si votre couple se porte bien, l'aspect fertilité est toujours aussi présent dans le ciel. Avis aux intéressés.

◄◙ OCTOBRE 2004 ◙►

Nous changeons de rythme, nous sommes maintenant sous l'influence de Jupiter en Balance et de Mars en Balance dans le huitième signe du vôtre. Ces planètes symbolisent la totalité des transformations; tout ce qui a été accompli au cours des neuf mois qui viennent de s'écouler prend maintenant une forme officielle. Si vous avez créé une entreprise, elle se solidifiera; vous devrez alors prendre rendez-vous chez le notaire afin que tout soit dans les règles.

Mais il y a ceux qui ont attendu, qui n'ont rien fait depuis le début de l'année; ils ont eu peur, ils seront restés sur leur position, et voilà que Jupiter en Balance les obligera à passer à l'action selon les événements extérieurs qui se présenteront à eux. Par contre, les Poissons qui ont été actifs, qui ont bougé vont maintenant récolter beaucoup plus que ce qu'ils avaient semé.

Jupiter, Mars et Mercure en Balance jusqu'au 15 rendent justice à ceux qui doivent la recevoir et à ceux qui la méritent. Par contre, si vous avez triché avec les lois ou les règles, ou si vous avez volé quelque chose à autrui, elle sera sans pitié pour vous. Par ailleurs, l'influence de Jupiter en Balance vous fait réfléchir sur le but de votre vie. Quel est-il, quel était-il? Quel rêve n'avez-vous pas encore réalisé et qu'il est encore possible de faire? Si vous êtes à la retraite et que vous vous ennuyez, vous vous trouverez un emploi, ou vous créerez une entreprise ou vous ferez du bénévolat. Jupiter en Balance, c'est le moment de réaliser sa vie et il n'y a pas d'âge pour y parvenir.

◄◙ NOVEMBRE 2004 ◙►

Mars est encore en Balance jusqu'au 11 et, par la suite, il sera en Scorpion, une très bonne position par rapport aux Poissons puisqu'ils sont tous deux des signes d'eau. Donc, il n'y a pas vraiment de lutte et quand il y a lutte, c'est pour que justice soit rendue ou pour que la paix règne partout.

Mars et Jupiter en Balance poursuivent leur chemin et font en sorte que votre énergie s'accentue et que vos valeurs se transforment; vous faites des gestes afin d'accélérer leur réalisation. Lorsque Mars entrera en Scorpion le 11, vous aurez davantage envie de bouger en direction de votre rêve, et ce, sans vous presser.

Si vous faites partie des ambitieux de ce monde, si vous faites commerce avec l'étranger, à compter du 5, vous développerez davantage votre entreprise et il se peut que vous soyez obligé de voyager pour rencontrer la clientèle ou pour régler divers problèmes. Si vous travaillez avec des outils, soyez extrêmement prudent. Il en va de même avec l'électricité; faites appel à un expert.

Il y a beaucoup d'artistes sous votre signe et, ce mois-ci, vous serez extrêmement créatif. Si vous avez des projets pouvant vous mener à l'étranger ou qui visent à exporter vos œuvres, vous aurez du succès et vous serez reconnu. Si vous avez perdu votre emploi ou qu'on vous a obligé à prendre un congé forcé parce qu'il fallait réduire les effectifs afin que l'entreprise survive, voilà qu'on a à nouveau besoin de vous. Si vous avez fait des demandes pour aller travailler à l'extérieur, vous obtiendrez aussi une réponse positive. Les 26 et 27 novembre, soyez beaucoup plus prudent au volant lorsque vous sillonnerez les grandes et petites routes; attention aux piétons.

⸿ DÉCEMBRE 2004 ⸾

Mars en Scorpion se trouve dans le neuvième signe du vôtre jusqu'au 25. Vous aurez tendance à faire ce qu'il y a de mieux pour vous, votre famille et vos proches, tout comme vous aurez envie d'être serviable, de donner à autrui. Vous aurez également le goût de la fête. C'est comme si soudainement le monde s'ouvrait, un monde où tout est permis, un monde où il y a les misères à soulager et du plaisir à vivre tout à la fois.

Vous voilà parti pour quelques dépenses folles surtout jusqu'au 16 et peut-être même au-delà de cette date; vous aurez une sensation de richesse, mais cela peut vous jouer des tours. Allez donc vérifier votre compte à la banque et vos cartes de crédit. Vos placements sont-ils bons, vous ont-ils rapporté? Attention, vous serez très généreux. Il est dit que le vide ne reste jamais vide et qu'après avoir tout donné, ce vide se remplit à nouveau; de nombreux Poissons ont foi en cet énoncé que je partage avec eux d'ailleurs. Il est vrai que, ce mois-ci, ce vide pourrait être rempli soudainement par un gain ou un cadeau hors de l'ordinaire. Peut-être s'agira-t-il d'un héritage d'une vieille tante que vous connaissez à peine. Il y a toutes les chances du monde qu'une partie de vos dépenses vous revienne, si ce n'est pas en totalité.

Le travail se poursuit allègrement. Si vous avez obtenu une promotion, vous serez tout dévoué à l'entreprise et vous ferez des heures supplémentaires régulièrement et beaucoup plus souvent que la majorité de vos collègues. Si vous faites partie de ceux qui font commerce avec l'étranger, les bonnes nouvelles continuent; votre produit est en demande.

Vous aiderez quelques personnes en difficulté, car leur vie n'est pas aussi rose que la vôtre; peut-être n'ont-elles pas tout simplement votre philosophie, ni votre sagesse, ni votre patience, ni votre volonté d'attendre que certains problèmes se résolvent d'eux-mêmes. Donc il faut faire la part des choses et vous en avez appris très long à ce sujet au cours des mois qui se sont écoulés en 2004.

Pour ce qui est de la fête de Noël, il est fort probable que la famille ne soit pas réunie et que vous décidiez de célébrer seulement avec votre petite famille. Vous aurez envie d'être proche de ceux que vous aimez et non pas d'avoir des conversations superficielles avec plusieurs dizaines de personnes. Il en sera sans doute de même pour le 31 décembre.

POSITION DE LA LUNE
POUR CHAQUE JOUR DE L'ANNÉE 2004

JOUR	DATE	PLANÈTE	SIGNE	DÉBUT

◖ JANVIER 2004 ◗

JOUR	DATE	PLANÈTE	SIGNE	DÉBUT
Jeudi	01/01/2004	Lune	en Taureau	À partir de 0 h
Vendredi	02/01/2004	Lune	en Taureau	
Samedi	03/01/2004	Lune	en Gémeaux	À partir de 13 h
Dimanche	04/01/2004	Lune	en Gémeaux	
Lundi	05/01/2004	Lune	en Gémeaux	
Mardi	06/01/2004	Lune	en Cancer	À partir de 1 h 40
Mercredi	07/01/2004	Lune	en Cancer	
Jeudi	08/01/2004	Lune	en Lion	À partir de 12 h 40
Vendredi	09/01/2004	Lune	en Lion	
Samedi	10/01/2004	Lune	en Vierge	À partir de 21 h 30
Dimanche	11/01/2004	Lune	en Vierge	
Lundi	12/01/2004	Lune	en Vierge	
Mardi	13/01/2004	Lune	en Balance	À partir de 4 h 40
Mercredi	14/01/2004	Lune	en Balance	
Jeudi	15/01/2004	Lune	en Scorpion	À partir de 9 h 30
Vendredi	16/01/2004	Lune	en Scorpion	
Samedi	17/01/2004	Lune	en Sagittaire	À partir de 12 h 20
Dimanche	18/01/2004	Lune	en Sagittaire	
Lundi	19/01/2004	Lune	en Capricorne	À partir de 13 h 20
Mardi	20/01/2004	Lune	en Capricorne	
Mercredi	21/01/2004	Lune	en Verseau	À partir de 14 h 10
Jeudi	22/01/2004	Lune	en Verseau	
Vendredi	23/01/2004	Lune	en Poissons	À partir de 16 h 30
Samedi	24/01/2004	Lune	en Poissons	
Dimanche	25/01/2004	Lune	en Bélier	À partir de 22 h 10
Lundi	26/01/2004	Lune	en Bélier	
Mardi	27/01/2004	Lune	en Bélier	
Mercredi	28/01/2004	Lune	en Taureau	À partir de 7 h 50
Jeudi	29/01/2004	Lune	en Taureau	
Vendredi	30/01/2004	Lune	en Gémeaux	À partir de 20 h 20
Samedi	31/01/2004	Lune	en Gémeaux	

◖◖ FÉVRIER 2004 ◗◗

Dimanche	01/02/2004	Lune	en Gémeaux	
Lundi	02/02/2004	Lune	en Cancer	À partir de 9 h
Mardi	03/02/2004	Lune	en Cancer	
Mercredi	04/02/2004	Lune	en Lion	À partir de 19 h 50
Jeudi	05/02/2004	Lune	en Lion	
Vendredi	06/02/2004	Lune	en Lion	
Samedi	07/02/2004	Lune	en Vierge	À partir de 4 h
Dimanche	08/02/2004	Lune	en Vierge	
Lundi	09/02/2004	Lune	en Balance	À partir de 10 h 10
Mardi	10/02/2004	Lune	en Balance	
Mercredi	11/02/2004	Lune	en Scorpion	À partir de 15 h
Jeudi	12/02/2004	Lune	en Scorpion	
Vendredi	13/02/2004	Lune	en Sagittaire	À partir de 18 h 40
Samedi	14/02/2004	Lune	en Sagittaire	
Dimanche	15/02/2004	Lune	en Capricorne	À partir de 21 h 20
Lundi	16/02/2004	Lune	en Capricorne	
Mardi	17/02/2004	Lune	en Verseau	À partir de 23 h 30
Mercredi	18/02/2004	Lune	en Verseau	
Jeudi	19/02/2004	Lune	en Verseau	
Vendredi	20/02/2004	Lune	en Poissons	À partir de 2 h 30
Samedi	21/02/2004	Lune	en Poissons	
Dimanche	22/02/2004	Lune	en Bélier	À partir de 7 h 40
Lundi	23/02/2004	Lune	en Bélier	
Mardi	24/02/2004	Lune	en Taureau	À partir de 16 h 30
Mercredi	25/02/2004	Lune	en Taureau	
Jeudi	26/02/2004	Lune	en Taureau	
Vendredi	27/02/2004	Lune	en Gémeaux	À partir de 4 h 20
Samedi	28/02/2004	Lune	en Gémeaux	
Dimanche	29/02/2004	Lune	en Cancer	À partir de 17 h 10

◖◖ MARS 2004 ◗◗

Lundi	01/03/2004	Lune	en Cancer	
Mardi	02/03/2004	Lune	en Cancer	
Mercredi	03/03/2004	Lune	en Lion	À partir de 4 h 20
Jeudi	04/03/2004	Lune	en Lion	
Vendredi	05/03/2004	Lune	en Vierge	À partir de 12 h 20
Samedi	06/03/2004	Lune	en Vierge	
Dimanche	07/03/2004	Lune	en Balance	À partir de 17 h 30
Lundi	08/03/2004	Lune	en Balance	
Mardi	09/03/2004	Lune	en Scorpion	À partir de 21 h
Mercredi	10/03/2004	Lune	en Scorpion	
Jeudi	11/03/2004	Lune	en Sagittaire	À partir de 23 h 50
Vendredi	12/03/2004	Lune	en Sagittaire	
Samedi	13/03/2004	Lune	en Sagittaire	

Dimanche	14/03/2004	Lune	en Capricorne	À partir de 2 h 50
Lundi	15/03/2004	Lune	en Capricorne	
Mardi	16/03/2004	Lune	en Verseau	À partir de 6 h 10
Mercredi	17/03/2004	Lune	en Verseau	
Jeudi	18/03/2004	Lune	en Poissons	À partir de 10 h 30
Vendredi	19/03/2004	Lune	en Poissons	
Samedi	20/03/2004	Lune	en Bélier	À partir de 16 h 30
Dimanche	21/03/2004	Lune	en Bélier	
Lundi	22/03/2004	Lune	en Bélier	
Mardi	23/03/2004	Lune	en Taureau	À partir de 1 h 10
Mercredi	24/03/2004	Lune	en Taureau	
Jeudi	25/03/2004	Lune	en Gémeaux	À partir de 12 h 40
Vendredi	26/03/2004	Lune	en Gémeaux	
Samedi	27/03/2004	Lune	en Gémeaux	
Dimanche	28/03/2004	Lune	en Cancer	À partir de 1 h 20
Lundi	29/03/2004	Lune	en Cancer	
Mardi	30/03/2004	Lune	en Lion	À partir de 13 h 10
Mercredi	31/03/2004	Lune	en Lion	

ꙮ AVRIL 2004 ꙮ

Jeudi	01/04/2004	Lune	en Vierge	À partir de 21 h 50
Vendredi	02/04/2004	Lune	en Vierge	
Samedi	03/04/2004	Lune	en Vierge	
Dimanche	04/04/2004	Lune	en Balance	À partir de 2 h 50
Lundi	05/04/2004	Lune	en Balance	
Mardi	06/04/2004	Lune	en Scorpion	À partir de 5 h 20
Mercredi	07/04/2004	Lune	en Scorpion	
Jeudi	08/04/2004	Lune	en Sagittaire	À partir de 6 h 50
Vendredi	09/04/2004	Lune	en Sagittaire	
Samedi	10/04/2004	Lune	en Capricorne	À partir de 8 h 30
Dimanche	11/04/2004	Lune	en Capricorne	
Lundi	12/04/2004	Lune	en Verseau	À partir de 11 h 30
Mardi	13/04/2004	Lune	en Verseau	
Mercredi	14/04/2004	Lune	en Poissons	À partir de 16 h 30
Jeudi	15/04/2004	Lune	en Poissons	
Vendredi	16/04/2004	Lune	en Bélier	À partir de 23 h 20
Samedi	17/04/2004	Lune	en Bélier	
Dimanche	18/04/2004	Lune	en Bélier	
Lundi	19/04/2004	Lune	en Taureau	À partir de 8 h 40
Mardi	20/04/2004	Lune	en Taureau	
Mercredi	21/04/2004	Lune	en Gémeaux	À partir de 20 h 10
Jeudi	22/04/2004	Lune	en Gémeaux	
Vendredi	23/04/2004	Lune	en Gémeaux	
Samedi	24/04/2004	Lune	en Cancer	À partir de 8 h 50
Dimanche	25/04/2004	Lune	en Cancer	
Lundi	26/04/2004	Lune	en Lion	À partir de 21 h 10

Mardi	27/04/2004	Lune	en Lion	
Mercredi	28/04/2004	Lune	en Lion	
Jeudi	29/04/2004	Lune	en Vierge	À partir de 7 h
Vendredi	30/04/2004	Lune	en Vierge	

◖◗ MAI 2004 ◖◗

Samedi	01/05/2004	Lune	en Balance	À partir de 13 h
Dimanche	02/05/2004	Lune	en Balance	
Lundi	03/05/2004	Lune	en Scorpion	À partir de 15 h 40
Mardi	04/05/2004	Lune	en Scorpion	
Mercredi	05/05/2004	Lune	en Sagittaire	À partir de 16 h 10
Jeudi	06/05/2004	Lune	en Sagittaire	
Vendredi	07/05/2004	Lune	en Capricorne	À partir de 16 h 20
Samedi	08/05/2004	Lune	en Capricorne	
Dimanche	09/05/2004	Lune	en Verseau	À partir de 17 h 50
Lundi	10/05/2004	Lune	en Verseau	
Mardi	11/05/2004	Lune	en Poissons	À partir de 21 h 50
Mercredi	12/05/2004	Lune	en Poissons	
Jeudi	13/05/2004	Lune	en Poissons	
Vendredi	14/05/2004	Lune	en Bélier	À partir de 5 h
Samedi	15/05/2004	Lune	en Bélier	
Dimanche	16/05/2004	Lune	en Taureau	À partir de 15 h
Lundi	17/05/2004	Lune	en Taureau	
Mardi	18/05/2004	Lune	en Taureau	
Mercredi	19/05/2004	Lune	en Gémeaux	À partir de 2 h 50
Jeudi	20/05/2004	Lune	en Gémeaux	
Vendredi	21/05/2004	Lune	en Cancer	À partir de 15 h 30
Samedi	22/05/2004	Lune	en Cancer	
Dimanche	23/05/2004	Lune	en Cancer	
Lundi	24/05/2004	Lune	en Lion	À partir de 4 h 10
Mardi	25/05/2004	Lune	en Lion	
Mercredi	26/05/2004	Lune	en Vierge	À partir de 14 h 50
Jeudi	27/05/2004	Lune	en Vierge	
Vendredi	28/05/2004	Lune	en Balance	À partir de 22 h 20
Samedi	29/05/2004	Lune	en Balance	
Dimanche	30/05/2004	Lune	en Balance	
Lundi	31/05/2004	Lune	en Scorpion	À partir de 2 h

◖◗ JUIN 2004 ◖◗

Mardi	01/06/2004	Lune	en Scorpion	
Mercredi	02/06/2004	Lune	en Sagittaire	À partir de 2 h 50
Jeudi	03/06/2004	Lune	en Sagittaire	
Vendredi	04/06/2004	Lune	en Capricorne	À partir de 2 h 10
Samedi	05/06/2004	Lune	en Capricorne	
Dimanche	06/06/2004	Lune	en Verseau	À partir de 2 h 10

Lundi	07/06/2004	Lune	en Verseau	
Mardi	08/06/2004	Lune	en Poissons	À partir de 4 h 40
Mercredi	09/06/2004	Lune	en Poissons	
Jeudi	10/06/2004	Lune	en Bélier	À partir de 10 h 50
Vendredi	11/06/2004	Lune	en Bélier	
Samedi	12/06/2004	Lune	en Taureau	À partir de 20 h 40
Dimanche	13/06/2004	Lune	en Taureau	
Lundi	14/06/2004	Lune	en Taureau	
Mardi	15/06/2004	Lune	en Gémeaux	À partir de 8 h 40
Mercredi	16/06/2004	Lune	en Gémeaux	
Jeudi	17/06/2004	Lune	en Cancer	À partir de 21 h 40
Vendredi	18/06/2004	Lune	en Cancer	
Samedi	19/06/2004	Lune	en Cancer	
Dimanche	20/06/2004	Lune	en Lion	À partir de 10 h
Lundi	21/06/2004	Lune	en Lion	
Mardi	22/06/2004	Lune	en Vierge	À partir de 21 h 10
Mercredi	23/06/2004	Lune	en Vierge	
Jeudi	24/06/2004	Lune	en Vierge	
Vendredi	25/06/2004	Lune	en Balance	À partir de 5 h 50
Samedi	26/06/2004	Lune	en Balance	
Dimanche	27/06/2004	Lune	en Scorpion	À partir de 11 h 10
Lundi	28/06/2004	Lune	en Scorpion	
Mardi	29/06/2004	Lune	en Sagittaire	À partir de 13 h 10
Mercredi	30/06/2004	Lune	en Sagittaire	

⟪ JUILLET 2004 ⟫

Jeudi	01/07/2004	Lune	en Capricorne	À partir de 13 h
Vendredi	02/07/2004	Lune	en Capricorne	
Samedi	03/07/2004	Lune	en Verseau	À partir de 12 h 20
Dimanche	04/07/2004	Lune	en Verseau	
Lundi	05/07/2004	Lune	en Poissons	À partir de 13 h 30
Mardi	06/07/2004	Lune	en Poissons	
Mercredi	07/07/2004	Lune	en Bélier	À partir de 18 h
Jeudi	08/07/2004	Lune	en Bélier	
Vendredi	09/07/2004	Lune	en Bélier	
Samedi	10/07/2004	Lune	en Taureau	À partir de 2 h 50
Dimanche	11/07/2004	Lune	en Taureau	
Lundi	12/07/2004	Lune	en Gémeaux	À partir de 14 h 40
Mardi	13/07/2004	Lune	en Gémeaux	
Mercredi	14/07/2004	Lune	en Gémeaux	
Jeudi	15/07/2004	Lune	en Cancer	À partir de 3 h 40
Vendredi	16/07/2004	Lune	en Cancer	
Samedi	17/07/2004	Lune	en Lion	À partir de 16 h
Dimanche	18/07/2004	Lune	en Lion	
Lundi	19/07/2004	Lune	en Lion	
Mardi	20/07/2004	Lune	en Vierge	À partir de 2 h 40

Mercredi	21/07/2004	Lune	en Vierge	
Jeudi	22/07/2004	Lune	en Balance	À partir de 11 h 40
Vendredi	23/07/2004	Lune	en Balance	
Samedi	24/07/2004	Lune	en Scorpion	À partir de 18 h 10
Dimanche	25/07/2004	Lune	en Scorpion	
Lundi	26/07/2004	Lune	en Sagittaire	À partir de 21 h 40
Mardi	27/07/2004	Lune	en Sagittaire	
Mercredi	28/07/2004	Lune	en Capricorne	À partir de 22 h 50
Jeudi	29/07/2004	Lune	en Capricorne	
Vendredi	30/07/2004	Lune	en Verseau	À partir de 22 h 50
Samedi	31/07/2004	Lune	en Verseau	

⊶ AOÛT 2004 ⊷

Dimanche	01/08/2004	Lune	en Poissons	À partir de 23 h 30
Lundi	02/08/2004	Lune	en Poissons	
Mardi	03/08/2004	Lune	en Poissons	
Mercredi	04/08/2004	Lune	en Bélier	À partir de 3 h
Jeudi	05/08/2004	Lune	en Bélier	
Vendredi	06/08/2004	Lune	en Taureau	À partir de 10 h 30
Samedi	07/08/2004	Lune	en Taureau	
Dimanche	08/08/2004	Lune	en Gémeaux	À partir de 21 h 30
Lundi	09/08/2004	Lune	en Gémeaux	
Mardi	10/08/2004	Lune	en Gémeaux	
Mercredi	11/08/2004	Lune	en Cancer	À partir de 10 h 20
Jeudi	12/08/2004	Lune	en Cancer	
Vendredi	13/08/2004	Lune	en Lion	À partir de 22 h 30
Samedi	14/08/2004	Lune	en Lion	
Dimanche	15/08/2004	Lune	en Lion	
Lundi	16/08/2004	Lune	en Vierge	À partir de 8 h 50
Mardi	17/08/2004	Lune	en Vierge	
Mercredi	18/08/2004	Lune	en Balance	À partir de 17 h 10
Jeudi	19/08/2004	Lune	en Balance	
Vendredi	20/08/2004	Lune	en Scorpion	À partir de 23 h 30
Samedi	21/08/2004	Lune	en Scorpion	
Dimanche	22/08/2004	Lune	en Scorpion	
Lundi	23/08/2004	Lune	en Sagittaire	À partir de 4 h 10
Mardi	24/08/2004	Lune	en Sagittaire	
Mercredi	25/08/2004	Lune	en Capricorne	À partir de 6 h 50
Jeudi	26/08/2004	Lune	en Capricorne	
Vendredi	27/08/2004	Lune	en Verseau	À partir de 8 h 10
Samedi	28/08/2004	Lune	en Verseau	
Dimanche	29/08/2004	Lune	en Poissons	À partir de 9 h 30
Lundi	30/08/2004	Lune	en Poissons	
Mardi	31/08/2004	Lune	en Bélier	À partir de 12 h 40

◖◕ SEPTEMBRE 2004 ◔◗

Mercredi	01/09/2004	Lune	en Bélier	
Jeudi	02/09/2004	Lune	en Taureau	À partir de 19 h 10
Vendredi	03/09/2004	Lune	en Taureau	
Samedi	04/09/2004	Lune	en Taureau	
Dimanche	05/09/2004	Lune	en Gémeaux	À partir de 5 h 30
Lundi	06/09/2004	Lune	en Gémeaux	
Mardi	07/09/2004	Lune	en Cancer	À partir de 17 h 50
Mercredi	08/09/2004	Lune	en Cancer	
Jeudi	09/09/2004	Lune	en Cancer	
Vendredi	10/09/2004	Lune	en Lion	À partir de 6 h
Samedi	11/09/2004	Lune	en Lion	
Dimanche	12/09/2004	Lune	en Vierge	À partir de 16 h 20
Lundi	13/09/2004	Lune	en Vierge	
Mardi	14/09/2004	Lune	en Balance	À partir de 23 h 50
Mercredi	15/09/2004	Lune	en Balance	
Jeudi	16/09/2004	Lune	en Balance	
Vendredi	17/09/2004	Lune	en Scorpion	À partir de 5 h 20
Samedi	18/09/2004	Lune	en Scorpion	
Dimanche	19/09/2004	Lune	en Sagittaire	À partir de 9 h 20
Lundi	20/09/2004	Lune	en Sagittaire	
Mardi	21/09/2004	Lune	en Capricorne	À partir de 12 h 30
Mercredi	22/09/2004	Lune	en Capricorne	
Jeudi	23/09/2004	Lune	en Verseau	À partir de 15 h 10
Vendredi	24/09/2004	Lune	en Verseau	
Samedi	25/09/2004	Lune	en Poissons	À partir de 18 h
Dimanche	26/09/2004	Lune	en Poissons	
Lundi	27/09/2004	Lune	en Bélier	À partir de 22 h
Mardi	28/09/2004	Lune	en Bélier	
Mercredi	29/09/2004	Lune	en Bélier	
Jeudi	30/09/2004	Lune	en Taureau	À partir de 4 h 20

◖◕ OCTOBRE 2004 ◔◗

Vendredi	01/10/2004	Lune	en Taureau	
Samedi	02/10/2004	Lune	en Gémeaux	À partir de 13 h 50
Dimanche	03/10/2004	Lune	en Gémeaux	
Lundi	04/10/2004	Lune	en Gémeaux	
Mardi	05/10/2004	Lune	en Cancer	À partir de 1 h 50
Mercredi	06/10/2004	Lune	en Cancer	
Jeudi	07/10/2004	Lune	en Lion	À partir de 14 h 20
Vendredi	08/10/2004	Lune	en Lion	
Samedi	09/10/2004	Lune	en Lion	
Dimanche	10/10/2004	Lune	en Vierge	À partir de 1 h
Lundi	11/10/2004	Lune	en Vierge	
Mardi	12/10/2004	Lune	en Balance	À partir de 8 h 30

Mercredi	13/10/2004	Lune	en Balance	
Jeudi	14/10/2004	Lune	en Scorpion	À partir de 13 h 10
Vendredi	15/10/2004	Lune	en Scorpion	
Samedi	16/10/2004	Lune	en Sagittaire	À partir de 15 h 50
Dimanche	17/10/2004	Lune	en Sagittaire	
Lundi	18/10/2004	Lune	en Capricorne	À partir de 18 h
Mardi	19/10/2004	Lune	en Capricorne	
Mercredi	20/10/2004	Lune	en Verseau	À partir de 20 h 30
Jeudi	21/10/2004	Lune	en Verseau	
Vendredi	22/10/2004	Lune	en Verseau	
Samedi	23/10/2004	Lune	en Poissons	À partir de 0 h 10
Dimanche	24/10/2004	Lune	en Poissons	
Lundi	25/10/2004	Lune	en Bélier	À partir de 5 h 20
Mardi	26/10/2004	Lune	en Bélier	
Mercredi	27/10/2004	Lune	en Taureau	À partir de 12 h 40
Jeudi	28/10/2004	Lune	en Taureau	
Vendredi	29/10/2004	Lune	en Gémeaux	À partir de 22 h 10
Samedi	30/10/2004	Lune	en Gémeaux	
Dimanche	31/10/2004	Lune	en Gémeaux	

◖ NOVEMBRE 2004 ◗

Lundi	01/11/2004	Lune	en Cancer	À partir de 9 h 50
Mardi	02/11/2004	Lune	en Cancer	
Mercredi	03/11/2004	Lune	en Lion	À partir de 22 h 30
Jeudi	04/11/2004	Lune	en Lion	
Vendredi	05/11/2004	Lune	en Lion	
Samedi	06/11/2004	Lune	en Vierge	À partir de 10 h
Dimanche	07/11/2004	Lune	en Vierge	
Lundi	08/11/2004	Lune	en Balance	À partir de 18 h 20
Mardi	09/11/2004	Lune	en Balance	
Mercredi	10/11/2004	Lune	en Scorpion	À partir de 23 h 10
Jeudi	11/11/2004	Lune	en Scorpion	
Vendredi	12/11/2004	Lune	en Scorpion	
Samedi	13/11/2004	Lune	en Sagittaire	À partir de 1 h
Dimanche	14/11/2004	Lune	en Sagittaire	
Lundi	15/11/2004	Lune	en Capricorne	À partir de 1 h 30
Mardi	16/11/2004	Lune	en Capricorne	
Mercredi	17/11/2004	Lune	en Verseau	À partir de 2 h 40
Jeudi	18/11/2004	Lune	en Verseau	
Vendredi	19/11/2004	Lune	en Poissons	À partir de 5 h 30
Samedi	20/11/2004	Lune	en Poissons	
Dimanche	21/11/2004	Lune	en Bélier	À partir de 11 h 10
Lundi	22/11/2004	Lune	en Bélier	
Mardi	23/11/2004	Lune	en Taureau	À partir de 19 h 20
Mercredi	24/11/2004	Lune	en Taureau	
Jeudi	25/11/2004	Lune	en Taureau	

Vendredi	26/11/2004	Lune	en Gémeaux	À partir de 5 h 30
Samedi	27/11/2004	Lune	en Gémeaux	
Dimanche	28/11/2004	Lune	en Cancer	À partir de 17 h 10
Lundi	29/11/2004	Lune	en Cancer	
Mardi	30/11/2004	Lune	en Cancer	

◖ DÉCEMBRE 2004 ◗

Mercredi	01/12/2004	Lune	en Lion	À partir de 5 h 50
Jeudi	02/12/2004	Lune	en Lion	
Vendredi	03/12/2004	Lune	en Vierge	À partir de 18 h
Samedi	04/12/2004	Lune	en Vierge	
Dimanche	05/12/2004	Lune	en Vierge	
Lundi	06/12/2004	Lune	en Balance	À partir de 3 h 50
Mardi	07/12/2004	Lune	en Balance	
Mercredi	08/12/2004	Lune	en Scorpion	À partir de 9 h 40
Jeudi	09/12/2004	Lune	en Scorpion	
Vendredi	10/12/2004	Lune	en Sagittaire	À partir de 11 h 50
Samedi	11/12/2004	Lune	en Sagittaire	
Dimanche	12/12/2004	Lune	en Capricorne	À partir de 11 h 40
Lundi	13/12/2004	Lune	en Capricorne	
Mardi	14/12/2004	Lune	en Verseau	À partir de 11 h 10
Mercredi	15/12/2004	Lune	en Verseau	
Jeudi	16/12/2004	Lune	en Poissons	À partir de 12 h 20
Vendredi	17/12/2004	Lune	en Poissons	
Samedi	18/12/2004	Lune	en Bélier	À partir de 16 h 50
Dimanche	19/12/2004	Lune	en Bélier	
Lundi	20/12/2004	Lune	en Bélier	
Mardi	21/12/2004	Lune	en Taureau	À partir de 0 h 50
Mercredi	22/12/2004	Lune	en Taureau	
Jeudi	23/12/2004	Lune	en Gémeaux	À partir de 11 h 30
Vendredi	24/12/2004	Lune	en Gémeaux	
Samedi	25/12/2004	Lune	en Cancer	À partir de 23 h 40
Dimanche	26/12/2004	Lune	en Cancer	
Lundi	27/12/2004	Lune	en Cancer	
Mardi	28/12/2004	Lune	en Lion	À partir de 12 h 10
Mercredi	29/12/2004	Lune	en Lion	
Jeudi	30/12/2004	Lune	en Lion	
Vendredi	31/12/2004	Lune	en Vierge	À partir de 0 h 30